探索建设
自由贸易港
蓝皮书
2019

文 娟 张 鸿◎主编

中国经济出版社
CHINA ECONOMIC PUBLISHING HOUSE
北 京

图书在版编目（CIP）数据

探索建设自由贸易港蓝皮书. 2019 / 文娟，张鸿主编.
—北京：中国经济出版社，2020.6
ISBN 978-7-5136-6171-3

Ⅰ.①探… Ⅱ.①文… ②张… Ⅲ.①自由贸易区—研究报告—中国—2019 Ⅳ.①F752

中国版本图书馆 CIP 数据核字（2020）第 085659 号

责任编辑 丁 楠
责任印制 马小宾
封面设计 久品轩

出版发行 中国经济出版社
印 刷 者 北京建宏印刷有限公司
经 销 者 各地新华书店
开 本 787mm×1092mm 1/16
印 张 21
字 数 388 千字
版 次 2020 年 6 月第 1 版
印 次 2020 年 6 月第 1 次
定 价 88.00 元
广告经营许可证 京西工商广字第 8179 号

中国经济出版社 **网址** www.economyph.com **社址** 北京市东城区安定门外大街 58 号 **邮编** 100011

目　录

第一章 “一带一路”建设与自贸港区联动发展研究①

叶作义 张 侃

一、自贸区与“一带一路”建设的协同性

自贸区战略是我国对外开放领域实施的重点战略。2015年《关于加快实施自由贸易区战略的若干意见》的出台，使自贸区战略的实施细则得到了完善。覆盖“一带一路”沿线国家的高标准化自由贸易区网络的构建，是我国自由贸易区建设的远景目标。2017年以后，第三批自贸试验区挂牌成立，我国已经基本完成了全面化的“一带一路”自由贸易区网络建设。随着经济全球化水平与贸易自由化水平的提升，“一带一路”倡议与自贸区战略的协调对接，已经成为了国家深化改革、顺应经济发展的必然选择。同时，“一带一路”建设在向纵深发展。自贸区在投资自由化、贸易便利化、金融国际化、行政法治化等方面先行先试，对“一带一路”倡议的落实形成了有力的支撑。

（一）自贸区建设与“一带一路”倡议共同促进我国的对外开放水平

“一带一路”为我国提供了一个包容、开放的对外发展平台，使我国快速发展的经济能同“一带一路”沿线国家的利益结合起来，形成共商、共建、共享的良好合作关系，实现互利共赢；而加快实施自贸区战略，则是全面深化改革、构建开放型经济新体制的必然选择，也是我国积极运筹对外关系、实现对外战略目标的重要手段。“一带一路”倡导“政策沟通、设施联通、贸易畅通、资金融通、民心相通”，侧重以基础设施为先导，促进沿线经济体互联互通；自贸区提倡“投资自由化、贸易市场化、金融国际化、行政法治化”，旨在营造市场化、国际化的营商环境，提高对外开放水平。因此，加强彼此间的有机对接和战略联动，将会为我国新一轮对外开放提供有力的支撑。

---

① 本章受国家社会科学项目“‘一带一路’倡议下中国对外援助、贸易和投资联动模式的创新研究”（19BJL10）资助。

(二)自贸区建设对“一带一路”建设具有促进作用

实现“一带一路”建设的“五通”,需要以国内一些核心区域和重要节点作为支撑,而自贸区就是这样的重要节点。《推动共建丝绸之路经济带和21世纪海上丝绸之路的愿景与行动》(以下简称《愿景与行动》)重点圈定了包括11个自贸区在内的18个省市作为“一带一路”建设的国内节点。《愿景与行动》提出要把郑州、西安、成都、重庆和武汉打造成内陆开放高地,以扩大开放倒逼深层次的改革,创新开放型经济体制机制,据此形成参与和引领国际合作的竞争新优势,成为“一带一路”建设的排头兵和主力军。

上海、广东、天津和福建四个自贸区在对接“一带一路”建设上先行先试,在国际贸易、对外投资、国际物流和金融开放等方面积累了丰富的经验。2017年以后新设的七个自贸区在此基础上与“一带一路”进行了深层次的对接。天津、广东和福建提出要贯彻“一带一路”建设等,构建开放型经济新体制;辽宁和湖北提出要推进自贸区与“一带一路”沿线国家的国际产能和装备制造合作;浙江提出要探索与“一带一路”沿线国家开展贸易供应链安全与便利的合作;四川提出要探索与“一带一路”沿线国家的金融合作。2017年3月出台的《全面深化中国(上海)自由贸易试验区改革开放方案》则把上海自贸区定位成服务“一带一路”建设、推动市场主体“走出去”的桥头堡(见表1-1)。

表1-1 各自贸区总体方案与“一带一路”建设的对接

自贸区	与“一带一路”的对接
上海	成为服务国家“一带一路”建设、推动市场主体“走出去”的桥头堡
天津	依托亚欧大陆桥连接功能,完善多式联运体系,增强对沿线国家及地区转口贸易服务功能,发挥中蒙俄经济走廊重要节点的作用和海上合作战略支点作用,推动“一带一路”建设
福建	贯彻“一带一路”建设等,在构建开放型经济新体制、探索闽台经济合作新模式、建设法治化营商环境等方面,率先挖掘改革潜力,破解改革难题
广东	贯彻“一带一路”建设等,在构建开放型经济新体制、探索粤港澳经济合作新模式、建设法治化营商环境等方面,率先挖掘改革潜力,破解改革难题
辽宁	推进自贸区与“一带一路”沿线国家及日、韩、朝等国的国际产能和装备制造合作,完善国际产能合作金融支持体系,促进从以装备产品输出为主,向技术输出、资本输出、产品输出、服务输出和标准输出并举的转变,加大优势产业“走出去”拓展国际市场的步伐
浙江	支持自贸区与“一带一路”沿线国家开展海关、检验检疫、认证认可、标准计量等方面的合作与交流,探索与“一带一路”沿线国家开展贸易供应链安全与便利的合作

续表

自贸区	与“一带一路”的对接
河南	将自贸区建设成为服务于“一带一路”建设的现代综合交通枢纽、全面改革开放的试验田和内陆开放型经济示范区
湖北	完善对外投资合作相关政策促进、服务保障和风险防控体系，推动企业“走出去”方式转型升级，加强国际产能和装备制造合作，并将其融入“一带一路”建设
重庆	努力将自贸区建设成为“一带一路”和长江经济带互联互通的重要枢纽、西部大开发战略的重要支点
四川	探索与“一带一路”沿线国家的金融合作，支持符合条件的“一带一路”沿线国家的金融机构在自贸区以人民币进行新设、增资或参股自贸区金融机构等直接投资
陕西	建设“一带一路”交通、商贸、快递物流中心；推动人民币作为自贸区与“一带一路”沿线国家跨境贸易和投资计价、结算的主要货币

资料来源：根据马曼（2018）表 1 整理。

二、“一带一路”沿线国家经济贸易特征

在同一地理区域内的国家，其要素资源禀赋大体上相同，则发展程度比较类似，另外，政治、文化上也大致相似。那么，“一带一路”沿线的国家就可以根据地理区域划分为 6 个地区进行分析，如表 1-2 所示。①

表 1-2　地理划分及其说明

地区划分	国家
蒙俄地区	蒙古和俄罗斯
东南亚地区	越南、文莱、柬埔寨、泰国、马来西亚、新加坡、印度尼西亚、菲律宾、缅甸、老挝、东帝汶、文莱
西亚北非地区	土耳其、约旦、巴林、格鲁吉亚、以色列、伊拉克、沙特阿拉伯、也门、叙利亚、阿富汗、黎巴嫩、科威特、塞浦路斯、巴勒斯坦、阿曼、卡塔尔、伊朗、阿联酋、亚美尼亚、阿塞拜疆、埃及
中亚地区	吉尔吉斯斯坦、土库曼斯坦、塔里克斯坦、乌兹别克斯坦、哈萨克斯坦
中东欧地区	罗马尼亚、塞尔维亚、马其他、黑山、克罗地亚、斯洛文尼亚、阿尔巴尼亚、马其顿、保加利亚、立陶宛、拉托维亚、乌克兰、白俄罗斯、摩尔多瓦、波兰、捷克、斯洛伐克、匈牙利
南亚地区	印度、巴基斯坦、孟加拉国、阿富汗、尼泊尔、不丹、斯里兰卡、马尔代夫

① 桑百川，杨立卓.拓展我国与“一带一路”国家的贸易关系——基于竞争性与互补性研究［J］.经济问题，2015（8）：2.

(一)"一带一路"沿线国家的经济概况

一般情况下,使用国内生产总值(GDP)、经济发展速度来衡量国家和地区的经济发展状况。用通货膨胀率来衡量经济的稳定性,而失业率则表现了国家和地区充分就业的状态。以下使用GDP、通货膨胀率和失业率三个指标,考察"一带一路"沿线国家的经济概况。

"一带一路"沿线覆盖了亚欧非三大洲的65个国家,其国土总面积占全球的38%,人口总量超过全球的60%,而国内生产总值的占比却只有30%,且地区之间的差异较大。根据经济发展水平的高低进行划分,"一带一路"沿线的国家大多为发展中国家,仅有少数几个国家跻身发达国家行列。其中位于中东欧地区的国家,普遍属于发达国家,国内生产总值较高。位于西亚、北非地区的国家,因其丰富的能源,GDP与高收入国家基准线相比都要超出许多。而位于南亚、中亚及东南亚地区的国家,经济发展水平相对落后,国内生产总值较低。尤其是一些资源贫瘠或政局不稳的国家,更是极为贫穷。而中国、印度以及俄罗斯虽然属于发展中国家,但经济体量排在世界前列(见表1-3)。

表1-3 2018年"一带一路"沿线国家GDP

国家	人口(万人)	GDP(亿美元)
蒙古	320	130
东南亚11国	65133	28940
南亚8国	178857.9	34615
中亚5国	7237.9	2715.07
西亚、北非19国	47004.1	39838.67
中东欧18国	16929.1	18923.8

资料来源:EPS数据库。

从各区域经济增速来看"一带一路"沿线国家的经济发展状况。如表1-4所示,中亚、东南亚以及南亚大部分属于发展中国家,大都有较高的增长速度,而西亚、北非以及中东欧地区的大部分国家发展速度较低。2008年金融危机后,中东欧国家经济受挫,发展缓慢。

表 1-4 各区域经济增长速度 (%)

地区	2004—2007 年	2008—2011 年	2012—2015 年
蒙俄	8.4	4.7	4.5
中亚	8.1	7.0	6.5
西亚、北非	8.7	4.5	3.4
中东欧	6.7	0.9	1.4
东南亚	6.8	5.8	5.2
南亚	7.3	6.2	5.0

资料来源：世界银行 WDI。

通过通货膨胀率指标衡量国家和地区的经济稳定性，大致可以分为以下几种情形：一是国家政治局势不稳，社会易发生动荡，生产经营的各种风险因素增加，营商环境恶劣，造成供不应求的局面，通货膨胀率往往较高，如叙利亚、伊拉克及伊朗等国家。二是经济发展主要依赖能源的国家，能源价格的波动会导致整个社会物价水平的变动，从而使通胀率较高，如俄罗斯和蒙古，尤其是俄罗斯，2013 年后由于原油价格的大幅变动，而使通货膨胀率飙升至 15%。三是从收入水平看，收入较高的国家通胀率要低于收入较低的国家，整体经济状况更加平稳。因此，资源禀赋丰富的东北亚地区、政治动荡的西亚和北非地区平均通胀率显著高于资源相对稀缺、经济相对平稳的东南亚以及中东欧地区（见表 1-5）。①

表 1-5 “一带一路”沿线国家和地区平均通胀率和平均失业率 (%)

地区	平均通胀率	平均失业率
蒙俄	4.97	5.52
中亚	7.71	6.34
西亚、北非	6.25	7.66
中东欧	3.15	7.43
东南亚	2.74	3.43
南亚	4.85	2.75

资料来源：世界银行 WDI。

“一带一路”沿线国家失业率的情况可以反映其充分就业的状态。由表 1-5 可以看出，与国民收入状况不同的是，中东欧、北非以及西亚都具有较高的失业率，而南亚、

① 吴舒钰，“一带一路”沿线国家的经济发展[J].经济研究参考，2017(15).

东南亚的失业率则较低。"一带一路"沿线国家失业率的不同,与自身的产业结构相关,结构性失业是主要原因。

综上所述,大多数"一带一路"的沿线国家是发展中国家和新兴经济体。虽然整体经济总量较小,但其经济增长较快。在列出的 64 个国家中,虽然只有 18 个进入高收入国家行列,但也只有 2 个属于低收入国家,而另外 44 个属于中等收入国家,其中 22 个属于低中等收入国家,22 个属于中上等收入国家。

(二)"一带一路"沿线国家的产业结构特征

我们将"一带一路"沿线国家划分为六个区域,分别考察它们的产业结构特征。通常情况下,我们用服务业、工业、农业在国民生产中的比重来衡量一个国家的产业结构。

中亚国家拥有非常丰富的自然资源,有色金属和稀有金属矿床储量相当可观。表 1-6 的数据显示,中亚国家的铀储量居于世界第一,黄金储量曾经占到苏联储量的一半。中亚曾经还是苏联主要的农产品供应地区,是欧亚大陆优质长绒重要的来源地。不仅如此,中亚五国也有良好的生产条件来发展农牧业,土地资源和水资源比较丰富,再加上这五个国家都是从苏联脱离出来的,因此它们重点发展矿业、化学工业、核工业和农牧业,对于加工业和消费品的生产一直处于忽视状态,大部分日常使用的消费品都要依赖进口,农业、轻工业和重工业的比例失衡。经济趋向于原料型、单一的经济结构,初级产品优势明显,加工业落后,参与世界经济一体化程度不高,大多数民用商品依赖进口,这不利于中亚国家的可持续发展。显然,中亚国家的产业结构是典型的资源型产业结构。①

表 1-6 中亚五国支柱产业

国家	支柱产业
哈萨克斯坦	石油、天然气的开采加工;金属开采和冶炼、运输
乌兹别克斯坦	棉花种植;石油、天然气、铀矿开采
吉尔吉斯斯坦	农业;有色金属的采掘和加工;电力工业
塔吉克斯坦	棉花种植及加工;食品加工;铝锭生产
土库曼斯坦	石油、天然气的开采加工;棉花种植和棉纺织

资料来源:《中国新疆金融》2008 年增刊第 11 页。

① 唐志强.中国西北与中亚五国比较优势及经济结构互补性分析[J].市场论坛,2013(1).

对于西亚和北非国家,单一的产业结构是其经济结构的一个共同点。每个国家都利用其主要的人力和自然资源大规模生产一两种矿产品或农产品,这些产品不是用于国内生产和消费,而是用于向世界市场出口。此外,这些产品大部分以初级原料产品的形式出口。国内加工工业不发达,制造业缺乏,体制发展不完善,劳动密集型制造业尤其不发达,生产资料和日常的生活用品高度依赖进口。这些国家的工业体系大都围绕着起支柱作用的油气矿业产业链进行构建,因此工业产业集中度高。而服务业作为新兴产业,在西亚和北非发展非常迅速,成为或将成为最重要的经济产业。服务业是这些国家非常重要的部门,在大多数年份中,由服务业创造的 GDP 在埃及等 16 个国家 GDP 中的占比在 40%以上。同时,传统的农业在国民经济中的地位日趋下降,而传统工业在国民经济中的比重日益提高。

中东欧国家的产业结构形式是“321”模式,服务业的净产值占 GDP 的比重远远超过 50%,有些国家甚至能够达到 70%以上。虽然农业仍然是不可缺少的传统产业,是其他产业发展的基础,但是其对中东欧国家国民生产总值的贡献正在逐渐减少。同时,在农业方面,中东欧国家在努力改进农业生产方式,提高农业生产效率。工业作为中东欧国家国民经济的传统基础产业,因这些国家参与世界经济一体化程度较高受到国际市场开放的巨大影响,工业净增加值占国民生产总值(GNP)的比例逐渐下降。同时,工业在吸引外国投资方面仍然非常有吸引力,特别是在波兰和匈牙利,外国投资的份额很高。大多数中东欧国家有着非常不同的东欧风俗,其独特的自然环境和建筑风格一直吸引着大量的游客,这不仅促进了旅游业的发展,而且给餐饮业、酒店业等相关行业带来了前所未有的发展。特别是现在服务业作为最大的产业,可以想象,在中东欧国家对旅游业资源的充分开发日益重要。服务部门受到援助、专利和加入欧盟的积极影响,作为新兴产业,服务业已开始取代工业成为所有中东欧国家的最大产业,其每年的生产净值可以达到国民生产总值的 60%以上。现在,中东欧国家的科技创新和能源创新已经能够达到国际标准,对促进服务业发展发挥了重大作用。

南亚的经济体制跟中国、东亚和东南亚的传统的经济体制有所不同,即并不是制造业主导型的经济增长模式。南亚的经济发展是与服务业高度相关的,其发展模式是服务业主导型,南亚四个国家的服务业占 GDP 的比例超过 50%。自 2016 年以来,南亚的总体经济表现仍然令人印象深刻,在全球经济放缓的背景下,它已成为世界经济增长最快的地区之一,预计其经济增长率将达到 6%左右。至于农业和工业方面,南亚是一个典型的农业开发区,幅员辽阔,自然资源、矿产资源和农作物资源丰富,除了马尔代夫,南亚其他国家高度依赖农业。但是农业的基础地位却相对薄弱,发展水平不高,农业的基础设施水平相对落后,受自然条件影响较大,生产效率不是很高。另外，整个南亚地区基本处于工业化初级阶段。目前，南亚的工业化率相对较低，工业吸收的就业人口比例也相对较低。印度是南亚最大的经济体，其在独立初期就制定了完善的工业发展计划，但它的工业贡献率仅占 GDP 的 26.3%。工业发展中存在着公共投资不足、电力及道路等基础设施落后等问题。农业和工业发展中存在的问题为投资、技术、人才需求相对较少的服务业提供了良好的发展机遇，使南亚服务业在这三大产业中发展最好。因此，总的来说，南亚国家的经济和社会发展相对落后。其中，南亚的孟加拉国、尼泊尔、不丹、马尔代夫和阿富汗被联合国列为最不发达的国家。

对于蒙俄地区，自 2000 年以来，俄罗斯的产业结构向更高层次演进，符合产业结构的演进规律，第三产业占 GDP 的比例高于第二产业，第二产业占 GDP 的比例高于第一产业，产业结构向发达国家趋近。① 但是，俄罗斯的经济增长是建立在大量资源和原材料出口的基础上的，俄罗斯在苏联时期，重工业占主导地位，轻工业和农业发展薄弱，严重依赖自然资源和能源。俄罗斯制造业的发展欠缺，轻工业和食品工业比重呈现比较明显的下滑趋势，居民消费品生产没有增长。当然，俄罗斯的工业原料、能源储备、生产技术等方面实力雄厚，拥有丰富的石油、煤炭、稀土等能源。

蒙古的产业结构单一，基本上只有 1~2 个支柱产业，但总体产业结构呈上升趋势，第一产业比重逐渐下降，第二产业和第三产业比重呈锯齿状上升。产业结构的畸形必将制约经济的持续健康发展。蒙古的畜牧业是西部和东部地区的支柱产业，因此第一产业是主要的经济部门。虽然第一产业的比重在下降，但其地位在短期内不会被第三产业动摇。

表 1-7　2000—2018 年东南亚国家三次产业结构的变化　（%）

国家	农业			工业			服务业		
	2000 年	2015 年	2018 年	2000 年	2015 年	2018 年	2000 年	2015 年	2018 年
文莱	1.6	0.8	1.0	59.5	62.2	62.8	38.9	37.0	36.2
柬埔寨	39.6	23.6	18.2	23.3	34.2	32.3	37.1	42.2	39.5
印尼	16.6	13.1	16.9	43.7	40.9	39.7	39.7	46.0	43.4
老挝	52.1	23.8	16.9	22.7	29.1	31.5	25.2	40.2	41.6
马来西亚	8.4	9	8.6	44.2	36.8	38.3	47.4	54.3	53.0
缅甸	42.9	—	—	17.3	—	—	39.7	—	—
菲律宾	19.9	9.5	9.2	34.7	33.5	30.8	45.4	57.0	60.0

① 李新，李中宇.中国模式的特殊性——兼与俄罗斯模式比较[J].俄罗斯学刊，2018(5).

续表

国家	农业			工业			服务业		
	2000 年	2015 年	2018 年	2000 年	2015 年	2018 年	2000 年	2015 年	2018 年
新加坡	0.1	0.0	0.0	34.0	26.0	25.2	65.9	73.9	74.8
泰国	10.3	6.7	8.1	44.3	36.3	34.9	44.5	57.1	57.0
越南	23.3	18.2	24.6	35.4	38.6	34.2	42.1	43.3	41.1

资料来源：快易数据库。

对于东南亚地区而言，农业在 GDP 和就业中的比重逐渐下降，工业（特别是制造业）在 GDP 和就业中所占比重迅速上升。虽然各国产业内部结构不同，但制造业在东南亚各国国民经济中的地位是在不断提高的。而在制造业中，传统制造业在东南亚主要国家的地位正在下降，而新兴制造业的地位正在迅速发展。近年来，各国的电子信息产业、石油化工、汽车工业等部门发展迅速，成为一些国家制造业的主导或支柱产业。① 服务业在 GDP 和就业中的地位总体呈上升趋势。尤其是新加坡的经济对转口贸易的依赖程度高，所以服务业的表现比较突出。在各国的服务业中，传统服务业所占比例逐渐下降，而现代服务业所占比例不断增加。现在，新加坡已率先成为一个新兴的工业化国家，马来西亚和泰国也已经在工业化的中期阶段。当前，东南亚经济发展呈现出一系列结构性变化。东南亚已成为亚太地区经济的重要增长极和国际生产网络的重要节点，区域经济一体化有所增强（见表 1-7）。

虽然地区各有不同，但从总体上看，第三产业在“一带一路”沿线国家中占有很大的比重。65 个国家之间的差距相对较大，基本上涵盖了工业化进程的各个阶段。目前来看，“一带一路”国家仍处于工业化进程中，且大部分处于工业化的中后期。这充分体现了“一带一路”建设“覆盖面宽”和“包容性”的重要特征。具体来看，综观“一带一路”沿线各国工业化水平的特点，可以发现中亚五国分布于工业化初期和工业化后期两端。东南亚和南亚的大多数国家都处于工业化的早期阶段，中东欧、西亚、中东的国家大都处于工业化后期，只有一个国家处于工业化早期。

（三）“一带一路”沿线国家的贸易特征

沿丝绸之路经济带的中亚五国矿产资源丰富，以石油和天然气、有色金属和稀有金属为主要资源，形成了以石油化工、矿业、电力、有色金属为主的重工业和加工产业格局。其中，哈萨克斯坦的经济发展水平最高，而中国的大型企业主要投资于哈萨克

① 王勤.东南亚国家产业结构的演进及其特征[J].南洋问题研究，2014(3).

斯坦的矿业、制造业、地质勘探和金融业。位于丝绸之路经济带的西亚国家是中国最大的原油来源地，而中国的轻工业产品、机械和制造材料也满足西亚新兴经济体的需求。海湾产油国作为海陆丝绸之路的交汇点，自20世纪七八十年代发现石油以来，经济得到了较大发展，但经济总量较小，经济结构相对单一。一般来说，沿丝绸之路经济带的内陆国家的主要出口产品是化石燃料、金属矿产产品、谷物和毛皮等初级的原材料，而主要进口产品是机械设备、电器、交通等工业产品和日用消费品。与沿线内陆地区相比，21世纪在海运丝绸之路上占有重要地位的东南亚地区逐渐成为劳动密集型产业的目的地，东亚和东南亚主要出口电子电器、机械设备、交通运输等工业制成品，主要进口石油和天然气、金属原材料和塑料化工产品等初级产品。

从出口来看，“化石燃料、矿物油及其蒸馏产品”是“一带一路”沿线国家最多的出口产品。2015年其出口额达9487亿美元，占当年沿线国家出口总额的26.2%，但与之前相比下降幅度较大。其次是电机、电气设备及其零部件，占出口总额的12.7%，较之前也略有下降。在贸易额前十大产品中，仅针织或钩编服装及服饰辅料、非针织及非钩编服装及服饰辅料有所增加，但增长率较低。从进口来看，“电机、电气设备及其零部件”是沿线国家从世界进口最多的产品。2015年，其进口总额达5315.4亿美元，占沿线国家进口总额的14.6%，其次是“锅炉、机械、机械及零部件”和“化石燃料、矿物油及其蒸馏产品”，进口额分别为4665.6亿美元和4516亿美元，分别占总额的12.8%和12.4%。在贸易额前十大产品中，化石燃料、矿物油及其蒸馏产品下降幅度最大，达到37.9%，而其他产品下降幅度小于20%。

从各个地区的贸易结构来看，中东欧国家占欧洲领土的3/10，总人口占欧洲总人口的1/4，自然资源丰富，劳动力素质高，投资环境好。它们在农产品、动植物产品和化石燃料方面具有相对优势。尤其是中东欧国家农业资源丰富，农业发展历史悠久，在农业出口方面具有比较优势。俄罗斯的初级产品和制成品呈现出剪刀差的情况。工业制成品出口占出口总额的比例在下降，而初级产品的出口占出口总额的比例逐年增加；工业制成品进口占进口总额的比例在上升，初级产品的进口占进口总额的比例是逐渐下降的，主要是能源出口。就出口结构而言，俄罗斯与发达国家有很大不同。俄罗斯出口原材料（石油和石油产品、天然气、矿石、原木、煤炭）、黑色金属和有色金属、宝石和化肥，能源、原材料、制成品的比重过高，使俄罗斯在世界贸易结构中处于最低水平。其中，蒙古、俄罗斯、中亚、西亚和中东在能源和矿产品出口方面具有显著的比较优势。南亚的纺织服装和非金属矿产品，特别是纺织服装使南亚在全球纺织业新的分工中占有突出的地位。运输设备在中东欧出口中的比较优势是显著的。东南亚国家的出口结构比较均衡，植物制品、食品饮料、木制品、塑料橡胶、机械设备等行业均具有一定的出口比较优势。

显示性比较优势指数(RCA)①,一般通过该产业在该国出口中所占的份额与世界贸易中该产业占世界贸易总额的份额之比来表示,是衡量国家或地区某一产业贸易比较优势的一种指标。我们利用显示性比较优势指数来具体分析“一带一路”沿线国家的贸易情况。

利用比较优势指数计算“一带一路”国家分成相关的区域后十大类商品出口的竞争力程度,每个国家都有自己的区域出口贸易产品。比较优势如下:西亚、北非和俄罗斯的石油和化石燃料贸易商在国际上具有很强的竞争力,东南亚国家的产品、动物油、植物油、脂肪和蜡,蒙古国的商品原油以及中国在机械设备的主要类别中仍具有比较优势,而大部分“一带一路”沿线国家都是新兴市场国家和发展中国家,为了保持经济贸易的发展,必须处理好各种各样的商品需求不断增长的问题,应充分发挥在贸易上的比较优势,相互补充合作。

表 1-8 的结果显示,首先从中国来看,SITC6(主要按原料分类的制成品)和 SITC7(机械及运输设备)都经历了从国际竞争力弱到国际竞争力强的转变,已跨过了一个过渡,表明中国在将贸易重点转向机械设备工业产品的过程中取得了不小的进步。同时,中国在第 8 类产品(2005 年除外)上拥有较强的竞争力,在“一带一路”沿线 8 个区域中几乎都位居第一,这与中国在制造业类别中具有突出的竞争力以及作为世界制造业大国的地位是完全相符的。可以看出,中亚在第 6 类产品上的竞争力显著下降,在 SITC2(除燃料外的非食用原料)和 SITC3(矿物燃料、润滑油和相关原料)产品上具有较强的竞争力,尤其是第 3 类产品,但第 2 类产品的竞争力下降,这可能与其自身的资源优势即化石燃料有关。与上述两个国家相比,东南亚在 SITC4(动物油、植物油、脂肪和蜡)方面具有很强的贸易优势,但在其他类别的产品上,由于东南亚国家独特的环境因素,与其他国家相比优势也比较明显。蒙古、俄罗斯和中亚五国在第 3 类产品上竞争优势相当,但 SITC2、SITC6(主要按原料分类的制成品)和 SITC9(没有分类的其他商品)的竞争力在一定程度上有所削弱。对于蒙俄地区,SITC1(饮料和烟草)、

① 显示性比较优势指数(Index of Revealed Comparative Advantage,RCA)的含义是:一个国家某种出口商品占其出口总值的比重与世界该类商品占世界出口总值的比重之间的比率。RCA>1,说明该国此种商品具有显性比较优势;RCA<1,则说明该国此种商品没有显性比较优势。其计算公式为:

$$RCA=(X_i/X_t)/(W_i/W_t)$$

式中,X_i表示一国或地区某商品出口值;

X_t表示一国或地区商品出口总值;

W_i表示世界某商品出口值;

W_t表示世界商品出口总值。

SITC2(除燃料外的非食用原料)SITC3(矿物燃料、润滑油和相关原料)、SITC4(动物油、植物油、脂肪和蜡)和SITC7(机械及运输设备)的竞争优势良好,第4类贸易产品紧跟东南亚国家的步伐,有较强的竞争优势。西亚和北非国家的主要竞争优势是第3类矿产资源,其他产品的竞争优势非常弱,这反映了这些国家较为单一的经济贸易模式。因为对外贸易集中在石油和天然气等矿产资源上,与其他国家贸易产品的合作有很强的互补性,但是同时我们也可以看出化石燃料的竞争优势呈下降趋势,没有分类的第9类贸易产品的竞争优势呈现上升趋势,表明西亚和北非国家正在缓慢向多元化转变。而中东欧国家都没有竞争优势非常强大的贸易产品,只有一些具有比较优势的产品。第1类、6类和7类产品与其他类别比较,还是具有一些竞争优势,第1类产品的发展相对比较平稳,但第2类比较优势下降,竞争力正在缓慢下降,大部分贸易受到国家经济安全的影响。相对而言,南亚的产品竞争优势就比较全面了。例如,SITC0(食品和活体动物)、SITC6(主要按原料分类的制成品)和SITC8(杂项制品)具有很强的比较优势,但是第8类的优势已经有所下滑。第4类产品的竞争优势明显丧失,而第2类产品仍具有一定的竞争优势,第3类产品在竞争优势方面有相对稳定的提升。

表1-8 “一带一路”国家和地区显示性比较优势指数

国家和地区	中国	中亚	东南亚	蒙俄	西亚、北非	中东欧	南亚
SITC0	0.41	0.44	1.04	0.49	0.61	1.22	1.83
SITC1	0.16	0.25	0.86	0.33	0.81	1.54	0.49
SITC2	0.17	1.22	0.76	0.96	0.34	0.82	0.98
SITC3	0.10	5.16	1.08	4.66	2.65	0.35	1.20
SITC4	0.06	0.13	6.35	0.82	0.40	0.72	0.66
SITC5	0.52	0.33	0.79	0.42	0.49	0.76	0.98
SITC6	1.39	0.74	0.70	0.85	1.03	1.36	2.05
SITC7	1.34	0.07	1.10	0.12	0.41	1.27	0.41
SITC8	2.34	0.03	1.10	0.11	0.64	0.10	1.35
SITC9	0.02	0.07	0.65	0.62	3.14	0.29	0.22

注:SITC0(食品和活体动物)、SITC1(饮料和烟草)、SITC2(除燃料外的非食用原料)、SITC3(矿物燃料、润滑油和相关原料)、SITC4(动物油、植物油、脂肪和蜡)、SICT5(未列名化学名及有关产品)、SITC6(主要按原料分类的制成品)、SITC7(机械及运输设备)、SITC8(杂项制品)、SITC9(没有分类的其他商品)。

资料来源:根据联合国数据库的数据计算。

总的来说,这65个国家在贸易上具有的竞争优势主要集中在SITC2(除燃料外的非食用原料)、SITC3(矿物燃料、润滑油和相关原料)、SITC4(动物油、植物油、脂肪和蜡)、SITC6(主要按原料分类的制成品)、SITC7(机械及运输设备)、SITC8(杂项制品)和SITC9(没有分类的其他商品)。除第5类外,其他9类都具有很强的竞争优势,也就是说“一带一路”沿线国家在矿产资源产业中具有较强的竞争力。这反映了“一带一路”65个国家在世界贸易中仍具有很强的竞争力,在世界贸易中也占有很大份额,对世界贸易的发展做出了巨大贡献。

中亚在第2类、3类、6类,东南亚在第1类、3类、4类,俄罗斯和蒙古在第2类、3类,西亚和北非在第3类、9类,而中欧和东欧在第2类,具有相同的优势。南亚对世界的贸易优势集中在第1类和第7类。蒙古、俄罗斯和中国在第2类和第9类贸易产品的优势几乎一致。其他国家或多或少有一些差异。中亚地区的第5类和第9类贸易产品向中国出口具有优势。同样,西亚和北非在向中国出口第2类至第5类产品方面也有优势。中东欧在向中国出口第6类产品方面也有优势,但不具有国际竞争力。综上所述,相对于中国市场,“一带一路”沿线国家在世界市场上比较劣势的产品会具有较强的竞争优势,并且沿线国家贸易产品在国际市场上具有比较劣势而在中国市场上具有比较优势的比例在30%以上。因此,我们应该客观地看待沿线国家贸易产品的比较优势和劣势,增加沿线国家与中国的贸易联系,努力提高我国贸易产品的质量和能力,把缺点变为优点。

中国是“一带一路”沿线国家中最主要的进出口国家,尤其是新加坡、马来西亚、越南、泰国、俄罗斯、印度、印度尼西亚等国家和地区的主要出口目的国,也是沿线主要贸易伙伴的第一个进口市场。

东南亚11个国家与中国的贸易关系最为密切,中国与东南亚国家一直有着良好的经济互动。海上丝绸之路战略为中国和东南亚国家的经贸发展提供了良好的机遇,促进了多边经贸合作的深入发展。第一,它有效地促进了中国东部沿海地区的经济发展,长途海运发展迅速。如推动上海GDP增长了4.5%,天津、江苏等沿海省市也因与东南亚国家交往的迅速发展而受益。第二,中国与东南亚国家经济总量大,相互依存。东南亚国家对中国经济的贡献率高于其他“一带一路”国家。第三,在“一带一路”建设的推动下,东南亚等国家间的经济交流显著增加。

其次是西亚和北非。中国对能源的需求是强劲的,而西亚是世界能源产品的主要来源之一。中国的能源需求将继续促进中国和西亚在能源产品上的贸易往来。中国是一个制造业大国,西亚国家的人均收入大部分处于世界中上水平,无论是工业生产还是家庭消费,对制造业产品都有巨大的需求,这为中国制造业产品的生产和销售提供了广阔的空间。另外,西亚地区对基础设施建设的巨大需求,为中国工程承包市场提供了巨大的商机,也将促进相关企业在这方面交流合作。

中国与五个中亚国家的经济关系由于"一带一路"建设而更加紧密,实现了互利共赢的目标,共同促进了本地区的发展与繁荣。但是,中国与中亚五国的经济发展仍然存在不平衡。中亚五国大部分与新疆保持着良好的经贸关系,但与中国其他省份的经贸配额总体水平较低。例如,中国新疆将五个中亚国家的 GDP 增长率推高到 8%,而中国其他省份对五个中亚国家的经济贡献率不到 0.5%。

在"一带一路"倡议的推动下,中国和中东欧国家在经贸活动上取得了长足发展,有效发挥了经济关系的作用,发挥了互助的作用,尤其是在能源方面。第一,中国主要向东欧国家出口以机械为基础的商品。东欧国家已成为中国能源的重要保证,为中国经济发展做出了必要的贡献。第二,中国目前与东欧国家有竞争关系,与沿线其他地区相比,与东欧国家的贸易增长速度相对较慢。第三,中国与东欧国家合作前景良好,随着长途运输通道的开通,中国将与东欧国家保持更加密切和良好的经贸关系。

通过实施"一带一路"建设,中国与俄罗斯经济结构朝着均衡的方向发展。第一,俄罗斯经济共同体的建立,两国在双赢合作的理念下,经济联系不断深化,中国通过"一带"为俄罗斯经济的发展提供了必要的帮助。第二,俄罗斯在促进中国东北老工业基地的发展中发挥了重要作用。

三、自贸港区对接服务"一带一路"的思路

在党的十九大报告之前,就已经有不少关于全国各地自贸区改革的探索与建议,包括自贸区对接"一带一路"国家自由贸易协定的谈判与合作,提供国际贸易中物流、货运、金融服务等方面的便利化。[①] 然而自由贸易区与自由贸易港在战略定位上有着很大的不同。自由贸易港侧重的是全方位的开放,不仅包括货物流通的开放,还包括信息、服务等更广泛的流通。自由贸易港和"一带一路"都是国家战略,彼此之间仍然具有紧密的联系。因此,今后可在文化交流、经贸往来、产能合作、国际公共服务平台等几方面尝试探索两大战略对接的可行路径。

(一)以自由贸易港区为窗口推动文化交流

中国自贸区建立以来,在文化产业监管方面采取一系列新举措和新制度,例如:放

① 上海服务国家"一带一路"建设发挥桥头堡作用行动方案,2017 年 10 月。

宽文化产业经营许可范围，简化文化活动审批流程，便利艺术品进出口贸易，多元化商事争议解决机制，为知识产权交易提供法律保障等。这一系列措施，形成了特有的自贸区文化产业发展模式，为我国与“一带一路”沿线各国间的文化交流合作提供了一个良好的展示窗口和贸易平台。国内对“一带一路”的认识已很全面，关键是要将“一带一路”的正确理念对外界做好宣传推广，上海自贸港区建设将会依靠自身特有的文化监管制度与管理模式成为宣导我国“一带一路”建设文化意识的有利平台，加强我国与“一带一路”沿线各国的文化交流、文化传播与文化贸易，消除彼此观念上的隔膜与芥蒂，将“一带一路”开放合作、和谐包容、互利共赢的精神理念由上海自贸港区转向“一带一路”沿线各国乃至全世界，以文化融通实现意识共通，对“一带一路”建设具有促进作用。

（二）以自贸港区为平台增进国际经贸合作

上海自贸港区是首批开始进行试验的自贸区，其在贸易、投资等方面已积累了足够的经验，营造了良好的营商环境，这都为上海自贸港区的建设提供了绝佳的发展机会。依靠良好的法制营商环境，通过政府对外宣传、市场主体参与、信息资源交流等多种方式可让“一带一路”沿线国家深入了解上海自贸港区将会带来的制度红利，从而吸引更多“一带一路”区域内的公司、企业、个人进入上海自贸港区开展贸易投资，为上海乃至中国经济发展注入新的动力。

另外，“一带一路”沿线多为新兴经济体和发展中国家，经济发展水平普遍较低，大多数企业实力较弱，不具备很强的国际市场竞争力。从控成本、降风险、谋利润视角分析，上海自贸港区对“一带一路”沿线外企无疑具有较强的市场吸引力，这也为上海自贸港区内的企业带来了潜在的贸易对象与合作机遇。以上海自贸港区为纽带，借助中国自贸区所特有的制度创新（例如对外投资备案制、“资金出海”政策等），鼓励港内中国企业勇于开拓“一带一路”沿线市场，加强与“一带一路”沿线外企的经贸合作，协助“一带一路”沿线经济发展，通过经济红利共享不断提升中国自贸港区在“一带一路”中的国际市场地位。

（三）以自贸港区推动沿线国家的国际产能合作

过去十年，国际投资趋势与国际产能合作具有以下两个显著的特点：一是由于科技水平的显著提高，运输成本如航空运输成本、远洋运输成本等大幅下降，物流管理水平提高，互联网普及下的信息成本下降等诸多因素的共同作用，传统国际产能合作中的“资源禀赋优势”等红利效应正在大幅减退。高附加值产品如软件、先进材料、电子器件、航空器、医疗设备等产业的投资与国际产能合作基本固化，如美国、德国、日本、韩国均将核心高端制造业保留在本土，极少进行技术转移和产能国际合作。而低附加值产品如服装、纺织、鞋帽、普通制成品等的全球产业布局，更依赖贸易制度安排下的全球产业重构，综合成本和产业链融合已经成为国际产能合作的一个新标准。二是由于技术的进步与区域地缘政治因素，在过去五年，流入发展中国家的名义外商投资虽然在总体数字上有所增加，但流入基础设施和实业领域的投资却出现了明显的下降。虽然表面上带来了发展中国家经济短期的上升，但这些国家内生性发展动力依然不足，其基础设施的建设与发展没有可持续性。许多发展中国家产业基础依然薄弱，而“一带一路”建设在实践中提供了中国产业链与“一带一路”沿线国家进行有效连接的机会（见表 1-9）。

表 1-9　各国外商直接投资

国家	外商直接投资（亿美元）				
	2014 年	2015 年	2016 年	2017 年	2018 年
中国	1285	1356.1	1337	1341	1390
柬埔寨	18.5	18.2	24.8	27.9	31.0
老挝	7.2	11.2	10.0	16.0	13.2
菲律宾	52.8	44.5	69.2	87.0	64.6
泰国	48.1	56.2	18.2	64.8	104.9
越南	92	118	126	141	155
缅甸	9.5	28.2	29.9	43.4	35.5

资料来源：UNCTAD，FDI/ MNE database.

在新一轮的全球产业结构变化和产业集中分化的重新整合中，一方面是全球产业链重组与再构中的中国地位确立，另一方面则是以中国“一带一路”建设为主轴，推动发展中国家基础设施短板补齐与内生发展动力再造。因此，除了传统的双边贸易合作外，一种新的以中国产业链为主体和主导的国际产业链和价值链正在“一带一路”建设中逐步构建与形成。所以，我们应该看到，上海自由贸易港的建设将为“一带一路”沿线国家与中国产业链进行自然对接提供更加现实、更具操作性的机制路径。中国自由贸易港由于其投资和金融功能的存在，理应作为中国对“一带一路”沿线国家投资的资本出发地和投资信息汇集地，而“港区经济”强大的产业集群，也可以通过自由贸易港的各类加工、制造优惠政策产生的“制度红利溢出”覆盖“一带一路”沿线国家。因此，在实现路径上，在上海自由贸易港建设和设计初期，就应该抓住“关键少数”产业集群，以中高端产业链辐射和带动“一带一路”沿线国家的相关产业布局。这种路径设计,一方面可以发挥自由贸易港本身对全球产业的拉动和引领作用,另一方面可以促进"一带一路"沿线国家基础制造业产业链的形成,在为"一带一路"沿线国家创造就业空间的同时,也可以解决这些国家普通生活用品长期依赖进口的局面,从而帮助这些国家改善贸易平衡,而这恰恰是"一带一路"沿线国家最为迫切的现实需要。

因此,就"一带一路"建设的长期价值和内涵质量而言,上海自由贸易港区所推动的中国产业链与"一带一路"沿线国家的国际产能合作与对接,对于全球经济长期平衡增长具有极高的战略意义。

(四)以自贸港区推动综合国际公共服务平台的建设

目前,全球自贸港的特点与普遍功能之一就是其综合服务功能。一个国家服务业发展的状况和其辐射覆盖的能力是这个国家对外影响力的重要体现。由图 1-1 可知,美国是世界上服务业领先的出口强国,其所占的全球份额超过了排名第二的英国和排名第三的德国的总和,更是达到了中国服务出口总量的约 2.8 倍。[①] 因此,就战略使命而言,应该通过有效的机制与手段,如上海自贸港区的功能设计,提升中国在全球的服务能力。

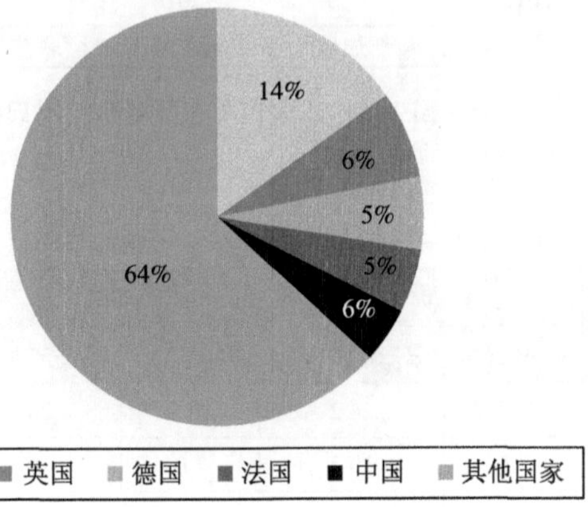

图 1-1 2016 年全球服务出口份额百分比

从图 1-2 可以看出,服务出口在全球自由贸易港中具有举足轻重的地位。因此,拓展综合服务功能,通过对上海自由贸易港的机制设计和实现路径创新来扩大中国在全球服务市场的份额,是上海自由贸易港区建设功能中的另一个重要内涵。

以上海服务业为例,如表 1-10 所示,2016 年,上海的第三产业总产出占 GDP 比

① 资料来源:WTO DATA (https://timeseries.wto.org).

例已经达到了70%,达到了欧美发达国家的平均标准。而从服务业分行业的角度来看,2018年上海金融业产出占GDP比例为17.9%,占服务业比例为25.9%;房地产业分别为5.7%和8.2%;批发和零售业分别为14.3%和20.7%;租赁和商务服务业分别为6.3%和8.2%;信息传输、软件和信息技术服务业分别为5.6%和8.1%。这"五大金刚"构成了上海服务业的基础。除了金融业服务接近全球发达城市水平外,上海其他的专业化服务,包括科学技术、信息服务、医疗服务等行业的产出,还与全球领先城市差距较大。因此,上海自贸港区建设可通过各种专业服务叠加的累积效应,形成中国新的综合国际公共服务平台。

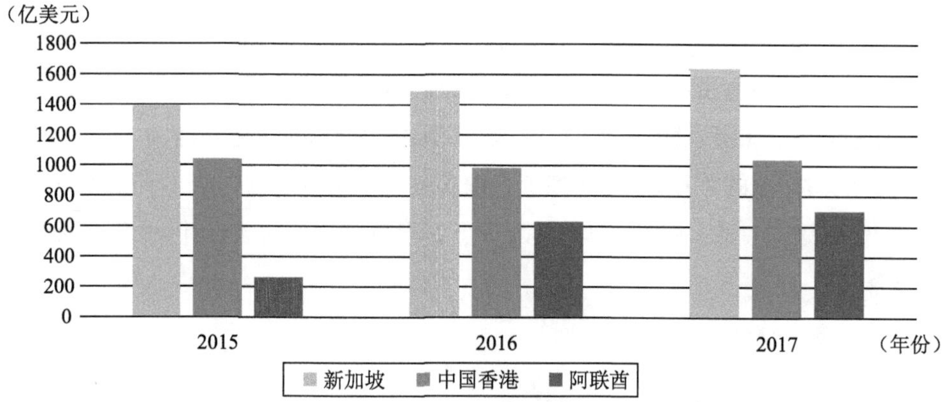

图1-2 三大自贸港服务市场出口额

表1-10 2016—2018年上海市部分行业占GDP以及第三产业份额 (%)

行业 \ 年份	2016		2017		2018	
	GDP占比	第三产业占比	GDP占比	第三产业占比	GDP占比	第三产业占比
金融业	16.9	24.2	18.0	25.0	17.9	25.9
房地产业	7.5	10.8	7.0	10.0	5.7	8.2
批发和零售业	14.6	21.0	15.2	21.0	14.3	21.7
租赁和商务服务业	5.8	8.3	5.9	8.7	6.3	8.2
信息传输、软件和信息技术服务业	5.8	8.3	6.0	8.1	5.6	8.1

资料来源:Wind数据库。

另外,目前"一带一路"沿线国家金融服务水平普遍低下,特别是"丝绸之路经济带"国家,这些国家与欧美发达国家的金融结构存在明显的差异。而中国金融业,尤其是一些小微企业在过去几十年累积的经验正是"一带一路"沿线国家所需要的。所以,就“一带一路”沿线国家的金融服务拓展而言,上海自贸区即将带来的金融服务功能有很大的发挥空间。通过上海自贸区综合国际公共服务平台的建设,不仅可以提供贴近“一带一路”沿线国家现实需要的专业服务,而且沿线各国也完全可以通过上海自贸港区这一公共服务平台将自身的优势尽情地展现出来。

四、自贸港区进一步对接服务“一带一路”的突破口

自由贸易区的建设,是在我国“一带一路”建设这一大背景下提出来的。自贸港的建设具有建设周期长、实施过程复杂的特点。而且,自贸港的建设必须要和今日中国在世界的地位相称,符合中国发展战略的长远要求。因此,如何找到突破口使上海自贸港区更好地顺利平稳对接“一带一路”是重中之重。

(一)促进对接融合

促进自贸港区与其他自贸区共赢发展,服务于“一带一路”建设大局。结合“一带一路”建设,不仅要做国际经贸规则的参与者,也要做规则引领者,构建面向全球的高标准自贸区网络。一要积极谋划把握自贸试验区与“一带一路”建设在众多产业和市场要素调动中产生的产业创新、金融创新、区域创新等新机遇。二要错位共赢发展,避免“一哄而上”和恶性竞争,追求互补发展、共赢发展。三要从地缘政治和国家经济核心战略方面进行定位,统筹协调、共建共享、互利共赢,实现上海自贸港区与“一带一路”建设对外向型经济新格局的融合驱动。充分认识自贸港建设的宗旨在于打造投资便利、贸易自由、高端聚集、金融完善、监管透明、法规健全、辐射显著的全球经济制高点,为“一带一路”区域发展创造国际化平台。

(二)创新对接模式

政府对外要做好政策沟通协调,营造良好的合作环境,对内则要强化统筹协调,为企业搭好平台。突出企业的主体作用,依托企业不断探索自贸港发展新模式。探索区域开发开放与“一带一路”沿线相结合的互利共赢合作新模式、新机制。一要探索构建联席会议制度,加强互联互通,共商发展大计,缓解海量信息交流沟通和利益互动问题。二要创新合作模式,实现互利共赢。选取“一带一路”沿线城市结对,从友好城市或港口入手,再发展双边或单边产业园,重塑国际产业发展的合作模式。三要主动实施国家间的自贸区(FTA)战略,积极参与重大国际自贸区谈判与全球规则制定。四要推进政府服务模式和监管模式创新,营造国际化营商环境。

（三）构建对接趋势

自贸港区建设和“一带一路”都是国家战略，彼此之间具有紧密的联动关系。“一带一路”的核心要点在于连接成线和发展成带，其推进落实的途径是将国内外一些核心区域和重要节点作为战略支撑，形成“一带一路”建设的发展平台和重要开放窗口。因此，要在全局上加强战略匹配，努力形成彼此协同发展的大势，形成推进合力。上海自贸港的建设与“一带一路”建设都是深化对外开放的载体。以“一带一路”沿线国家特别是我国周边国家和地区为依托，推动建设高标准的自贸区网络，为加强沿线国家的合作，推动贸易便利化和投资自由化，创造更妥帖的制度安排及政策环境。

总之，“一带一路”和自贸区的战略对接已经是我国各个自贸区的发展趋势。“一带一路”的持续发展需要若干沿路港口经济区作为支撑，并且不同自贸区在其自身定位、经济、产业结构等方面的侧重点有所不同。因此，应加强顶层设计、筹谋发展规划，推动沿线地区发展港口经济和自由贸易港区，为“一带一路”建设提供先行先试的载体。我国要用好自由贸易港区这一区域合作平台，加快沿线地区自由贸易港区建设，着力消除现有体制障碍和壁垒，扩大市场准入，推动重点领域对外开放，稳步构建立足周边、辐射“一带一路”、面向全球的自贸区网络，给“一带一路”建设带来巨大的支撑效应。

参考文献

[1]范宏云，孙光永.香港建设自由贸易港的经验[J].特区实践与理论，2008(3).

[2]方磊，宗刚，初旭新.我国内陆地区自贸区建设模式研究[J].中州学刊，2016(1)：31.

[3]何春华.中国自贸区与“一带一路”倡议对接融合路径研究[J].科技经济市场，2019(1).

[4]黄南.上海自贸区建设与长江经济带开放型经济发展[J].中国发展，2015(4).

[5]金泽虎，李青青.上海自贸区经验对促进长江经济带贸易便利化的启示[J].中国经贸，2016(4)：37.

[6]李丽丽.“一带一路”国家经贸现状及比较优势研究[D].北京理工大学，2016.

[7]李新，李中宇.中国模式的特殊性——兼与俄罗斯模式比较[J].俄罗斯学刊，2018(5).

[8]马曼.自贸区与“一带一路”建设对接途径、问题和对策[J].国际金融，2018(9).

[9]桑百川，杨立卓.拓展我国与“一带一路”国家的贸易关系——基于竞争性与互补性研究[J].经济问题，2015(8)：2.

[10]唐志强.中国西北与中亚五国比较优势及经济结构互补性分析[J].市场论坛，2013(1).

[11]佟家栋.中国自由贸易试验区的改革深化与自由贸易港的建立[J].国际商务研究，2018(1).

[12]王勤.东南亚国家产业结构的演进及其特征[J].南洋问题研究,2014(3).

[13]吴舒钰.“一带一路”沿线国家的经济发展[J].经济研究参考,2017(15):3.

[14]益智.上海自贸区经验对促进长江经济带贸易便利化的启示[J].中国发展,2015(1).

[15]宣昌勇,张纪凤.上海自由贸易区对建立连云港自由贸易港的启示[J].大陆桥视野,2018(4):55.

[16]汪洋.推动形成全面开放新格局[N].人民日报,2017-11-10.

[17]张释文,程健.我国自由贸易港建设的思考[J].中国流通经济,2018(2):91.

[18]张茉楠.构建“一带一路”自贸区乃大势所趋[J].环球市场信息导报,2015(4).

第二章　区域联动、区域开放与海南自由贸易港建设

赵　玲

一、研究背景及意义

习总书记在党的十九大报告中明确提出“赋予自由贸易试验区更大的改革自主权,探索建设自由贸易港”。这一战略新目标的确定,既充分肯定了我国自由贸易试验区在过去四年的实践中所获得的巨大成功,又为新时代开放型经济体制创新提出了更加关键的任务和重要的使命。2018 年 4 月 13 日,习近平在庆祝海南建省办经济特区 30 周年大会上郑重宣布设立海南自由贸易港。

为什么要建设自由贸易港? 国际经济发展的历史经验和当代实践证明,自由贸易港是有助于提高开放度的制度形态和政策工具。自由贸易港以开放型经济建设为主,中国特色的自由贸易港将承接推进经济自由化、发展市场经济的重大责任。

汪洋在 2017 年 11 月 10 日的《人民日报》中提出:自由港是设在一国(地区)境内关外、货物资金人员进出自由、绝大多数商品免征关税的特定区域,是目前全球开放水平最高的特殊经济功能区。我国海岸线长,离岛资源丰富。探索建设中国特色的自由贸易港,打造开放层次更高、营商环境更优、辐射作用更强的开放新高地,对于促进开放型经济创新发展具有重要意义。

“探索建设自由贸易港”战略目标的提出,充分显示了我国最高领导层对这一经验模式在中国现阶段创新开放经济试验中地位和作用的高度重视。海南自由贸易港是按照中央部署,在海南全岛建设自由贸易试验区和中国特色自由贸易港,是党中央着眼于国际国内发展大局,深入研究、统筹考虑、科学谋划做出的重大决策。从海南自身发展来看,经过 30 年的探索与追求,海南的开放站到了新的历史起点上,既是海南发展面临的新的重大历史机遇,也是未来 30 年海南探索自由贸易港这一当今世界最高水平开放形态的开端。

我国改革开放 40 年的实践证明,区域开放与区域发展直接相关。区域开放是促

进区域发展的重要动力之一。当前,在我国推动形成全方位对外开放新格局的趋势下,区域开放与区域发展面临着新形势、新挑战。如何在对外开放新格局中优化区域开放布局,提升区域发展水平和质量,发挥不同区域在开放中的不同角色,既是我国扩大开放的现实需求,又是推动区域协调发展的内在要求。

海南作为一个岛屿经济体,通过大开放可以为经济可持续发展注入巨大动力,把资源、区位、生态、产业、海洋等潜在优势、尚未充分释放的潜力尽可能地发挥出来,完全有条件实现跨越式发展。要按照《中共中央、国务院关于支持海南全面深化改革开放的指导意见》的总体部署,适应经济全球化新形势、新趋势、新挑战,实行更加积极主动的开放战略,加快推进海南全岛建设自由贸易试验区,稳步推进中国特色自由贸易港建设,构建当今世界最高水平开放形态的政策和制度体系,把海南打造成为我国面向太平洋和印度洋的重要对外开放门户。这是新时期党中央决定以更大的开放办好最大经济特区的重大战略举措。

成熟的区域联动经济需要基础设施互联互通、地区间有共同的利益链条、区域间有完善的合作机制、发达的金融业支撑,海南自由贸易港处于粤港澳大湾区和东盟的中间地带,其建设既需要先天的地理环境以形成临港产业群,也需要后天开放的经济结构、高效的资源配置能力。目前世界上有三个经济发达的湾区(旧金山湾区、纽约湾区和东京湾区),具有高产出、高密度和高技术的显著特征,能够带领区域经济的快速发展,已经成为地区重要的经济增长极和动力源。

2015 年 3 月国家发布了《推动共建丝绸之路经济带和 21 世纪海上丝绸之路的愿景与行动》,首次提出粤港澳大湾区,强调"充分发挥深圳前海、广州南沙、珠海横琴、福建平潭等开放合作区作用,深化与港澳台合作,打造粤港澳大湾区"。2016 年"十三五"规划中强调要"携手粤港澳共同打造粤港澳大湾区",2017 年国务院总理李克强正式提出要研究制定粤港澳大湾区城市群发展规划。

粤港澳大湾区是由珠三角九市(广州、佛山、肇庆、深圳、东莞、惠州、珠海、中山、江门)、香港和澳门两个特别行政区构成的城市群,是以"9+2"珠三角区域合作为基础,打造世界级城市群、参与全球竞争的重要战略。粤港澳大湾区发展潜力巨大,粤港澳大湾区集合了金融、科技、产业三大优势。纽约湾区是以金融为特征的,东京湾区是以制造业为特征的,旧金山湾区是以创新、研发为特征的,粤港澳大湾区是集合了金融、科技、产业三大优势的一个湾区。

要实现海南自由贸易试验区和粤港澳大湾区、东盟的区域联动,需要明确合作重点领域,支持创新及科技园等合作平台建设,完善创新合作体制机制,优化跨区域合作创新发展模式,构建国际化、开放型区域创新体系,加快形成以创新为主要引领和支撑的经济体系和发展模式，打造国际科技创新中心。

上海是中国自由贸易试验区的发祥地，是新时代我国改革开放的最前沿，长三角是我国经济社会发展最为先进的区域，长江经济带更是我国经济总量最为集中的地带。同时，长江经济带还相互衔接地布局了我国五个自由贸易试验区。因此，上海探索建设自由贸易港既有先行先试的优势，又有当仁不让、义不容辞的责任。

在当前世界范围内全球化遭遇前所未有的逆流挑战，国际经贸格局出现复杂演变和存在严重不确定性的条件下，上海自贸试验区探索建设自由贸易港具有十分重大的战略意义。

而自贸试验区与自贸港的关系是既有区别，又有联系。两者的区别在于：第一，出发点不同，前者是制度创新"试验田"，后者是特殊经济功能区；第二，产业涵盖不同，自贸试验区涵盖产业有保税区、物流枢纽、高新技术等。自由贸易港主要围绕"港"字，产业涵盖相对聚焦。两者又有着天然的联系：第一，建设对象高度相关，现有自贸试验区港口基础好，是自贸港优选对象；第二，改革推荐的延续性，如口岸监管新模式、国际贸易"单一窗口"；第三，都具有试验的特点，建设自由贸易港也有试点的要求，要形成新经验、发挥示范作用。

因此，本章的亮点及对上海经济社会改革发展的实际价值在于：对标世界级自由贸易港发展开放型经济的经验，分析海南自由贸易港的建设有中国特色自由经济和全球化模式，探讨走出具有个性特色的自由贸易港发展道路。

（一）研究目标

本章的主要目标包括以下四点：

第一，海南自由贸易港处于粤港澳大湾区和东盟的中间地带，也是经济发展过程中的塌陷地，如何借助周边的区域联动与区域开放，把海南带动起来，成为一个新的阳光地带？

第二，探讨如何形成香港、澳门、新加坡、海南四个自由贸易港互相之间的联动（自由贸易港联动）；以香港、新加坡和海南作为三个支撑，带动粤港澳大湾区的建设和发展。

第三，借鉴全球各大湾区的经验，结合海南自由贸易港的优势特色，探讨可行性区域联动与区域开放方案。

第四，实行对东盟的经济开放能够拉动海南自由贸易港的发展，而海南自由贸易港的发展又能促进东盟 10+1 的建设，结合区域联动与区域开放的理论研究，提出互利共赢的路径方法。

（二）研究方法

本章将主要采用理论分析和比较研究的方法，探讨海南的自由贸易港建设面临了哪些机遇和挑战，以及会产生什么效果。

首先，从国际分工和比较优势的角度出发，探讨海南自由贸易港的优劣势，重点分析海南的产业特点和粤港澳大湾区，以及和东盟之间有什么竞争和互补的关系。再从制度层面和政策层面分析，作为自由贸易港的政策还有什么可以挖掘的空间，还有什么可以制度创新的潜力，能够尽快实现区域联动和区域开放。

其次，从旧金山湾区、纽约湾区和东京湾区的经验指引出发，以地缘与经济共生为理论核心，构建一个区域联动的分析范式。国内外学者对湾区经济展开较多的理论与实证研究，然而大多从政策指引、演化机理、概念剖析、对比分析等方面探讨，鲜有学者从区域空间分布、地缘关系匹配角度来审视城市群建设及产业协同发展，本章试图从这个角度入手，通过地缘匹配度等研究海南自由贸易港和粤港澳大湾区、东盟之间的空间关系，并提出区域联动发展的新思路。

最后，提出相关的政策建议，以便更好地发挥海南自由贸易港制度优势，增进和粤港澳大湾区，以及和东盟之间的互联互通，创新梯度层级结构建设，保护生态环境等，打造超级城市群。

二、自由贸易港的特点和优势研究

（一）海南自由贸易港的特色和优势

海南自由贸易港建设的核心问题就是按照习近平总书记讲话要求，以开放为先，努力把海南打造成为对外开放的新高地，海南负面清单就会为企业到海南投资发展创造最优的、最开放的市场环境。

海南自由贸易港建设最重要的是要以投资贸易自由化和便利化为重点打造国际化营商环境。有几个方面需要深入研究：第一，尽快建立一线放开、二线管住的海关体制。第二，尽快建立企业自主登记制度。如果能对标中国香港、新加坡，在海南率先推进企业自主登记制度，也就是说企业可以在几个小时之内完成注册手续，也可以简单注销。若是这样，相信会有更多的企业到海南来注册、投资。第三，需要国际性服务机构尽快来海南落地。普华永道已经跟海口市正式签订了协议，成为第一个落户海南的知名会计师事务所。这就为引进海外企业，发展国际性总部经济打下一个重要基础。

习近平总书记要求海南以制度创新为核心，打造新时代全面深化改革的新标杆，按照自由贸易区(港)的要求，可以考虑以下几个方面：简单的低税制，相应的财税制度安排需要深入研究；以资本自由流动为重点构建自由贸易港金融体制。在海南如何按照自由贸易区(港)的要求设计一种既有利于资金自由进出，又能够有效防控金融风险的体制机制；如何建立境内外人员和人才流动的体制；如何建立适应自由贸易港建设的法律法规体系。

海南自由贸易港服务贸易的定位是为海南量身制作的：一是服务贸易已经成为我国对外开放的一个“短板”。2017 年，服务贸易占对外贸易比重全球已经将近 24 个百分点，而我国 2018 年第一季度只有 16 个百分点左右；二是现在多边、双边贸易，包括中美、中欧投资贸易谈判很大程度集中在贸易服务市场开放方面；三是我国社会主要矛盾的变化、老百姓消费结构的变化，对服务贸易的需求日益增大。

服务贸易是发展实体经济、推进制造业转型升级的重点所在。以创新为第一推动力，为什么我国的制造业大而不强？核心的问题在于我们研发能力比较弱。德国之所以成为制造业强国，两个 70%值得研究，服务业占 GDP 的比重为 70%，生产性服务业占服务业的比重为 70%。我国服务业占比 51.6%，生产性服务业占服务业比重约为 45%。这就是我们的差距。进入到工业化后期，进入到发展新阶段，进入到社会主要矛盾变化的新时代，制造业的服务化已经越来越成为一个大趋势，所以人工智能、大数据推动产业变革将成为难以估计或者发展速度特别快的一个大趋势。

所以，从海南的产业发展定位来说，将给企业创造巨大的投资机会。比如总部经济发展带来的各种投资机会、国际性交易场所带来的各种投资机会、能源变革带来的投资机会等。

(二)粤港澳大湾区

总结当今世界湾区的共同点可以发现，发展条件最好的、竞争力最强的城市群，都集中在沿海湾区，比如纽约湾区、东京湾区、旧金山湾区等。湾区已成为带动全球经济发展的重要增长极和技术变革的领头羊，由此衍生出的经济效应称为“湾区经济”。湾区经济一般表现出宜居、开放、国际化和创新的共性。

与纽约湾区、旧金山湾区、东京湾区等三大世界湾区相比，粤港澳大湾区在面积、人口和 GDP 规模上均有较大的优势，但是在人均 GDP、产业结构和创新能力等方面，还有较大的提升空间。粤港澳大湾区是包括广东省 9 个城市和香港、澳门两个特别行政区，人口规模大概 6671 万，总面积约 5.65 万平方公里的大型城市群。在中国特色社会主义经济发展进入新时代的背景下，建设粤港澳大湾区显得极为重要。

首先,建设粤港澳大湾区战略完善了国家区域战略版图。2014 年 11 月,中央经济工作会议确立了三大国家战略:“一带一路”战略、京津冀协同发展战略和长三角经济带战略。从中国版图上来看,唯独中国(南部)缺少国家战略。2017 年 3 月,国务院政府工作报告中提出建设粤港澳大湾区,这一战略平衡了北中南区域的发展。

其次,粤港澳大湾区是 21 世纪海上丝绸之路战略的支撑区。21 世纪海上丝绸之路有两条路线:一是从我国沿海经马六甲海峡到印度洋,延伸至欧洲,二是从我国沿海经印度尼西亚抵达南太平洋、澳大利亚。这两条路线的起点都包括粤港澳大湾区。

再次,粤港澳大湾区是我国经营南海的大平台。海洋经济是我国重要的发展战略,南海是我国最大的海域,海洋资源丰富,南海对我国的战略地位越来越重要。粤港澳大湾区作为南海周边科技经济最发达的地区,成为我国南海经济谋略的前沿。

最后,粤港澳大湾区建设是维护港澳繁荣与稳定的需要。通过粤港澳大湾区建设,支持香港、澳门进一步融入到国家发展的大局当中,更好地促进香港、澳门和珠三角的发展,更好地造福三地人民。

1.粤港澳大湾区的比较优势

第一,粤港澳大湾区是世界上最大的城市群。粤港澳大湾区之所以“亮眼”,是因为这里集中了中国三大“一线城市”,既是市场经济体制最完善的区域,也是当今经济最具活力的区域。三大一线城市汇聚于珠江口 100 多公里的距离内,这不仅是中国的城市奇观,在世界上也非常罕见。

第二,粤港澳大湾区是世界上最大的海港群。2016 年粤港澳大湾区港口吞吐量达 6232 万标准箱,为世界第一。超过了世界第三的深圳港、世界第五的香港港和世界第七的广州港的港口吞吐量总和,也超过了杭州湾世界第一的上海港和世界第四的宁波—舟山港的吞吐量总和 5870 万标准箱。

第三,粤港澳大湾区是世界上最大的空港群。据国际机场协会(ACI)公布的《2015 年全球最繁忙机场排名》,2015 年,在世界 1144 个机场中,粤港澳大湾区以香港国际机场(全球第 8)、广州白云机场(全球第 18,全国第 3)、深圳宝安机场(全国第 5)等 6 个机场的旅客吞吐量 1.68 亿人次,位居世界第一。

第四,粤港澳大湾区是世界级金融中心。据英国智库机构 Z/Yen 公布的《2016 全球金融中心排行榜》,香港名列第 4,深圳位居第 19(1 伦敦,2 纽约,3 新加坡,4 香港,5 东京,16 上海,19 深圳,23 北京)。深港两地金融市场如果加在一起参与全球金融中心排名,将稳居世界第三。粤港澳大湾区有香港港交所和深圳深交所两大证券交易所,2015 年深港的资金总量(23.8 万亿元人民币)和 GDP 密度均达到世界一流水平,在国内稳居第一。

第五,粤港澳大湾区发展潜力巨大。目前来说,四大湾区中东京湾区的实力是最强的,其次是纽约湾区,再次是粤港澳大湾区,最后是旧金山湾区,估计在2022年粤港澳大湾区的经济总量可以和东京湾区齐肩。2022年以后,粤港澳大湾区的经济总量就会直线上升,超过其他三个湾区的经济总量。

第六,粤港澳大湾区集合了金融、科技、产业三大优势。纽约湾区是以金融为特征的,东京湾区是以制造业为特征的,旧金山湾区是以创新、研发为特征的,粤港澳大湾区是集合了金融、科技、产业三大优势的一个湾区。香港是粤港澳大湾区金融和服务业中心,与深圳金融业联手打造世界级的金融、贸易和服务业。珠海、澳门是旅游、博彩、文娱中心。以广州为中心包括深圳、东莞、佛山、中山、江门等城市形成了中国制造业中心,是产业、物流、科技、金融、贸易等资源高度集聚的中心。深圳是粤港澳大湾区高科技创新研发中心,众多的大企业和中小企业涌现出无限的创新能力。总体而言,粤港澳大湾区已经形成了"金融+科技+产业"大湾区,几乎囊括了纽约湾区的"金融湾区"、旧金山湾区的"科技湾区"和东京湾区的"产业湾区"的所有产业类型并均具实力。

2.粤港澳大湾区发展的制度创新

第一,以"政治两制、经济社会一体"为方向,逐步实现无边界的大湾区。"政治两制",就是大湾区的珠三角九城市在共产党领导下,实行中国社会主义政治制度,香港、澳门的行政管理、立法、司法等方面实行资本主义政治制度。"经济社会一体",就是通过深化经济体制改革和国家赋予更特殊的政策,在大湾区内辐射、移植、借鉴香港的经济体制,实现大湾区内经济体制、政策的全面融合和一体化;在教育、科技、卫生、文化、社会保障、社会服务等社会领域资源共享、相互衔接、相互融合,使大湾区居民共享发展成果。通过逐步打破现存的大湾区内港澳与其他九城市间的各种障碍,取消有形和无形的边界,真正形成"无边界"、一体化的粤港澳大湾区,使大湾区内人员、货物、资金、劳务、信息、技术等各种要素自由流动,使各种生产要素在大湾区实现最优组合和最有效的配置。

第二,实现大湾区货物贸易的自由化,把大湾区建成全国最大的保税区。要把大湾区建成全国最大的保税区和自由贸易区,除了进一步完全放开原产地香港的产品、全面免税外,最重要的一项改革和政策调整是大湾区内全面实施香港的免税自由港政策。借鉴、移植香港的关税政策和关税水平,使香港、澳门与湾区其他地区货物商品自由移动。为了减少对国家经济发展可能造成的波动和影响,可以分步分阶段实施并逐步达到目标,比如,可考虑首先放开生活资料市场,然后视时机放开生产资料市场;在生活资料市场方面,可考虑首先放开日用的消费品市场,然后放开奢侈品市场;等等。

第三,实现服务贸易市场一体化,把大湾区建成中国最大的自由贸易区。把分散三个小块(深圳前海自贸区、珠海横琴自贸区、广州南沙自贸区)的广东自贸区,扩展到整个大湾区,在内容上真正进行大胆的改革创新,对香港的服务贸易全面开放,尤其是金融、电信、文化等关键领域解放思想,实现服务贸易市场一体化,把大湾区真正建设为全国最大的自由贸易区。相应的制度创新有三点:第一,统一地区行业标准和认证标准,在经贸保护、环境保护、劳工保护、土地产权保护、知识产权保护等方面,实现法律法规和规章制度的全面对接。第二,解放思想,突破利益集团阻碍,形成大湾区共用一张电信网和互联网,实现与世界文明的接轨;第三,全面理解"金融审慎"原则,深化内地金融体制改革,扩大金融体系开放,打破国有金融企业的垄断地位,放开对香港金融服务业的市场准入,促进大湾区金融服务自由化和一体化。

3.粤港澳大湾区推动协同创新

粤港澳之间尤其是科技创新和产业发展领域一直就有合作的渊源、基础和实践。随着粤港澳大湾区上升为国家战略,"9+2"城市之间的合作共识不断提高,合作意愿不断增强,科技与产业创新合作日益成为粤港澳大湾区建设世界一流城市群的主引擎。

粤港澳大湾区的"一国、两制、三种货币、四个主要城市"的特征,在世界主要湾区中都是独一无二的。受三地创新发展观念和体制机制影响,粤港澳大湾区创新要素流通依旧不便,创新资源开放共享仍然不足,亟须创新科技合作体制机制,加强新制度改革供给,深入推进区域协同创新发展。

(三)日本冲绳自由贸易区经验教训及对海南的启示

冲绳县地处日本最南端,由诸多岛屿组成,在自然禀赋、区位条件、旅游产业发展等方面与海南趋同。1988 年海南建省办经济特区,当年日本唯一的自由贸易区(冲绳自由贸易区)正式设立。但冲绳自贸区 30 年的发展并不理想,该县各项经济指标仍位列日本各行政区域之末,总结其发展经验教训对海南推进自由贸易试验区建设具有一定的参考意义。

1986 年是日本经济由盛至衰的转折点,泡沫经济的膨胀及破灭导致日本经济陷入长期低迷。冲绳自贸区的设立发展恰恰错过了日本战后经济复兴高速增长的阶段,是在日本经济低迷发展的背景下开始的。第一次冲绳振兴开发计划期间,为了谋求形成独立型经济结构,引入制造业新企业,但受日本经济冲击及战后不景气影响,没有达到预期的目的。第二次冲绳振兴开发计划期间,日元升值不景气,政府公共投资的增长比第一次振兴期间明显下降,延缓了新建大型度假酒店投资和旅游收入的增长。第三次冲绳振兴开发计划期间，泡沫经济崩溃，日本全国经济低迷，冲绳县实际经济增长率比较低，1998 年是冲绳回归日本后的第二次负增长。之后，虽经两个 10 年的“冲绳振兴计划”和正在进行中的“冲绳 21 世纪展望基本计划（2012—2021 年）”，但其发展速度依然缓慢，自身条件和发展起点低，先天不足后发乏力。冲绳县由于远离日本本土，始终游离于日本近代化发展的辐射和成长的机遇之外，冲绳县的经济发展一直比较落后，特别是经历残酷的地面战争摧毁，发展基础基本为零。

1988 年建立那霸自由贸易区时，该自贸区面积只有 0.026 平方公里，虽然在 1999 年新设中城湾特别自贸区时将区域面积扩大到 1.246 平方公里，但相比之下，香港工业区面积 60 多平方公里，菲律宾自贸区面积 100 多平方公里，上海自贸试验区面积 120.72 平方公里，其区域面积过于局促狭小。至 2004 年，那霸地区共有日本本土和冲绳本地的 15 家企业进驻，已无空余土地供外国企业建厂。另外，自贸区所在的那霸港至今仍为美军所用，系军港重地，因此区内企业进出口货物都必须使用较远的另一个港口安谢港，运输成本提升，给企业造成诸多不便。

另外，自贸区建设发展受农业问题羁绊较深、过于保守。日本农民对政治的参与度很高，在政治上处于优势地位，具有很强的利益表达能力，经常对政府施压，影响政府决策。在这种政治体制下所形成的一系列严密的农业保护政策，使农业产品逐渐失去了在国际市场上的竞争能力。

当前，海南在逐步探索、稳步推进中国特色自由贸易港建设，这是习近平总书记亲自谋划、亲自部署、亲自推动的重大国家战略，是海南历史上具有里程碑意义的大事和千载难逢的机遇。相比之下，冲绳自贸区案例从一个侧面展示了其生不逢时、先天不足、后天乏术、封闭保守的经验教训。海南自由贸易港建设可结合自身特点、优势和发展实际，吸取冲绳经验教训，避免在自贸试验区建设中走弯路，从以下几方面寻找切入点和突破口：

第一，抢抓我国新一轮改革开放发展的机遇期，着力发展符合海南实际的现代产业经济体系。冲绳自由贸易区发展深受日本本国经济泡沫破灭后的停滞影响，而海南经济发展同样与我国现有经济发展的大环境、大背景和大趋势紧密相连。当前，我国经济发展持续平稳提高，特别是近年来新经济快速发展超出预期，移动支付、大数据、云计算、“互联网+”等带动产业革命与产品创新。新经济对中国经济的贡献度持续提升，伴随着“中国制造 2025”政策利好不断，新经济“独角兽”上市获政策支持，新经济企业融资与发展或迎来重要战略机遇期。海南要实现《中共中央国务院关于支持海南全面深化改革开放的指导意见》中明确的“到 2035 年在社会主义现代化建设上走在全国前列”的发展目标，只有瞄准经济发展前沿，抓住下一个“风口”产业才有可能实现。

第二，虽然我国已相继建立了12个自由贸易试验区，且全球已有1200多个自由贸易区，但是这些自贸区的性质和海南自贸试验区的性质差异较大，目的也完全不一样，加之海南自由贸易试验区承担着逐步探索、稳步推进中国特色自由贸易港建设的重大使命，作为先行试点地区必须要不断总结经验，以便通过一段时间的改革实践，使其贸易投资规则、金融开放措施、行政改革方式等能在全国范围内全面铺开。在当前自贸试验区相关理论准备工作不足的情况下，必须抛开单纯建设自由贸易试验区的发展思路，应准确把握全球经济重构的新特点与贸易投资规则调整的新趋势，探索并"试验"出中国改革与发展的新经验、新理论。

第三，冲绳自贸区在建设中遇到的来自本地区的最大阻力之一就是农业问题，海南自贸试验区建设也绕不开"三农"问题。海南应围绕《海南乡村振兴战略规划(2018—2022)》的总体要求，坚持生态优先、绿色发展、品牌引领、产业升级的思路，以推进农业供给侧结构性改革为主线，促进数量导向转向质量导向，实现存量调优、增量提质，以品种调优、品质提升、品牌引领为重点，立足海南热带特色农业资源优势，优化农业产业结构，促进农业生产向标准化、产业化、品牌化转变，不断推动农业增效、农民增收、农村增美，为建设美好新海南奠定农业发展的坚实基础。

(四)中国香港经验对海南自由贸易港建设的借鉴意义

我国香港在世界上最早实行自由港政策，1842年英国占领香港时就宣布香港实行自由港政策，至今有近180年的历史。历经百年，这一政策不仅为当地政府带来了巨大财富，而且加速了世界各国生产要素、贸易资源在当地的自由流通和集聚，其经验值得我们学习借鉴。

从世界范围看，自由港地区市场高度开放自由，政府积极不干预，税制简单低税率，使得人才、资金、货物、专业技术、优质服务等在此区域高度集聚，为外商来当地投资提供了很好的营商环境，让实行和参与这一政策的国家和地区成为了世界经济发达区域，比如香港、新加坡、迪拜、汉堡、东京等。香港经验对于海南自贸区(港)建设具有以下三个方面的借鉴意义：

1.不断调整调优产业结构，大力发展现代服务业

伦敦、纽约、香港、东京等是国际金融中心，其金融活动也是世界经济发展的风向标。随着世界历史的发展轨迹，香港经济经历了不同的发展阶段，由二战前后的转口贸易和加工出口，到20世纪六七十年代房地产和金融业兴起，到八九十年代服务业快速发展，再到如今以现代服务业为主，这充分体现了世界经济的发展趋势和要求。从

产业结构来看，2017 年在香港的产业结构中，第二产业只占 GDP 的 7.7%，而现代服务业占比高达 92.2%，其中商贸物流、金融、专业服务及其他工商业支持服务、商务旅游是服务业中四个主要行业。可见，现代服务业为香港的优势产业，占绝对主导地位。

在海南的产业结构中，近三年来，第三产业占 GDP 的比重刚刚超过一半，其中房地产是其主要行业。海南建设自由港，目的之一就是通过生产要素的自由流通，吸引更多的外商来投资，有更多的外汇资金进入，跟世界各国有更多的商贸交易，以促进地方经济发展和增加国家财富。借鉴世界上自由港地区的经济发展经验，房地产往往不是当地的主导产业，靠卖地、卖房子无法真正、持续、长久地拉动当地经济发展。海南需要切实坚持供给侧结构性改革，结合国际经济发展趋势和自身区位实际调整且调优产业结构，大力发展现代服务业，比如高端商务旅游、金融、航运、物流、邮轮、会展、专业服务等。

2.构建良好的营商环境

开放性经济体制直接的表征之一就是外商投资兴业的占比和外商投资环境，即所谓的营商环境。外商会不会来投资兴业，除了是否有相关市场和产业基础外，更多是考虑当地的营商环境。构建便利化营商环境主要有以下三点：

第一，减少税种，降低税率。香港经济自由的特征体现在“小政府、大市场、大社会”，其内涵是政府积极但不干预，体现的是政府对市场主体，比如财团、企业、公司、雇主等的经济行为不进行干预，公平竞争，自负盈亏；绝大部分的社会事务交由社会组织来处理，比如医生、律师、教师、工程师、会计、审计、建造师等的资格认证都交由社会组织来认定和鉴定。

香港对于外商投资者和本地投资者一视同仁，没有任何差别，外商来投资兴业没有任何优惠，市场主体公平竞争。实行简单的低税制，税种只有三种且每种税率都很低，除了烟酒、汽油、酒精、化妆品等特殊商品需要缴纳一定的关税外，企业只要缴 16.5%的企业所得税（企业所得税美国高达 40%，全球平均为 23.65%），个人缴 15%的个人所得税，如果有购置房产或楼宇用于出租，其所得租金收入需缴纳 15%的物业税，然后就没有其他税种了。简单的税种和低税率，吸引了全球近 160 个国家的投资商来香港投资兴业。

海南建设自由港，结合海南实际，可以借鉴香港、新加坡、迪拜等自由港经验，大胆探索比其他 11 个自由贸易试验区更加灵活的财税政策，减少部分税种，适当降低税率，以更加优惠的政策比较优势吸引外商来琼投资兴业。

第二，实行灵活的金融政策。要构建开放型经济体制需要有开放稳定的金融政策做基础和保障。香港是国际金融中心，2017 年底，香港有 155 家持牌银行，全球最大的100家银行中,约有70家长期在香港有实际业务。香港目前有三个币种的即时结算系统:美元、港元和人民币,为外商和各国游客提供了极大的便利。香港拥有全球最大的离岸人民币资金池,通过发展人民币债券、贷款和股票产品,香港已经成为最大的离岸人民币融资中心。

香港成为国际金融中心有三个方面的原因:一是无外汇管制,即对外汇买卖的数量没有限制;二是港元汇率稳定,即港元作为本币兑换外币的价格是稳定的;三是金融监管安全高效,即实行以风险为本的持续监管模式。正因为香港无外汇管制,港元汇率又稳定,银行、证券、保险等金融及其服务机构监管安全高效又有保障,解决了外商投资兴业的后顾之忧。

海南建设自由港,可借鉴香港经验,大胆探索进行金融创新。海南积极主动跟香港金融管理局进行业务和人才合作,可在海南设立香港金融业务园区,引进香港银行开展业务的即时结算系统等金融监管系统和以风险为本的监管模式。

第三,与香港法律界合作,构建完善的法治环境。通过优惠的税制和稳定的金融政策吸引投资者来当地投资兴业,当然也得构建完善的、严格的与国际接轨的法治环境,使其依法依规从业,又能保障其合法权益。

海南建设自贸港,不可避免地会遇到涉外法律事务,海南律师界可以和香港的法律协会或法律机构开展相关方面的合作,多进行交流。

虽然香港与内地在政治、经济、文化等方面的制度安排有所不同,但这不应该成为琼港两地开展交流合作的障碍。鉴于香港发展所积累的成功经验及所处的区位优势,结合海南正在推进新一轮全面深化改革开放以及自由贸易试验区和中国特色自由贸易港建设,琼港两地可以在更广领域和更深层次开展交流合作,海南可以更有针对性地向香港学习取经。

三、中国区域联动发展的新思路

(一)中国的区域联动发展

区域经济协调发展是在经济发展过程中,各区域之间经济来往密切,并且相互依赖不断加深,发展上关联互动,从而实现区域经济持续健康发展的经济发展状态。随着经济全球化的发展,各国的经济实力显著提升,但随之而来的区域差距扩大、产业结构失衡、产能过剩和环境污染等问题也成为经济持续发展的障碍。改革开放以来,我国经济不断发展的同时,地区经济发展的差距越来越大,经济持续推进面临困境。因此，实现区域均衡发展成为现阶段我国经济发展的重要任务。随着全球化经济的持续推进，产业之间的关系越来越密切，产业分工、产业集聚、产业协作、产业空间联动以及要素积累、要素流动都关系到新时代区域经济的协调发展。

我国改革开放40年的实践证明，区域开放与区域发展直接相关。区域开放是促进区域发展的重要动力之一。开放程度高的区域，其发展水平一般都比较高；反之亦然。这些年，我国东部、中部、西部区域发展水平的差距与区域开放的程度相关。例如，2017年东部地区外贸依存度达到61.4%，分别是中部、西部、东北地区的6倍、5倍和3.7倍。

当前，在我国推动形成全方位对外开放新格局的趋势下，区域开放与区域发展面临着新形势、新挑战。如何在对外开放新格局中优化区域开放布局，提升区域发展水平和质量，发挥不同区域在开放中的不同作用，既是我国扩大开放的现实需求，又是推动区域协调发展的内在要求。

(1)如何以服务贸易为重点推动形成区域开放新高地，释放区域发展新动力？推动形成我国对外开放新格局，从国内来说，重点和难点大都集中在服务贸易领域。我国有可能陆续出台重大的扩大开放举措。在这个大背景下，把区域发展和服务贸易开放相融合，在打造区域开放新高地的同时，推动形成区域开放与区域发展的新格局。

首先，在东部地区实施更高水平的服务贸易开放，提升东部地区在扩大开放中的引领作用。总的来看，东部地区有条件在更高水平的开放中先行一步。例如，广东省在服务业市场开放中先行一步；上海在金融等市场开放中有实质性突破。当前，东部地区需要加快在更加精简的负面清单等重大开放举措方面先行先试，并由此带动服务贸易的快速发展，推动本地区经济的高质量发展，并使其在我国开放大局与区域发展中扮演更重要的角色。

其次，以服务贸易为重点推进粤港澳大湾区一体化，有利于加快粤港澳大湾区一体化进程，有利于提升粤港澳大湾区的国际竞争力。从现实情况看，相比于港澳，广东在服务贸易发展中的短板日益突出。

总的来看，推进粤港澳大湾区服务贸易一体化，无论是时机还是条件总体都成熟。加快推进粤港澳大湾区服务贸易一体化，率先在广东对标世界最高标准的服务贸易新规则与服务贸易管理新举措，不仅能使广东继续在我国对外开放新格局中扮演重要角色，也将使我国在以服务贸易为重点的新一轮全球自由贸易中赢得主动。

在东部地区率先实施服务贸易项下的自由贸易政策。从不同区域的区位与资源优势出发，建议支持具备条件的地区率先实行旅游、健康、医疗、文化、职业教育、电信、金融等产业项下的自由贸易政策。比如，海南可以探索健康医疗、旅游、职业教育项下的自由贸易政策。从区域发展的角度看,如果产业项下的自由贸易政策能尽快在一些有条件的地区落地,其影响和带动效应将是比较可观的,可能比建几个自贸区的实际效果更好些。

(2)如何以地区开放突破为重点推动区域一体化进程,形成双向开放下区域发展的新格局?在贸易保护主义不断抬头并形成严峻挑战的今天,双边、多边区域一体化成为经济全球化的重要载体和重大任务。由此,也给我国不同地区发挥自己在开放中的优势提供了重要机遇。在这个大背景下,就需要把区域一体化与地区开放结合起来,以地区开放推动区域一体化,以区域一体化促进区域发展。

在经济全球化的新趋势下,既要研究区域一体化对地区发展的重要影响,也要研究区域一体化背景下不同地区的机遇与角色。总的来看,我国地区开放与区域发展合作的融合,在未来几年会成为一个重要趋势。比如,在加快推进"一带一路"建设的新趋势下,需要研究区域一体化的新特点以及对地区开放提出的新要求。比如,着眼于形成"泛南海经济合作圈",海南有条件在自由贸易港上率先发力。建设自由贸易港,在海南实施更大程度的开放,发挥海南在经略南海中重要先导区的作用,进而做好"泛南海经济合作"这篇大文章。再比如,着眼于推动形成上合组织的自贸区,东北和西北等地区可以加快特定产业项下的开放进程,推动上合组织投资贸易自由化进程。

(3)在区域一体化的新趋势下,需要务实推进地区开放与区域一体化的融合。我国地区开放的紧迫性,不仅来自于地区发展的客观需求,也来自于区域一体化的客观需求。这就需要把推进区域一体化进程与地区开放的突破有机融合在一起。例如,粤港澳服务贸易一体化的时机、条件比较成熟,要把推动粤港澳大湾区一体化与广东全面实行服务业市场开放相融合,以尽快形成区域一体化新格局。

(二)粤港澳区域联动发展

经济全球化和区域经济一体化是当今世界经济发展的两个重要趋势,区域联动则是顺应该趋势的必然选择。当前,全球经济主导力量已经开始从美欧经济体转向新兴市场国家,全球价值链在冲突中重构,区域经济合作更加紧密。粤港澳是改革开放后迅速崛起的经济一体化区域,是区域联动发展的典型案例,是"一国两制"的成功实践。在改革开放40年的历程中,广东利用毗邻港澳的优势"先行一步",通过参与经济全球化,推动了港澳与珠三角的经济一体化,创造了珠三角的"经济增长奇迹",广东GDP占全国的比重从1978年的5.10%提升到2016年的10.69%。香港作为亚洲重要的商品贸易枢纽,与世界主要经济体长期保持密切的经贸联系,大规模服务贸易及其优质高端服务凸显了香港对全球经济的辐射力和影响力,使香港成为亚太地区境外投资和跨国公司集聚地之一,并处于世界城市网络的高端。香港也带动了珠三角地区外向型制造业的进出口贸易,并使其融入全球经济体系;澳门依托博彩旅游业已经融入世界经济体系之中,并推动其近年来持续快速发展。可以说,粤港澳地区是通过区域经济合作实现经济快速增长和“多赢”局面的典型成功案例。

2008 年国际金融危机带来了世界经济格局的新变化,全球经济进入大调整、大变革和大转型的时代。与此同时,中国经济的发展速度、发展方式、发展动力、经济结构也开始转变,进入“新常态”。粤港澳的经济一体化过程也因此面临着外部条件的冲击,粤港澳既面临着巨大的产业转型压力和环境保护压力,也面临着日趋激烈的国际国内市场竞争。尽管粤港澳在经济、社会、生态和空间发展等方面进一步融合,但随着珠三角产业结构升级以及贸易自由化的兴起,香港正面临日益激烈的区域竞争,香港的地位和原有的优势受到明显的挑战,并出现地位相对下降、区域控制力减弱等问题。珠三角则表现为战略腹地狭小、产业层次总体偏低、贸易结构不够合理、创新能力相对不足、土地开发强度过高、能源保障能力较弱、环境污染问题突出、资源约束凸显、传统发展模式难以持续等问题。三地之间生产要素的空间分工特征带来全新的变化,新的区域产业联系趋势正在形成,珠三角在粤港澳经济一体化中的地位也出现了新变化。

粤港澳大湾区初步构建了较具竞争实力的四个城市群:深莞惠城市群,该城市群的重点产业为电子信息制造;广肇佛城市群,其中广州地区以高端装备制造业以及汽车制造业为重点,佛山地区以陶瓷业和电气机械制造业为重点,肇庆地区则比较注重发展农业;珠中江城市群,其中珠海地区以石油化工业、电子信息业、精密机械业为重点,中山地区全力构建了优势产业群,该产业群以电子电器以及五金家电为重点,而江门地区则重视现代农业、石油化工等方面的发展;港澳城市群,其中香港地区打造出了贸易物流业、金融服务业、专业服务及工商支援服务业、旅游业四大支柱产业,澳门则以博彩旅游、出口加工、建筑地产和金融服务为支柱产业。

粤港澳大湾区内各个城市的产业定位应该准确,分工科学,优势互补,构建以深圳为中心的科技创新圈,以广州为中心的政治文化圈,以香港为中心的金融贸易圈,以澳门为中心的葡语国家经济联系圈,可以更加充分发挥其高端制造业和服务业的集聚、辐射和带动作用。因此,粤港澳大湾区协同发展需要设计更加符合粤港澳未来发展趋势的协同机制,并根据现行制度设立区域联动协同中心,进而带动区域经济一体化发展。

在新形势下,粤港澳区域联动机制和模式需要不断调整和优化以适应新常态下全方位对外开放格局和粤港澳大湾区的发展战略。第一,伴随着中国经济新常态和新对外开放格局的推进,必将重塑粤港澳的经济合作关系和区域发展定位,需要思考在传统经济高速发展和以沿海为基本对外开放格局下形成的粤港澳区域联动机制是否能适应经济发展新常态和对外开放新格局，特别是在消费拉动正取代以往的出口带动、沿海对外开放转换为沿海和内陆双重开放的背景下，粤港澳地区应如何构建新的区域联动模式来适应新的变化值得探讨；第二，在新时期对外开放格局中，粤港澳地区如何从“引进来”的合作模式转向“引进来”和“走出去”并重的双向开放模式，需要构建新的粤港澳对外投资联动发展途径。在这样的新形势下，粤港澳区域联动机制与模式需要不断调整和优化以适应新常态下全方位对外开放格局。显然，重新审视粤港澳的区域发展地位和定位，厘清其相互作用关系，打造粤港澳合作升级版，对粤港澳区域联动机制与模式等问题的重新思考和研究具有迫切性。

区域相互作用是区域经济联系的根本机制，是区域一体化发展的重要表现形式。区域（或城市）之间的空间相互作用体现为其在时间和空间上不断地进行着物质、能量、人员、信息等的交换，常表现为人口迁移、商贸活动、交通运输、通讯联系等方面。这些现象在超国家尺度、次国家尺度和区域内尺度等不同尺度上都有明显的体现，但区域相互作用的主导要素在不同尺度上会产生很大差别。除了地理因素外，制度因素是决定这种“尺度性区域相互作用差异”的重要机制。

由此可见，无论是区域一体化理论体系、“全球—地方”尺度理论，还是区域空间相互作用理论体系，制度因素都是这些理论研究中所不可缺少的内容。制度可决定区域一体化的进程，影响区域间的要素流动，进而决定区域间相互作用的程度，在不同尺度的区域中，制度所发挥的作用也有所差异。“一国两制”下，制度因素对粤港澳区域联动发展的决定性影响显而易见。在中国“一带一路”和“粤港澳大湾区”新背景下，粤港澳区域表现出来的空间特性、行为主体、区域转型效应和动力机制等特殊性问题的分析，离不开其基本理论的支撑。探索和构建适用于粤港澳区域联动发展的基本理论，也是研究粤港澳发展问题的关键。

1.粤港澳大湾区与东京湾区的差距比较

东京湾区从性质上来看属于一种“产业湾区”，汇聚了日本将近三分之一的人口、三分之二的经济总量以及大约四分之三的工业产值，逐步成长为该国最具规模的工业城市群，也是该国的商业中心。在东京湾区的沿岸，有六个前后衔接的港口，吞吐量已经超过了5亿吨。在众多港口的助力之下，渐渐开发出了两个工业带，一个是京滨，另一个是京叶，不论是现代物流、游戏动漫、高新技术等产业，还是钢铁、石油化工、装备制造等传统产业的发展程度均较高，而且该地区也是三菱、丰田、索尼等一大批世界五百强企业的总部所在地。

在东京湾区的建设过程中，非常注重港口之间的规划和利益协调。20世纪50年代以前，东京湾6大港口各自为政、无序竞争、产业同构现象严重；20世纪60年代中后期，《东京湾港湾计划的基本构想》颁布，鼓励各个地方对港口进行规划协调，防止不同港口由于费用差异而引发恶性竞争，尽力确保港口群的利益。东京湾区具有临海特性和首都功能，尤其是60年代新干线的构建，使得东京有机会和别的城市便捷对接，提升了人口的汇聚速度，无论是知识经济还是服务业都得到了极大的发展。20世纪90年代末，日本形成了"第五次首都圈"方案，又一次重点提及了东京的核心功能，并且决定开展"工业分散"战略，对制造业进行外迁，这较好地缓解了东京的人口剧增压力。

粤港澳大湾区的面积大于东京湾区，但是GDP比东京湾区小，人均GDP只有东京湾区的一半，高端的制造业和先进的服务业有待发展。粤港澳大湾区的城市可以实施错位发展：深圳和香港可以大力发展服务业，尤其是金融业和高新技术产业；广州可以作为政治文化中心大力发展会展业，为粤港澳大湾区的国际化搭建沟通交流平台；东莞、佛山、惠州、江门、中山可以在原有基础上大力发展制造业；肇庆、珠海和澳门可以发展旅游休闲业。每个城市各司其职，构成合力，才能形成与世界其他大湾区抗衡的竞争优势。

2.粤港澳大湾区与纽约湾区的差距比较

纽约湾区是"金融湾区"，是全球的金融中心，金融领域和都市文化领域在全球均有显著的影响力。华尔街是世界金融的心脏，拥有纽交所和纳斯达克交易所，美国7大银行中的6家，世界金融、证券、期货及保险和外贸等近三千家公司的总部都落户于此；美国最具规模的五百家企业中，将近三分之一企业的总部都处于纽约湾区内。

纽约湾区的金融产业集聚经验是值得借鉴的，自20世纪70年代以来获得快速成长，它的制造业和金融业特别发达，交通便捷，培育了很多创新力极强的高科技企业。湾区内的格林威治小镇凭借有利的税收措施以及教育等方面的利好政策，吸引了全球数百家对冲基金，发展成了扬名世界的对冲基金特色城镇。湾区内还汇聚了大批金融领域的精英，所以被称为"金融湾区"。

粤港澳大湾区的经济规模与纽约湾区相当，且发展潜力很大，在短期内有可能超过纽约湾区的规模。因为粤港澳大湾区在产业集聚方面具有优越性，香港的金融业和航运业、深圳的科技创新产业、东莞的制造业、澳门的旅游业、广州的批发零售业和会展业等，每个核心城市的优势产业互为补充，促使湾区实现协同扩大效应。粤港澳大湾区的第三产业，份额已经超过60%，虽然相对其他湾区还处于较低水平，但是发展速度很快，尤其在以会展、金融、文化创意等为主的现代服务业，以及以互联网、人工智能、新能源、新材料、生物医药等为主的战略新兴产业方面，还有很大的上升空间，且前端的高新技术产业、先进的服务业和高端的制造业，将是粤港澳大湾区的产业定位。

3.粤港澳大湾区与旧金山湾区的差距比较

旧金山湾区是“高科技湾区”，科技发达，环境优美，硅谷就坐落于此，湾区内分布着许多知名高校，科技人才聚集，旧金山人口超过700万，其中高科技人员约200多万，是世界各地科技精英聚集地。旧金山湾区面积不大，但是人均GDP是四大湾区中最高的，世界500强的企业也是最多的，很多世界名校为该湾区的经济发展储备了足够的人才。在发展过程中，旧金山湾区先后设立了多家环境保护机构，对区内环境进行保护管理，而且制定了特定的法规条例，如改善水质法规、转移重污染企业法规和减少碳排放备忘录等，以确保湾区能够实现可持续成长，这些举措遏制了环境的破坏，为湾区的发展打造了优良的生态环境。

与旧金山湾区相比，粤港澳大湾区存在着许多共同点。在地理位置方面，这两者都是三面临山，一面临海，非常有利于开发外向型经济；在地域风格方面，不管是硅谷，还是深圳，均有着勇于革新、崇尚创新的精神，并且更为关键的是，粤港澳大湾区是我国各种创新资源的汇聚地之一，无论是在研发成果产业化方面，还是在产业配套能力方面，深圳均位于全球前列，同时在新兴产业多元化上也投入了很多力量，这和旧金山湾区是十分类似的。

（三）海南自由贸易区建设对中国—东盟经济一体化的作用

从海南的地理位置来看，它是中国最南端的省份，和东南亚国家紧密相邻，气候条件很相似，理应成为中国和东盟经济文化交往最直接最密切之处。中国—东盟自由贸易区自2010年1月1日建成，中国和东南亚国家之间的贸易额急速增长，服务、投资也快速发展。现在，中国—东盟自由贸易区正在升级之中，海南正好赶上新一轮改革开放，基于海南自由贸易区的构想，未来更加开放自由的海南对中国与东盟的经济文化交流都将产生重要影响。一个崭新的海南应该成为中国和东盟国家交流联系的桥头堡，成为中国—东盟经济一体化的核心区。对此提出以下几点建议：

1.海南省应该着力打造中国和东盟之间的物流中心

相比厦门、宁波、汕头等经济特区，海南省的特区建设不比它们晚，各种优惠政策也不比它们少，但实事求是地说，这三十年来，海南省没有中国的其他经济特区发展迅速。究其原因，海岛与大陆的地理隔绝是一个很大障碍。所以，想方设法建立海南省和中国大陆的直接交通联系是重中之重。岛陆之间的交通畅通之后，海南岛靠南的位置优势就更能凸显出来，很有潜力发展成为中国和东盟各国之间的物流中心。

2.海南岛可以建立基于热带大宗商品的期货交易市场

最近中国接连推出了面向世界的中国国际原油期货和铁矿石期货，针对中国进口量巨大的商品争取更加合理的定价权，同时使参与各方有效降低风险。其中中国原油期货在上海交易，铁矿石期货在大连交易。两种期货的初期运营都取得了成功，不但让这些大宗商品的定价更加合理，也助力人民币的国际化，是一举两得的好事。中国和东南亚国家之间也有很多大宗的交易，比如稻米和热带水果、咖啡，海南、广东、广西也有很多热带水果和咖啡的大型种植园，完全可以在海南选址建立这些大宗期货的交易中心，比如针对稻米、香蕉、芒果、菠萝、槟榔、咖啡、茶叶等。东南亚有广阔的热带海域，未来对海洋的开发必然深入发展，也可以提早设立相关海产品的大宗交易中心。未来交易不但针对东南亚，也会扩展到南亚、非洲、拉美的大宗热带商品。我们应该提前设计，提早试验，这同样不但便利了热带产品生产商和需求者控制价格风险，也因为引入人民币定价，可以推动人民币国际化。

3.保险、融资和外汇交易中心

物流中心和大宗热带商品期货中心的建设必然对保险、融资、外汇交易提出要求。就保险来看，热带商品在生产上受天气影响巨大，适合推出相关的气候保险，海运过程损坏和耽搁的风险，保存过程有腐败变质的风险，各国保险公司可以推出此类保险。未来交往频繁，外国人口中常住人口可能增加，可以推出更多人身保险和健康保险。期货交易是典型的杠杆交易，涉及的资金量巨大，必然产生很多的特殊融资需要。同时，大宗商品交易以人民币定价，必然产生很多外币对人民币的兑换需求，可以考虑单独建立一个针对东南亚的人民币离岸交易中心，未来亦可辐射更大的地区。

4.影视创摄中心

未来随着海南国际自由港的建设，必然会增加其国际声誉和吸引力，就像中国香港和新加坡一样。中国香港和新加坡有个共同点：两者都既是贸易金融中心又是文化中心。优美的海南风光在影视作品里极具吸引力，这里不但有美丽无边的白沙海岸，还有保护极好的热带雨林，未来还会有更为繁华的热带都市风光。这使海南完全可以作为一个重要的电影、电视取景地。可以借鉴浙江省金华市东阳横店影视城，让热带中国和东盟的多地不同时代的标志景观同现于此，集影视、旅游、度假、休闲、观光为一体，综合发展，努力打造一个国家级影视产业发展基地。

5.设计研发中心

东南亚国家人力资源丰富，逐渐承接了很多劳动密集型的产业，如服装鞋帽产业和日用轻工业品产业，这些产品都需要设计人员，比如服装设计。随着文化自信的增强，民族风会更多地融入其中。可以在海南大力发展适合东盟文化习俗的服装设计和工艺美术设计研发中心。另外,海南文昌是新型的航天发射中心,三亚是重要的海军基地。远景上可以就近开展航天和航海的科学技术研发,亦可以更进一步进行相关的零部件生产、组装和测试。海南岛位于南海的北部,南海是典型的热带海洋,最深处四千多米,适合开展热带海洋和深海研究,与东南亚国家之间也可以开展这方面的研究交流。

6.会展活动中心

博鳌亚洲论坛的成功向我们显示了海南作为大型会展活动地的潜力。未来海南可以继续尝试针对东南亚国家多开展类似的进出口博览会,增进商业交流。在已有的海南电影节和音乐节的基础上,发挥独特的地域优势,另外增加服装节,展示丰富多彩的东南亚民族服装,为日常服装设计提供灵感。针对海南卫星发射中心,已经有开发相关文化旅游的活动,还应该深挖掘,做成集科普和旅游为一体的大型项目。在三亚也可以开设海军题材的博物馆,做好海军知识的普及和海洋权益的宣传。

四、政策建议

海南需要借鉴其他自由贸易试验区的经验,有的经验海南不一定马上能做到。但是,重要的是海南要以建设自由贸易港为目标,加快推进自由贸易试验区的进程,所以必须注意进行区域开放以及区域联动。海南自由贸易试验区和粤港澳大湾区、东盟的区域联动需要注重“八大协同”,以起到试点示范作用。

一是战略协同。建议从国家创新驱动发展战略和海南自由贸易试验区战略的高度,提出服务国家和地区创新驱动发展的战略,以此将该区域纳入国际科技创新中心的战略平台,共同为经济与科技转型提供新动力。

二是制度协同。建议面向海南自由贸易试验区,发挥“制度多元、空间相连、结果可控”的综合优势,在区域开展要素便利流动、营商环境国际化、就业与创业支持、创新税制支持、专业性法律法规探索的一流制度环境的先行先试和压力测试,打造多元科技创新制度优势叠加的国家级创新特区,为国家创造更多科技制度供给。

三是规划协同。要充分考虑各地的不同情况,加强规划和建设的协同性。建议按照协同规划、协同开发、协同管理、共享成果的原则,推进合作区发展。

四是设施协同。设施协同与联通是促进科技协同的基础条件,着力推进片区的交通、边检、口岸、信息、生态等基础设施协同化建设。

五是科技协同。要发挥各地的科技创新合作的契合点和关键点,如在生物医药、数字经济、人工智能等领域,建设联合大学、共享实验室、共同研究中心、协同创新基金等创新平台，有效承载国际一流科技人才，共同开展科技创新。

六是产业协同。发挥国际营商环境和技术支撑、面向引领产业变革的前沿领域，共同组建一批产业化和工程化平台，打造引领型的新兴产业发展策源地。

七是开放协同。把海南自由贸易试验区建设成为“一带一路”创新共同体的支点，打造一批高等级国际科技合作平台与组织，加速融入和主动布局全球创新网络。

八是生态协同。要大力发挥各自优势，柔性借鉴各自成功制度，在知识产权、科技数据、科技金融、科技交流、检测认证、专利服务等领域，携手打造一批公共服务平台和网络，建设和完善国际化的创新创业生态体系。

参考文献

[1]汤长安，张丽家.产业空间联动与区域经济协调发展研究综述[J].商学研究，2018(1)：114-120.

[2]迟福林.推动形成对外开放新格局下的区域开放布局与区域协调发展[J].北方经济，2018(5)：4-5.

[3]张虹鸥，王洋，叶玉瑶，等.粤港澳区域联动发展的关键科学问题与重点议题[J].地理科学进展，2018(12)：1587-1596.

[4]海南省外事侨务办公室调研组.迪拜自贸港区发展对海南的启示[J].今日海南，2018(7).

[5]张永起.海南自由贸易区建设对中国—东盟经济一体化的作用[J].当代经济，2018(16)：20-21.

[6]海南省外事侨务办公室调研组.日本冲绳自由贸易区经验教训及对海南的启示[J].今日海南，2018(9)：46-48.

[7]迟福林.重要的是清楚海南自由贸易区(港)和其他 11 个自由贸易试验区有什么不同?[J].商业观察，2018(6)：36-43.

[8]成秋英.香港经验于海南自由贸易区(港)建设之三个借鉴意义[J].新东方，2018(10)：15-18.

第三章　经营管理绩效目标驱动的自由贸易港制度设计

汪　波

一、绪论

（一）研究背景和研究意义

1.研究背景

上海自贸区于2013年成立，经过4年摸索，取得了突出成果，尤其采取了“先进区、后报关”并在上海自贸区部分企业试点，推进了仓储货物按状态分类监管，允许非保税货物以非报关方式进入海关特殊监管区域，实行了“一个平台、一次提交、结果反馈、数据共享”的“单一窗口”等管理方式，多方面、宽领域的改革促进了自贸区的进一步发展和经营管理效率的提高。但整体而言，从长久发展的角度来看，跟国际自由贸易港相比，上海自贸区的港口绩效目标管理制度还不够完善，应尽快转变港口的绩效考察标准，采用国际认可度高的综合绩效指标考察体系，推动制度建设与绩效指标的国际化。那么在这种情况下，研究分析如何建设经营绩效目标驱动的自由贸易港制度具有重要的意义。

2.研究意义

本章通过从不同角度对国内外自贸港、自贸试验区的经营管理制度进行比较分析，并结合自贸港制度建设的理论渊源，对于建设自贸港制度具有一定的理论意义和实践意义。从理论角度分析，通过对已有文献的研究，当前国内外学者对于自由贸易区的经营管理的绩效研究虽然已经取得了一定的进展，但关于自贸区港口绩效评级体系的现有研究基本局限于某些单一角度，如投资便利化、金融自由化，缺乏对于经营管理的综合绩效评级体系的研究，因此本章对于建设中国特色的高度开放的自由贸易港制度体系的理论基础具有补充作用。从实践角度分析，通过研究国内外港口的管理制度，从中发现值得借鉴的国际港口有效的经营管理经验，发现我国在建设绩效目标驱动的自贸港制度中亟须解决的关键问题，并结合上海自贸区自身的特点，量身打造上海自贸区的经营管理绩效目标驱动的自由贸易港制度，从而推进上海自由贸易港向着“更高效，更开放，更灵活”的国际一流自由贸易港区发展。

（二）研究思路和研究框架

本章首先针对全球范围内的自贸港、自贸试验区，从港口先天条件、管理模式、政策制度及服务水平的角度对自由贸易港经营绩效的影响因素进行比较分析。其次通过对国内外港口绩效评价体系进行详细对比分析，指出当下我国港口绩效评价制度的不足，明确我国自贸港在内部和外部两方面构建绩效目标驱动的自贸港制度需要解决的关键问题。最后在结合上海自贸区自身特色的基础上，打造符合中国特色的、具有可借鉴性的自由贸易港制度，推进我国绩效目标驱动的自由贸易港向着“更高效，更开放，更灵活”的国际一流自由贸易港区发展，进一步完善我国自由贸易港经营管理的制度体系。具体框架如图 3-1 所示。

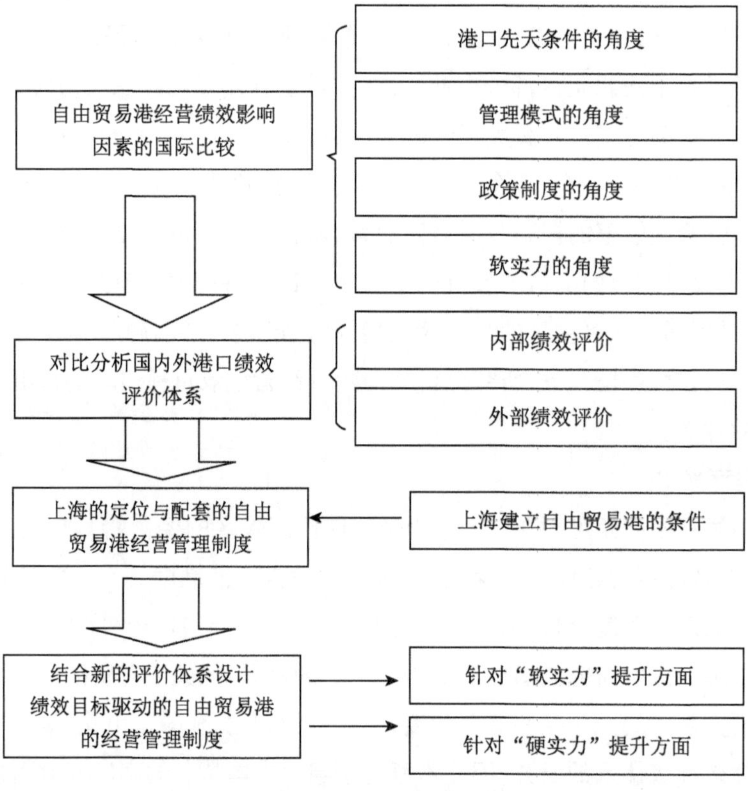

图 3-1　研究框架

资料来源：笔者绘制。

（三）主要内容和特色

本章详细对比了世界范围内具有相当规模且经营成功的自由贸易港区，发现我国的港口绩效评价体系同先进的自由贸易港评价体系相比在软实力上有较大不足。基于此现状，本章立足我国上海自贸试验区实践的具体条件，在探究如何不断追逐绩效目标"硬实力"的前提下，对更为重要的"软实力"进行补足的相应制度体系建设提出建议，以期从内部和外部两个方向，推进我国绩效目标驱动的自由贸易港向国际一流自由贸易港区发展。

二、国内外研究文献综述

国内外学者对于自由贸易港和自贸区的绩效评价指标已进行了诸多研究，但对国内外港口的指标侧重点不同。有的是从港口效率的角度分析（匡海波、陈树文），有的是从港口的内外部管理角度分析（王坚），也有的是基于某一特定领域分析自由贸易港在此方面的绩效水平（谢丽斌、彭羽），因此得出的结论也是各不相同。

国内对港口的经营绩效评价更多的是关注财务、港口运营效率等"硬实力"方面。匡海波、陈树文认为操作箱量、泊位长度、港口位置和服务水平是评价港口竞争力的最重要因素。庞瑞芝、云俊、张帆和李世泰等也都是利用泊位数量、堆场面积、航班数量等指标对港口效率进行评价。国外对港口的绩效评价更关注综合物流、服务水平等"软实力"方面。

也有的学者是从港口管理的内外部来分析港口经营管理的绩效。王坚（2016）指出港口内部的财务状况和操作效率是绩效评价的主要依据。而港口外部绩效的影响因素有很多，评价外部绩效较复杂，对此应以满足客户的需求为出发点，制定用户满意度指标，包括装卸货完成率指标、作业表现指标、可靠性指标、柔性指标、报修退货比率指标、客户抱怨解决时间指标。

谢丽彬通过 AHP 法科学计算出各指标权重，构建出自贸试验区创新绩效评价模型。选择了政府职能转变、投资领域开放、金融开放创新、法制制度保障等四项一级评价指标和行政审批改革、需求响应度、办事效率、办事流程规范性等十二项二级评价指标。彭羽（2014）则从国际通行的投资贸易便利化内涵和评价框架出发，结合国家对上海自贸区发展的战略定位，以及上海自贸区内企业商业模式运作对投资贸易便利化的需求，设计了一套适合上海自贸区层面的投资贸易便利化评价指标体系。

国外学者针对自由贸易港经营绩效评价体系的建设也进行了诸多研究，因为欧洲诸多国家航海业的发展较快，其悠久的航海经验促进了其港口经营经验的积累和管理制度的不断优化，因而也有不少理论总结。

有些学者通过实证研究发现海关通关便利化指标最为重要（Wilson 等，2003；Djankov 等，2006；Martinez-Zarzoso 等，2008），而 Iwanow（2007）和 Felipe（2012）等认为监管环境和基础设施的改善更为关键。对于自由港投资的管理模式和开放程度，许多学者及国际组织已经将投资开放度纳入投资便利化的评价体系（Kinoshita，2004；JohnUre，2005；等）。

三、自由贸易港经营绩效的国际比较

（一）从港口先天条件的角度

自然环境往往是港口进行建设和发展的重要因素。良好的气候和气象、适当的泊位水深、广阔的水域和陆域以及优越的地理位置等条件保证了现代码头长期充满活力。同时，发达的经济腹地条件可以为港口提供稳定的货物货源，这也能促进港口的发展。这些条件往往由港口的位置决定，而根据位置可分为海港和内河港，海港包括海岸港和河口港。

1.海岸港

海岸港一般位于海湾、海岸或海面上，往往是平直的或者有掩护的海岸。海岸港也可位于海湾中或海岸前，有沙洲掩护。如旅顺军港、湛江港和榆林港等，都有良好的天然掩护，不需要建筑防护建筑物。若天然掩护不够，比如位于平直海岸上的港口需要修筑外堤作为掩护，烟台港就是典型的例子。若港口位于天然掩护不足的海湾内或开敞海面岸边，则须修建相当规模的防波堤，如基隆港、大连港、热那亚港等。还有些海港拥有完全天然的掩护，比如香港港、东京港、悉尼港等。

2.河口港

河口港位于河流的入海口或者下游受潮汐影响的河口段内，可兼为海船和河船服务。位于江河入海口的港口因其位置优势往往具有优良的发展条件，既是河港又是海港。河口港一般连接着城市，位于经济腹地，水陆交通便利，一般大型港口都属于该种类型，如伦敦港、列宁格勒港、上海港鹿、特丹港、纽约港等。河口港的特点是码头设施沿河岸布置，离海不远而不需建防波堤，如岸线长度不够，可增设挖入式港池。

3.内河港

内河港位于天然河流或人工运河上，包括水库港和湖泊港，这类港口水面宽阔，风浪大时需修建防波堤等。比如中国洪泽湖上的小型港口和苏联古比雪夫、齐姆良斯克等大型水库上的港口。

(二)从管理模式的角度

1.私人企业经营管理的模式

私人企业经营管理的模式是指完全由私人经营管理的港口,私人经营管理的港口最主要的特点是经营管理市场化、效率高。这样的港口在世界上存在得不多,香港港口是私人港口的重要代表之一。香港的港口设施全部是由私人投资建设以及经营管理的,而其私营企业的业务经营又极少受到行政干预,所以香港港口可以完全自主定价。香港港口经营的特点表现在私营企业的商业灵活度、自由度和技巧充分发挥并且没有政府干预,香港的经营管理水平极高,并且经营效率以及效益非常可观。因此,香港凭借着其高效率和可靠性,吸引了大批的航运公司与其长期合作,并且还成为了现今世界上最繁忙的集装箱港口之一。但是从其弊端来看,没有政府的支持,私营企业的投资方式也制约了香港港口进行长期、大规模战略发展。

2.由政府机构或国有企业经营管理的模式

由政府机构或国有企业经营管理的模式是指港口完全由政府机构或者国有企业经营管理,港口是属于国家的,港口的运作也是围绕着国家的政策和计划来进行的。从港口总情况来看这样的港口为数不多。世界上较发达地区,比如欧美或亚洲的较发达地区中,这样的模式是相对比较少的。不管是发达国家还是发展中国家,国有港口的模式都存在着很多问题,比如投资浪费、服务质量不高、效率低下等。由于港口是由政府完全投资的,所以其一方面增加了政府财政负担,另一方面也影响了港口竞争力,不利于港口的建设和发展。国有港口存在着诸多弊端:第一,港口基础设施服务不存在竞争,尤其是港口内部同一服务类型的各部门间无竞争可言。第二,提供服务的港口企业缺少自主的经营权和财产权,一方面被迫以低于成本的价格提供服务,另一方面造成了港口企业不能很好地对其工作负责。第三,港口设施的使用者可能因国家无偿投资而要求拥有更多的设施,以至造成设施资源浪费。由于港口公有存在种种弊端,故许多采用此类管理模式的港口已经或正在进行改革,逐步向私企或股份制企业经营管理的模式转变。

3.混合经营管理的模式

混合经营管理的模式是指由政府机构或国有企业和私营企业共同经营管理港口的模式,这种模式在世界上最为普遍。近年来越来越多的国家采用这种混合模式,相当多国家的港口管理模式正在由政府机构和国有企业经营管理的模式转向由政府机构或国有企业和私营企业共同经营管理的模式，这种趋势被称为港口的商业化或者民营化。民营化的特点是改变单一由国家或政府经营的港口管理模式，减少国家对港口经营管理的直接干预。日本、新加坡和我国台湾地区的港口都属这种管理模式。日本、新加坡和我国台湾都拥有世界知名的大港，其港口管理特点及发展过程存在差异，以下对其逐一进行介绍。

(1)日本由政府和私人共同参与港口的管理

日本的港口是由政府、私人共同参与管理的。日本政府重视港口具有的社会公益性，便掌控着港口的经营和建设权利，明确国家对港口的责任以及所有权，强调对港口的管理权，视港口为国家和地区发展的重要核心区域来加强其建设，以此来推动总体经济的发展。与此同时，不受过多干预的私人企业的经营往往会增加港口的经营效率，所以日本政府又强调企业的独立经营权，具有国有属性的港口管理机构禁止过分干涉私营企业的正常业务活动，港口管理机构禁止在设施的利用和经营管理等方面对港口给予歧视性待遇，政府仅仅可以通过法律、财税等手段对港口的经营企业进行宏观指导与调控。

(2)新加坡港口管理的民营化

新加坡的港口是世界上最繁忙的大港之一。1997 年新加坡实行政企合一的港口管理体制，港务局既行使部分管理职能，又直接经营港口装卸、仓储等业务。其后，新加坡进行了港口管理体制改革，开始实行港口民营化，原港务局分为新加坡海运与港口局和新加坡港务集团。海运与港口局主要处理港口和海运方面的管制和技术问题；港务集团由原来的法定机构转化为一个商业机构，承担港口投资、经营职能。目前，政府是港务集团的股东，集团负责人由政府任命，新加坡政府对自由贸易区几乎零干预并实行企业化管理。

港口改革的最终目标是上市。新加坡的民营化改革实际上是使从事港口经营性业务的企业实行股份制，进行市场化经营，以提高港口效率。新加坡港口的民营化改革同其他管理制度(包括政府投资制度、中央管理制度、自由港政策等)相配合，共同巩固了新加坡国际航运的优势地位。

(3)中国台湾高雄港政企分开的港口管理体制

高雄港虽然位居世界第 3 大集装箱港口，但集装箱竞争能力并不强。1997 年以前高雄港务局属政府机关港务局，既具有港政管理的权利又承担岸上业务经营的责任，权利机关与盈利企业集于一身使得高雄的管理效率低下，业绩也不容乐观。据此，高雄港提出港口民营化改革。1997 年高雄港开始民营化改造，方案提出船舶作业由私营公司管理，这样便形成多家私营公司竞争的局面，另外建立境外航运中心和有竞争力的费率体系等，均取得了显著效果，推进高雄港实现亚太营运中心的目标。高雄港管理体制改革的实质是实行政企分开，引进企业间竞争机制，消除了公有公营的弊端，增强了竞争力，提高了港口的服务水平。

（三）从政策制度的角度

各地区为提升当地港口的经营管理绩效水平，都在一定程度上发布并实施了一系列的自由贸易政策。主要以新加坡、中国香港、巴拿马科隆等为代表做简要介绍（见表 3-1）。

表 3-1　国际主要自由贸易港公司注册政策比较

地区	手续办理
中国香港	注册和登记手续简单快捷，只要在网上经过 3 个步骤就可以拿到公司执照，一般 1 小时内就可获发有关证书。如以纸质方式提交申请，获发证书也只需要 4 个工作日。当地法律对公司注册资本的金额也没有限制，不用验资，到位资金不限，公司成立后还可以任意增加注册资本。经过上百年的发展，逐步由单一的转口贸易港发展成为经济结构多元化的自贸港
新加坡	1969 年制定了《自由贸易区法》，并在裕廊码头内建立了第一个自贸区。目前，新加坡共设有 7 个自贸区，其中樟宜机场自贸区以空运货物为主，其余 6 个自由贸易区均以海运货物为主。注册公司流程简单：任何国籍年满 18 岁的成年人士，只需提供新加坡注册地址，委任一名新加坡董事、一名当地秘书，并提供以下 4 项文件：公司名称（必须是英文）、公司章程与细则、身份证明书（护照及身份证复印件）、公司注册地址及办公时间报告表，即可在 3 个工作日内完成公司注册工作。公司法规定设立公司最低注册资本为 10 万新元，实行认缴制，股东可随时决定提高注册资本和缴足资本，且只需在新加坡商业注册局填写表格和缴纳费用即可
巴拿马科隆	1948 年批准设立，是仅次于中国香港的世界第二大免税贸易港和西半球最大的自贸区。任何自然人或法人均可在科隆自贸区注册，不需要营业执照也没有最低投资要求，但需要提交社会契约、银行和公司业务介绍、税务记录、企业专利等文件，并获得自贸区管委会许可。在自贸区经营需雇用至少 5 名巴拿马人，进口货物的 60%以上要转口

资料来源：笔者编制。

1.实行自由贸易政策

自由贸易政策方面，同样以上述三个港口为例，主要介绍行业准入、外汇管理这两个方面。如表 3-2 所示。

表 3-2　国际主要自由贸易港的外汇与准入政策比较

地区	行业准入	外汇管理
中国香港	理论上没有一个行业是完全禁止私人和外来投资者参与的，也没有控股比例限制，投资者均可 100%控股。但在众多允许经营的行业中，赌博业是受政府管制最严格的行业。另外，电讯、广播等少数行业为有条件进入。香港特区政府并没有统一立法规定各合法行业的进入条件，但包括电讯、广播、交通、能源、酒制品销售、餐厅、医药和金融等在内的多个行业，除了商业登记外，都需向有关政府部门另外申请相关行业的牌照	企业可使用任何货币进行贸易结算。香港对货币买卖和国际资金流动（包括外来投资者把股息或资金调回本国）都无限制
新加坡	极少限制。除了国防相关的行业和个别特殊行业外，新加坡对外资进入没有行业限制，商业、外贸、租赁、营销、电信等市场完全开放，但外资进入金融、保险、证券等特殊领域需向主管部门备案。新加坡禁止新增外资银行进入本地零售业务市场，限制外资银行对本地银行持股比例，外资在新闻业、广播业的出资比例分别不得超过 30%和 49%。除此以外，新加坡对外资无股权比例限制	全面取消外汇管制，对企业利润汇出也无限制条件且无须缴纳特定税费。外资企业只需按照银行要求提供相关文件，即可在新加坡自由开立银行账户，并可自由决定贸易结算货币种类
巴拿马科隆	业务以转口贸易为主，允许企业从事各种商品、制成品、原材料、容器的运入、储存、展出、开包、制造、包装、分装、装配、精制、净化、混合、改型、调配等业务	本国货币巴波亚仅作为辅币，其合法货币为美元，是世界上少有的无本国货币的国家之一。因此，贸易结算一般使用美元。在巴拿马的银行存款无须纳税，无外汇管制，利润汇出汇入自由

资料来源：笔者编制。

由表 3-2 可以看出，这些地区对于行业准入的限制极少，最大程度地保留了市场活力，提高了贸易速度和通关速率。并且，合理的外汇结算与管理制度在一定程度上为企业规避了风险，对促进当地企业的进出口起到了明显的带动作用，也使本国当地企业不可避免地受到了外资企业的冲击。

2.税收政策和报关报检

表 3-3　国际主要自由贸易港的税收及报关政策比较

政策领域	自贸港	开放程度
税收政策	中国香港	零关税政策,除了酒类、烟草、碳氢油类及甲醇这四类商品外,进口或出口货物均无须缴付任何关税;税种少税率低,主要征收利得税、薪俸税、物业税这三种主要税,个人也无须就利息、股息、红利、股票等投资所得纳税;对公司企业而言,不设增值税、营业税以及境外所得税
	新加坡	对所有企业实行统一的17%的公司税税率,且所有企业可享受前30万新加坡元应税所得部分免税待遇,除了酒类、烟草(含卷烟)、石油、机动车以外,新加坡对所有进口商品免征关税
	巴拿马科隆	港区内企业仅需缴纳税率为2%~5%的所得税,货物转口无须缴税(实际执行可能稍有出入);资本税为每年底按资本(资产负债)1%的费用缴纳;若向股东分红派息,则须由公司代扣5%的股息税
	韩国釜山	减免税收、减免自由贸易园区租金、对港口收费进行优惠等
	美国纽约	进口加工原料免关税、出口关税减免、可延迟缴纳关税,只有当货物通过海关运入美国时才需要支付关税。该区还施行倒置关税政策,即原料关税高于成品关税。除此之外,在区内设厂的企业不用缴纳任何进出口关税就可以完成出口,还可享受废品关税免征以及自贸区之间转移的产品、区内加工消耗的商品以及展览品等免税的优惠
	阿联酋迪拜	港区内没有税务局,仅有5%的海关税,货物转口零关税,50年内免交所得税
报关政策	中国香港	进出口报关手续十分简便,除豁免报关的商品外,承运人只需于货物输入或输出后14日内向海关详细呈报进出口商品的所有资料和进/出口报关单
	新加坡	拥有全球最高效的海关系统贸易网络。与进出口(包括转口)贸易有关的申请、申报、审核、许可、管制等全部手续均通过该系统进行。10秒钟即可完成全部申报手续,10分钟即可获得审批结果
	巴拿马科隆	货物进口自由,无配额限制。货物转口自由,无须缴税。此外,设在贸易区内的企业,其产品向美国和欧洲出口不受配额限制并享受优惠关税。为了简化区内经营者的货物进出手续,巴拿马海关将进口、出口和转口手续合并为统一的表格,提高了贸易速度和通关效率
	美国纽约	享受24小时无限制的通关福利,每周只用申报一次过关记录、缴纳一次货物处理费。自贸区外的企业每次进口都需要申报,并支付货物处理费。需要美国配额的商品可以先存在自贸区,不受配额的限制。一旦配额开放,商品就可以第一时间通过海关运入美国

资料来源:笔者编制。

从表 3-3 可知,中国香港、新加坡以及阿联酋迪拜是制度建设完善、发展成熟的自由港,[①]并且均有各自特色的制度安排和开放政策,可以作为中国内地建设自贸港的重要参考对象。具体来说,国际主要自贸港的发展经验有四个方面值得借鉴:发达的金融体系、人员自由流动、税收优惠政策以及贸易便利化程度。

(四)从软实力的角度

国内研究者对我国港口和国外经典自由贸易港港口的软实力进行了比较分析。软实力指的是,在港口领域某一港口企业依靠港口政策、服务、环境等条件吸引港口服务对象向其靠拢并实现其在港口领域诉求的能力。

在世界港口的软实力排名中,中国大陆地区的港口排在第四名之外。可以看到,尽管我国港口在吞吐量排名中名次靠前,但在软实力方面还与国际重要港口存在较大差距。与鹿特丹、新加坡、香港、汉堡相比,上海港的软实力明显不如硬实力突出。因此,对港口的长期可持续发展来说,提升港口软实力至关重要。

四、国内外自由贸易港绩效评价体系

(一)国内自由贸易港绩效评价体系

目前,国内港口绩效指标评价体系的考察角度通常为财务、客户、内部运营、学习与成长。文献中常用的绩效评价方法有杜邦分析法、EVA 经济增加值法、DEA 数据包络分析法、BSC 平衡计分卡法、APH 层次分析评判法、PCG 主成分分析法、FA 因子分析法等。

具体而言,传统杜邦分析法是利用各主要财务比率间的内在联系,对公司财务状况和经营成果进行综合评价的系统方法。该体系以权益净利率为核心,以总资产净利率和权益乘数为分解因素,重点揭示公司获利能力以及杠杆水平对权益净利率的影响,以及各相关指标间的相互关系。杜邦体系最初因美国杜邦公司的应用而得名。

EVA(Economic Value Added)即经济增加值,是由美国思腾思特管理(Stern Stewart)咨询公司开发并于 20 世纪 90 年代中后期推广的一种价值评价指标。具体而言,经济增加值(EVA)是指从税后净营业利润扣除全部投入资本的成本后的剩余收益。经济增加值及其改善值是全面评价经营者有效使用资本和为企业创造价值的重

① 田珍.中国建设自由贸易港的战略意义与发展措施[J].国际经济合作,2017(12):29-34.

要指标。

数据包络分析(Data Envelopment Analysis,DEA),是一种可以对多投入多产出的多个决策单元的效率评价方法,1978年由Charnes和Cooper创建,可基于同一类指标对评价对象进行绩效评价。

平衡计分卡法是一种将传统的财务指标与非财务指标相结合来评价组织绩效的方法,是从财务、客户、内部运营、学习与成长四个角度,将组织的战略落实为可操作的衡量指标和目标值的一种新型绩效管理体系。李占平和孟堃(2005)基于财务状况、顾客满意度、内部运营、学习和创新等四个维度构建了港口企业的相关指标对港口的发展进行评价。赵富强等(2013)对平衡计分卡方法进行了改进,引入了利益相关者满意度作为第五维度,构建了涵盖财务绩效维度、市场绩效维度、合作绩效维度的评价体系。

美国运筹学家Satty A.L.(1971)在第一届国际数学建模会议上发表了题为“无结构决策问题的建模——层次分析法”的文章,首次提出了层次分析法(Analytic Hierarchy Process,APH)。王振和李学工(2011)通过模糊层次分析法,构建了港口竞争力评价体系,为客观地评价港口自身竞争力提供了一定的参考价值,并通过一定的实例验证了评价体系的有效性和实用性。

主成分分析法(Principal Component Analysis)由Hotelling(1933)提出,利用的是基本多元统计方法,用于考察多个变量间相关性,主要研究的是如何通过少数几个具有代表性的主成分来揭示多个变量的内部结构。邓国清等(2018)运用主成分分析法建立了湖北省水运竞争力评价体系,助力“绿色港口建设”,发现社会经济要素、水运要素、水运市场、技术创新、政策和生态环保因素发展较快、较平稳,对增强湖北省水运竞争力影响较大。

因子分析法由于具有不用对指标进行主观赋权就能取得最终可比性得分的优点,成为近年来绩效评价中非常受欢迎的方法。因子分析法可以将复杂变量精炼成较少的几个综合变量与综合指标,在保证数据信息丢失最少的情况下,对高维变量进行科学合理的降维处理。杨跃辉(2018)采用因子分析法对自由贸易港建设下的海南港口物流竞争力进行比较研究,对海口港、洋浦港、八所港等三大港口的港口物流竞争力进行分析,并针对海南建设自由贸易港的现状提出对策建议。

在具体的指标选择方面,不同的学者采用了不同的指标构建港口的绩效评价体系。王海若和陈晓键(2015)从港口城市空间发展的角度出发,构建了由经济与社会因素、空间形态因素、生态环境因素和物质流通因素四个评价子系统共19个指标构成的港口城市空间结构发展绩效评价指标体系,具体指标如表3-4所示。

表 3-4　港口城市空间结构发展绩效评价指标体系

<table>
<tr><th></th><th>一级指标</th><th>二级指标</th></tr>
<tr><td rowspan="19">港口城市空间结构发展绩效评价指标体系</td><td rowspan="5">经济与社会因素</td><td>第三产业占 GDP 的比例</td></tr>
<tr><td>港航产业占 GDP 的比例</td></tr>
<tr><td>城镇登记失业率</td></tr>
<tr><td>居民人均可支配收入</td></tr>
<tr><td>万人拥有医院床位数</td></tr>
<tr><td rowspan="4">空间形态因素</td><td>人均通勤时间</td></tr>
<tr><td>人均用地面积</td></tr>
<tr><td>城市形态紧凑度</td></tr>
<tr><td>城市分维指数</td></tr>
<tr><td rowspan="5">生态环境因素</td><td>人均公共绿地面积</td></tr>
<tr><td>港区生态系统完整性</td></tr>
<tr><td>生活垃圾无害化处理率</td></tr>
<tr><td>污水集中处理率</td></tr>
<tr><td>工业固体废弃物综合利用率</td></tr>
<tr><td rowspan="5">物质流通因素</td><td>港口货物年吞吐量</td></tr>
<tr><td>港口集装箱年吞吐量</td></tr>
<tr><td>城市道路网密度</td></tr>
<tr><td>每万人拥有公共汽车数量</td></tr>
<tr><td>商业、物流从业人数占总就业人数的比例</td></tr>
</table>

邓昀(2016)从财务维度、客户服务维度和内部流程维度构建了广西北部湾港口物流化绩效评价体系,具体指标如表 3-5 所示。

表 3-5　广西北部湾港口物流化绩效评价体系

<table>
<tr><th>指标维度</th><th>指标</th><th>指标内涵</th></tr>
<tr><td rowspan="4">财务维度</td><td rowspan="2">投入指标</td><td>总资产</td></tr>
<tr><td>净资产</td></tr>
<tr><td rowspan="2">产出指标</td><td>营业收入</td></tr>
<tr><td>净利润</td></tr>
</table>

续表

指标维度	指标	指标内涵
客户服务维度	港口货物处理准时程度	发送货物的准时程度
		货物准时到达的程度
		物流信息传递的畅通程度
	港口提供信息服务的能力	各种港口信息传递到相关人员的速度和效率
		港口工作人员处理问题的能力
	客户对港口服务的认同度	客户经常选择与该港口进行业务合作的意愿
	港口服务质量	物流服务质量
		港口服务的投诉频率
内部流程	集疏运水平	集装箱吞吐量
		生产泊位数
	港口作业能力	各类装卸器械台数
		港口集装箱疏运总体能力
		物流作业安全性控制能力
		货物装卸水平
		船舶配载质量
		港口的拖轮引航服务水平
	信息化服务能力	船舶等待效率
		港口对突发情况的处理能力
		港口的政府协调监管水平
		物流信息平台搭建效果
		港口口岸部门的服务水平
		船舶交通指标协调系统的运作水平
		港口的信息化平台使用体验

(二)国际自由贸易港绩效评价体系

和国内相比,国外学者对于自由贸易港口的绩效研究则更显持久与深刻。早在2010年,欧洲港口联盟组织ESPO就组织多个世界著名港口与研究机构,共同参与对港口绩效的相关研究,以进一步探索如何更准确地测度与分析港口绩效在全球经济复苏这一新形势下的表现。

一般而言,国内外学者在进行港口绩效相关研究时,通常会选择港口效率作为考察指标,从港口投入产出角度衡量港口的经营状况。港口效率具体可以分为港口的运营效率、技术效率、作业效率等，受到多重因素影响。就港口所有权而言，组织重构有利于集装箱码头优化操作，提高作业效率。对大型港口来说，允许专业化民营实体参与可以使港口集中运营码头，处理货物装卸，这也是新加坡、香港、纽约等众多自由贸易港允许私人资本进入的原因所在。

除了关注自贸港的效率绩效外，国外学者对港口的效益，来自客户、港口相关管理者的评价以及港口在承担环境保护、资源节约等社会责任方面的研究日渐增多。于是，有学者将对港口及其管理者的实际调查与物流和供应链管理方法相结合，提出一个衡量港口绩效的大体框架，具体如表 3-6 所示。

表 3-6 国际自由贸易港港口绩效评价体系

考察角度	绩效名称	绩效定义
系统角度	财务绩效	周转率、税后利润率、投资回报率（每人）
	非财务绩效	市场份额、员工工伤比例（或死亡率）、员工流动率等
业务角度	船舶装卸	平均滞留时间、船舶艘次（每人）、平均靠泊时间等
	货物装卸	吞吐量（台时，每米）等
	配套服务	经营收入（每平方面积）等
	市场营销	营销成本、目标客户到访率等
客户角度	效率绩效	平均装卸（服务）节省时间
	效益绩效	泊位可用时的等待时间和泊位申请到的等待时间差（或者类似由客户定义的绩效）
	满意度绩效	每季度抱怨率、独立的第三方评出的客户满意度排名
利益相关者角度	效率绩效	根据利益相关者的特定目标制定
	效益绩效	根据利益相关者的特定目标制定
	满意度绩效	由独立的第三方评出的年度利益相关者满意度排名
供应商角度	效率绩效	根据供应商的特定目标制定
	效益绩效	根据供应商的特定目标制定
	满意度绩效	由独立的第三方评出的年度供应商满意度排名

可以看到，国际上对于自由贸易港港口绩效的衡量是从港口的内部效率和外部效益两个层面综合考虑的。内部效率有港口系统和业务部门两个维度，港口系统维度下，以财务性指标（如 ROI 等）与非财务性指标（如市场份额等）对港口绩效进行测度；业务部门维度则有船舶装卸、货物装卸、辅助设施、营销等相关衡量指标。港口外部由三类港口相关群体构成，即港口客户、港口服务提供者以及港口服务管理者等关于效率、效益及满意度的绩效指标。

（三）国内、国际自由贸易港绩效评价体系的比较

通过对国内、国际自贸港绩效评价体系进行比较，可以发现我国当前对港口绩效的考察过于注重吞吐量，对节能环保、综合物流、服务水平等方面关注较少，不利于我国港口的转型升级（武嘉璐，2015）。党的十九大后，国家以对标国际最高开放标准打造上海自由贸易港，进一步提高中国开放水平。在建设上海自贸港的过程中，中国首先应转变港口绩效考察标准，采用国际认可度较高的综合绩效指标考察体系，结合中国具体国情，进一步完善对国内港口绩效的考察标准，与世界接轨。

另外，随着对港口绩效研究的不断深入，港口的"软实力"逐渐引起学者们的重视。港口的软实力和硬实力共同构成了港口的核心竞争力，其中港口绩效是港口硬实力的集中体现。港口的硬实力可以通过港口建设、购买设备等多种途径获得，但却是不可持续的，极易被竞争对手复制学习，甚至超越，因此，对港口的长期可持续发展来说，提升港口软实力至关重要。

2014 年，国内研究者对我国港口和国外经典自由贸易港港口的软实力进行了比较分析。在世界港口的软实力排名中，中国大陆地区的港口排在第四名之外。可以看到，尽管我国港口在吞吐量排名中名次靠前，但在软实力方面还与国际重要港口存在较大差距。与鹿特丹、新加坡、香港、汉堡相比，上海港的软实力明显不如硬实力突出，因此，上海自由贸易港在未来的建设过程中，不仅要专注提升港口绩效，还有注重软实力建设，尤其是内部软实力，以早日发展成为国际公认的国际航运中心。

表 3-7 港口软实力排名

等级	排名	港口
优	1	鹿特丹
	2	新加坡
	3	香港
	4	汉堡
	5	上海
	6	釜山
	7	高雄

五、上海自由贸易港定位分析以及经营制度建议

(一)上海自由贸易港的先天性条件分析

上海综合保税区作为上海自由贸易试验区的前身,是我国功能最全面的海关特殊监管区,而上海自由贸易试验区以制度创新为核心,通过带动投资、金融、贸易、政府管理方面的创新,使其发展程度更高,功能更广。上海作为国际大都市之一,其成为自由港具有得天独厚的先天性条件。

1.优越的地理位置

上海位于中国第一大河长江的入海口,水资源丰富,气候适宜。长三角作为我国最发达的地区之一,为上海的发展提供了强力的支持。对内长江优越的航运条件是上海连接中国内陆广大腹地的重要通道,对外面向东海,是重要的国际港口之一。除此之外,陆路、铁路和航空等网络也十分发达。

2.处于领先地位的港口建设

港口建设对自贸区发展的作用不言而喻。得天独厚的地理位置与船舶制造水平决定一地的物流水平。中转港是大宗货物交易地的基础。上海是中国对外贸易的重要口岸,出口外贸任务占全国的三分之一。上海的港口优势无疑有利于其发展自贸区,成为世界级金融中心的“天然屏障”。

3.高水平的国际化程度

从 19 世纪中叶开埠通商起,上海便逐渐成为一个对外来文化包容且融合的城市。由于外来人才的不断流入,上海的语言环境也形成了独特的优势。改革开放以来,在经济建设成为基本国策的背景下,上海不断优化国际化进程,促进国际化政治、经济、文化交流。

4.良好的基础设施条件

上海是我国市场功能齐全、经济最发达、现代化程度最高的城市之一。作为中国最发达的城市之一,公共基础建设和技术基础都处于领先地位,其工业基础、科研和创新能力、金融服务模式都具有核心竞争力。除此之外,上海还是一座典型的“以商兴港、以港兴市”的城市。现代航运基础设施先进,陆路、铁路和航空等网络密集,交通运输的基础设施完备。同时,上海港的港口基础设施、技术与创新能力和高效的管理模式在全国属领先地位。

5.日渐显著的“经济中心”地位

从全国主要城市的经济发展来看,上海作为中国的经济中心,GDP 总量常年位居各大城市排行榜的榜首,也是中国内地唯一 GDP 总量突破 3 万亿元大关的城市。从经济发展活力来看,上海的创新意识先进,优越的地理位置和国际化水平使其对外交流成本降低,成为国内先端制造、贸易和创新金融的领头羊。

(二)管理模式分析

港口管理模式的形成,与港口所在国家的政治、经济、文化、历史等因素息息相关。因此,在世界范围内,不同国家的不同港口,甚至同一港口在不同历史时期,都采取不同的管理模式。

在各类管理模式中,香港私人企业经营管理的港口模式是比较具有代表性的,但实行这种模式的港口数量有限。此外还有完全由政府机构、国有企业经营管理的港口,数量同样较少。世界最为普遍的港口管理模式是由政府机构、国有企业和私营企业共同经营管理港口的模式。下文对这三种模式进行分析,讨论它们在管理上的不足以及优秀的管理经验,以便归纳总结出对上海自由贸易港建设有益的思路。

1.私人企业经营管理的港口模式

私人企业经营管理的港口模式在世界范围内并不多见,这种经营管理模式的形成与港口所在地发达的私人经济息息相关,其中比较具有代表性的是中国香港的港口。

香港的港口是由私人投资建设、私人经营管理的,政府几乎不对港口的日常经营活动进行干预。香港共有 19 个码头,其中葵涌货柜码头是世界上吞吐量最高的私人企业经营管理的港口,共有 9 个码头、24 个泊位,分别由和记黄埔、美国海陆、韩国现代和中远(与和记黄埔合营)4 家公司经营管理。

这种管理模式具有其他管理模式无法模仿的竞争优势。首先,可以避免为了迎合政策需要而被迫以低于成本的价格提供服务。其次,由于具有完全的自主经营权,可以充分发挥私营企业的管理优势,管理结构更具灵活性,资源的配置更合理,从而避免由于所有权和经营权分离导致的资源浪费。

同时,私人企业经营管理的港口也存在其特有的不容忽视的缺陷。主要表现为,私人经营的管理结构无法与国家政策宏观调控相匹配。以香港的港口为例,其繁荣高度依赖中国内地的转口贸易。港口竞争的关键在于货运,一般而言,一定时期内一个港口的繁荣往往导致另一个相邻港口的衰颓,香港港口的兴旺主要是由于海峡两地长期无法直航,而这一情况近年来正在改变,就吞吐量而言,香港葵涌码头的吞吐量已经从 2015 年的世界第二,跌至 2018 年的世界第五。

2.完全由政府机构、国有企业经营管理的港口模式

完全由政府机构、国有企业经营管理的港口模式在世界范围内不多见,特别是在发达资本主义国家更为稀少,我国曾在计划经济时期使用过这种管理模式。

由于与私营的港口模式完全对立,私营港口的劣势即为公营港口的优势。完全由政府机构、国有企业经营管理的港口的首要职能是为国家贸易政策服务,其次才是盈利,因此公营的港口可以更灵活地应对国家政策的变化。但同时,公营的港口缺乏竞争,因此服务质量不高且无法利用竞争优化自身服务;公营港口设施由国家财政承担,因此容易发生资源配置不合理的情况导致浪费;公营港口的服务提供企业无须自负盈亏,因此工作态度容易散漫。

3.由政府机构、国有企业和私营企业共同经营管理的港口模式

由政府机构或国营企业和私营企业共同经营管理的港口模式是世界上使用最为普遍的一种模式。这种管理模式,由于兼顾了公营和私营两种模式的优点,成为了目前公营港口改革的主要方向,即港口的商业化或民营化。日本、新加坡和高雄都是比较具有代表性的使用三方经营管理模式的港口。

日本的港口由私人与政府共同参与管理。日本政府拥有港口的所有权和管理权,私人企业拥有港口的经营权,且港口的管理机构被禁止参与企业对港口的经营活动,不能开展其他与港口经营存在竞争关系的业务,政府对港口的经营只做宏观调控,这种调控主要通过财政政策实现。

(三)政策制度分析

首先,新加坡三大自由贸易区包括樟宜机场自由贸易区、裕廊港口的自由贸易区和其余 5 个港口的自由贸易区,这三大自由贸易区都采取民营化管理,具有绝对的经营管理权,代替政府对自由贸易区内的事务进行安排,并且定期向政府报告,这样做可以使自贸区的管理更为灵活和独立,最大程度减少政府干预。与新加坡政府对自由贸易区的民营化管理不同,中国(上海)自由贸易试验区管理委员会属于政府机构,负责试点内相关的改革任务和行政事务。

其次,在税收政策角度,新加坡对内外资企业实行统一的企业所得税。自 2010 年起,新加坡公司税税率为 17%,且所有企业可享受前 30 万新元应税所得部分免税待遇:一般企业前 1 万新元所得免征 75%,后 29 万新元所得免征 50%;符合条件的企业前 10 万新元所得全部免税,后 20 万新元所得免征 50%。

(四)服务水平分析

2018 新华—波罗的海国际航运中心发展指数(BDI)显示,2018 年全球综合实力

前十位的国际航运中心分别为新加坡、香港、伦敦、上海、迪拜、鹿特丹、汉堡、纽约、东京、釜山。这些国际航运中心各具特色，并且根据各自的优势提供相应的专业化服务，从而稳稳立足于国际航运系统。根据提供服务的差别，国际航运中心的模式可以分为三类：

1.以市场交易和提供航运服务为主的航运中心

以市场交易和提供航运服务为主的航运中心又称复合型航运中心，伦敦是这类型航运中心中最具代表性的。复合型航运中心弱化了货运功能，而是以提供强大的综合性航运服务来占据市场。伦敦港国际复合型航运中心服务水平的提升基于两点：

其一，持续性的航运服务市场需求带动相关产业发展。伦敦悠久的航海历史及工业革命带来的技术上的领先，造就了伦敦港国际航运的中心地位，同时形成了紧密结合的交易链并且带动了相关产业（如金融业、保险业）的发展，从而促进了其综合性的服务能力。

其二，国际航运组织的集群效应促进了伦敦港服务水平的提升。伦敦有众多船务和航运经营管理组织，提供航运金融服务的银行、航运保险公司、咨询中介机构等，目前伦敦及其周边聚集着超过4000家航运相关组织。这些组织的集群进一步弱化了伦敦港作为港口的货运能力，提升了其高端综合性航运服务水平，并且形成了竞争对手短期内难以模仿的核心竞争力。

2.以腹地货物集散服务为主的航运中心

以腹地货物集散服务为主的航运中心又称腹地型航运中心。腹地型航运中心所属国具有辽阔的腹地，以强大的直接经济腹地为背景，以发达的运输网络为支持，并依靠强大的运输网络辐射整个经济腹地。

以典型的腹地型航运中心鹿特丹为例，其具有以下特点：首先，鹿特丹的区位优势促进鹿特丹港口形成强大的航运服务集疏运系统，鹿特丹是大西洋海上运输航线和莱茵河水系运输线的交界口，腹地广阔，地理位置优越，便于其建立强大的输运系统，通过公路、水路、铁路和航空等运输方式可以辐射欧洲大部分地区；其次，发达的临港工业带动了鹿特丹港其他相关服务业的发展，形成了一个巨大的工业综合体，并且进一步促进了金融、贸易、保险、信息等服务业的发展。

3.以中转中心为主的航运中心

香港港口的本地货运量有限，但长期以来海峡两岸无法直航的状况促进了香港转口贸易的发展，加上其私营港口具备的天然优势，成为了全球著名的中转型国际航运中心，即香港港口在世界枢纽港中的角色是以提供服务为主的，它的服务水平的提升基于两点：首先，香港具有显著的区位优势，香港位于东北亚和南亚航道的主要通道中，且具有良好的水位条件，可以保证全天候提供航运服务；其次，香港港口拥有良好的基础设施建设，建造了诸多现代化货运和客运码头，同时拥有全球最大的两个货柜中心，一个是香港国际货运中心，另一个是亚洲货柜中心，因此香港港口可以提供高效的装卸服务及便利的仓储服务。

（五）结合国际自由港的实践利弊对上海自由贸易港的制度建议

1.明确自身定位

不同港口的经济、资源、产业分布与发展模式有着不同的特征，如何精准定位，寻找并发展自身的核心竞争力成为各港口在激烈竞争中保持优势地位的重中之重。因此，上海自由港应该积极利用其优越的地缘优势，着眼保税仓储，重点突出其物流功能，使其成为区域性货物集散中心。其次，内陆自由贸易园区充分发挥其内陆连通优势，将其功能辐射到周边地区，最终推动地区和国家经济的整体繁荣。

2.改善管理模式

目前，上海自贸区的管理结构较为复杂，自贸区各管理部门的统一平台和协调监管还处于起步阶段。我们应该加强建立统一的、科学的管理系统。对于大型平台，整合海关、检验检疫、港口、运输和该地区的其他方面成为一个统一的信息管理平台，避免行政服务部门的重叠形式，协调推进自贸区各行政服务部门简化制度、下放权力和提高资源利用率的整合。实现职能、政策、法规、法律体系等方面的全面互补平衡。

3.放松监管，扩大优惠

监管方面，应采用放松的监管模式，在通关便利化、区内货物自由流动和各部门协同监管等方面寻求最大优化。

税收方面，从国外发展中国家自由港税收减免的措施及反馈效果来看，税收优惠在促进自由港发展上的作用是积极且显著的。在未来上海自由港建设中，可以借鉴国外经验，制定科学合理的所得税、营业税、增值税和个人所得税政策，适当加大税收减免力度，以有竞争力的税收政策吸引企业。

4.提升港口服务、贸易化水平

通关效率、货物分类监管、港区联动等是港口服务的重要环节，提升港务工作人员的效率意识，完善监管制度，积极建设港区联动是建设上海自由港的必经之路。上海自由港可以借鉴新加坡统一的数字化管理平台，在航运服务、结算汇兑、贸易融资等贸易服务体系和贸易促进政策方面提高贸易便利化水平。

5.实现投资便利化和金融自由化

投资便利化与国际先进水平有较大差距。上海自由港建设期间在投资准入方面已经实施负面清单管理,但负面清单所列项目有待进一步简化。企业境外投资管理制度改革尚处于起步阶段,境外投资备案管理已经开始实施,但跨境投资管理制度、促进体系、配套服务体系都有待进一步建立和完善,在反垄断和国家安全审查领域的监管有待进一步提高。

金融自由化水平较低。金融自由化是上海与国际先进水平差距最大的领域。由于目前人民币在资本项目下仍受到严格管制,上海自由港在融资便利、汇兑自由、人民币跨境使用、放开利率、外汇管制等方面需要进一步放开,逐步推动金融创新,同时要做好金融机构监管和金融风险防范工作。

6.注重人才培养

人才和技术的竞争在当今时代中显得尤为重要,因此人才资源的培养和争夺也是决定港口发展的重要因素之一。相关高校应该积极培养高级港务人才,重视港务相关专业人才的基础培养和专业训练。鼓励私立教育机构为在职人员提供专业的培训,并在一定条件下为相关人才提供技术和资金支持。正式的研讨会对促进各机构和国际间的交流与共同进步也具有重要的意义。

六、绩效目标驱动的自由贸易港制度设计

(一)提升“软实力”的自由贸易港制度设计

在经济全球化、贸易自由化和国际运输高度发达的今天,现代物流业的发展突飞猛进,港口已经不再只具有装卸、中转等传统功能,而是转型成为经济、贸易乃至金融进步的催化剂。港口对周边地区和腹地有着重要的辐射作用,直接促进了地区乃至世界经济的发展。在这样的趋势下,越来越多的港口逐步转向现代物流中心发展模式。港口“软实力”建设在促进港口管理现代化、加快技术进步、提高港口的有效管理水平、提高经济效益等诸多方面有战略性意义。

港口软实力主要取决于港口的信息化水平、现代化管理水平和港口的生产效率。

1.港口信息化建设

港口信息化建设是现代港口发展过程中托运人、港口企业、监管部门、港口管理部门和其他社会部门之间大规模的、及时的信息交流和互动。为了更准确、更有效地完成进出港船舶的装卸、收集、分配、交易与支付等生产行为,要通过现代信息技术协调港口信息资源。在港口重点商品电子交易平台的基础上,建立港口公共信息服务平台和全面的信息服务、管理服务、技术服务和交易服务体系。

2.港口管理模式

随着港口的发展,世界港口的管理模式正在逐步发生变化。政府机构和国有企业管理模式下的港口隶属于国家,港口的投资建设和管理由政府机构和国有企业运营。在这种管理模式下,由于缺乏独立的经营权和产权,缺乏有效的竞争和监督机制等,往往存在投资浪费、服务质量差、效率低下等一系列问题。财政负担也影响了港口的运营效率和竞争力。因此,欧美发达国家较少采用这种模式,而且目前采用该模式的港口也都在进行制度改革,逐步转向各方共同管理的模式。

在各方联合管理模式下,港口投资建设和管理由政府、国有企业和民营企业共同承担。该模式不仅是世界上最常见的港口管理模式,也是实施政府和国有企业管理模式的港口改革和发展的方向与趋势。这种趋势也被称为港口的商业化或私有化。其主要特点是打破单一国家或政府管理港口的模式,最大限度地减少政府对港口运营的直接参与。

3.港口效率

从经济学的角度来看,港口效率是其资源的有效配置,是投入产出能力、竞争力和管理水平的总称。近些年,港口生产效率研究取得了长足进展,尤其是利用非参数前沿方法研究港口效率。

(二)国外典型港口信息化发展现状、趋势及对我国的启示

自20世纪80年代以来,国外主要港口通过引进先进技术和设备,不断提高自身管理水平和运营效率。港口业务正逐步走向智能化、专业化和标准化。下文围绕港口信息化建设的内涵,分析鹿特丹港的信息化发展现状。

1.鹿特丹港信息化状况①

(1)港口信息化现状

国际运输信息系统(International Transport Information System,INTIS)是荷兰为满足贸易和运输需求而开发的EDI服务系统,始建于1985年,建设成本约1000万美元。INTIS最初是由荷兰的几个港口和运输公司联合开发的,包括鹿特丹港务局、荷兰PTT电信公司和一些私营公司等。

(2)港口信息化特征

鹿特丹港的港口信息化建设促进了港口发展,全面应用EDI技术,使鹿特丹港成为欧洲最大、效率最高的港口。通过这一信息化的公共服务平台,达到船方、货方、代

① 眭凌,徐萍,东朝晖.国外典型港口信息化发展现状与趋势分析[J].综合运输,2011(5):77-81.

理方、港方和其他海关、税务、银行、保险等多方资源及时共享和高效运作,实现无纸化作业流程,使其港口竞争力得到进一步增强,并使其继续保持欧洲第一大港地位。

2.世界港口信息化发展趋势

在国外,港口信息化的发展呈现出网络化、标准化、灵活化和国际化的趋势。信息技术广泛应用于港口货物的装卸、储存、运输、配送和贸易,形成横纵交错、连接良好的港口信息网络。

(1)信息化发展水平的重要作用

当前,国际金融市场动荡,全球经济增长放缓、海上恐怖主义活动等,给国际海运业的发展带来了更多不稳定和不确定因素。尤其是2008年以来,受美国次贷危机引起的全球金融危机、全球经济滑落和欧美需求大幅下降等因素影响,港口吞吐量增幅明显放缓,部分海运船队面临停航,不少企业出现亏损,港口业发展形势十分严峻。而日新月异的信息技术将为港口业提供广阔的发展空间,也将带来新一轮的国际竞争。从国际港口发展趋势来看,一个港口的信息化发展水平将成为港口竞争力中最为重要的条件之一。

(2)通过港口信息系统实现全面服务

随着国际多式联运的发展和综合运输链的日益复杂,现代港口正在向全方位的增值服务发展,成为商品流、资金流、技术流、信息流和人才流的中心。能否安全、高效、低成本地提供港口服务,港口的功能能否在最短的时间内实现,这些都离不开现代技术的支撑和保障。

(3)现代信息技术的应用更加广泛

未来,港口信息化建设和智能技术应用领域将更加广泛。例如,20世纪90年代初由美国新奥尔良港建造的“香港自动化系统”不仅实现了应用系统在港口的集成,而且还增强了与外部应用系统的自动化连接,如电子泊位申请系统和自动化货物库存系统。以条码技术、自动识别技术、全球卫星定位技术、辅助决策技术、EDI技术等为代表的现代信息技术,必将成为未来港口生产、经营和管理的重要手段。

3.港口的效率

“城以港兴、港以城荣”是世界港口城市发展的典型经验,港口已经成为港口城市经济发展的核心战略资源,港口的兴衰事关城市、区域乃至国家的经济发展。为了从根本上提高整体运营效率,我国海峡两岸港口必须用科学发展观指导港口管理和运营。第一,通过沿海港口的兼并重组,实现港口资源的整合和优化,在不增加港口设施的条件下,努力提高港口规模效率。第二,港口要继续深化管理体制改革,寻求高效的经营管理模式,努力提高管理水平,实现投入资源的集约利用,提高港口技术效率。第三,港口发展应充分重视与区域内经济体系的协调,使港口体系更好地为当地经济发展服务。第四,港口应积极扩大经济腹地,如采取改善交通可达性和建立干港等措施,根据腹地的产业结构适当调整港口基础设施,从而形成腹地经济与港口产出之间的良性互动。

(三)提升"硬实力"的自由贸易港制度设计

1.基础设施方面

上海自由贸易港的建设是一个系统的工程,需要考虑诸多要素,并不局限于货物、资金与人才这三个领域,按照国际经验,上海自贸港需要在八个关键要素上综合发力。按照世界上建设自由贸易港的经验,这八个方面包括港区一体化、组织架构、监管制度、税收体系、市场准入、基础设施、特色产业与腹地经济。"上海自由贸易港就在自贸区的基础上建设,港区一体化是首先比较容易取得突破的",专门研究自贸区建设的孙元欣认为,上海自由贸易港在市场准入、港区基础设施、特色产业与腹地经济等方面是具备足够的条件与优势的。

世界自由贸易港的普遍特征是拥有较为完善的基础设施建设,能够有效联通海陆空,使港区企业"便捷"地连通世界市场,在自贸试验区升级转型为自贸港的过程中,需要注意的重点领域之一就是跟进上海自贸港的基础设施建设,也就是要有港口、机场、铁路、物流、仓储等能够满足贸易、流通的基础功能设施,其中物流基础设施建设更是摆在首要位置。

2.税收制度方面

自由贸易港作为一个海关特殊监管区域,在市场准入、金融措施、财税管理等方面需要整体性的支撑,其中以免除关税为主要特色的税收制度占据了重要位置,自贸港的税收制度既与其他制度交叉作用,又有着自己特有的逻辑和监管机理。税收制度在自贸区制度体系中占有重要作用,首先税收直接影响着交易成本和交易效率;其次税收的法律呈现形式也是自贸港法律监管制度的重要组成部分;最后税收是否体现出为纳税人提供便利和公平的宗旨对外资引进也有重要的影响。

目前上海自由贸易港税收制度建设的主要问题是缺乏自由贸易区与自由贸易港税收制度的内外衔接机制,此处缺乏衔接机制体现在两个方面:其一,缺乏自由贸易区与自由贸易港的外部衔接机制,即现有自由贸易区税制向上海自由贸易港税制的转化机制。其二,缺乏自由贸易区与自由贸易港之间的内部衔接机制,即上海市内部自由贸易区与上海整体自由贸易港在税制方面的协调机制。因此需要完善税制,扩大税收激励制度范围:①扩大所得税方面的税收优惠力度。通过扩大企业所得税和个人所得税的优惠力度和范围，将有助于整个自贸港税制效用的发挥。②全面免征增值税，部分免征消费税，在保税区或自贸区内已经有免征增值税和消费税的先例，尤其在国税地税征管体制改革的背景下，对增值税的全面减免将更加有助于凸显上海自贸港吸引外来投资的优势。③加大或保持现有的环保税征收力度。

3.监管制度方面

自上海自贸区建立以来，被实践检验积累了很多经验的负面清单管理制度已经更新至第四版。经过四年多发展的负面清单管理制度已经在全国范围内由点到面逐步铺开并取得了较好的实验效果。然而，中国的改革开放是循序渐进的，自贸区向自贸港的演进需要进一步探求新路径和新模式，在新平台上，负面清单管理制度的价值也依然有深度发掘的现实需要。

2017 年 3 月公布的《全面深化中国（上海）自由贸易试验区改革开放方案》提出设立的自贸港要对标国际最高水平，要实施更高标准的"一线放开""二线安全高效管住"的监管制度。在"放开"上，自贸港应按照"负面清单+非违规不干预"的总体原则，打造更高标准的单一窗口、一站式通关和集中监管模式，实现政府监管模式的创新。在"管住"上，自贸港应采用风险管理理论和技术，在大数据分析的基础上确定负面清单和重点监管对象，精准高效地守住底线。当下中国正在从贸易大国向贸易强国演进。作为一个贸易强国，需要在全球价值链中由中低价值环节跃升到高价值环节，需要在全球价值链中具有更强的治理能力，而自贸港的推出无疑有利于加速这一进程。自贸港的建设需要顶层设计，而具有中国特色的负面清单管理模式正是设计中的一个重要模块。

作为资源配置的高地和平台，自贸港应在自贸区的基础上，从注重发展本地贸易、转口贸易转向发展离岸贸易和离岸服务，从而进一步提升自身的功能定位，为带动周边地域的发展起到引领作用。自贸港的未来必须要形成一个渐进有序开放的坐标系，先行先试是往高处走的纵坐标，复制推广是往远处走的横坐标。唯有两者同时发力，才会形成一个面积更大的开放面，才能提升中国开放的广度和能级。

参考文献

[1]陈诚，林志刚，任春杨.探索建设自由贸易港的政策安排与路径分析[J].国际贸易，2018，437(5)：23-29.

[2]戴金山.港口物流能力与绩效相关性的实证研究[D].武汉理工大学，2012.

[3]邓春，翟羽.欧亚典型港口经济发展经验与模式分析——以鹿特丹港、新加坡港和台湾港口

为例[J].产业与科技论坛,2017(18).

[4]贾亮.国外港口管理模式和我国港口改革思路[J].中国物流与采购,2004(11):42-44.

[5]姜宝,李剑.基于DEA的东北亚港口的绩效评价研究[J].海洋开发与管理,2008,25(12):87-92.

[6]李兰冰,刘军,李春辉,等.两岸三地主要沿海港口动态效率评价——基于DEA-Malmquist全要素生产率指数[J].软科学,2011,25(5):80-84.

[7]马庆强.新加坡自由港、迪拜杰贝·阿里及智利伊基克三地自贸区比较及对天津自贸区的启示[J].天津经济,2016,262(3):23-25.

[8]彭先玉.港口物流发展链条分析[J].课程教育研究,2016(6):236-237.

[9]彭羽,陈争辉.中国(上海)自由贸易试验区投资贸易便利化评价指标体系研究[J].国际经贸探索,2014,30(10):63-75.

[10]商务部国际贸易经济合作研究院课题组.中国(上海)自由贸易试验区与中国香港、新加坡自由港政策比较及借鉴研究[J].科学发展,2014(9):5-17.

[11]眭凌,徐萍,东朝晖.国外典型港口信息化发展现状与趋势分析[J].综合运输,2011(5):79-83.

[12]孙超.自由贸易港的税收制度研究——兼论我国海南自由贸易港的税收激励机制的构建[J].税收经济研究,2018,23(4):44-50.

[13]汪长江.世界典型港口物流发展模式分析与启示[J].经济社会体制比较,2012(1):224-229.

[14]王佳妮.基于因子分析法的我国港口财务绩效研究[D].大连海事大学,2017.

[15]王坚.港口绩效评价指标设计[J].经营与管理,2011(6):84-85.

[16]武嘉璐.国外港口综合绩效指标体系对我国的启示[J].生产力研究,2015(3):96-99.

[17]谢丽彬,李民.自贸试验区创新绩效评价指标体系研究[J].广西民族师范学院学报,2016(6).

[18]杨华龙,任超,王清斌,等.基于数据包络分析的集装箱港口绩效评价[J].大连海事大学学报,2005,31(1):51-54.

[19]叶修群.中国自由贸易园区(FTZ)经济效应研究[D].华东师范大学,2018.

[20]朱孟楠,陈冲,朱慧君.从自贸区迈向自由贸易港:国际比较与中国的选择——兼析厦门自由贸易港建设[J].金融论坛,2018,23(5):5-14.

第四章　自由贸易港建设与产业升级研究

车春鹂

一、产业升级的相关理论研究

（一）产业升级的内涵

产业升级是当今中国的热词，但对其内涵有不同的理解，理论上一般包括如下四层含义：

1.一、二、三产业依次转移

在这一定义下，产业升级是一个依次出现、扩张、消亡的历史性过程，而且因为产业结构变动的总趋势是高附加值产业增加，低附加值产业比例下降，势必将引起国民收入的增加，进而转化为要素收入和购买力的增长，并引起市场扩张和需求层次的上升，再吸收掉由升级的产业所生产出来的产品，所以产业升级往往与经济增长同步，最后，产业升级必然会带来相应的要素转移，产业兴起吸引要素进入，产业衰落则引起要素退出，退出的要素流入到新兴产业之中，形成要素的转移。

2.国民经济各产业部门的升级

根据工业化的理论以及发达工业化国家的发展经验，工业化进程一般表现为轻工业化、重化工业化和高加工度化三个阶段。其中，在重化工业化阶段，工业由以轻工业为中心向以重化工业化为中心不断发展，表现为重工业占工业总产值的比重不断提高，重工业总产值的增长速度明显快于轻工业总产值的增长速度等。而在高加工度化阶段，轻、重工业都不再以原材料工业为重心，转而向以加工、组装工业为重心的结构发展，表现为加工程度较高的相关工业（如机电工业）指标（总产值和增加值等）都出现了明显增长。最后，生产所使用的生产要素结构发生革命性变革，呈现出"劳动密集—资本密集—技术密集—知识密集"的发展变化态势。上述的高加工度化、重化工业化、生产要素集聚化等特征，均是产业升级的表现。

3.产业(产品)结构升级

产业结构升级一般是指在特定的国内外经济环境和资源条件下,按照一般的产业结构演进规律(如配第—克拉克定律、工业化理论等),采取一定的措施,不断提高产业的结构层次和发展水平,以保障国民经济长期持续增长。产业结构升级往往是一个生产效率的转化过程,在这一过程中,社会生产效率由低到高进行改进和转化,整个生产体系得到了改进和提高。如电视机产业中的企业,在形成市场竞争优势的导向下,在技术进步的推动下,向着“超大、超薄、超新、更高清晰度”的方向发展(刘志彪,2000)。

4.同一产业内部企业升级

同一产业内部的企业,在竞争原则规范下,积极主动地转产,生产市场需要的商品或者退出某些产品的生产,或者进行资产重组,通过兼并、接管、破产、倒闭等方法,寻求资源有效利用的途径。

(二)产业发展理论

1.配第—克拉克定律

早在17世纪威廉·配第(William Petty)就发现,随着经济的不断发展,产业中心将逐渐由有形财物的生产转向无形服务的生产。具体而言,工业往往比农业、商业往往比工业的利润多得多,因此,劳动力必然由农转工,而后再由工转商。该理论被英国经济学家科林·克拉克(Colin Clark)沿用,克拉克进一步通过对40多个国家不同时期三次产业的劳动投入和总产出统计比较分析,指出随着全社会人均国民收入水平的提高,劳动力首先由第一产业向第二产业转移,当人均国民收入水平进一步提高时,劳动力便向第三产业转移。

2.库兹涅茨法则和“经济服务化”规律

美国经济学家西蒙·史密斯·库兹涅茨(Simon Smith Kuznets)收集整理了欧美主要国家长期统计数据和按GDP高低不同的发展中国家与发达国家的横截面数据,从劳动力分布和国民收入两方面对就业结构和产业结构相互作用进行了研究。其将整个国民经济划分为农业、工业、服务三个部分,在此基础上将国民收入和劳动力在各产业之间的分布结合起来进行分析,总结出三条“法则”:首先,随着经济的增长,农业部门的国民收入在整个国民收入中的比重和农业劳动力在全部劳动力中的比重不断下降;其次,工业部门国民收入在整个国民收入中的比重呈上升趋势,但是工业部门劳动力在全部劳动力中的比重大体不变或略有上升;最后,服务部门的国民收入在整个国民收入中的比重大体不变或略有上升,劳动力在全部劳动力中的比重上升幅度较大。

库兹涅茨法则说明，农业劳动力比重普遍下降，工业化到达一定阶段后，第二产业吸收劳动力的能力减弱，只有第三产业对劳动力具有较强的吸附能力，体现出强劲的就业弹性。

综合已有的配第—克拉克定律与库兹涅茨法则可以看到，工业化进入高度发展阶段后，随着产业规模和产业结构的升级，产业结构发生转变，各种生产要素由农业向工业，进而向服务业转移，服务业逐渐取代工业成为国民经济的主导，加之工业内部分工日益细化，使得产业结构中服务业产值和就业人口比重超过工业，各产业中坚投入中，服务投入比重以及服务业内部的生产者服务业比重不断上升。服务业占国民经济的比重不断上升并最终占据主导地位的过程与阶段，即"经济服务化"规律。

3.产业结构高度化

产业结构高度化在总体上表现为由第一产业占优势比重逐级向第二产业、第三产业占优势比重演进。也表现为：在加工工业内部由低附加值制造初级产品的产业占优势比重逐级向高附加值制造中间产品、最终产品的产业占优势比重演进。产业结构高度化在生产要素配置方面的表现为：原有要素和资源从劳动生产率较低的产业部门向劳动生产率较高的产业部门转移，新增的要素和资源也被配置到劳动生产率较高的产业部门，以此使劳动生产率较高的产业部门的份额不断增加，不同产业部门的劳动生产率共同提高。

4.区域分工理论

一个区域的经济功能主要通过主导产业得以体现，主导产业的存在依托于主导经济要素，不同区域之间主导经济要素的差异导致了主导产业与分工地位的差异。传统的区域分工主要表现为两种形式：垂直型分工和水平型分工。垂直型分工指经济发展水平较高的地区从事资本或技术密集型制成品的生产，而经济发展水平较低的地区则进行劳动密集型（初级产品）生产。水平型分工表现为同一产业不同价值链和同一产品不同生产环节之间的分工。

垂直型分工的产业升级表现为经济发展水平落后的地区掌握了高技术含量、关键零部件等的生产能力，实现对产品核心生产技术的控制，从而实现其产业升级。水平型分工的产业升级则表现为在产业链条层次上由生产制造环节向研发设计和品牌营销环节转移。

5.产业集群理论

产业集群主要指具体产业的各种生产者在空间上的一种集聚现象，实现了各种生产要素动态性的跨区域流动与集中分布。产业集聚之下，无论是物质资本、人力资本还是制度要素的积累速度都有所加快。集聚带来的外部性被细分为马歇尔外部性

(Marshallian Externalities)与雅各布斯外部性(Jacobs Externalities)。马歇尔外部性提高了地区产业的专业化程度,促进了产业内创新,而雅各布斯外部性则丰富了地区产业的多样性,促进了产业间的技术创新。集聚的外部性都在间接作用下提升了产业效率。通过集聚,地区市场上的分工得到细化,市场化水平也得到提升,市场竞争机制进一步完善,直接提升了产业效率。产业集聚可以为区域产业带来效率层面上的升级。

通过对产业升级有关理论的简单梳理,结合第一部分对于产业升级内涵的概括,产业升级这一经验事实较早地被经济学家观察与总结。配第—克拉克定律最早关注了一、二、三产业依次转移的产业升级内涵,库兹涅茨法则是基于经济体发展的实际数据论证了产业升级的客观存在。后续的相关理论从产业升级的内部机制出发,探究更为微观的产业及有关生产部门产业升级的缘起及效应。区域分工、产业集群等相关理论更是结合了经济全球化与经济全球化的背景。本章旨在扩充这些理论在实践方面的运用,结合目前国内对于自由贸易港建设的探讨,一方面运用这些理论内容对实践进行科学指导,另一方面希望通过实践进一步扩充和丰富相关理论。

(三)产业升级理论的实践:自由贸易港建设

自由贸易港是指设立在国家与地区境内、海关管理关卡之外的,允许境外货物、资金自由进出的港口区,对进出港区的全部或大部分货物免征关税,并且准许在自由港内开展货物自由存储、展览、拆散、改装、重新包装、整理、加工和制造等业务活动(张释文,2018)。绝大多数的自由贸易港都被称作有限自由贸易港,对绝大多数外国商品不征收关税,而只对少数指定商品征税或实施不同程度的贸易管制。

田珍(2017)认为,首先,自由贸易港区具有报税功能和较为开放的政策环境和运作管理模式,符合跨国公司的经营策略,实现其在全球范围内布局生产力和营销网络的发展,因此自由贸易港将势必成为跨国公司高科技产业项目投资的理想基地。跨国公司的到来,带来了先进的技术和管理理念,有利于促进自由贸易港所在地区的产业升级。其次,自由贸易港作为国际物流和航运中心,通过提供专业化和高效率的物流服务,适应了现代物流和供应链管理发展的需要,能够帮助跨国公司降低经营成本,产生聚集效应,带动区内多种服务业的发展。因此,自由港有利于工业中深加工和技术密集型产业比重以及第三产业比重的不断提高,促进现代服务业的迅速发展。

王珍珍和赵富蓉(2018)分析了自由贸易港建设带来的基本效应:自由贸易港的发展需要综合仓储、运输、物流、金融等支持,这客观上使得相关产业形成经济地理上的集聚,促进了当地这些产业的发展,促进了经济腹地的发展,使得自由贸易港成为经济的“增长极”,根据上文所提及的产业集群理论,自由贸易港的存在有利于产业升级的实现。

综合已有发达国家的经验,发展中国家和地区自由贸易港可以带来微观层面的企业和行业绩效、工资及工作环境及工业化水平的提高,宏观层面则可以实现就业创造、技术升级、外汇收入等。由自由贸易港引致的优秀企业及其所具备的管理经验、人才积累、优惠的政策环境、显著的集聚效应及附带的外溢作用,是推动产业升级的重要载体。

二、代表性自由贸易港产业升级路径探究

(一)爱尔兰香农自由贸易港

1.概况

香农自由贸易港位于爱尔兰中西部,创建于 1960 年,占地 2.43 平方公里,坐落在爱尔兰第三大城市利默里克市,毗邻爱尔兰克莱尔郡香农国际机场,是世界上最早的利用外资发展出口加工业的自由贸易港(区)。

经过数十年的发展,香农自由贸易港由一开始主要利用港口优越的地理位置条件从事航空航天加油服务的自由贸易区,逐渐发展到集出口加工、转口贸易、保税仓等功能为一体的综合性自由贸易港。

目前,香农自由贸易港的外国投资 94%来自欧美国家,其中美国投资占 57%。起步伊始,香农自由贸易港内只有 10 家外资企业,每年雇用人数仅为 580 人左右,[①]而如今,160 多家外商投资企业遍布香农自由贸易港内,园区内雇员总数飙升到 8000 人,每年出口额高达 25 亿欧元。[②]

2.产业升级过程

20 世纪 60 年代以前,由于自然资源缺乏,爱尔兰香农地区以农牧经济为主,其中有四分之三的土地种植小麦或其他谷物,其余用来饲养家畜和奶牛。[③] 第二次世界大战期间,受战争的影响,加上国内工业都是建立在狭小封闭的市场需要基础上,香农地区的农牧业经济发展停滞不前。据统计,该地区劳动人口从事农业生产的比例高达 41%,而从事工业生产的仅为 19%。[④] 为了促进当地经济发展,利用本地区在美欧大

---

① 熊茗.上海软件外包业的政府职能定位研究[D].上海交通大学,2010.

② The Clare Champion:Hannon gets the country's first Starbucks drive-thru.[EB/OL].2018-07-04.http://clarechampion.ie/hannon-gets-the-countrys-first-starbucks-drive-thru.

③ Alan Hayes,Diane Urquhart.The lrish women's history reader[M].Routledge,London,2001.

④ 数据根据《爱尔兰中央统计局》相关资料整理,https://www.cso.ie/en/databases/

陆中轴线上的优势，爱尔兰政府于 1942 年建成香农国际机场，为飞机提供中转停留、补给燃油等服务，并开设了世界第一家机场免税店。随着飞机续航能力的提升，香农机场在一定程度上丧失了区位优势。

为了解决单纯依靠为航空加油带动经济的困境，1959 年，香农自由贸易港开发有限责任公司（香农开发公司）成立，通过设置特殊税收优惠政策，配套发展空港产业吸引航空货运业务，以保持机场的国际地位和创造更多的就业机会。第二年，以出口加工为主的免税自贸园区建成，当地经济开始逐渐从农牧经济向加工生产型经济发展。

20 世纪 60 年代至 80 年代，香农自由贸易港处于加工生产型经济向科技创新产业转型期，重点发展科技型工业，加大吸引外资力度。1960 年，宾夕法尼亚州标准压制钢公司成为香农自由贸易港园区内的第一家租户，在国外生产所有产品并销往美国。1962 年，通用电气公司（EI）入驻园区，到第四年共雇用了 1200 名员工。为了使香农自由贸易港享有自己的教育和科研服务机构，大力发展高新技术产业，1972 年，爱尔兰政府在该地区建立了利默里克大学和利默里克工学院。随后，为了进一步探索出科研与实业相结合的发展道路，香农不仅建立了本土高新技术公司的创新中心，而且投资建立了世界上第一个国家科技园区——利默里克国家科技园，在此基础上又积极和其他各大高校进行合作，陆续围绕香农自由贸易港辐射出 4 个科技园区，最终布局成独特的“香农知识网络”。[①] 香农自贸港区内充足的熟练技术工人，较高的劳动力素质，使得大批外资企业涌入，产业结构发生了明显的变化：农业比例降至 23%，工业升为 33%，服务业上升至 44%。

20 世纪 90 年代后，随着高新技术产业的发展，香农自由贸易港在爱尔兰政府的引导下，逐步由科技型产业向服务业和知识经济型产业过渡。香农地区通过调整经济战略和产业政策，优化产业结构，使得全球跨国公司大量进驻区内，国内本土企业迅速成长。比如，政府会给予一定的研发补贴，公司员工超过 100 人，并且经营状况比较良好的企业，最高可获得 100 万欧元的补贴。随着爱尔兰对外开放水平的逐渐提升，其产业结构也发生了变化：2000 年，国内农业占 GDP 比例为 5%，工业为 46%，服务业为 49%，达到工业化国家的合理比例；人均 GDP 由 20 世纪 80 年代中期的 0.7 万美元增至 3.3 万美元。[②] 2001 年，香农自由贸易港与欧洲、北美洲实现了宽带网络连接，建立了电子商务环境，促使爱尔兰成为世界前列的软件出口国。

目前，香农自由贸易港产业集群主要涵盖航空航天、创新企业孵化、制药与医疗器

---

① 柴晔.爱尔兰：香农国际航空港自由贸易区[J].国际市场，2014(6)：56-59.

② 中华人民共和国驻爱尔兰大使馆经济商务参赞处.爱尔兰经济发展特点和成功经验[EB/OL].2004-05-26.http://ie.mofcom.gov.cn/article/ztdy/200405/20040500225856.shtml.

械制造、国际金融及金融服务保险、国际物流、供应链管理等领域。

3.产业升级理论分析

香农开发公司的成立，对该地区吸引外资、促进产业经济发展有着非常关键的作用。其围绕香农机场进行深层开发，建立了世界上第一个以出口加工为主的自由贸易区，并凭借其免税与低成本优势吸引外国企业投资，并在此后的50年中逐步完成产业结构升级过程。

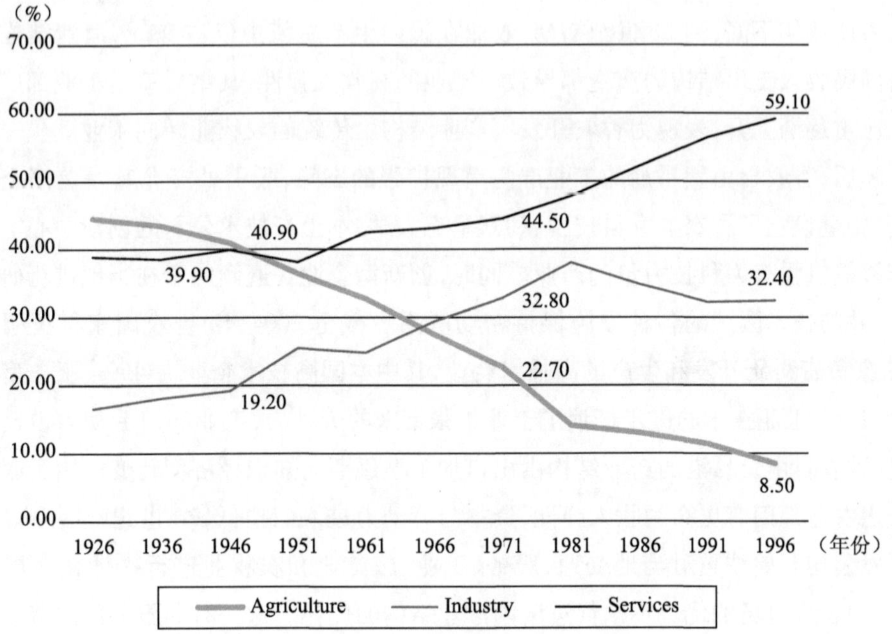

图 4-1　1926—1996 年香农自由贸易港各产业间劳动人口的转移

资料来源：根据《爱尔兰中央统计局》数据整理得到。

理论研究表明，随着地区经济的不断发展，产业结构中心总是从农业转向工业，再从工业转向服务业，也就是由有形资产的生产转向无形服务的生产。配第—克拉克定律很好地说明了这一现象。在香农国际机场建立初期，该地区劳动人口从事农业生产的比例高达41%，从事工业生产的为19%，从事服务业的为40%。1967年，香农地区的制造业出口额为1.1亿英镑，比1963年5000万英镑的10%有所增加。经过数十年的发展，尤其是香农开发区建立了利默里克国家科技园，依靠科技力量的支持实现了劳动密集型向技术密集型工业的转变之后，该地区劳动人口从事农业生产的比例下降至23%，从事工业生产的升至33%，从事服务业的上升到44%。20世纪90年代后期，香农开发区逐步以服务业为主，开始向知识经济型转变。至此，香农地区产业结构的劳动力占比再次发生转移，农业部门进一步下降至 9%，工业生产部门基本不变，服务部门升高至 59%。①

配第—克拉克定律揭示了香农自由贸易港产业升级过程中劳动力在三种产业结构分布中的演变规律，而库兹涅茨法则分析了引起国民收入和劳动力在各产业间变动的主要原因。该法则认为农产品的低需求收入弹性以及第一、第二产业间技术进步的差异性导致农业部门的国民收入和劳动力相对比重趋于下降。曾经，爱尔兰作为“欧洲庄园”，农牧业生产占国内生产总值的一半以上。随着经济发展，产业结构升级，农业的占比逐年下降，到 21 世纪初期，农业在国内生产总值中仅占 9%。消费结构的变化与国民收入支出结构的演变都导致了工业的高收入弹性，其结果就是工业部门国民收入比重逐渐上升，表现为香农开发区产业结构由传统的农牧业转向工业。

随后，香农自由贸易港的工业部门呈现扩张的态势，吸引外资尤其是美国企业的投资，相继设立了香农国家科技园、利默里克大学、本土高技术公司的创新中心等一系列能够提供强有力科技力量的产业。同时，创新型企业普遍倾向于在当地进行研究和开发，并与技术园区的各种设施保持密切联系。截至 2004 年，香农国家科技园已有 90 多家负责科研开发和生产的高技术企业，其中本国高技术企业占 45%、服务型行业占 25%。② 工业技术的进步抵消了工业扩张带来的劳动力，工业部门劳动力占比相对稳定，香农自由贸易港的产业结构由出口加工型逐渐向知识经济型转变。由于服务部门较之农业部门有更高的收入弹性，资本与劳动力进入门槛低，20 世纪 90 年代后，香农开发公司开始注重对当地交通、服务、工业、旅游业和农牧业进行一体化多层次开发，利用香农机场的优势不断促进区内产业结构的优化。这一时期服务部门劳动力占比有显著的上升，与“经济服务化”规律相适应。

4.产业升级影响因素

(1)对外开放水平较高，提供贸易便利化政策

爱尔兰本土面积小，人口少，资源不够丰富，市场潜力不大，这些先天条件决定了爱尔兰必须实施开放型经济政策。在爱尔兰政府的指导下，香农自由贸易港实施了一系列的贸易便利化政策，不仅利用信息化技术建设电子海关系统，在各有关部门间进行信息共享，而且采用授权经营者制度，即在欧盟内符合条件的经营者会得到欧盟授权经营者资格，并在欧盟内部所有国家有效。这些措施使得大量跨国公司和知名品牌公司涌入园区，加速了香农自由贸易港向综合性自由贸易港的转型。

世界经济论坛(World Economic Forum)发布的《2016 年全球贸易促进报告》显示，

---

① 资料来源：根据《爱尔兰中央统计局》数据整理，https://www.cso.ie/en/databases/.

② 刘莹.论产业集群的驱动因素——以爱尔兰软件业集群为例[J].经济地理，2004，24(5)：629-632.

爱尔兰在136个国家(地区)中排名第20位,国内市场准入率高达79%,平均关税水平较低。另外,根据美国传统基金会2013—2016年公布的《经济自由度指数》报告,在全球179个国家(地区)中,基于经济自由度50个指标评价的得分,爱尔兰连续三年位居前十,在欧盟国家中经济自由开放度较高。

(2)各种优惠政策叠加,企业运营成本低

为了吸引外商投资,爱尔兰政府一方面在欧盟结构基金和聚合基金的大力援助下,改善交通、通讯、能源等基础设施和生态环境,另一方面制定了一系列优惠政策。在税收方面,除了具有一般自由贸易港所具备的免征关税的特点外,香农自由贸易港的企业可申请免除出口税及部分的固定资产税,同时还可享受远低于欧盟大多数地区标准的公司税,即12.5%。另外,爱尔兰政府通过投资自由贸易港内的香农开发公司,与其签订100~130年的长期租赁合同,[①]使得香农公司以较低租金取得建设用地,进而以低价转租给自由贸易港内外资企业,并且给予企业享有5年内租金优惠,减让低于50%。[②] 以上一系列的优惠政策大大降低了外国企业投资园区的成本,推进了香农自由贸易港从科技创新型产业向知识经济型产业的转型。

20世纪20年代初,在全球投资不振的情况下,爱尔兰吸引外资额仍达109.24亿美元。作为人口仅占欧洲大陆1%的国家,爱尔兰近年来却吸引了6%左右投向整个欧洲的外商直接投资额。[③] 2018年瑞士洛桑国际管理发展学院最新公布的《2018年全球竞争力年报》显示,在其调查的63个国家(地区)中,爱尔兰排名第12位,比上年仅下降了2个名次,在欧盟成员国中吸引外资的竞争力仍旧较为强劲。

(3)大力度投资教育与研发,建立知识网络

首先,爱尔兰的经济发展得益于政府长期以来对教育的重视和投入,其公共教育开支在国民收入中所占的比例居于发达国家第二位。自1985年以来,爱尔兰政府加大对教育的投资,形成了完善的教育体系,本地居民享有免费的基本教育和中等教育,使得爱尔兰成为世界上15~29岁年龄段人口在校就读率最高的国家。

其次,爱尔兰政府建立了科学基金会,设立了各项政府专项资金,集中有限资源加大对科研基金的投入。比如,21世纪初,政府建立的7.1亿欧元的"技术前瞻基金",是爱尔兰史上最大一笔用于加强信息通讯技术与生化领域的高水准应用研究的单项投资基金。[④]

---

① 胡剑波,任亚远.爱尔兰自由贸易园区服务外包发展研究[J].经济体制改革,2015(5):180-184.

② 王卓.中国(上海)自由贸易试验区的战略意义、效应和复制推广[D].天津师范大学经济学院,2015.

③ 资料来源:根据《爱尔兰中央统计局》数据整理。

④ 邵玉进.当代爱尔兰经济社会发展及原因分析[D].河北师范大学国际政治系,2002.

最后，爱尔兰政府为了加速科研成果的产业化，还积极促使政府部门、高校、科研机构、实业界公司与各类基金组织之间相互参与、合作与联合。在香农自由贸易港内建立的四所著名的大学和学院，分别是利默里克大学、利默里克工学院、高威国立大学和高威梅雅理工学院，为该园区内的外资企业提供了年轻、高学历和有创造力的劳动力。高新技术人才的培养极大地推动了香农自由贸易港由劳动密集型的出口加工产业向以技术密集型为主的科技创新产业的转型。

(4)基础配套设施完善，设置专职部门落实产业规划

过去 20 多年间，爱尔兰政府始终致力于倡导面向国际、促进信息密集业发展的电信基础设施的建设、改造与升级，尤其是着力建设世界一流的宽带通信设施，从而促使爱尔兰电子商务、移动商务、软件等高科技产业的快速发展。香农自由贸易港交通基础设施高度发达，铁路网络横穿全岛，使得香农自由贸易区由以机场运输为核心向配套发展航空运输物流业、加工业、高新技术产业、商业和服务业转型，吸引了大量的国内外资金和原料，直接带动了当地经济与社会的发展。

由于香农自由贸易园区是爱尔兰最大的工业园区之一，基础设施比较完善，交通运输发达，2005 年，世界上最大的咖啡公司和咖啡连锁店星巴克在园区内开设了第一家门店，13 年后，在香农自由贸易港园区开设了全国第一家“Starbucks drive-thru”门店，这种“得来速服务”使得客人无须下车点单取餐。为了更好地向整个工业区提供服务，香农自由贸易园区还适当地设立了咖啡码头和会议中心。[①]

为落实国家的高科技产业发展规划，由政府专职部门负责实施。比如，爱尔兰的全国软件指导委员会设在国内企业局中，具有专门扶持软件业发展的“软件和国际服务司”的工作职能。工作发展署则专门负责全国对内、对外的投资事宜，并在全球设有 15 家办事机构，包括中国香港和中国台湾。他们通过在全球的办事机构，寻求国际上能够在爱尔兰有效运营并获利丰厚的优势项目，吸引外国资本投资电子、软件、制药、医疗保健工程等制造业和国际金融服务等行业。

(二)阿联酋迪拜自贸区

1.概况

在世界所有自由贸易区的类型划分中，迪拜被认为是贸工结合、以贸为主的典型。这是因为尽管迪拜的自贸区设立在本国领土内，却被认作海外生产中心；在自由贸易区内经营的公司均被视为境外实体，或独立于阿联酋法律监管外的公司。因此，在迪

① The Clare Champion：Hannon gets the country's first Starbucks drive-thru[EB/OL].2018-07-04.http://clarechampion.ie/hannon-gets-the-countrys-first-starbucks-drive-thru.

拜自贸区内设立企业，更适合那些想借助迪拜在该地区发展制造业以及物流基地，以用于发展出口加工贸易的企业。近年来，针对不同的行业需求，迪拜筹建了众多成功的投资中心。

表 4-1 迪拜自由贸易区一览表

类别	自贸区名称
工业和物流	杰贝·阿里自贸区 迪拜机场自贸区 迪拜多种商品需求中心 迪拜朱美拉湖塔自贸区
传媒	迪拜科技与媒体自贸区 迪拜媒体域 国际媒体出版自贸区 迪拜影视城
信息与通信技术	迪拜网络城 迪拜外包城 迪拜硅谷
金融	迪拜国际金融中心 迪拜珠宝城
航空	迪拜世界中心 迪拜机场自贸区
教育	迪拜国际学术城 迪拜知识村
科技	迪拜生物科技园 能源与环境园
其他	迪拜国际人道救援城 迪拜保健城 迪拜美丹自贸区

在迪拜自由贸易区中比较具有代表性的首先是迪拜港，迪拜港于 1978 年开始投入运营，1979 年，世界最大的人工港迪拜杰贝拉里港（Port Jebelali）开始投入使用。1991 年 5 月，迪拜成立了港口专业管理机构——迪拜港务局（Dhabi Port Authority），对这两个港口实行统一管理。拉什德港和杰贝拉里港都设有适应大量集装箱通过的集装箱修理设施，以提供更为有效的港口服务。此外，杰贝拉里港还拥有 4.3 万立方米的特大冷藏仓库。2009 年受全球海运业整体形势严峻影响，迪拜世界港口公司 2009 年集装箱吞吐量 2560 万 TUE，较上年下降 8%。① 但仍有约 125 家海运公司的航

① 资料来源：迪拜投资服务中心。

线经过迪拜。由此可见，迪拜已跻身世界主要港口之一，成为世界首屈一指的中转贸易港口。经过近三十年的努力，迪拜不仅成为波斯湾地区的第一大港，在世界港口航运业中也占有举足轻重的地位。

另一核心自贸区域为杰贝・阿里自由贸易区，该自贸区位于迪拜市西南 50 公里处，总面积达 48 平方公里，是阿联酋最大的自由区，也是中东地区最大的自由区。自由区于 1985 年由迪拜政府发起建立，是全球第一个通过 ISO9000 国际认证的自由区。杰贝・阿里自由区已成为阿联酋最受欢迎的投资目的地之一。①

2.迪拜自由贸易港产业升级

20 世纪 50 年代，迪拜主要产业是渔业、珍珠业和海上贸易。1966 年迪拜发现石油后，谢赫・拉希德酋长利用石油收入来建设迪拜的基础设施。20 世纪 70 年代，迪拜的学校、医院、道路、港口、机场、现代化的电信网络等基础设施发展迅猛。1985 年，杰贝・阿里自由区建立，接着迪拜陆续建立了十多个自由区，成为了迪拜经济的一大支柱。迪拜的自由贸易港也促进了迪拜旅游业的发展，迪拜推行建设国际旅游胜地的战略，每年都吸引数百万国际游客来这里观光和度假。自 2003 年起，迪拜旅游业的收入已经超过了石油收入，占到了迪拜 GDP 的 10%以上。② 近年来，迪拜开始新一轮转型升级。2000 年迪拜网络城开始建立，其是一个高科技产业免税园区，成功地吸引了包括 IBM、微软、甲骨文和思科在内的 700 多家顶级跨国公司。将商业、贸易和旅游推向高端发展，从中赚取高附加值。

杰贝・阿里自贸区成立初期的企业数量仅 19 家；至 2006 年底，企业数量已达到 6000 多家，世界 500 强企业有 147 家。其中从事贸易、仓储和分销的企业占 72%；从事工业生产的企业占 25%；从事服务行业的公司占 3%。③ 在短短的时间里，杰贝・阿里自由贸易区已成为世界工业大国向西亚、西南亚和非洲销售产品的转运站。许多大的跨国公司均在此设有地区分部。自由区吸引的投资总额已超过 200 亿美元，而且还在进一步增加。

3.产业升级理论分析

结合产业聚集理论来分析，迪拜自由贸易区的建立，带动了迪拜当地旅游业的发展，并且吸引了很多顶级的跨国公司，形成一组在迪拜集中的相互联系、相互支撑的产业群。这些产业既相互竞争又相互促进，呈现横向扩展或纵向延伸的专业化分工格局，通过互相之间的溢出效应，使得技术、信息、人才、政策以及相关产业要素等资源得

---

① 资料来源：中华人民共和国商务部。
② 资料来源：迪拜劳工部官网。
③ 资料来源：迪拜投资服务中心。

到充分共享，聚集于该区域的企业因此而获得规模经济效益，进而大大提高整个产业群的竞争力。因而在迪拜，世界500强企业有上百家，大大地吸引了外资企业的投入，同时也聚集了迪拜当地自己的企业，形成一个完整的产业链，大大地促进了产业升级。

再结合产业结构高度化理论进行分析，20世纪50年代，迪拜主要产业是渔业、珍珠业和海上贸易，生产效率很低，以及靠出口石油，能达到总GDP的10%，直到迪拜自由贸易区的建立，迪拜开始新的产业升级，逐渐向第三产业演进，原有要素和资源从劳动生产率较低的产业部门向劳动生产率较高的产业部门转移，使劳动生产率较高的产业部门的份额不断增加，不同产业部门的劳动生产率共同提高，使得自由贸易区吸引的投资也在逐渐地扩大。

4.产业升级影响因素分析

有关优惠政策包括但不限于如下列举的相关内容：

(1)全生产过程免税

货物在区内储存、贸易、加工制造均不征收进口环节关税和增值税，如进入阿联酋关税区时再征税，入关后再出口的商品给予全部退税；公司和企业进口其生产所需要的机器、设备、零件和必需品一律免征关税；自由区内的所有公司和企业在50年内免交所得税；自由区内工厂的工作人员免交个人所得税；企业可随时将其利润和资本汇出境外，不受任何金融和货币限制；允许外资设立独资企业，区内外商可100%控股。此外，企业在雇工方面也无国籍限制。

(2)一站式的政府服务

迪拜政府在贸易自由区的基础设施方面进行了大量的投入，包括道路、通讯、能源供应和高速数据传输；员工住宅区、超市、药店、银行、保险和休闲场所等配套设施也一应俱全。贸易自由区内除有空地可供出让外，还可出租已建成的办公室、厂房、仓库。众多大型物流公司的入驻，也为园区企业提供了便利的物流服务。自由区的管理机构是自由区管理局，是由港口、海关和自由区组成的联合体。自由区管理局可以直接向投资者颁发营业执照，同时提供行政管理、工程、能源供应和投资咨询等多种高效和简便的一站式服务。自由区管理局还定期为园区企业组织商务配对活动，为入驻企业创造更多的商业机会。政府还为企业提供一站式的高效服务，包括提供未来发展和投资的建议，协助客户挑选理想的投资场所，以及确定运营必备设施，帮助企业在本地和国际市场上获得合资机会，以及定期开展回访和企业沟通。

(3)1+N产业布局，寓产业升级于规划中

1个自由贸易港(杰贝·阿里自由港)结合N个特色产业城(迪拜金融城、迪拜互联网城、迪拜媒体城等)。杰贝·阿里自由港定位为低投资、低运营的工贸结合型自

贸区，专注于物流贸易供应链管理、加工制造再出口等相关的业务，主要实现贸易便利化的功能。杰贝 · 阿里自由港设有物理围栏，主要进行区域监管（海关特殊监管区）。而各个特色产业城则发挥人才、资本、技术集聚的作用，实现特色产业的高速发展。各个产业城不设物理围栏，主要进行产业政策监管和企业自主管理。

迪拜的“1+N”模式，成功实现了自由港与产业的协调发展，突破了物理围栏的界限，最大限度地释放了自由贸易港的“制度红利”和辐射效应，以点带面，形成了自由贸易港与腹地经济之间的综合性功能网络。

（4）制度方面的“软实力”

首先，在金融方面，迪拜实行自由和稳定的经济政策，这在各国之间以及国际工商界赢得良好的声誉。由于没有外汇管制，资金在这里流动更为频繁。其次，迪拜良好的治安和完善的法律体系使得社会安全得到极大的保障。迪拜已经实现重点地区 24 小时高清的全监控系统，迪拜警方无论是响应速度还是出警速度在世界上都是优秀的。迪拜还有宗教信仰上的严厉惩罚，使犯罪成本大大增加。

（5）客观的环境因素

迪拜位于五海三洲之地的交通要道，是中东地区的海陆空交通枢纽。并且迪拜商业环境较为宽松，基础设施比较发达，物流体系比较齐全，对于发展国际贸易条件有充分的先天性。很多周边的国家商人都把自己的货物运进迪拜，然后再转口运输到自己的国家，或者直接到迪拜的销售市场上购买现货，促进了迪拜商品之间的流动。迪拜位于亚洲和西方国家的中间位置，具备介于纽约、伦敦与香港、东京之间的区域金融中心的地理条件。

（三）新加坡自由贸易港

1.概况

新加坡自由港将新加坡整体的开发目标、功能和港口本身的货物集散中心作用紧密相联，其功能和运行机制与自由贸易区基本一致。新加坡地狭人稠，资源贫乏，依靠其得天独厚的地理位置发展经济，成为东南亚的经济中心，主要有国际航运、航空和贸易中心、工业和技术服务中心、投资和金融中心、国际旅游和会议中心等。

新加坡的自贸区通常是特定地方或地点，目前已知的 9 个自由贸易区包括布拉尼、吉宝集散处、巴西班让、三巴旺码头、丹戎马葛、裕廊码头、新加坡机场物流园、樟宜机场集团和樟宜机场航站楼。其中，前 5 个自贸区由新加坡港务集团管理，其前身是成立于 1964 年的新加坡港务局，负责经营、管理、运作新加坡港的所有港务事宜。裕廊海港（该自贸区设立于 1969 年，是新加坡的第一个自贸区）由裕廊海港私人有限公司管理,最后2个自贸区由樟宜机场集团管理。①

2.产业升级过程

(1)向有限自贸港过渡的转型期(1966—1970年)

自新加坡独立起,为了解决国内经济问题,并争取在国际贸易上进一步的地位,新加坡开始了向有限自贸港的转变,实施"生产低价值劳动密集型产品"的以出口为导向的工业化政策,产品涵盖"纺织品、服装、家具、日用家电、船舶修理和个人用简易电器组装生产线"等,炼油和化工业也吸收了不少资本的投资。

这个阶段的变革以1966年《自由贸易园区法案》(Free Trade Zone Act)的通过为标志,这部法案的最大意义在于其勾勒出了自由贸易区的核心特点,为推进以出口为导向的工业化进程打下了基础。据统计,在1968年到1973年间,制造业机构增长了279%,制造业的从业人员数量增长了624%,②而同期上升的外国直接投资(FDI)带动了外贸的增长。据统计,截止到1971年,外商公司占新加坡注册公司总量的26%,而其出口额占到了所有出口的75%。③

(2)制造业与服务业并举的发展期(1970—1990年)

在这个阶段,新加坡政府扶持那些虽吸收大量劳动力但对技术和产业升级无益的既有产业的政策逐渐淡出,相反,政策开始倾向于那些技能、技术密集型的产业,如计算机、电子设备、机器和制药行业等。此举旨在劳动力数量一定的前提下,通过提升单位劳动力的产出来获取更多的附加值。

为了促进那些高技能技术的产业落户新加坡,经济发展局制订了激励政策,还与外资跨国公司联合创办了培训中心,为平稳推进产业升级,新政府也制订配套政策给予支持,有效地奠定了新加坡作为东南亚"区域中心"的核心地位,通过"低技术和低工资"产业的外移和"高技术和高工资"产业的聚集,新加坡不仅发展了国内的高端工业和金融航运等第三产业,还将其影响辐射到整个东南亚地区。

(3)多功能自贸港的繁荣期(1990年至今)

前两个阶段里,制造业的GDP增长率都超过了所有行业的平均GDP增长率,显示出工业化和产业升级给制造业带来的蓬勃发展。在这个阶段,产业结构从以制造业为主转型成为以服务业为主,并进入两种产业并举的经济多元化时代。

这一期间,产业结构的重心从第二产业向第三产业倾斜,这从就业人数上有所体现。尽管制造业的就业人数占全部劳动力之比从1970年的22.1%上升至1980年的

---

① 资料来源:新加坡政府网站。

② 资料来源:新加坡统计局网站。

③ Bercuson K.Singapore:A case study in rapid development[M].Washington D.C.International Monetary,1995.

30.1%,但在随后的十多年内,该比例呈下降趋势,到 1994 年时只占到劳动力总和的 25.6%。而在同期,服务业中的金融和商业服务人数却稳定上升,从 1970 年的 4%,经 1980 年的 7.4%,一直上升到 1994 年的 12%。由此可见,金融和商业服务在该时期获得了很大的发展。①

3.产业升级的理论分析

产业升级就是使产品附加值提高的生产要素改进、结构改变、生产效率与产品质量提高、产业链升级。宏观的产业升级或产业结构升级既指旧的产业结构升级,也指新的、更高级的业态产生。

产业结构高度化是建立和实现高效益的产业结构的过程。从产业结构的结构比例来看,高度化有三个方面的内容:一是,在整个产业结构中,由第一产业占优势比重逐级向第二、第三产业占优势比重演进,即产业重点依次转移;二是,在产业结构中由劳动密集型产业占优势比重逐级向资金密集型、技术知识密集型占优势比重演进,即向各种要素密集度依次转移;三是,在产业结构中,由制造初级产品的产业占优势比重逐级向制造中间产品、最终产品的产业占优势比重演进,即向产品形态依次转移。

这段过程主要体现在 1966 年,为适应世界范围内的产业升级潮流,新加坡大力发展劳动密集型基础工业,进一步改变转口贸易机制;面向国际市场,发展出口型工业,同时借助外部力量发展制造业和服务业。在上述政策的刺激下,工业化进程加快。新加坡 GDP 年均增速 10%,制造业占 GDP 比重上升到 24%,而到了 20 世纪 70 年代,新加坡的竞争优势有所削弱,新加坡政府于 1979 年提出“第二次工业革命”的经济重组计划,②这种产业转型的成果也在制造业的不同分类产品产出中得以体现。从商品制造业和服务业两个大类来看,商品制造业国内生产总值从 1974 年的 4252.5 百万新元,增长到 1984 年的 15111.9 百万新元,增长幅度达 255%,服务业在十年间从 7774.9 百万新元增加至 23874 百万新元,增幅达 207%,其中交通物流与仓储产出的涨幅达 270%。产业升级可见一斑。③

产业集群理论是 20 世纪 80 年代出现的一种西方经济理论。其含义是:在一个特定区域的一个特别领域,集聚着一组相互关联的公司、供应商、关联产业和专门化的制度和协会,通过这种区域集聚形成有效的市场竞争,构建出专业化生产要素优化集聚洼地,使企业共享区域公共设施、市场环境和外部经济,降低信息交流和物流成本,形成区域集聚效应、规模效应、外部效应和区域竞争力。

① 资料来源:Royle and Towers.,2002.

② 资料来源:中国驻新加坡大使馆经济商务参赞处。

③ 资料来源:新加坡统计局。

该理论体现在,1997 年的东南亚金融危机虽未直接冲击新加坡货币体系,但对新加坡整体经济活动形成了严重冲击,新加坡政府提出如下对策:继续降低企业成本;继续深化产业调整,着重加强先进制造业,发展第三方物流,促进本地企业与跨国企业和政府控股企业的合作;将"知识经济"作为城市国家竞争的高端,在生物医学、环境及水务科技、互动与数码媒体科技等领域投入巨资。

目前,新加坡已形成电子、化工、生物医药、资信与传媒、物流、金融等多个产业群,超前的经济政策、灵活的应对策略、高效的行政手段、广泛的世界联系,为新加坡产业升级和经济竞争力持续领先奠定了坚实基础。

4.产业升级影响因素分析

(1)多层次、多方向,管理效率最大化

新加坡自贸区由企业直接管理。以裕廊自由贸易区为例,它主要由裕廊海港私人有限公司经营和管理,定期向政府有关部门汇报工作,但不受政府的管制,使自贸区的运营得到了效率最大化。

此外,建于 1961 年的经济发展局负责制定政策,通过便利化贸易投资,帮助提升新加坡吸引外商投资的能力。对内,经济发展局与其他政府机构有密切的联系,一些机构或组织的主席是经济发展局董事会的成员;对外,经济发展局与跨国公司等进行紧密合作,以帮助外资顺利落户新加坡。现在,经济发展局已经在纽约、芝加哥、伦敦、香港等各地建立了分部,与世界主要城市和国家建立起非常紧密的经济纽带。①

这种多层次、多方向的管理模式提升了效率,又起到了协调的作用,有效地促进了规章制度的制定和政策的执行,有益于自贸区的管理和发展。

(2)低税负、高开放,营商环境优越

作为世界上税负最低、税制简易国家之一的新加坡,其企业所得税税率、个人所得税最高税率、对进口产品征收增值税税率分别为 17%、20%、7%,而上海分别依次高达 2.5%、4.5%、17%。除"全球超过 90%的货物进出不需缴纳关税"外,为吸引国际级金融机构进入,新加坡政府还取消了非居民的利息所得税。② 如新加坡于 2001 年 6 月推出的全球贸易商计划,对政府批准的"国际贸易商"给予 5~10 年的税率为 5%或 10%的企业所得税优惠。为推进出口导向型发展战略,在进出口与投资方面,新加坡政府制定了优惠的税收政策。③

新加坡陆续实施了国内利率自由化(1975 年)、外汇管制取消(1978 年)、国际版

① 资料来源:新加坡经济发展局。

② 资料来源:http://ie.enterprisesg.gov.sg

③ 资料来源:新加坡政府官网。

推出（1995 年）、本币管制放开（1999 年）等金融改革开放措施。为进一步扩大开放，政府采取了多项措施，其中包括新设“特许完全业务”牌照，增发“部分业务”牌照；取消外资在本地银行持股比例 40%的上限。正是金融开放步骤的合理安排，保证了新加坡开放过程中金融业的稳定运行。

在优惠政策方面，新加坡《自由贸易园区法》规定，除由成文法明文禁止的货物外，其他货物均可自由进入自贸区。所有货物可依据该法在自贸区内销毁、转运、储存、展览、销售、拆卸、安装、分拣、分级、清洗、包装、混合、制造等。为吸引航运企业集聚也推出了诸多特殊优惠政策，对外商投资限制很少，完全开放商业、外贸、租赁、直销广告、电信市场。同时新加坡政府大力鼓励企业“走出去”，实施海外企业奖励计划，并通过企业基金、国际贷款计划等对企业进行融资支持。①

（3）自助信息管理服务，监管高效化

新加坡一直以来非常重视信息化建设在贸易、投资便利化中的作用，实行了高度整合的信息统一监管系统。港口网（PortNet）、贸易网（TradeNet）和码头作业系统构筑了新加坡国际航运中心信息平台。1986 年开始开发电子数据交换（EDI）技术；1989 年推出贸易网（Trade Net）。贸易网连接着新加坡税务、海关等 35 个政府部门，形成为企业服务的单一窗口，是新加坡具备自由港最佳国际竞争力、监管高效化、贸易便利化的集中表现。通过贸易网可进行与转口、出口、进口贸易有关的管制、许可、审核、申报、申请等所有手续。通过系统之后，企业和贸易商递交的文件数量从 3~3.5 件降为 1 件，费用从 6~12 美元降到 2 美元，参与通关处理的人员从 134 人降到 1 人，通关处理时间从 27 天缩为 10 秒钟以内。2001 年，开始实施“网上综合服务申请系统”项目，该项目使执照的平均处理时间从 21 天缩短至 8 天，公司注册费从 21000 美元降至 180 美元。目前新加坡自贸区所有贸易中已有 95%的进出口清关手续通过此系统完成。②

（4）高效物流体系，转运简单快捷

在新加坡自贸区，通关手续和程序都非常简单便捷，区内卸货以及货物区间流转也非常快捷。货物可以在同一自由贸易区内自由转运；但如果要从一个自由贸易区运到另外一个自由贸易区，则需要在海关的监管控制下进行。新加坡海关在自贸区内所设的海关检查站是 24 小时全天候工作，以配合自贸区的 24 小时运作；码头作业系统管理、规划和整合货柜码头所有的货柜作业，借助全程自动化无纸作业，集装箱通过港区大门通道仅需 2.5 秒。一艘 3000 个标准箱的货船，周转时间仅 6 小时。③

① 资料来源：新加坡法令在线网。

② 张建鹏，黄菁.新加坡经验对上海自贸区建设的启示［J］.新金融，2014（3）：38-41.

③ 赵晓雷，邓涛涛，刘江华.国际先进自贸区区港一体化模式借鉴［J］.中国外汇，2017（24）：47-49.

(5)天然地理优势,转口贸易旺盛

新加坡拥有十分优良的地理位置,是东南亚一个面积只有 715.8 平方公里的城市岛国,地处马六甲海峡的一部分——新加坡海峡,是印度洋与太平洋的航运要道,名副其实的重要战略要塞。新加坡是东南亚最大的海港,港区内有"长达 3.4 公里的码头群,可同时容纳 30 余艘大轮船",以该港为中心,"有 100 多条航线通往世界各主要港口"。同时还有"20 多条国际航空线联系世界各地,是重要的国际航空中心之一"。因其优越的地理位置,新加坡历来是邻近各国的"集散中心",自殖民时代起,其转口贸易便十分旺盛。

新加坡海事及港务管理局的公开资料显示,新加坡与世界上超过 120 个国家和地区的逾 600 个港口建立了联系,是世界上最繁忙的港口之一。

(四)美国纽约自由贸易港

1.概况

20 世纪 60 年代末 70 年代初,美国在全球经济中的地位开始下降,美元贬值,失业人数增加,为刺激对外贸易发展,各州开始设立自由贸易区,美国纽约港自由贸易区就成立于 1979 年,由美国国会批准成立,纽约—新泽西港务局是该自由贸易区的管理者。该自由贸易区的通用区共占地 1800.7 公顷,在全美 200 多个自由贸易区中排名第三,也是东海岸第一大港口,由 12 个部分组成。其中,纽约—新泽西港务局拥有并负责运营 970.4 公顷,占比超过一半,达到 53.89%;私营部门合作伙伴拥有并负责运营 830.3 公顷。① 其具体涵盖范围如表 4-2 所示。

表 4-2 纽约港自贸区地理范围

通用区			次区域	
运营商	地理范围	占地面积(公顷)	运营商	地理范围
纽约—新泽西港务局	伊丽莎白港区海运码头	839.7	AZ 电子材料公司	萨默维尔
	伊丽莎白工业园区	50.6		萨默赛特
	新泽西港区海运码头和格林维尔堆场	80.1	百时美施贵宝公司	新布伦茨维克

① 资料来源:纽约—新泽西港务局官网。

续表

通用区			次区域	
运营商	地理范围	占地面积(公顷)	运营商	地理范围
私营部门	爱迪生海勒工业园区	153.4	康菲石油公司	林登
	南不伦瑞克海勒公园道	9.3	芬美意公司	纽瓦克
	伊丽莎白北港工业中心	6.7		普莱恩斯伯勒
	卡特利特工业园区	46.1	莫测安公司	北布伦茨维克
	波斯安伯伊工业园区	71.2	路易威登公司	斯普林菲尔德
	瑞丁商务园	128.3	默克公司	拉威
	普洛斯商务园	29.5	摩凡陀集团	莫洛凯
	联邦商务中心	221.0	斯沃琪集团	斯考克斯
	南科尔尼工业区	164.8		

资料来源:根据纽约—新泽西港务局官网资料整理所得。

2.产业升级路径

20世纪70年代以来,美国迎来自贸区设置的高峰,纽约自贸港就是在这一时期设立的,随着美国高新技术产业的快速发展,对外贸易规模不断扩大,与之相伴的是自贸区数量的快速增加,这一阶段美国共新增181个自贸区,较上一阶段增长了11倍。其中,东海岸25个、西海岸13个、墨西哥湾20个、五大湖地区12个、河流沿岸37个、外海地区6个。[①] 而随着美国国内生产制造成本上升和海外加工生产体系的渐趋成熟,美国制造业出现较大规模衰退,制造业人数减少了40%,以计算机信息技术为代表的第三次工业革命有力推动了美国经济的发展,美国的产业结构得到更进一步的调整和优化。1985年,美国的三大产业增加值占比分别达到2.3%、27.5%、69.3%。[②] 但与此同时,自贸区却普遍保留甚至新增了制造业就业岗位,提供就业机会的企业主要来自于海外进口商,他们基于降低生产和运输成本的考虑在美国自贸区内进行组装加工。因此,这一时期,纽约港自贸区内实际上并未出现制造业大规模衰退的情况,相反,纽约港自贸区在刚刚建立时并未受到制造业衰退大潮的影响,而是凭借倒置关税等政策吸引外国制造厂商在区内建厂,区内制造业占比虽有所下降,但仍然占60%以上,而此时区内的第三产业在各大服务类型公司高速发展的情况下占比迅速上升,1990年,区内二三产业占比大约持平,各占一半。

20世纪80年代到2008年金融危机,美国以服务业为主的第三产业继续保持迅

① 资料来源:美国自贸区管理委员会官网。
② 资料来源:美国劳工部官网。

猛势头发展，美国去工业化的影响也逐步加深，在金融、保险、房地产等新兴产业等行业的迅猛发展过程中，纽约港自贸区也建起了越来越多的以金融业为主的分支企业或小企业，虽然区内康菲石油公司、摩凡陀集团等几个工业运营商仍有较大影响，但随着区内交通运输业的迅速发展，国际贸易交易额迅速攀升，带动商业产值迅速提升，纽约港自贸区的第三产业渐渐超过了第二产业，到 2008 年，区内第三产业吸引的就业人数已经达到了 81%，而第二产业的就业人数达到历史最低。①

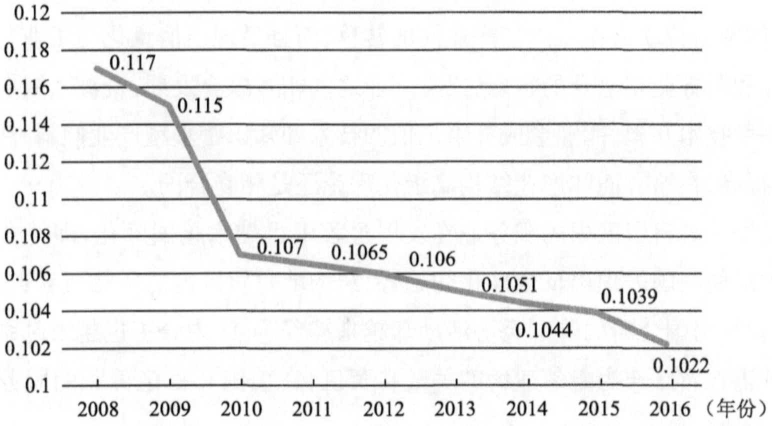

图 4-2　2008—2016 年美国制造业就业人数占比

资料来源：美国劳工部官网。

2008 年金融危机后，为解决就业等方面的矛盾，美国提出“再工业化”，强调创新对制造业发展的重要作用，加大对先进制造业的投入，发展新兴制造业，推动制造业升级，纽约港自贸区也受到这些政策的影响。但在这段时期，从就业人数来看，纽约港自贸区内的产业占比其实和整个美国类似，制造业所占比重并未上升，甚至还有所下降。

美国金融危机后的制造业就业人数占比如图 4-2 所示。从中可以看出，美国的再工业化并没有使美国的制造业人数占比增加，在纽约港自贸区内，该政策的影响也应该类似，即 2008 年金融危机后，美国的再工业化政策对纽约港自贸区的产业结构影响不大，这一阶段纽约港自贸区内仍以第三产业为主，只是其服务业和制造业的内容更加高级化。

3.产业升级的理论分析

第一，总体而言，纽约港自贸区的产业升级路径和配第—克拉克定律所描述的产业升级路径相似但有所不同，劳动力逐渐从第一产业转向第二产业，再由第二产业转

① 资料来源：根据纽约—新泽西港务局官网资料整理所得。

向第三产业，只是纽约港自贸区成立的时间较晚，在 20 世纪 80 年代，纽约港自贸区甚至整个美国都已经处于去工业化的时期，再加上第三次工业革命的冲击，纽约港自贸区刚成立便处于劳动力从第二产业向第三产业转移的过程，没有经历配第—克拉克定律所描述的劳动力由第一产业向第二产业转移这一过程，但其后半段发展还是符合这一定律的。

第二，根据产业结构高级化理论，低附加值制造初级产品的产业会逐渐向高附加值制造中间产品、最终产品的产业演进。在进入 21 世纪后，纽约港自贸区的产业结构升级不仅体现为劳动力在一二三产业间的转移，而且呈现出信息化与工业化相融合资源、制造业和服务业相融合的状态，二三产业之间相互融合发展，资源不断向能源耗费少、需要高度技术知识、能够形成高附加值的技术和知识密集型产业倾斜，注重产业内生产率的提高，在这方面和产业结构高级化理论还是相吻合的。

第三，纽约港自贸区内的服务业在发展过程中也越来越国际化，即符合经济服务化的规律，即便美国表现出反全球化的趋势，纽约港自贸区内的货物贸易自由化、国际投资自由化和跨国公司的跨国经济活动却越来越普遍，区内分工也越来越系统化和专业化，纽约港自贸区作为毗邻纽约的关键自贸区，在美国几百亿美元的服务贸易顺差中扮演了重要角色。

4.产业升级影响因素研究

(1)金融自由度高

金融促进储蓄向投资的转化，通过影响和调整产业存量结构和增量结构，直接推动产业转型升级，而金融自由度越高，不仅可以发挥将国内的储蓄转化为区内投资的优势，还可以引入国外的资金投资区内产业，促进区内产业结构的升级。纽约港在区内放松金融管制，实行金融自由化，放宽或取消对银行支付存款利率的限制；减少或取消对银行贷款规模的直接控制，并允许业务交叉和更多新金融工具的使用和新金融市场的设立，同时减少外汇管制，这些都在很大程度上将区内产业向着高级化的方向推进。

(2)税收优惠

企业缴纳的税款对企业的成本有很大的影响，所以税收对企业的发展至关重要，这也间接影响了税收区域内的产业结构，政府或管理机构对想要在区域内大力发展的产业一般会给予税收优惠，纽约港自贸区也不例外。

纽约港自贸区的税收政策实行独树一帜的倒置关税政策，即原料关税高于成品关税。由于原料进口关税比成品进口关税高，因此需要大量进口原料的企业会倾向于在自贸区内建厂，把原料加工成成品后再进入美国市场。这其中收益最大的是区内的制造业,例如汽车零部件的进口税率高于成品汽车,利用倒置关税的政策,贸易商在区内将零部件组装成汽车之后便“只需支付 2.5%的关税”,若没有自贸区,外国汽车制造商更愿意在其国内生产汽车然后整车出口美国,而不会像现在一样在美国建立汽车厂从事组装,这些自贸区里的汽车制造厂总共提供了 45583 个工作岗位,大约占自贸区所有就业岗位的 15%,而在 2016 年,外国汽车制造厂免税运输 450 亿美元的零件进入自贸区,同时有 169 亿美元的整车出口到美国以外的市场。[①] 此外,企业增值税方面,较之区外大约 6.5%的企业增值税率,区内企业税率仅收 3%左右,在加上推迟缴纳进口关税、无关税出口等方面的税收优惠,纽约港自贸区吸引了大量先进制造业厂商和现代化服务业厂商,带动区内产业结构升级。

(3)贸易优惠政策

贸易优惠政策主要影响区内的商业发展,但商业的发展能很大程度上带动其他产业的发展,无论是其发展带来的倒逼机制,还是对企业生产率的影响,都或多或少对整个产业结构产生影响。根据纽约自贸港的 21 条优惠政策,纽约自贸港内任何国外或国内的商品,除法律禁止或由管理局规定为有害公共利益、健康或安全的,皆可不受美国海关法的限制而进入对外贸易区。另外,国际贸易活动均可在区内开展,可以存储、展示和销售、重新包装、组装、分类、清洁、搭配国内货物进行加工,只要没有零售销售,商品可以自由买卖。货物进入对外贸易区不受配额的限制,无配额的货物准许暂存在区内,有配额时再进口,也可以无限期在区内保存,其货物还可以 24 小时无限制地通过海关,享受每周只用申报一次过关记录和缴纳一次货物处理费的优惠,每个企业每周需要缴纳的货物处理费最多为 485 美元。这些优惠政策都极大地促进了区内商业的发展,对其他产业的连锁效应推动区内产业的升级。

三、研究结论与建议

(一)以规划促升级,试点教育服务业

迪拜自贸区、釜山经济自由区、香农自贸港都以不同方式建立了各种教育培训机构,一方面,可提升劳动力质量,另一方面,直接通过产业布局规划促进产业升级。在进博会闭幕式上,习近平提出了中国将持续推进服务业开放,深化农业、采矿业、制造业开放,加快电信、教育、医疗、文化等领域开放进程,特别是外国投资者关注、国内市

---

① 资料来源:纽约—新泽西港务局官网。

场缺口较大的教育、医疗等领域也将放宽外资股比限制。因此，借鉴香农、迪拜的经验，建议在自贸港区规划一个区域，以直接和间接促进产业升级。

（二）建立专门职能部门督促规划的落实

通过规划实现产业升级，但是往往规划很难落实。学习香农的经验，设立独立的政府部门，专门扶持某项产业的发展。专门负责对内、对外的投资事宜，并寻求国际上能够在上海自贸区有效运营并获利丰厚的优势项目，例如吸引外国资本投资电子、软件、制药、医疗保健工程等行业。

（三）构建知识网络，促进产业升级

当今的产业升级不仅体现于一、二、三产业依次转移，更体现于国民经济各产业部门的升级：从劳动密集—资本密集—技术密集—知识密集逐步升级。这样的过程，无疑会增加对知识及知识型员工的需求，如果没有相应的劳动力供应，向技术密集型、知识密集型产业升级就如同无源之水、无本之木，很难跨越产业升级的鸿沟。因此，建议在自贸港区内规划建立大学、科研院所、培训机构、研究院等知识生产型机构，形成知识网络。这些机构既生产知识，也是知识劳动者的培养者，集群式的发展能促进知识传播、外溢、创造，能于无形中助力自贸港区甚至所在地区的产业升级。

（四）加大研发资助力度

研究学习香农政府对企业研发资助的方案，根据企业规模、经营状况等指标，给予研发资助，而不是以项目、课题发包的形式资助。通过对企业的研发资助，提升企业的研发能力，进而增加产品附加值，促进产业由低附加值初级产品的产业占优势比重逐级向高附加值制造中间产品、最终产品的产业占优势比重演进。

（五）促进投资便利化改革，提升营商环境

在不考虑劳动生产率的情况下，中国的劳动力成本低于美国，除此之外，中国的税收成本、土地成本、运输成本均高于美国。在这样的态势下，吸引外资，尤其是知识密集型、服务型企业，营商环境就显得更为重要。香农、迪拜、新加坡均是自由度高、营商环境极具竞争力的自贸港区。建议在自贸区试点投资便利化改革。在已有的先照后证、备案的基础上，2018 年 2 月商务部、工商总局已经下发通知拟在全国推行外商投资企业商务备案与工商登记“单一窗口、单一表格”受理，鼓励自贸区先行先试。目前联合国、OECD、APEC 等国际组织机构在力推“投资便利化”改革，但还处于起步阶段，

尤其是我国,这方面的关注和研究较少,有很大的发展空间。比如投资透明度、投资的可预期性(承诺的衔接)等,都可以在自贸区试点,以推进产业升级。

参考文献

[1]Frank Barry,Clare O' Mahony.Regime change in 1950s Ireland-the new export-oriented foreign investment strategy[J].Irish Economic and Social History,2017,44(1):46-65.

[2]Nmankiw Dromer,Drweil.A contribution to the empiric of economic growth[J].Quarterly Journal of Economics,1992,107(2).

[3]Paul Sweedy.The celtic tiger:Ireland economic miracle explained[M].Dublin:Oak Tree Press,78,105.

[4]柴晔.爱尔兰:香农国际航空港自由贸易区[J].国际市场,2014(6):56-59.

[5]车效梅,杜雁平.迪拜的崛起与走向[J].西亚非洲,2008(6):34-35.

[6]陈诚,林志刚,任春杨.探索建设自由贸易港的政策安排与路径分析[J].国际贸易,2018(5):21-27.

[7]陈羽,邝国良."产业升级"的理论内核及研究思路述评[J].改革,2009(10):85-89.

[8]崔凡,李淼,吴嵩博.论中国自由贸易港的战略意义与功能定位[J].国际贸易,2018(4):13-15.

[9]董刚.纽约—新泽西港务局运营自由贸易区经验及借鉴[J].水运管理,2013(9).

[10]杜偲偲.苏南地区产业结构与转型升级路径研究[J].商业经济研究,2015(4):140-141.

[11]郭树华,包伟杰.美国产业结构演进及对中国的启示[J].思想战线,2018(2):93-100.

[12]海南锦诚.海南自贸区(港)对标案例研究(下)[EB/OL].2018-11-20.http://mp.163.com/v2/article/detail/DREQ5B820515A NGS.html.

[13]胡剑波,任亚远.爱尔兰自由贸易园区服务外包发展研究[J].经济体制改革,2015(5):180-184.

[14]Harvey Tripp,Margaret Tripp.商业制胜之阿联酋[M].王虹,王月,译.中国水利水电出版社,2004.

[15]姜泽华,白艳.产业结构升级的内涵与影响因素分析[J].当代经济研究,2006(10):53-56.

[16]李梦泽.新加坡港的产业发展对中国自贸区的启示[D].北京外国语大学,2015.

[17]李思奇,武赟杰.国际自由贸易港建设经验及对我国的启示[J].国际贸易,2018(4):27-33.

[18]梁树广.产业结构升级影响因素作用机理研究[J].商业研究,2014(7):26-33.

[19]刘莹.论产业集群的驱动因素——以爱尔兰软件业集群为例[J].经济地理,2004,24(5):629-632.

[20]刘志彪.产业升级的发展效应及其动因分析[J].南京师范大学学报(社会科学版),2000

(2):3-10.

[21]刘重.国外自由贸易港的运作与监管模式[J].交通企业管理,2007(3):35-36.

[22]彭羽,沈玉良.全面开放新格局下自由贸易港建设的目标模式[J].亚太经济,2018(3):104-111+151.

[23]邵玉进.当代爱尔兰经济社会发展及原因分析[D].河北师范大学国际政治系,2002.

[24]孙自铎.结构调整思路:由产业升级转向产品、技术升级[J].江淮论坛,2003(3):39-44.

[25]唐晓云.产业升级研究综述[J].科技进步与对策,2012,29(4):156-160.

[26]田珍.中国建设自由贸易港的战略意义与发展措施[J].国际经济合作,2017(12):29-34.

[27]王珍珍,赵富蓉.自由贸易港建设:内涵、基础及效应分析[J].北京工业大学学报(社会科学版),2018,18(5):40-49.

[28]王卓.中国(上海)自由贸易试验区的战略意义、效应和复制推广[D].天津师范大学经济学院,2015

[29]闫然.全球先进自由贸易区的功能定位、监管模式与政策创新——以迪拜、新加坡、伊基克为例[J].上海商学院学报,2014,15(4):35-41.

[30]杨冀.迪拜——中东最公开的秘密[J].世界博览,2005(3):16.

[31]杨友至.纽约港自贸区一瞥企业[J].技术进步,2013(11):38-39.

[32]张释文,程健.我国自由贸易港建设的思考[J].中国流通经济,2018,32(2):91-97.

[33]张耀辉.产业创新:新经济下的产业升级模式[J].数量经济技术经济研究,2002(1):14-17.

[34]郑燕,殷功利.新加坡模式的经验及其对上海自贸区建设启示[J].商业经济研究,2015(10):38-39.

[35]周丽雯.自贸区建设的国际经验借鉴与分析[J].内江科技,2017,38(12):112-113.

[36]周迎洁,刘小军,过晓颖.中国自贸区服务业开放制度创新研究——基于迪拜、新加坡经验的启示[J].当代经济,2016(1):118-121.

[37]朱福林.世界现代自由贸易港现状、发展趋势与经验借鉴[J].兰州学刊,2018(11):144-153.

[38]朱燕.对外贸易对中国产业结构升级影响研究[J].特区经济,2010(3):256-257.

第五章 自由贸易港产业发展模式、依据及效应研究①

邱 强 段姝伊 李 娜

一、自由贸易港产业发展主要模式

(一)按照资源配置方式标准划分

1.政府主导型

政府主导型分为中央政府主导和地方政府主导,也可以是中央政府和地方政府共同主导。政府管理分为宏观管理和微观管理两个方面,宏观管理主要负责港区产业规划事务,微观管理主要是港区产业运营管理。

属于中央政府主导的自由港主要有迪拜港和乌拉圭的港口。阿联酋对港口、自由贸易港、海关采取三位一体的管理模式,其管理机构是迪拜港董事局,为政企合一的实体,统一管理、经营港口和自由贸易港,董事会主席为皇室指派,对协商事宜具有最终裁定权。

乌拉圭东岸共和国国家港务管理局(简称乌国家港务局),是乌拉圭全国港口的管理部门,隶属乌拉圭交通和公共工程部。乌国家港务局的职责是帮助乌拉圭的港口成为具有高度竞争力的物流中心。

属于地方政府主导管理的自由港主要有汉堡港。汉堡港隶属汉堡市政府管辖,重大问题通过议会和市政府决定。直接管理汉堡港的是市政府的经济事务部,下设港口航运空运技术处及港口和河运工程处,港口航运空运技术处负责港口发展规划,审定建设开发方案;政府投资的方向,年度财政预算及港口建设资金的筹措;土地的征用和码头设施的出租等。具体工作由港口航运空运技术处及港口和河运工程处等部门及

① 本章受中国—中东欧国家关系研究基金项目“对有效推进中国—中东欧国家电子商务领域合作的看法及建议”(KT202002)、中国—中东欧国家高校联合教育项目“中国—中东欧国家数字经济合作研究”(201905)、上海市哲学社会科学规划办公室课题“上海发展跨境电子商务研究报告”(2019TFB009)资助。

其下属部门负责。

属于中央和地方两级政府共管的自由港主要有鹿特丹港。鹿特丹港区的基础设施归鹿特丹市政府所有,鹿特丹港务局负责港区和工业区的管理、经营和开发。鹿特丹港务局是政府有限责任公司,荷兰中央政府和鹿特丹市政府在港务局所持有的股份分别是29.17%和70.83%。

2.市场主导型

市场主导型分两类情形,另一类是全区实行市场主导,另一类是部分区域实施市场主导。前者主要是中国香港,后者主要是阿联酋迪拜的杰贝·阿里自由港。

香港市场化程度极高,主要与政府极少干预有关。除对枪械等军用物品和核子物料、设施及装备等两用物品采取管制措施外,香港对大部分商品都实行货物贸易自由,对酒类、烟草、碳氢油类、甲醇外的其他商品实行零关税。

香港采取"积极不干预主义",并不等于完全不干预政策,它主要由完全不干预政策、直接干预政策和临时性干预政策等三个方面构成。

完全不干预政策指的是经济活动享有高度的自由,基本上不受干预。主要包括:①自由贸易制度。具体表现在四个方面:一是对进出口贸易不设置管制。二是不设置关税壁垒。三是进出口手续极为简便。四是外来船舶免办进港申请及海关手续。②自由企业制度。主要表现在三个方面:一是自由进入及经营制度。二是企业进入及经营门槛低。三是国民待遇制度。③金融自由制度。④自由出入境制度。

直接干预政策。在实施完全不干预政策的基本前提下,香港特区政府针对某些极为敏感和重要的经济活动进行严格控制,以保证香港整体经济的有序运行。主要集中在三个方面:①对土地一级市场的干预。②对关键金融活动的干预。③对影响国计民生的贸易领域的干预。

临时性干预政策。该政策主要是用于应对经济的非常态运行中所出现的问题。香港特区政府运用的临时性干预政策,一般包括按揭率管制、楼花转让管制、动用外汇管理基金干预金融市场等。

迪拜比较典型,采取一国两制。在拉什德港和杰贝·阿里港实施市场主导型,在迪拜市政府的授权下,这两个港口采取市场运行机制管理。杰贝·阿里自贸区管理局实行政企合一的运营方式,以市场为导向,为企业提供一站式高效服务。

3.政府和市场混合型

(1)新加坡实施公私合作体制

第一,对园区产业实施市场化管理。园区内不设政府机构,而是在政府监管下按照《自由贸易区法》由专业公司负责管理。

第二，在园区外实施政府管理产业发展的体制。政府管理包括两种形式，一种是政府备案审查制，另一种是政府鼓励引导产业发展机制。

(2)迪拜采取政府和市场共同管理的混合型机制

第一，政府提供优质的服务。政府很注重为企业提供咨询服务，协助企业获得廉价融资，企业经营中遇到的问题，政府也第一时间帮助解决。

第二，政府还主动让渡一部分行政权力给园区管理部门。这给了园区内企业很大的安全感，这也是迪拜自贸港建设成功的重要经验。

(二)按照企业规模结构标准划分

1.以大企业为主

(1)阿联酋迪拜以大企业产业布局为主。迪拜布局的大企业产业主要有总部经济、贸易、金融、展会、航运和旅游文化。迪拜以“总部经济”著称，全球500强企业无一不在此扎根立足。

(2)新加坡产业布局以吸引国际金融大企业为主。据不完全统计，截至2018年初，在新加坡立足的国际公司数量已突破26000家。

(3)爱尔兰香农主要产业布局为航空制造业总部。国际航空港自由贸易区区内有100多家外商投资制造业企业、航空服务企业及国际金融及财务服务企业。

2.以中小企业为主

德国汉堡产业布局为金融次中心，以吸引银行分支机构为主。汉堡是仅次于法兰克福的德国第二大金融中心和德国最大的保险业城市之一，约有20家金融机构，70多家银行分支部门，350家外国公司的分支或总部。

(三)按照目标市场定位划分

1.以出口为主

以出口为主的港口地理位置比较便利。如巴拿马科隆港和荷兰鹿特丹港。巴拿马的科隆自由贸易港转口集散优势非常突出。科隆自由贸易港集聚了大量来自东方、欧洲或北美的厂家和供应商，货物从这里辐射分拨到整个中南美洲。

鹿特丹港利用其关税的优惠条件和有利的地理位置，每年中转量占本港吞吐量的60%。鹿特丹港是世界上最重要的货物集散地之一，欧盟国家约60%的内地货物通过该港运往其他地区。

2.以国内市场为主

美国以低廉的生产成本带动每个州发展对外贸易，这些对外贸易区把输入的外国资源和本国资源结合起来进行生产，使每个州都参与到对外贸易区系统之中。其最大的特点是美国对外贸易区的产品主要用于国内消费，只出口少量份额的产品。

3.出口与国内市场相结合

第一，以地理位置发展转口贸易。如汉堡港是“转口贸易型”的港口。德国为了弥补资源的缺乏，为国内提供更多的国际贸易机会，允许汉堡港进口的原材料、零部件在区内组装、加工后中转或复出口。其早在1988年就定位于建设自由贸易港，大力发展免税转运和储存加工，为遭受反倾销措施的国家提供了贸易制裁的“避风港”，同时也带动当地经济稳步发展，一度享有“欧洲门户”的美誉。

第二，以本国人力资源发展加工贸易。如智利伊基克不仅将产品销售至智利本国，还重点辐射玻利维亚、秘鲁、巴西、阿根廷、巴拉圭、厄瓜多尔等多个周边国家，已成为本国乃至南美最大的商品集散地。

（四）按照产业发展的因素不同划分

1.要素导向型

早期自由港产业主要为加工贸易，常常布局在劳动力要素比较丰富的区域，如早期的中国香港和新加坡港。20世纪70年代香港主要发展转口贸易、加工贸易和服务贸易。新加坡也是着重发展制造业，实行进口替代型贸易战略。

随着人力成本逐渐上升和人口红利下降，新加坡适时进行产业转型，大力发展服务业，着重发展资本密集型产业，并加大科技研发投入，扶持信息、软件等智能化新兴行业，吸引了大量跨国公司投资。

2.投资导向型

随着产业资本国际化，各国从被动转为主动迎接国际化产业资本。自由港是产业国际化的最佳载体，因此，各国自由港采取各种优惠措施来迎接国际产业资本的入驻。这些优惠措施主要包括三个方面，一是投资的便利化措施，二是有助于降低企业投资成本的措施，三是有助于投资的贸易便利化措施。

3.创新导向型

随着科技的发展以及需求的多样化，传统“制造+贸易”功能正在趋弱，“科技+金融”成为自贸区核心发展新趋势。这有助于契合区域产业链、价值链升级的趋势与要求，如仁川国际空港等。自贸区功能专业化、复合型发展，满足区域产业结构的多元化、垂直与水平产业链合作的复杂需求，如迪拜自贸区等。基于不同交通架构与互联网技术的现代物流系统及信息服务成为重要基础支撑，促进区域经济体系快速高效地配置全球资源、商品与服务流通的需求，如汉堡港等。贸易便利化、监管高效化是最大的基础优势，以制度性优势保障治理与服务的水平，在全球自贸区体系中体现软实力竞争优势，如新加坡自贸区等。服务经济高度发达，以专业服务为基础构建的综合服务体系有力地支撑自由港经济核心功能，如香港自由港等。

（五）按照产业组织形式不同划分

1.产业联盟

产业联盟是为了结合各方的市场优势，寻求新的规模、标准、机能或定位，应对共同的竞争者或将业务推向新领域，企业间结成的互相协作和资源整合的一种合作模式。

巴拿马科隆自贸区围绕着船舶代理、船舶及货物保险展开一系列措施，从而为全球提供世界级的海运服务，如巴拿马的方便旗船制度在科隆自贸区成为美洲的国际航运中心上起到了很大的作用，该制度为船舶登记提供了简便的手续和低廉的税收及费用，吸引了大量美国及其他国家的船舶在此登记注册，成为巴拿马籍船舶。巴拿马方便旗船数量和吨位远远超过其他国家，居世界第一，达到 1.6 亿吨。

巴西马瑙斯自贸区是典型的产业联盟形式，将自贸区域分为工业园区、农业园区、商业园区等。整个园区以制造业为主，各种制造业互为补充，商业园区的设立是为促进加工贸易产品的贸易交易而设置的。

2.产业集群

产业集群亦称“产业簇群”“竞争性集群”“波特集群”，是某一行业内的竞争性企业以及与这些企业互动关联的合作企业、专业化供应商、服务供应商、相关产业厂商和相关机构聚集在某特定地域的现象。产业集群的发展包括以港口自身优势发展、政府主导发展、自身优势结合政府主导发展以及以科技为导向发展。

（1）以港口自身优势发展产业集群

阿联酋迪拜的杰贝·阿里自贸区以低投资、低运营的优势发展产业集群，该自由港实行“1+N”产城融合模式。

（2）政府主导发展产业集群

新加坡自由港的成功，主要归功于政府制定的国家层面经济发展战略，注重发挥在现代服务业上的优势，扬长避短，在金融、航运领域做到世界领先水平。

（3）自身优势结合政府主导发展产业集群

美国纽约港利用自身的地理区位优势和独特的经济战略，主要发展以汽车产品为主的加工制造业，跻身全球自由贸易港前列。

（4）以科技为导向发展产业集群

随着科技的发展，爱尔兰香农自由贸易区逐渐向航空产业升级，主要产业包括：飞机维修,飞机零部件制造、供应、分销以及与之有关的咨询、培训、支持等业务。

3.产业一体化

产业一体化,以主要产业为核心,向上下游扩展,从而形成上下游俱全的一体化产业。如鹿特丹港依托其转运石油的优越条件,发展起炼油、石油化工等石油相关产业。炼油能力占荷兰全国的50%以上,为世界三大炼油中心之一。

(六)按照产业突破口的不同

1.全面推进型

全面推进型,指的是港口的功能从单一型功能向综合型功能转变。如新加坡自由贸易港初期业务功能定位为单一转口贸易,随着转口贸易增多,衍生出仓储、转运、金融中心等功能,从而发展成为运输业、对外贸易、金融业并存的多元化贸易港区。迪拜自由贸易港发展初期,专注于货物贸易的自由化。后来,迪拜政府坚持多元化的发展战略,依托货物贸易,先后设立多种商品交易中心、迪拜国际金融中心、媒体城、互联网城等自贸区,延伸整个自由贸易港的服务业态,搭建复合型的贸易港区。

对于综合型港口,各港口是存在差异的。汉堡港的综合性发展主要是以物流业为核心,带动上下游产业的发展,然后再辐射到更广泛的服务业。鹿特丹港虽然也是以港口物流为核心来带动城市经济发展以及区域相关产业的发展,甚至促进港城一体化,但鹿特丹港的综合性发展远远超过这些。

综合型港口,一是因为竞争加剧,二是城市融合发展的要求。如1991年至今,香港处于跨区域综合型自贸港阶段,是香港和内地特别是珠三角地区区域分工合作深入发展的结果。

2.重点突破型

重点突破型,指的是各国根据自身的特点与优势,重点发展某个特定方面。由于各国自然地理条件、经济发展水平以及开放程度存在差异,很多自由贸易港初期的功能定位各不相同。如德国的汉堡港为典型的转口贸易型自由贸易港,巴西的马瑙斯港属于工商型自由贸易港,委内瑞拉的马格里塔港为旅游购物型自由贸易港。

二、自由贸易港产业发展的理论创新

(一)从比较优势理论到综合竞争优势理论

比较优势理论由大卫·李嘉图创立,主要应用于国际贸易理论。后经其追随者们不断完善，最终成为比较成熟的国际贸易理论体系。比较优势理论源于先天的要素禀赋差异，随着国际贸易进一步扩大，越来越多的国家加入了国际贸易体系，有主动加入的，也有被动加入的。特别是自由贸易港的建立进一步丰富了比较优势理论。

1.从供给角度不断丰富自由贸易港的比较优势

赫克歇尔和俄林的要素禀赋比较优势理论认为各国之间贸易主要源于要素禀赋的差异，具有比较优势的国家出口密集使用本国相对充裕要素的产品，进口密集使用本国相对稀缺要素的产品。早期的自由贸易港主要产业为出口加工产业，故从事出口加工产业的自由港主要布局在劳动力禀赋丰富的国家和区域，如早期的中国香港、新加坡。

从先天比较优势向后天比较优势拓展。技术差异是一种后天的比较优势，多勒尔等认为主要是发达国家具备技术优势。这就成为发达国家设立自由港出口高技术产品的原因。但马库森和斯文森认为技术进步对发展中国家也会形成比较优势。所以发展中国家也据此积极建设自由港，开放市场，将制造业集中搬进自由港。

格罗斯曼和赫尔普曼进一步分析了技术的差异可能源于研发水平的差异。发达国家的研发水平高，具有比较优势，所以跨国企业的研发基地和总部总是扎堆于国际化程度高、研发基础设施好的自由港，如新加坡。

芬德利等从人力资本角度分析了技术差异的源泉，并指出杰出人才具有技术的替代性。因此，因地制宜发展本地人才特色的自由港很有必要，比如美国硅谷附近发展IT产业园。

以上是从外生的角度来拓展国家间的比较优势，但如果一个国家没有外生比较优势，是否可以设立自由港，进行国际分工？迪克特和斯蒂格利茨认为一个国家如果存在规模经济，则会产生比较优势。因此，在人口密集的市场附近设立自由港对于国外投资是有吸引力的，如中国上海和广州等地比较适合建立自由港。

杨小凯和博兰则从专业化和分工的角度拓展了内生比较优势理论。他们认为不存在外生比较优势，只要有专业化分工就会形成内生的比较优势。因此，没有任何比较优势的发展中国家可以通过设立自由港进行产业布局实现后发优势，这就是广大发展中国家争相发展自由港的原因，如巴西的玛瑙斯自由港和智利的伊基克自由港。

2.从需求角度拓展的比较优势理论

林德尔认为只要两个国家存在需求偏好的差异，就可以进行贸易，这种贸易属于产业内贸易。基于这种产业布局，自由港可以在经济水平相似的发达国家之间设立，如欧洲德国和荷兰等自由港，也可以在不同发展水平国家之间设立，如墨西哥在墨美边境设立自由港发展汽车产业。

3.综合竞争优势理论

综合竞争优势主要体现为波特的国家竞争优势理论。综合竞争优势之所以说竞争优势是综合的,是因为竞争优势不是单一的,而是全方位的,包括四个层面,即要素方面、需求方面、产业方面和企业方面。每个方面的优势也不是单一的,可能包含多个维度,如要素方面的自然禀赋的比较优势,还有可能包括国家政策方面的基础设施等;需求方面包括需求数量和需求的程度等;产业方面包括外生产业政策和内生产业聚集;企业方面包括企业策略、结构和竞争对手等。由于贸易的国际化,产业的全球流动和竞争,自由港之间竞争越来越激烈,为了获得综合竞争优势,已有的自由港日益走向综合自由港发展道路,如新加坡、香港、汉堡和鹿特丹等,新建的自由港要实现后发优势,定位必须保证具有综合竞争优势,如迪拜港和海南。

(二)从产品生命周期理论到动态技术进步理论

1.产品生命周期理论

产品生命周期理论是美国哈佛商学院教授雷蒙德·维农于 1966 年提出来的。当一种新产品被引进时,它通常先在发达的国家进行生产,因为它拥有高度熟练的劳动力。随着产品逐渐成熟并且获得广泛认可,它就变得标准化了,然后可以在发展中国家进行生产,因为它可以使用不熟练的劳动力。维农根据美国的实际情况,提出了国际产品生命周期的 4 个阶段,即产业发展的 4 个阶段,美国、欧洲、新兴工业化国家和发展中国家。根据维农的理论,自由港的产业布局应该和其发展程度保持一致。

2.动态技术进步理论

贺尔什进一步将产品生命周期理论动态化。他把世界各国分为 3 种类型:A 类型国家,指以美国为首的最发达的工业化国家;D 类型国家,指较小的工业发达国家,如荷兰、瑞士、以色列等;L 类型国家,指开始进入工业化但程度很低的发展中国家和地区,如印度、土耳其等。贺尔什认为,A 类型国家在研制新产品上具有比较优势,对于处在第二阶段的产品拥有相对优势。D 类型国家的优势主要集中在某些特定范围内新产品的开发上。L 类型国家有丰富的半熟练工人,其拥有生产处于产品生命周期第三阶段的产品的优势。这种已成熟的产品也比较容易出口到已经存在的市场中去,从而有利于扩大产出。根据动态技术进步理论,任何类型的国家都可以设立自由港来进行自己优势产业的布局。

（三）从区域经济理论到制度创新理论

1.区域经济理论

区域经济发展主要有两种截然相反的观点，即均衡增长和非均衡增长。索罗和斯旺的均衡增长理论认为各国或者一国内部区域之间的差距会随着区域经济增长缩小，区域经济增长呈收敛趋势，非均衡增长是短期的，均衡增长是长期的。根据该理论，只要在发达国家设立自由港就行，因此早期的自由港主要在发达国家设立。

非均衡发展理论包括佩鲁的“增长极”理论、布德维尔和缪尔达尔的“地理上的二元经济”结构理论、赫希曼的“核心区—边缘区”理论以及约翰·弗里德曼的中心—外围理论。他们认为经济发展不会同时均衡地表现在所有区域，在先出现的区域，集聚经济要素形成高增长、高收入核心区，与之相对的周边落后地区为边缘区，在核心区与边缘区之间存在“极化效应”与“涓滴效应”。根据该理论我国的自由港不宜一窝蜂上，应该按照发展差异进行梯度布局。

根据区域经济四种不同的发展模式，即增长极、点轴经济、网络经济和全面协调。我国自由港应该按照顺序，首先，在增长极设立自由港，如在西部和沿边发达的区域次中心设立自由港。其次，在轴线设立自由港，如在“一带一路”沿线重要的城市节点设立自由港。再次，在网络城市圈设立自由港，如在上海、天津和广州等网络城市圈设立自由港。最后，根据全面协调发展模式，在内地具有一定经济实力的地区设立自贸港，如重庆、成都和西安等。

2.制度创新理论

制度理论观点，主要受到新制度主义和新结构主义的影响，强调区域发展过程中正式制度与非正式制度的重要性。正式制度在区域发展中的体现就是政策规定与区域管制，是从上至下的制度供给；非正式制度在区域发展中的具体体现就是文化传统、宗教信仰，是从下至上的制度需求。任何生产组织形成、区位条件都根植于特定的制度环境中，随着时间和空间推移转换而不断修正变化。国家应根据各个自贸港的特征制定有利于港口发展的政策，同时自贸港随着政策的更新不断地发展升级。

信息腹地与信息中心具有成为新区域中心的条件和潜力，在一定程度上克服了空间限制，这在金融业中表现最为突出。因此，在信息腹地与信息中心建立以金融业为核心的自由港是对自由港创新的必然要求，如上海。

邓小平提出的“两个大局”的伟大战略构想，就是要把握好东部沿海与西部内陆的协调联动与和谐发展，就是要处理好公平与效率的关系。因此，在沿海地区和内陆地区同时建立自由港，可以实现沿海和内部的协调发展。

(四)从全球产品理论到全球价值链理论

1.全球产品理论

全球产品用来满足世界上任何一个国家消费者的需求,使任何一国的消费者在任何时间、地点都能享受到该产品所提供的效用。

早期全球产品供应是按照产品生命周期从发达国家逐步转移到发展中国家。随着跨国公司的出现和全球化的加速,全球产品出现同步供应现象。跨国公司根据全球市场的需要,在接近市场的国家布局生产,因此,在全球主要市场设立自由港可以吸引跨国公司入驻,如中国香港。跨国公司在接近市场的地方布局企业,有一个很重要的问题就是税收和贸易壁垒的存在阻碍了产品的跨界流动。

2.全球价值链理论

随着自由贸易协定的签订,贸易壁垒消除了,跨国企业之间的竞争日益激烈。跨国企业开始按照价值链进行全球布局产业,在生产成本较低的各个环节组织生产,然后通过择优组装,把各个环节连接起来产生最终产品。这样可以实现价值最大的增长,从而实现利润最大化。世界各国都可能成为价值链中的一环,可以建立自由港吸引跨国公司入驻。这也可能成为发展中国家自由港发展最大的机遇,但如果只是处于价值链的低端,就很容易被其他国家替代。只有处于价值链的高端,才不会被替代,并且可以获得超额的附加值。因此,我国东部沿海城市需要抓住此次全球分工的新机遇建设具有高端基础设施和科研条件的自由港,从而站在国际分工的高端。

三、自由贸易港产业发展的原则、战略模式

(一)以资源为依托的产业发展原则

1.以地缘资源为依托发展转口贸易原则

欧洲作为自由贸易园区的发源地,主要贸易大国利用其独特的地理优势与航运条件,陆续在一些枢纽港口建立起自由港或自贸园区,比如丹麦哥本哈根、荷兰鹿特丹、爱尔兰香农等,以这些港区为中心建立起辐射欧洲乃至世界的贸易运输网络。

巴拿马科隆自由贸易区位于巴拿马运河大西洋入海口处,是西半球最大的自由贸易区,同时也是仅次于中国香港的世界第二大自由贸易区。科隆自由贸易区地处巴拿马主要航道巴拿马运河的咽喉地带,既是沟通太平洋和大西洋的最佳通道,又是北美与中南美洲的连接要点,具有极其优越的转口贸易区位优势。因此,科隆自由贸易区

的主体功能定位为转口贸易。

2.以劳动力资源为依托发展加工贸易原则

加工贸易是把加工与扩大出口或者收取劳务报酬联系起来的一种购销方式。其方式主要有三种，即来料加工、进料加工和来件装配。

20世纪60年代以来，自贸区成为许多国家和地区促进经济增长、出口与就业的一个重要龙头，被广泛用以激励本国或本区域内经济的发展。

随着国际分工的深化和跨国公司的发展，加工贸易的迅速发展成为了20世纪70年代以来国际贸易分工中的一个重要现象，是发达国家与发展中国家间的重要贸易方式。该时期，生产型和综合型的自贸区发展势头迅猛，功能也在不断地变化升级。以出口加工为主的工业型自贸区相继在东南亚、中国台湾、美国、墨西哥以及爱尔兰涌现，新兴经济体与发展中国家在该时期纷纷开始实施工业化和出口导向发展战略，自贸区便成为了这些国家发展经济的重要依托。

新兴经济体与发展中国家依托其国内丰富的廉价劳动力资源，在自贸区开展加工贸易，融入国际分工，满足了其经济发展的需要；对发达国家而言，这有利于其节约劳动成本，降低劳动密集型产品的价格，因而加工贸易的发展尤为迅速。

近十年来，国际间产业分工从原来的基于各国资源禀赋状况以及比较优势的水平分工，逐渐演变到以跨国企业为中心，基于价值链生产环节的垂直分工，在国与国之间，或者地区与地区之间，通过供应链连接的各国中间品贸易规模日趋增大。

发展中国家的对外贸易主要表现为利用廉价劳动力，进口零部件，加工组装，出口成品到欧美国家，处于价值链的最低端，附加价值最低。但在生产全球化的背景下，发展中国家依托自己劳动力丰富的优势，利用自贸区、自贸港开展加工贸易，为跨国公司加工零部件、装配最终产品，可以使自己融入发达国家跨国公司的国际分工体系中去，在与发达国家的合作中逐步提升自己的产业结构，促进相关产业和整体经济的发展。

3.以产能为依托发展双向投资原则

产能转移多半成为自由港设立的主要原则。产能转移有三种方式，第一种是产能转出，第二种是产能转入，第三种是产能保留在自由港，供游客消费。大多数国家属于第一种情况，之所以这样做主要是防止外来产业对本国传统产业的冲击。第二种则属于一个国家由于政治原因，受到限制，无法正常进口，设立特定的自由港可以在一定情况下弥补这方面的不足，如朝鲜的自由港。第三种主要是为了创收。

现代自由港逐渐发展成为投资自由港。这类自由港可以是本国设立，也可以是对方国设立，还可以由第三国来设立。最初是吸引投资的，后来也发展成双向投资。我国在“一带一路”沿线国家的一些自由港设立产业园就属于双向投资的，如中马的双园。

（二）以需求为导向的产业发展战略

1.以出口导向转向进出口平衡贸易的战略

出口导向的贸易战略是通过扩大出口来带动本国或本地区的工业化和经济的持续增长。这是一种工业化的战略，一般与自贸区所在国家的出口鼓励政策相结合。出口加工区是自由贸易园区转口贸易功能弱化、出口加工功能强化带来的结果，在出口加工区内主要从事加工贸易，加工制造是贸易产生的前提和出口的关键。

以工业为主导的出口导向型的出口加工区出现于二战以后，并在20世纪70年代大规模兴起。业界公认的出口加工始祖是爱尔兰香农自由贸易园区，诞生于1959年。后来我国台湾也出现了高雄加工出口区，其他地方也根据本国经济发展的要求陆续出现出口加工区。

出口导向战略备受发展中国家的青睐，意图增加就业岗位和外汇收入，吸引外国直接投资，引进先进技术和企业经营管理的方法。出口导向型的战略一般要经历两个阶段：第一阶段，以劳动密集型工业制成品替代初级产品出口，主要发展加工工业，以生产一般消费品为主，如食品、玩具等。这些产品的生产方法较为简单，技术容易掌握，投入要素较易获得，并且国际市场需求也比较大，需求弹性也不小，进入门槛相对较低。第二阶段，当第一阶段出口商品发展到一定程度，已经积累了一定的资本与技术要素，同时某些中间产品的市场容量已接近饱和或者生产贸易条件开始变得不利时，就转向以机器设备、机床、电子仪器等资本、技术密集型工业制成品生产为主的出口工业。

20世纪六七十年代，一些发展中国家和地区运用出口导向战略促进了经济的发展，特别是一些新兴工业化国家和地区，依靠工业化和制成品的出口，极大地促进了经济的增长，使得制造业发展迅速，产业结构趋向合理，外贸发展快，制成品占出口的比重迅速提高，从而人均国民生产总值得到了迅速增长，外汇储备不断增多，在世界经济和贸易中的地位日益提高。新加坡、中国香港、中国台湾等堪称楷模。

尽管出口导向战略让众多发展中国家实现了经济的起飞，经济实力大大增强，但在实施中也遇到了各种各样的困难。如果一个国家，特别是发展中大国，一味地奉行出口导向战略，过度强调出口对经济增长的促进作用，可能会挤占别国市场，进而引起贸易关系的紧张，带来一系列问题。当代，在贸易投资一体化和国际贸易发展的新趋势下，发展中国家更应该利用好自己的自贸区，将贸易发展战略从以比较优势为基础转向以培育和提升国家竞争优势、促进经济社会的全面发展为目的，不断加以调整，针对国内需求对竞争优势的影响,发展中国家尤其是发展中大国应积极培育国内市场,适当增加进口,改变传统的片面强调出口的战略。

实践证明,即便在开放的经济条件下,大国国内市场仍是经济发展的重要载体。大国庞大的国内需求足以满足某些产业发展对规模经济的要求,甚至可以不依赖于国际需求。改革开放之后的一段时间,中国许多企业以及国家外贸政策过分强调出口导向,对产品出口给予优惠,但对国内市场则不够重视,也即相对于出口而言,采取了歧视内销的政策。这种内外销的政策差异导致不少国内企业存在片面的出口冲动,但却忽视了国内需求。结果,不少商品在恶性竞争以获取廉价出口的同时,庞大又利润丰厚的国内市场却被外资企业蚕食。对发展中国家而言,进口不仅能缓解资源要素瓶颈,平衡经济结构,更是有助于引进先进生产要素、先进产业结构、先进制度的重要途径,应当充分重视进口对经济发展的积极作用,将国内市场作为提高国家竞争优势的重要因素,对国内贸易和国际贸易一视同仁。

因此,在全球化的条件下,开放度的不断提高使得众多发展中国家对贸易战略做出调整,开始兼顾进口与出口,实施进出口平衡的贸易战略。

2.以产业规模速度转向结构和质量的产业升级战略

在过去几十年的发展中,新兴经济体与广大发展中国家通过初步的对外开放,凭借自身的比较优势,充分利用自身丰富的劳动力资源,依托自贸区、自贸港进行转口贸易与加工贸易,承接从发达国家转移过来的劳动密集型产品的加工、组装与后期生产,从而逐步地在价值链分工中实现产量规模、进出口规模的总量扩张。

改革开放以来,中国国民经济取得了辉煌的成就。但是,从与全球经济总量的投入产出对比情况来看,我国大多数地区的经济增长方式依然处在依靠高投入拉动经济增长的阶段,经济增长方式总体上呈现出粗放型增长的特征。这与一开始我国着力追求产业规模速度的快速增长有关。

在工业化初期与中期,工业品市场快速横向扩展成为一种趋势,单一品种的需求量很大,产品结构和制造技术相对稳定。大多数企业采取大批量的生产体制,因为这有利于他们充分利用规模经济,降低平均生产成本,增强产品的市场渗透能力,所以,集中、大量生产是当时的主要生产方式。

在信息爆炸和高新技术迅速发展的现代,知识积累水平、生产技术水平和需求水平都达到了较高的层次,建立在这一技术经济基础上的产品更新加快,消费潮流也变化较快,任何产品都不可能长期垄断市场。因此,必须尽可能缩短新产品的生产周期,把新的创新和新技术快速推向市场,增加新产品的收益机会。这就需要我们抛弃过去一味追求产业发展的规模化扩张,转而重点关注产业结构、产品质量,实施符合市场发展状况的产业升级战略。

要根据产业发展阶段和发展状态，动态调整国家的经济发展模式。中国的 GDP 总量已经达到了世界第二，但从附加值指标、国内附加值贡献率来看，发达经济体的跨国公司仍然占据着全球价值链的制高点。制约我国经济发展的主要因素由经济总量转向了经济结构，尤其是产业结构。与之相对应，经济发展的着力点也应当由产业的规模速度转向产业的结构与质量。实践表明，要想使一国经济获得长足发展，就需要综合考量国家经济发展模式的影响因素，动态调整和优化经济发展模式，促进产业的转型和升级，以保持产业的持续竞争优势。

在中国产业转型升级和产业结构调整中，各省区要普遍强调通过技术选择发展高科技产业，选择先进技术发展资本密集型产业和技术密集型产业，以此实现劳动生产率提高和经济增长。因此，在经济发达区域设立自由港产业发展战略首先应选择高科技发展战略。

3.以单向利用外资转向双向国际产能合作战略

过去几十年来，我国实施的“引进来”发展战略和针对外商直接投资的各种政策，为我国引进了大量先进适用技术和管理经验，创造了更多的就业机会，培养了大批人才，增加了国家税收和外汇收入，加速了对外经济贸易发展，促进了外向型经济大发展。

当前，我国正面临着国内经济转型与国际经济变局所带来的双重压力，继续保持我国经济持续健康平稳发展必须重视发展更高层次的开放型经济，而“新时代”下的国际产能合作成为创新型对外投资重要的可选模式之一。当前，世界经济呈现回暖向好态势，但尚未走出亚健康和弱增长的调整期，新的增长动力仍未全面形成，各国面临许多形态各异的挑战，这也为国际产能合作创造了关键的窗口期。我国有过剩产能的企业应该把握住此发展契机，开展行之有效的国际产能合作工作。

通过国际产能合作，可以有效化解国内过剩产能，加快推进供给侧结构性改革，全面深入推动“一带一路”建设。研究及开展国际产能合作，有利于我国转变传统的外贸发展模式，提高中国产品和企业的国际竞争力；可以加快国内优质产能在海外落地，打造境内外优质产业链、价值链和供应链，引领全球产业发展；有利于实现“一带一路”沿线国家优势资源互补和配置，带动沿线国家通过工业化进程实现“共同富裕”，提高欠发达国家经济发展水平；有利于我国全面发展更高层次开放型经济，为新时代经济增长注入新动力。

历史上韩国、日本等国家的腾飞证明了发展中国家可以通过国际产能合作获得更大的贸易利益并取得在全球价值链中地位的提升，但发展中国家在国际产能合作中陷入“低端锁定”的事例也不在少数。因此，在面临复杂的国际政治经济形势下，我国探索国际产能合作建设必须考虑到当下的时代背景和国际产业转移趋势，立足于国内和国际市场基本要素条件，充分调动各参与方的积极性，努力做到合作共赢。因此，与“一带一路”沿线国家建立双向自由港，实施双向国际产能合作战略是我国实现产业结构优化的突破口。

（三）以创新为导向的产业发展模式

1.以技术创新为导向培育高新产业模式

发达国家自贸区产业结构以第三产业为主导，新兴国家以第二、第三产业协同发展为主。在产业部门中，第三产业中服务贸易比例较实物贸易比例大幅增加，第二产业中技术密集型、高科技含量产品比重逐渐取代初级加工产品，高附加值农业产品在特定区域增长迅速，产业结构整体呈现出多元化、综合化的趋势。

在全球价值链分工的条件下，高技术产业最重要的发展指标并不是传统口径所统计的产值与进出口总量，而应该是能够体现该国参与全球价值链分工中的附加值变化。发达经济体对高技术产业的国内要素投入以高端要素为主，从而可以获得相对高的报酬，位于价值链的高端。而发展中国家过去主要依赖自然资源、低技术劳动力等要素投入，处于价值链的低端，所获得的收益自然比较少。

广大发展中国家与新兴经济体要想实现价值链的攀升，从宏观层面看，首先就要在国内实现产业结构的转型升级。产业升级的驱动力来自于技术的进步与创新，一个地区要想持续保持自己的竞争力必须依靠技术创新。不同地区、不同产业具有不同的技术创新能力，因此在培育高新产业模式时，也应当按照相应的技术水平与要素禀赋结构，发展相应的产业。从微观层面看，产业升级依赖于产业内各个企业技术能力的提升，这就需要企业在自主性的研发方面投入更多资源。

高新技术产业可以让一国的产业发展实现由非平衡到平衡，因此政府及自贸区有关监管部门制定的相关政策应当着眼于长期的升级趋势，从产业内部，以及空间布局等方面合理安排高新技术产业序列，实现持续健康的产业升级。

首先，必须处理好引进技术与提高自主创新能力两者之间的关系。一味依赖国外引进的技术无法使得一个产业拥有自己的“造血能力”，要想提高一国产业的实力，离不开自主研发和核心技术能力的支撑。任何一个开放型经济都可以从各种不同的途径获得创新。仅仅依靠进口技术是难以真正培育和形成核心技术能力的。只有将国外引进的技术与国内自主创新结合在一起，才能发挥出真正的效用。因此，必须在扩大引进外资的基础上，加强自主研发，提升自主创新能力，从而构建自身核心技术创新能力。

其次，必须充分发挥国家产业政策和技术创新战略的引导作用。强大的产业实力离不开雄厚的技术研发能力，而产业结构的调整和升级不可能完全通过市场机制来完成，需要充分发挥国家战略和政策的作用。在宏观层面，政府应当制定合理的长期规划和稳定的发展战略与思路，设计有效、协调的制度安排和运作框架，并进行持续投入，引导我国产业结构不断优化。在微观层面，政府通过政策运用鼓励企业成为研发投入、创新活动以及研发成果应用的主体。这种类型的自由港产业发展模式是当今自由港流行发展模式。

2.以工艺创新为导向改造传统产业模式

经过改革开放三十多年的发展，中国利用自身劳动力资源比较优势，深度融入国际分工体系，迅速发展成为“世界工厂”。但这种以劳动力资源优势参与全球价值链而形成的低附加值制造业，随着国内劳动力成本的快速上升，生态环境日益恶化，竞争优势将逐步丧失，面临转型升级的要求。

因而，我国传统产业应当以产品创新为主导，以工艺创新为手段，加快淘汰落后产品，化解过剩的产能，提高国际市场竞争力。

工艺流程创新在产业内的深入实施将推动产业组织演进，在一定条件下会打破产业内既有的垄断竞争关系，引致市场绩效发生改变，从而促使企业改变自身的行为模式，带来可持续的发展。

关于工艺创新，在不同的竞争战略下，其表现形式也是不同的。在成本领先战略下，企业的工艺创新表现为提高学习曲线效应，进行新工艺的开发，提高规模经济。在差异化战略下，企业应当通过工艺开发达到更高的偏差容量、更好的质量控制、更可靠的进度、更快的订单反应速度，或者是提高其他执行能力。在集中成本领先战略下，企业通过工艺开发调整生产和交付系统，使之恰好达到该市场区间的要求，尽可能降低成本。在集中差异化战略下，企业通过新工艺的开发调整生产和交付系统，提高性能，以达到该市场区间的要求。因此，在传统特色工艺产业聚集地区设立一些自贸港有助于集中和输出传统工艺，如茶艺、雕刻艺术等民间工艺。

3.以流程创新为导向发展外包产业模式

流程创新指技术活动或生产活动中的操作程序、方式方法和规则体系的创新。广义的流程创新，包括各种工作流程的创新，不仅局限于生产、工艺。

20世纪80年代以来，在具体加工贸易的实践中，随着国际竞争的加剧，发达国家跨国公司为了提高核心竞争力，往往专注于核心环节，致力于核心资产的创造，而将劳动密集型、传统资本密集型甚至某些技术密集型的环节和产品，委托给发展中国家的企业从事加工与生产,产生了制造业领域和服务业领域的国际外包。

制造业外包的具体模式主要有三种:第一种是 OEM,即原始设备制造商,也被称为定牌或者贴牌,指的是发达国家的品牌商按照一定的设计要求将产品的生产制造外包给其他国家的厂商,承接外包的厂商生产出产品后加贴发包商的品牌,将产品出售给发包商。第二种是 ODM,即原始设计制造商,指承接外包的企业不仅要承担产品的制造,还要接受发包商的委托,进行产品的设计与深加工,直至售后服务任务,但品牌仍归发包商所有。相对于 OEM 而言,从事 ODM 的厂商承担了更多的责任,对分工的参与程度加深,但其作为加工方的性质并没有发生改变。第三种是 OBM,即自主品牌商,指承接外包的厂商在经过前两个阶段后,整体的学习、组织与运营能力大大增强,并且能够开始建立自己的渠道,经营自己的品牌,从获取加工费转向赚取品牌收益,从而产业升级得以完成。

服务业外包是指服务业经营商将服务环节以商业形式发包给境外服务提供者的一种经济活动。服务外包的主要形式有 ITO 和 BPO。ITO,即信息技术外包,指服务外包发包商委托服务外包承接商向其提供部分或全部信息技术服务功能,主要包括信息技术的系统应用管理以及技术支持服务,它主要关注承接服务外包企业的 IT 基础建设状况,例如服务器、网络、操作系统和技术支持等。BPO,即业务流程外包,指服务外包发包商将一些重复性的非核心,甚至核心业务流程外包给供应商,目的是降低成本,提高服务质量。BPO 关注企业内部运作或者客户的后端活动,对承接外包企业的服务水平要求更高,当然它所带来的利润也会更大。

制造业外包是发展中国家自由港产业发展的主要模式。由于服务业外包附加值较高,成为发达国家自由港产业的发展模式,当然也成为越来越多发展中国家弯道超车的自由港发展新模式。

四、自由贸易港产业发展效应研究

(一)宏观效应

我们以阿联酋迪拜自由贸易港为例,来研究自贸港对其所在城市或地区带来的宏观经济效应。

1.经济增长效应

总体来看,近 10 年来迪拜的 GDP 整体呈上升趋势,除了 2009 年因债务危机爆发,其 GDP 比 2008 年下降了 2.58%。迪拜在经历 2008—2010 年的债务危机后,在

2013 年实现经济的强劲复苏，经济增速达到了 2008 年以来的高峰值 12.81%。推动迪拜经济高增长的因素包括制造业、零售业、旅游业、房地产业及基础设施的投资，而这些都离不开迪拜自由港的发展，为国内引进投资，创生出新的需求。

表 5-1 迪拜 2008—2017 年国内生产总值情况

年份	迪拜 GDP(亿迪拉姆)	GDP 增速(%)
2017	4105.64	3.72
2016	3958.35	1.81
2015	3888.16	2.62
2014	3788.81	4.01
2013	3642.82	12.81
2012	3229.23	3.57
2011	3118.01	3.65
2010	3008.09	1.92
2009	2951.28	−2.58
2008	3029.37	4.02

资料来源：根据迪拜统计中心公布的数据整理计算。

2.就业福利效应

自 2008 年以来，迪拜劳动力人口的失业率一直较低，始终没有超过 1%的水平。在 2008—2010 年次债危机期间，失业率稍高一点，除了 2010 年数据缺失外，2008 年为 0.9%，2009 年为 0.7%，均没有超过 1%，并且呈现下降的趋势。2012 年更是降到 0.1%，此后一直维持在 0.2%~0.3%的低位。迪拜人口的一个主要特征是外籍人口增长较快，从 2008 年到 2017 年迪拜总人口从 164.6 万增加到 297.6 万，增幅达到 80%，主要是外籍人口大量涌入。外籍人口之所以大量涌入，主要是因为迪拜自由港创造了大量的就业机会。

经过 30 多年的发展，目前在迪拜的杰贝 · 阿里自由贸易区入驻的全球性跨国公司和著名企业已达 7200 多家，其中 150 多家世界 500 强企业。这些企业大部分来自欧洲、海合会国家、亚太、美洲、中东以及非洲的 132 个国家和地区。创造了超过 15 万个就业机会，吸引了阿联酋超过 32%的外国直接投资。迪拜机场自贸区入驻企业也已达 1600 多家，行业分布很广泛，这些伴随着资本引入的新注册的内外资企业无疑为迪拜解决了不少的就业问题，这对保持整个迪拜稳定的失业率，相对稳定的新增岗位数也有着很大的作用，迪拜各个自由贸易港区对整个迪拜的就业福利效应显著为正。

迪拜就业市场还有一个比较明显的特征，就是妇女愿意做家庭主妇，不愿意出去就业。据统计,2017 年迪拜家庭主妇占全部失业妇女人数的 71.2%,其中外籍妇女中家庭妇女占比为 76.3%,本地籍妇女中家庭妇女占比为 44.5%。因此,总体劳动人口就业率不算太高,但比较稳定,始终维持在 80%之上。在大量外籍人口涌入和妇女不愿意出去就业的传统双重挤压下,能保持如此高的就业率,迪拜自由港快速发展所带来的大量工作机会功不可没。

表 5-2　迪拜 2008—2017 年来人口与就业情况

年份	总人口	劳动力人口就业率(%)	劳动力人口失业率(%)	就业中有薪资人员比例(%)
2017	2976455	82.7	0.4	95.5
2016	2698600	81.9	0.3	96.6
2015	2446675	82.4	0.3	96.8
2014	2327350	81.7	0.2	97
2013	2213845	80.9	0.2	96.2
2012	2105875	80.7	0.1	96.2
2011	2003170	79.1	0.3	96.1
2010	1905476	—	—	—
2009	1770978	86.1	0.7	97.5
2008	1645973	86.5	0.9	98.5

"—"表示数据缺失。

资料来源:迪拜统计中心及作者的相关计算。

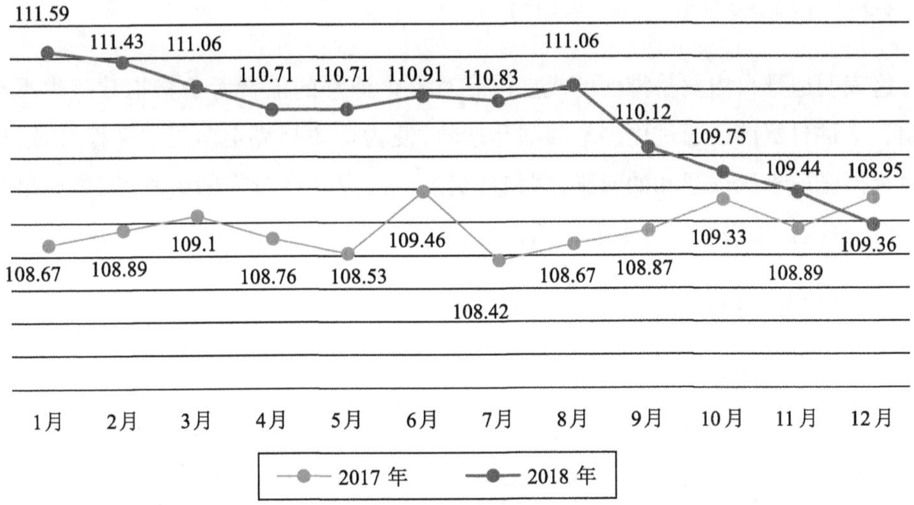

图 5-1　2017—2018 年迪拜月度消费者价格指数

资料来源:迪拜统计中心,2014 年=100。

3.物价理想效应

2017 年以来的迪拜月度消费者价格指数如图 5-1 所示。我们可以发现,这 2 年各月度消费者价格指数变化不是很大,2018 年从 1 月到 12 月,物价指数下降了 2.23 个百分点,2017 年各月度的消费者价格指数则更为平稳,在 108 左右浮动。

回顾近 10 年来迪拜的消费者价格指数(见图 5-2)可以看到,除了 2012 年由于受到之前债务危机的影响,CPI 与上年相比有所下降以外,其余各年的消费者价格指数比上年增长的范围在 0.6%~4.8%,属于合理区间。尤其是 2013 年以来,消费者价格指数同比增长年均在 3%左右,价格增长趋向于稳定。

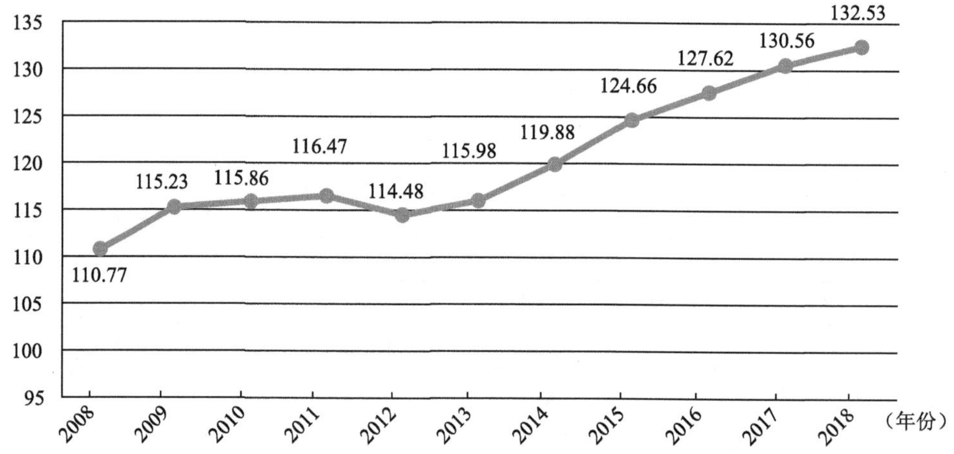

图 5-2　2008—2018 年迪拜的消费者价格指数

资料来源:迪拜统计中心,2007 年=100。

这表明迪拜自由贸易港区的成立没有对整个迪拜的消费者价格指数产生不利的影响。迪拜自贸港区通过更多地与国际接轨,使物价的趋势走向更加平稳合理,迪拜的通货膨胀属于比较温和的通胀,这和自贸港区的设立有较大的关联,因为如果物价不稳定,跨国公司很难在自由港长期稳定发展。

(二)中观效应

1.推动产业的技术进步效应

自贸区已经成为高新技术产业的集聚地。一方面,自贸区出台了一系列有利于高新技术产业发展的政策,另一方面,高新技术产业大量入驻会带来产业集聚效应。以上海自贸区为例,截至 2018 年 11 月底,上海自贸区共有企业 88307 户,其中内资企业 69598 户,外资企业 18709 户。自贸区注册的企业大都为高新技术企业。据统计,自贸区新注册企业中民营企业占比已达到88.77%。上海科技企业中,民营企业超过九成,全市近半数的专利授权由民营企业获得。

自贸区高新技术产业的快速增长给高新技术产业本身,乃至整个上海带来科研水平的提升,这可以从专业数、科研经费投入和高新技术产业的贡献率等诸方面得到说明。2016年上海专利申请数为4445件,授权数为2584件。2016年上海高新技术产业发展情况和2016年上海科技产业的贡献率分别见表5-3和表5-4。

表5-3　2016年上海高新技术产业发展情况

	工业总产值(亿元)	主营业务收入(亿元)	利润总额(亿元)	R&D经费支出(亿元)
高技术产业产值(亿元)	6618.26	7010.18	334.57	130.8
信息化学品制造业	25.55	25.29	1.89	0.82
医药制造业	686	716.44	118.73	22.39
航空航天器制造业	204.27	190.78	8.59	16.07
电子及通讯设备制造业	3425.73	3528.78	136.74	74.4
电子计算机及办公设备制造业	1806.95	2059.26	4.91	4.3
医疗设备及仪器仪表制造业	469.76	489.63	63.72	12.82

注:上海市高新技术产业统计范围为规模以上工业企业。

资料来源:上海市科技统计年鉴。

表5-4　2016年上海科技产业的贡献率

R&D投入/GDP(%)	3.72
高技术产业产值/工业总产值(%)	21.2
高技术产品出口额/商品出口总额(%)	43.09

资料来源:上海市科技统计年鉴。

2.强化产业集群的竞争优势效应

产业集聚有利于技术在企业之间的扩散和外溢,从而促进企业技术进步和升级,而这种效应从中观的产业层面上来看,就会促进产业结构的转型升级。因此,产业集聚效应对企业进而对产业升级能力可能存在重要影响。

产业集群的规模与产业集群的竞争优势之间存在着正回馈的关系:当集群的规模扩大时,该集群的竞争优势就会上升;反过来,集群竞争优势的上升又会进一步吸引更多的企业加入该产业集群。一些国家或地区成功地将产业发展与自由港发展相结合,形成各类专业化新型自由区。例如迪拜依托海港杰贝·阿里自由区和空港迪拜机场自由区，打造了迪拜网络城、迪拜媒体城、迪拜珠宝城、迪拜汽车城、迪拜知识村、迪拜五金城。同时，迪拜还是著名的旅游胜地。杰贝·阿里自贸区定位为低投资、低运营的工贸结合型自贸区，专注于物流贸易供应链管理、加工制造再出口等相关业务，主要实现贸易便利化的功能。杰贝·阿里自贸区设有物理围栏，主要进行区域监管（海关特殊监管区）。而各个特色产业城则发挥人才、资本、技术集聚的作用，实现特色产业的高速发展。各个产业城不设物理围栏，主要进行产业政策监管和企业自主管理。迪拜自贸区的产业集聚模式成功实现了自贸区与产业的协调发展，突破了物理围栏的界限，最大限度地释放了自由贸易港的"制度红利"和辐射效应，以点带面，形成了自贸区与腹地经济之间的综合性功能网络。

迪拜已经从过去不起眼的小渔港跃升为中东乃至全球的金融、贸易、展会、航运和旅游文化中心，成为"海湾明珠"，创造了城市发展的奇迹。杰贝·阿里自贸区入驻企业已达7000余家，超过150家世界500强企业落户，提供了15万个就业岗位，GDP占迪拜总量的20.6%。迪拜机场自贸区入驻企业1600多家，年处理国际货运240万吨，全球排名第6；客运吞吐量达7800万人次，全球排名第3；空中航线多达140条，可通达260个城市。据悉，迪拜自贸区进出口贸易高达1300亿美元。

3.加速产业结构的优化效应

自由贸易港区产业结构升级应该包括：第三产业的比重不断提高；工业中深加工和技术密集型产业比重不断提高；第三产业中新兴的、现代化的服务业比重不断提高。

自由贸易港区的产业结构升级是以技术进步和技术创新为前提条件的。迪拜各自贸港区提供技术创新的政策环境和运作模式，吸引了大量高科技企业的入驻。由于一些跨国公司产品研究开发部门的落户，更增强了自由贸易港区在高科技产业全球布局中的吸引力。高科技企业的进驻，不但带来了先进的制造技术，还带来了先进的管理理念，这些技术和理念在当地企业与自由贸易港区企业进行贸易往来时逐步消化吸收，对当地的企业产生长远的影响。服务性企业的兴起，大幅度减少了物流成本，改变了第二、第三产业的比重。新一轮全球生产要素开始优化重组，综合保税区的优越条件可以引导资源向新兴产业和优势企业集中。

表5-5显示，近10年来，整体上迪拜三大产业的绝对产值都呈上升态势，从结构来看，第一产业比重略有下降，第二产业则下降了4.7个百分点，第三产业则增加了4.7个百分点，服务业对经济的贡献达到了80%。其中迪拜各个自贸港对其产业结构的调整与优化起着很大的作用。

表 5-5 迪拜产业结构比例

年份	第一产业		第二产业		第三产业		总产值（百万迪拉姆）
	产值（百万迪拉姆）	占比（%）	产值（百万迪拉姆）	占比（%）	产值（百万迪拉姆）	占比（%）	
2017	519.60	0.13	81904.41	19.95	328140.23	79.92	410564.24
2016	498.51	0.13	78507.40	19.83	316828.88	80.04	395834.79
2015	490.41	0.13	78547.20	20.20	309778.86	79.67	388816.47
2014	477.93	0.13	79570.91	21.00	298831.87	78.87	378880.71
2013	446.95	0.12	78604.53	21.58	285230.99	78.30	364282.47
2012	441.91	0.14	70001.53	21.68	252479.39	78.19	322922.83
2011	459.26	0.15	66888.27	21.45	244453.19	78.40	311800.73
2010	466.18	0.15	65518.58	21.78	234823.87	78.06	300808.64
2009	464.13	0.16	67708.45	22.94	226955.54	76.90	295128.13
2008	424.29	0.14	74507.79	24.60	228005.16	75.26	302937.23

资料来源：迪拜统计中心。

(三)微观效应

1.企业的财务效应

上海外高桥集团股份有限公司是上海自由贸易区核心企业，承担着自贸试验区及周边区域的开发建设、招商稳商、功能推进和运营服务的责任。因此，选取上海外高桥集团股份有限公司来说明自贸区企业的财务效应具有代表意义。

表 5-6 上海外高桥集团股份有限公司财务数据

财务指标	2015 年	2016 年	2017 年
营业收入（元）	7971380386.48	8657113971.94	8953567421.47
归属于上市公司股东的净利润（元）	539180297.40	722553205.29	739636114.37
总资产（元）	29265134077.23	29611700051.42	30552634719.10
基本每股收益（元）	0.47	0.64	0.65
加权平均净资产收益率（%）	5.9912	7.7957	7.6295

资料来源：Wind，公司年报。

从公司近 3 年的财务数据来看，公司营业收入在不断增长，归属于上市公司股东的净利润和总资产也都有不同程度的增长。加权平均净资产收益率在 2017 年虽然同比下降，但下降的幅度仅为 2.13%，见表 5-6。总体来看，上海外高桥集团股份有限公司财务状况表现良好。

2.企业人才的国际化效应

自由贸易港区的人力资源具有比其他区域更为巨大的能动性，在更加开放的环境下，将会有更多国际化人才被引进。如迪拜，从 2008 年到 2017 年人口增长 80%，主要是源于外籍人口大量涌入，并且外籍劳工就业率高达 99.6%，远高于本地劳工的96.6%的就业率。伴随着外籍劳工的大量涌入，外籍劳工的家属和留学生也大幅增加，分别占外籍非就业人数的 60.6%和 23.7%，见表 5-7。这既有助于稳定外籍劳工长期留在当地，又有助于进一步补充高层次国际化企业人才。

表 5-7 迪拜 15 年以上劳动力市场就业状况 (%)

非劳工				劳工		性别	国籍
全部	其他	留学生	家庭妇女	全部	就业		
100.0	34.8	65.2	0.0	100.0	99.8	女性	非阿联酋人
100.0	10.7	13	76.3	100.0	98.8	男性	
100.0	15.7	23.7	60.6	100.0	99.6	全部	

资料来源：迪拜统计中心。

3.企业规模效应

跨境通是自贸区内一家从事跨境贸易电子商务配套服务的企业，为广大的海淘消费者提供了更多的便利。跨境通拥有规模化的跨境电商专营保税仓，海关及商检集中监管点均设立在仓库内，由海关及商检人员在该仓库中设立监管点。公司具备存储、监管、查验、放行一体通关便利。浦东机场综合保税区的仓库已获得上海检验检疫局“自贸区入境食品化妆品生产、加工、存放和展示企业备案资格”，所有保税模式食品化妆品必须直接进入该仓库进行存放。目前跨境通已经分别在上海浦东机场综合保税区、外高桥保税区、洋山保税区、松江出口加工区、嘉定出口加工区等地给数百家企业和数百万消费者提供了稳定高效的服务。依托于上海自贸区，跨境通平台 APP 上线 1 个月就已实现每日 25%的用户增长量。

2018 年“黑五”期间，跨境通平台跨境出口 GMV 超过 14 亿元，同比增长 45%，其中环球易购自营电子网站 GearBest 同比增长 55%，自营服装网站增长 40%。根据其在互动易平台公布信息，自营网站在“黑五”期间销售额排名前十大的国家分别为美国、德国、西班牙、法国、意大利、英国、以色列、波兰、葡萄牙、加拿大。跨境通旗下自营电子网站 GearBest 在“双十一”期间策划了“全球网红直播”的活动，在全球有超 50000 个网红参与，为其带来超 860 万的流量；同时，其旗下自营服装网站 ZAFUL 在 11 月策划的“走进美国大学校园”活动将为其在相关区域覆盖超 1000 万的用户。

参考文献

[1]陈荣波,吴伟,杨杰.过剩能源产能开展国际产能合作外部环境分析[J].国际商务财会,2018(7):20-23.

[2]朱孟楠,陈冲,朱慧君.从自贸区迈向自由贸易港:国际比较与中国的选择——兼析厦门自由贸易港建设[J].金融论坛,2018,23(5):3-12.

[3]李思奇,武赟杰.国际自由贸易港建设经验及对我国的启示[J].国际贸易,2018(4):27-33.

[4]符正平.论中国特色自由贸易港的建设模式[J].区域经济评论,2018(2):1-4.

[5]周一轩.自由贸易港建设背景下天津港向商贸物流港转型升级研究[J].产业创新研究,2018(1):20-24.

[6]单小虎,唐海燕.新时期自由贸易港建设的破局之策[J].科技中国,2017(12):33-35.

[7]沈玉良,彭羽.上海自由贸易试验区建设自由贸易港区路径分析[J].上海经济,2017(4):5-11.

[8]沈玉良,彭羽,李墨丝,等.上海自贸试验区运行三周年评估研究[J].科学发展,2017(2):50-62.

[9]季良玉.技术创新影响中国制造业转型升级的路径研究[D].东南大学,2016.

[10]胡凤乔.世界自由港演化与制度研究[D].浙江大学,2016.

[11]梁雪莹,陈华.上海自贸区金融改革:突破、挑战与路径选择[J].理论学习,2016(2):21-23.

[12]冯雨.B2C模式下的自贸区跨境电子商务法律问题研究——以"跨境通"平台为切入点[J].上海商学院学报,2015,16(5):67-74.

[13]洪银兴.产业结构转型升级的方向和动力[J].求是学刊,2014,41(1):57-62+173.

[14]孙浩.上海综合保税区转型为自由贸易园区建设研究[J].国际商务研究,2014,35(1):34-42.

[15]薛继亮.技术选择与产业结构转型升级[J].产业经济研究,2013(6):29-37.

[16]梁碧波.中国在全球产品内分工体系中的地位及其变化动态[J].财贸经济,2013(11):82-92.

[17]文魁,徐则荣.制度创新理论的生成与发展[J].当代经济研究,2013(7):52-56.

[18]王京晶.高技术产业全球价值链研究[D].上海社会科学院,2013.

[19]郭界秀.比较优势理论研究新进展[J].国际贸易问题,2013(3):156-166.

[20]曾慧萍.全球价值链理论研究综述——基于发展中国家外向型经济发展视角[J].西南农业大学学报(社会科学版),2012,10(12):13-16.

[21]徐建伟,葛岳静,胡志丁.比较优势、国际分工与发展战略[J].经济地理,2012,32(5):16-22.

[22]周毅,李京文.区域经济发展理论演化及其启示[J].经济学家,2012(3):14-19.

[23]袁冬梅,魏后凯.对外开放促进产业集聚的机理及效应研究——基于中国的理论分析与实证检验[J].财贸经济,2011(12):120-126.

[24]王丹.新经济地理理论研究的新进展[J].经济理论与经济管理,2011(5):36-41.

[25]祁欣,孟文秀.全球自由贸易园区发展模式及对比分析[J].对外经贸实务,2010(6):20-23.

[26]巫云仙.改革开放以来我国引进和利用外资政策的历史演进[J].中共党史研究,2009(7):24-32.

[27]杨志龙.全球价值链研究综述[J].商业时代,2009(16):21.

[28]李东艳.自由贸易港区的区域经济效应研究[D].天津财经大学,2009.

[29]李瑛,张兴恒.制度创新理论的研究探索[J].现代经济(现代物业下半月刊),2009,8(1):6-7.

[30]张军.产品生命周期理论及其适用性分析[J].华北电力大学学报(社会科学版),2008(1):31-36.

[31]欧玉芳.比较优势理论发展的文献综述[J].特区经济,2007(9):268-270.

[32]尹子健.区域经济发展理论研究综述[J].中国高新技术企业,2007(2):33-34.

[33]方宏.全球价值链理论研究综述[J].科技情报开发与经济,2006(23):177-179.

[34]胡川.工艺流程创新对市场结构及绩效影响的量化研究[J].经济社会体制比较,2006(3):87-89+82.

[35]李具恒,李国平.区域经济发展理论的整合与创新——基于梯度推移理论内在机理的扩展分析[J].陕西师范大学学报(哲学社会科学版),2004(4):94-98.

[36]李文涛,苏琳.制度创新理论研究述评[J].经济纵横,2001(11):61-63.

[37]陈雪萍.从动态比较利益理论看技术进步在国际贸易中的作用[J].云梦学刊,2001(2):17-19.

[38]刘乃全.区域经济理论的新发展[J].外国经济与管理,2000(9):17-21.

第六章　自贸港国际经验与金融业开放及监管研究报告

张晓莉

一、自贸港国际经验借鉴

2018年是中国改革开放40周年，但是我国的国际金融地位并未随经济实力的提高而改善。中央银行研究局在一篇题为《进一步关注金融业对外开放》的文章中强调，目前中国的问题并非过度开放，而是对外开放不够全面，并且金融业的开放水平与我国在世界的国际地位和影响力不匹配。金融业是服务贸易的重要分支，与此同时，金融开放也是自由贸易区（港口）的必然要求。自由贸易区（港口）是位于国家（或地区）境外的特定区域，货物和资金可自由进出，并且大多数货物可以免征关税，它是目前世界上最开放的特殊经济功能区。国内外现有的自贸港中，发展较为迅速的主要有香港、新加坡、鹿特丹、迪拜等，就这些典型自由港的开发经验而言，金融开放不仅是指金融业和金融市场的开放，还涉及跨境资本自由流动等方面。自由贸易港的主要目的是吸引外资，发展加工和仓储业务，促进对外贸易和转口贸易的发展，创造就业机会，繁荣地区经济。下面将对建立自贸港的国家金融业开放的经验进行分析对比，以期获得金融业开放的经验。

（一）德国汉堡自贸港的转型发展

汉堡在德国所有的城市中排名第二，同时其国际化程度也是最高的。汉堡的地理位置十分优越，位于北海和波罗的海之间，它是通往世界其他地区、欧洲北部、中部和东部市场的门户，越来越多的外国公司在这里利用这个地方的优势来开拓欧洲市场。汉堡港是一个天然的港口，这种地理优势意味着它能够以较短的时间进行相对成本小的运输，并且实现环境流通和运输链。

作为德国的最大港口，汉堡港占据100平方千米的面积，被誉为“德国通往世界的门户”，是欧洲的第二大港口，仅次于鹿特丹港，也是世界上最著名的港口之一。汉堡港内部的自由港区面积是16.2平方千米，主要从事转口贸易活动，特别是转口斯堪的纳维亚和中欧地区各国的货物。然而，汉堡港所扮演的不仅仅是转运中心的角色，还是德国最大的贸易和工业城市地区，与其他北欧港口相比，进出港口的货物中约三分之一是在汉堡大都市区生产的。产生的商品报价占据了重要地位。

汉堡自由贸易港的发展较为迅速，同时也是效率最高的物流基地。汉堡约有5700家物流公司提供一系列增值服务，包括运输、仓储、加工、质量控制、包装、调试、配送、货物管理、运输保险、清关和发票，在世界各地都形成了完整的供应链。此外，汉堡港还提供加工贸易服务，Freeport的商品存放时间没有限制。为避免相关进口国重复通关，货运公司可以使用进口商指定的税务代表快速清关。汉堡港作为进口港，通过这种运作方式，无须在最终目的地进行清关，节省了大量的时间和成本。

在管理方面，汉堡港的各项事务由独立的政府和议会决定。汉堡港的日常管理由汉堡州经济和劳动部负责。具体而言，汉堡州政府负责总体规划和土地使用，包括港口规划和土地使用；经济和劳动事务部负责日常管理事务，包括制定港口法律框架；规划和建设港口区域内港口的基础设施建设和维护，制定港口内的交通规则，并征收港口使用费。汉堡港由私人企业运作，政府进行调节，这种相互竞争的环境有利于提高港口的服务效率。

汉堡港享有自贸区的相关政策。海关署采用不同于自由港一般保税区的管理模式，并以进出自由港区的船只和货物的最大进出自由为基础。

欧盟自由区分为自由区Ⅰ型和自由区Ⅱ型，汉堡自由港区属于自由区Ⅰ型。如果类型Ⅰ自由区关闭，船舶和货物无须进行清关。海关进行监管的目的不是增加税收，而是利用监管和关税实现国家整体经济的协调发展。在便利性原则上，采用尽可能简单的程序，有效地减少了该地区的海关管理。建立较为灵活的监管体系，促进各国之间的物流发展和贸易发展。

在过去的125年，汉堡自由港使得汉堡稳居全球货物转运站的地位，然而，欧洲统一市场的建立使它的存在失去了必要的意义。从2013年1月起，汉堡港区的所有公司将同欧盟关税区域的其他海港按同样的海关规定运营。运输和海关流程将更快、更灵活，从而提高港口的竞争力。

（二）阿联酋迪拜自贸港

外资可100%控股，资金汇出自由。迪拜位于地中海东部地区，是阿联酋的经济中心。虽然该地区的石油资源较为丰富，但是长期以来，迪拜的主要收入来源是由它的自贸区提供的而非石油。截至2017年底，阿联酋共有45种不同类型的自由贸易区

（其中10家正在建设中），其中30多家位于迪拜，迪拜成为阿联酋的贸易中心。为了促进当地工业和商业的发展，迪拜建立了许多自由区和工业区。服务业的全面开放体系是经济发展的重要助力，因此，迪拜自由贸易区的选择是中国自由贸易区建设的重要参考。

从市场准入的角度来看，一般而言，自由贸易区将通过开放服务业的减税来吸引外国投资，而迪拜自由贸易区以其零税收而闻名。再者，迪拜靠近海湾，占据优越的地理位置，拥有天然港口，在它正式成为"自由港"后，便占据了海湾地区商品配送中心的地位，并由此吸引了一大批外商投资。

从国民待遇来看，迪拜自由贸易区要求公司拥有100%的所有权，自由贸易区没有外汇管制，利润和资本也可以自由进出。为了鼓励外国人在自由贸易区投资和工作，迪拜自由贸易区有一个独特的劳工政策，例如不限制外国雇员的就业；自由贸易区简化了工作签证申请流程，降低了签证费，并根据投资金额和公司规模提供了一定数量的免费工作签证。此外，自由贸易区工作签证申请并不实施担保人制度，它是基于中东法律的。外国人必须遵守被保险人的政策，即必须由当地人担保。

从定价和金融支持系统的角度来看，迪拜的商品和服务价格由市场决定，公用事业、教育服务、医疗和农产品除外，在上述商品和服务中，国家会向公民提供补贴。2010年4月11日，迪拜成立了专门的财务团队，以提高政府支出的效率，巩固财政政策的基础。

从法律角度来看，迪拜自由贸易区DIFC遵循其独立的法律体系。《金融自由区法》于2004年颁布，允许酋长国政府在当地建立金融自由区。与此同时，阿联酋民商法不会约束金融自由区，但刑法仍适用于该地区。金融中心内的所有民事和商业纠纷，以及与中心内的登记处和公司有关的争议都属于DIFC法院的特定专属管辖权范畴，如果双方愿意，则可以允许其他公认的司法管辖区的法院审理此案。

（三）新加坡自贸港

高度透明，符合数据隐私和安全规则。新加坡是新兴经济体的代表，其发展模式以自由贸易港为主。1969年，新加坡政府选择裕廊工业区裕廊码头来设立自由贸易区，建立国际货物配送基地。现在，新加坡已发展成为一个高度开放的贸易自由港，并且越来越多地转向高科技综合自由贸易区。自1965年新加坡独立以来，它实施的经济发展战略以出口导向为主，充分利用国际资源，这为中国提供了重要参考。

从市场准入的角度来看。新加坡独立后，由于国内资源稀缺，市场发展空间有限，政府对发展战略做出调整，以出口导向型经济为主。1968年新加坡颁布了《经济扩展

(豁免所得税)法案》,鼓励出口产业的发展,对出口厂商提供减免所得税的优惠。进一步,修订 20 世纪 70 年代的法案,以鼓励资本密集型产业的发展,提高出口竞争力,降低关税和配额,最终彻底废除配额,完成贸易自由化进程。

从企业管理的角度来看,新加坡自由贸易区的服务业可以享受与制造业相同的优惠待遇。对于固定资产投资超过 200 万新元的服务企业,或者营业额超过 100 万新元的咨询服务和技术指导服务企业,所得税可以减半,只有 10%的所得税是从服务出口收入中征收的。

从监管体系的角度来看,新加坡自由贸易区的银行监管归属于新加坡金融管理局(MAS),它的职能是中央金融调控以及金融监管。MAS 实施宽松的流动性控制,允许银行实施自我申报的流动性管理政策,逐步消除银行统一实施的流动性指标;同时专注风险性监管,重视银行公司管理和信息披露,促进银行内部控制制度的建立和完善。

从定价和金融支持体系的角度来看,新加坡的财政预算体系是一个跨年度的财政预算体系,依法编制,严格分离行政费用和公共支出。有一个特殊的财政储备制度和财务信息披露制度,以确保其"高效,透明,标准化和可持续"。此外,新加坡还会在限定时间内对合格的机器设备采取补贴政策。

从法律保护的角度来看,新加坡于 1969 年颁布了《自由贸易区法》。全面规定自由贸易区的定位、功能、管理制度、运作方式和优惠政策。随着经济形势的发展,新加坡政府在金融法律方面还会进行不断完善和创新,如《证券期货法》和《存款法》。

(四)美国纽约自贸港

完善服务功能。依据《自贸区方案》(FTZ Act-19 USC-81 a-81 u),纽约港自由贸易区建立于 1979 年,并且由美国国会批准,它的建立是美国在 20 世纪 60 年代末和 70 年代初的转型需求。这时期美国的全球经济地位逐步下降,美元大幅贬值和失业率上升推动着对外经济贸易的发展,使美国掀起了建立对外贸易区的热潮,纽约港自由贸易区应运而生。

在基本功能方面,纽约港自由贸易区属于综合性自由贸易园区。随着越来越多的自由贸易园区的设立,纽约港自由贸易区也在与时俱进,不断改善其服务功能。首先,纽约港自由贸易区是美国为数不多的自由贸易区之一。此外,分布在纽约港自由贸易区以外的一些区域,主要从事进出口加工和制造业务,如手表、汽车、药品和饮料。其次,为了进一步提高国际竞争力和吸引外资,纽约港还采取了一系列措施来改善关税倒置等基本服务功能。减免税收是吸引贸易和直接投资的重要手段之一。最后,纽约港自由贸易区也在促进该地区的金融自由化。纽约港自由贸易区放松了该地区的金融控制,并积极批准使用新兴金融工具和建立新的金融市场,减少或取消对银行贷款规模的直接控制,放宽对园区外资金融机构运营的限制。

在管理方面,其总部位于纽约州纽约—新泽西州港务局,负责管理纽约市周围的所有港口和机场。同时,它管理连接两个州的桥梁隧道、地铁和公共汽车。在组织结构方面,两个州选择了六名董事组成港务局的董事会。纽约—新泽西港口管理局在法律上独立于两个州并且分开存在,其统一的州际机构配备了自己的警察执法部队,确保了整个大纽约地区港口业务的顺利运营,也为纽约港自由贸易区的发展奠定了政治基础。

在关税方面,自由贸易区企业有许多优惠政策,如延迟支付进口关税;倒置关税;无关税出口;节省为废品支付的关税;国际回报免征关税;可能在将来用于储存的进口备件,如果最后不使用,可以退税或销毁;产品可以先免税,质量检验需要纳税,否则退税;在自由贸易区之间转移的产品是免税的;在该地区加工的货物通常是免税的;展览品免关税等。还有一些其他方便措施,包括简化进出口程序;区内企业可以享受相对于外部企业 24 小时不受限制的清关福利,享受每周只使用一次通关报关单和支付手续费的特殊政策;存放在自由贸易区的货物不受美国配额限制,一旦配额发布,优先进入;区内企业无须支付保险和保安费;该地区严格的库存控制降低了错误交付的可能性;在没有销售和零售的情况下,货物可以在该地区自由买卖。

(五)中国香港自贸港

简单低税,不设任何贸易壁垒。香港位于中国东南端,总面积约 1104 平方公里,人口约 740 万(2017 年)。香港是一个历史悠久的大型现代化综合性自由贸易港,覆盖整个行政区。维多利亚港是世界著名的天然深水港,也是世界上最繁忙的货运港口之一。港口的繁荣使香港能够保持其作为国际航运中心和亚太国际贸易中心的地位。香港自由贸易港大致分为四个发展阶段:转口贸易,加工贸易,综合贸易及跨区域一体化整合。

在自由贸易体系方面,第一,针对危险药物、枪支、动植物、濒危物种、肉类和家禽的进出口实施法律管制,对进出口贸易不设置管制。第二,除烟草、酒精、甲醇和碳氢化合物油等四类商品的进口关税和消费税外,其余进口产品不受关税壁垒的限制。第三,进出口手续极为简便。第四,外国船舶免于入境申请和海关手续,物流顺畅。

在自由企业制度中,香港特区政府只管制金融、电信、公共交通、公用事业和一些大众传媒等行业。大多数其他投资领域的进入和运营由投资者自行决定。香港特别行政区公司的注册和登记程序简单快捷。在香港设立和经营业务,无论资金来源,资产所有权是集体的还是私人的，都享有同样的“国民待遇”。身份不同，但不受歧视或偏袒，商业环境极为公平。

香港特别行政区的直接干预政策主要是针对一级土地的交易、主要的金融市场活动和一些商品贸易，甚至是影响国民经济和民生的价格。临时干预政策主要用于处理经济异常运作中的问题。

（六）巴拿马科隆自贸港

免税收，无通关压力。巴拿马的科隆自由贸易区位于巴拿马运河的加勒比海，到科隆东北部。它成立于1948年，符合巴拿马1948年第19号法令，是南美洲最早的自由贸易区之一。建立自由贸易区的最根本原因是巴拿马运河的存在，它是环太平洋沿岸最方便的交通点。目前，科隆自由贸易区主要是以转口贸易为基础展开业务活动。

在关税方面，由于国内清关系统在科隆自由贸易区内实施，货物不支付任何关税，也不支付任何其他费用，只要没有运到巴拿马的关税区域内，就会被出售或运往其他国家，并且出口免征关税和费用。

在政策方面，巴拿马政府对自由贸易区内进行的业务活动实施了免税政策，几乎涉及所有方面，并且巴拿马在这里实行最自由的外汇制度。

在运输方面，提供最大的物流便利。科隆自由贸易区的储存和转让不受任何时间限制，由海关处理进出口程序的文件。

在外汇管理方面，巴拿马的本国货币巴尔博亚不是主要的流通货币，其法定货币为美元，因此贸易结算一般使用美元。而且巴拿马的银行存款不需要缴税，没有外汇管制，并且能够实现外汇自由汇款。

综合以上各个国家和地区自贸港的成功经验，主要包括较低的进出门槛、自由灵活的政策、宽松的管制、较少的税收压力以及其他投资优惠措施等，为我们进行自贸港试点提供了宝贵的经验。

二、金融业开放的国内外研究现状

在现代化的经济体制中，金融业的发展已成为经济发展的核心动力，在国民经济和整个国际经济中发挥着越来越重要的作用。自20世纪80年代以来，各国先后进行金融发展自由化和国际化，特别是亚洲和太平洋沿岸国家，逐步打开了资本市场的大门，参与了各国的贸易，加快了金融发展的步伐。实践证明，金融开放度的提高已成为亚太地区新的经济增长点，对推动世界经济发展起到了重要作用。基于这些国家的发展经验,越来越多的国内外学者认识到金融业开放的重要性,并在这一方面进行了深入研究。

现有的许多国外文献研究了资本开放度与金融体系的稳定、经济增长、产出波动等的影响。例如 Goldstein(1999)认为亚洲金融危机的发生表明,资本账户的开放会使得金融体系较弱的国家更容易遭受到外部性冲击的影响,进而不利于金融体系的稳定。Edison 等(2002)运用了扩展模型进行研究,并采用 share 指标、Quinn 指标和 BHL 指标这三大指标来度量开放度,结果表明这三个指标对经济增长都具有明显的正向作用,并且认为发展中国家因为资本账户开放而实现的经济增长效应显著高于发达国家。Calderón、Loayza 和 Schmidt-Hebbel(2005)利用国际数据进行分析,结果表明金融开放和经济波动与该国的金融发展水平相关,金融开放水平越高,对经济波动的缓和效果也就越强。Glick、Guo 和 Hutchison(2006)的研究认为,在控制了样本选择偏差之后,金融危机对各国经济产生的冲击会受到资本账户开放程度的影响,资本账户开放程度较高的国家发生金融危机的可能性就低于那些资本账户开放程度较低的国家。Quinn 和 Toyoda(2008)利用马来西亚 1970—2004 年的数据研究了资本开放对经济增长的影响,并采用了资本账户自由化和资本流动两个指标衡量,研究结果表明资本账户自由化对经济增长的影响取决于国家的金融发展水平,资本流动能正向推动经济增长。有学者利用双重差分法分析了金融自由化对经济增长和产出波动的影响,结果表明金融自由化对两者都具有正向的积极效应,但是这种积极效应只是暂时性的。Aghion、Angeletos、Banerjee 和 Manova(2010)的研究结果表明,一个国家在宏观金融风险程度上的高低对资本流动方向会产生不同的影响,这种影响将会进一步表现在经济波动上。Ersoy 和 Imre(2011)研究了金融开放度对金融发展、产出波动的影响,研究结果表明金融开放度与金融发展、产出波动之间存在长期均衡关系。Popov(2012)利用面板数据分析了金融开放、产出增长和波动以及偏度问题,研究结果表明金融开放度的提高增加了产出增长的负偏态,并且增加了相应的产出波动成本。Coric 和 Pugh(2013)以 2008 年次贷危机之前的"大缓和"时期为背景,分析了产出波动变化的原因,并将发达国家和发展中国家进行对比,发现产出波动都有所减小。Agrrieszka G(2013)利用动态面板数据研究了金融自由化对欧洲经济增长的影响,研究结果表明金融业开放对欧洲经济增长、生产率增长以及资本积累会产生积极的效果。

国内对于金融业开放问题的研究从理论研究和实证研究两个部分展开。首先是理论研究部分,相关的理论性研究可以追溯到 1986 年的乌拉圭回合谈判,在此次谈判中,金融服务作为服务贸易的核心被纳入新议题之中,这也表明了金融业务已经逐渐成为国际经济交往中不可忽视的重要话题。相关的理论性研究较多,如吴福山

(1993)在《"乌拉圭回合"与中国金融业开放》一文中提出中国的金融开放要遵循渐进性原则、国际惯例原则,并且按照金融服务贸易规则探索具体的开放对策。杨德勇(1993)在《乌拉圭回合服务贸易总协定对我国金融业的影响及其对策》一文中提出金融业的开放能够开拓引入外资的融资渠道、提高我国金融机构技术和管理水平,与此同时,也带来了严峻的挑战。在不同时期,金融开放度的研究内容也发生了相应的变化,随着我国加入世界贸易组织,金融业不可避免地受到相应的影响,在这一背景下,一些学者对此进行了相关的研究。如弓劲梅(2000)对加入 WTO 之后对我国金融业的负面影响进行了较为详细的分析。金祖明、全毅(2000)从直接冲击和间接冲击两个角度分析了加入 WTO 后的影响,并提出了金融业开放后的一系列应对措施。对于我国金融业对外开放过程中遇到的问题,有许多学者结合国外一些国家的经验教训提出了相应的政策建议。如王军(1995)在《墨西哥金融危机与中国金融开放》文中提出墨西哥发生金融危机的原因在于盲目地追求与其国内承受能力不相符的金融开放速度和程度,并结合墨西哥金融危机,针对中国金融业开放的一些问题提出了建议。朱青梅(1999)在《从东南亚金融危机看我国金融业的对外开放》一文中结合东南亚金融危机的发生分析了中国金融业发展现状,并提出应当结合我国经济发展的阶段性特征、金融资产的强弱程度和金融调控监管水平,逐步开放金融市场,稳步推进金融业的对外开放的政策建议。周宇(2002)以亚洲金融危机为背景讨论了资本开放问题,并总结了相关的经验教训,他认为保持经济发展水平与金融开放程度的平衡能够预防金融危机,各国应当从现实出发,客观地评价金融开放的风险和利益。曲凤杰(2006)结合韩国金融开放的经验和教训提出金融自由化和金融开放需要政府的积极参与和指导。董登新(2008)基于美国的次贷危机提出中国的金融业开放与衍生应当更加审慎,他认为是中国对金融业的严格监管防止了美国次贷危机对中国金融业的外部影响。还有许多学者研究了金融开放与政府的关系,以及金融业开放过程中的安全和监管问题。如张宏彦(2010)在《中国近代金融业开放:历史经验与当代借鉴》一文中提出金融业的开放在一定程度上促进了金融市场的发展,但是同时也带来了金融业的系统化风险,他认为应当注重政府在金融业开放中的作用。李成、刘社芳(2003)在经济全球化发展的背景下,通过对新加坡、墨西哥和泰国的金融开放实践进行比较分析,提出金融开放对经济发展具有正负两方面的经济效应,并从制度经济学的视角解释了金融开放的影响,同时提出要抓住中国金融业开放的机遇,加快金融制度改革,提升金融监管力度以防范金融风险的政策建议。刘志霞(2012)对金融业全面开放后我国的金融安全问题进行了探索,提出金融业的开放是大势所趋,它为各国,尤其是发展中国家的经济发展带来了重大机遇,同时也给金融市场参与者带来了新的挑战,因此在金融业开放的新时期，如何采取有效措施以应对金融安全问题是各国应当着重考虑的问题。张仲福（2013）提出了金融开放的进程会不断出现各种影响金融安全的风险和危机因素，分析了金融开放可能对利率、汇率、金融市场以及银行体系产生不利影响，并认为影响因素甚至可能会影响国家的金融安全。曹胜亮（2014）提出中国现有的涉外金融监管制度难以满足要求，为了进一步推进金融业的开放，必须进一步平衡金融开放与金融监管之间的关系，完善金融监管的法律体系，加强对金融风险监管的协调与合作。王洋天、郑玉刚（2018）在《基于改革开放 40 年的中国金融业对外开放实践和启示》一文中提出金融业对外开放中仍存在许多问题，我们应当借鉴国际相关经验，在继续推进金融业开放的过程中，提升金融监管能力和跨境金融服务能力。

除了理论研究之外，还有许多学者就金融业开放问题进行了实证分析，如张小波、傅强（2011）利用中国 1979—2009 年金融开放的相关数据建立了金融开放对经济增长的分解模型，研究结果表明，就整体而言，金融开放有利于经济增长，但是国内金融体系发展不足抑制了国内资本同国外成熟技术的结合，据此提出了相应的政策建议。张永升、杨伟坤、荣晨（2014）利用金融开放度指标，从影响路径的角度解释了金融开放对经济增长的影响，研究结果表明，相对于发展中国家而言，金融开放对发达国家的积极效应显著性更高。张天顶、张洪敏（2014）利用面板数据对金融开放度对跨境资本流动的影响进行了实证研究，研究结果证实了新古典经济理论的预测，即资本从富裕国家流向贫穷国家。张楠（2015）基于 Pugno 修正模型对金融开放与中国经济结构转型进行了实证研究，研究结果表明，金融开放对我国经济结构转型有利，提高金融业开放程度会加快经济结构转型速度，但是这种正向的促进作用具有滞后效应。翟雅琴（2016）基于中国 1993—2014 年的省级面板数据研究了贸易波动、金融开放以及中国金融发展三者之间的关系，研究结论表明，金融开放对促进金融发展影响显著，但是随着金融开放程度的推进，这种促进作用会减弱，而贸易开放对金融规模和金融发展效率具有相反的作用效果。总体而言，隐性的金融保护可能会降低金融效率，基于这一研究结果提出了相应的政策建议。张小波（2017）选取了我国 1998—2016 年的相关数据进行了实证研究，研究结果表明，我国金融开放与汇率制度安排的不一致会形成大量外汇储备积累，这会使得汇率政策不稳定，金融开放会使宏观经济波动加剧。马勇、王芳（2018）在《金融开放、经济波动与金融波动》一文中利用动态随机模型考察了金融开放、经济波动与金融波动三者之间的内生性关系，研究结果表明，随着金融开放程度的提高，金融波动性也会提高。

综合国内外现有的相关文献，金融业的开放对资本流动、经济波动、产出波动等方面的影响是不确定的，运用不同的研究方法，针对不同的国家或时期，可能会产生不同的研究结果。总体而言,金融业的对外开放可以说是一把“双刃剑”,它对国家经济的发展有利有弊。金融业开放不仅能够促进经济和产出的增长,促进金融资本的流动,而且有利于国内金融市场的完善和金融管理技术水平的提高。与此同时,伴随着金融开放度的提高而产生的金融安全和监管问题也引起了广泛关注。随着金融业开放的不断推进,我们将面临各种不确定的因素,我们应当吸取现有的国内外相关经验,从本国的经济现实出发,致力于金融创新,使金融业的对外开放稳步前进。

三、自贸港金融业开放研究

(一)中国自贸区发展历程

自 1978 年改革开放以来,我国不断推进对外开放进程,从建立经济特区、保税区到自由贸易试验区,再到现在自由贸易港的探索,我国对外开放的层次不断深化,有力地推动了更高层次的开放型经济的建设,对于我国现代化经济体系的发展也具有重要意义,同时为我国经济发展增添了新动力、开辟了新局面。为推进改革开放,我国建立了经济特区,开启了现代化建设的步伐,在对外贸易活动中,经济特区的开放程度、优惠力度比其他地区高。从本质上来说,经济特区这种发展模式也属于自由港区的类型之一。①

保税区是在我国国情的基础上,借鉴国际自贸区的建设经验而形成的经济开放区域。② 我国目前设有 15 个保税区,③在保税区内实行关税减免政策,保税区和境外之间不会对货物的进出施加限制,货物可以自由进出。保税区以外向型经济为导向,主要的业务活动包括保税仓储、转口贸易以及出口加工等。

随着全球经济一体化进程的推进,我国对外开放程度进一步深入,2013 年 9 月 29 日,上海自贸区成立,这是我国建立的第一个自贸区,相较于保税区而言,自贸区的开放程度更高,两者的区别如表 6-1 所示。自贸区的突出优点是自由、便利、通关效率高,在自由贸易区内不仅可以实现货物进出自由、存储自由,还可以实现货币的自由流通,这意味着金融开放程度的提高。在自贸区的诸多开放和创新中,金融开放是一个

---

① 经济特区也可以通过减免关税等措施,创造良好的投资环境,吸引外商进行投资,与此同时,通过与其他国家之间的贸易往来,引进先进的技术和科学的管理方法,进而推动本国经济技术的发展。

② 1990 年 6 月,国务院批准设立了第一个保税区——上海外高桥保税区。

③ 1990 年到 2010 年间我国先后设立了上海外高桥保税区、天津港保税区、深圳福田保税区、大连保税区、广州保税区、张家港保税区、海口保税区、青岛保税区、宁波保税区、福州保税区、厦门保税区、汕头保税区、珠海保税区、烟台保税区、成都保税区 15 个保税区。

突出的亮点。自 2013 年上海自贸区建立至今，我国依次批准了 3 批自贸区，如表 6-2 所示，各个自贸区的区域范围及工作重点如表 6-3 所示。与此同时，作为首个自贸区试点的上海自贸区已经取得了显著的成果，随后批准的两批自贸试验区也已经取得了阶段性的成果，它们在金融开放、海关监管、外商投资管理制度改革、对外贸易等方面都取得了重大进展。

表 6-1　保税区和自由贸易区的区别

区别	保税区	自由贸易区
功能	相对单一，主要起中转仓储作用，对周边经济的带动作用较小	物流集散地，进出量多，可以进行加工贸易，对周边经济的带动作用较强，能促进区域经济的发展
监管范围	处于海关的特殊监管范围内，货物入区前必须在海关登记	在海关辖区以外
存储时间	限定时间，一般为 2~5 年	不受限制
运作方式	对货物采取账册管理方式	多数采用门岗管理方式，运作手续更简便

资料来源：笔者整理后编制。

表 6-2　我国自贸区建设进程

批次	地区	成立年份	目标
第一批	上海	2013	与长江经济带等地区的经济发展战略挂钩
第二批	广东、天津、福建	2015	主要是配合粤港澳地区的合作、京津冀协调发展以及两岸经济深度合作等发展战略
第三批	湖北、河南、浙江、辽宁、陕西、四川、重庆	2017	与中部地区崛起、长江经济带地区以及西部地区大开发等国家经济发展战略相挂钩

资料来源：笔者整理后编制。

表 6-3　各自贸区发展重点

自贸区	工作重点
上海自贸区	重点发展国际贸易、金融服务、航运服务、专业服务、高端制造业
天津自贸区	战略与京津冀协同发展挂钩，重点发展融资租赁业、高端制造业和现代服务业
广东自贸区	以香港、澳门为基地，服务大陆、面向世界，将自贸试验区建设成为粤港澳深度合作示范区、21 世纪海上丝绸之路重要枢纽和全国新一轮改革开放先行地
福建自贸区	立足于海峡两岸、服务全国、面向世界，要建设成为制度创新的试验田，以深化两岸经济合作和建设 21 世纪海上丝绸之路沿线国家和地区开放合作为重点
辽宁自贸区	主要是落实中央政府要求，加快市场取向体制机制改革、推动结构调整，着力提升东北老工业基地发展整体竞争力和对外开放水平

续表

自贸区	工作重点
湖北自贸区	主要是实施中央政府关于中部地区有序承接产业转移、建设一批战略性新兴产业和高技术产业基地的要求，实施中部崛起战略和推进长江经济带建设
重庆自贸区	主要是落实中央政策，发挥重庆战略支点和连接点的作用，加大西部地区门户城市开放力度，带动西部大开发战略深入实施
陕西自贸区	主要是更好地发挥"一带一路"建设对西部大开发的带动作用，加大西部地区门户城市开放力度，建造内陆型改革开放新区域，探索内陆各地区与"一带一路"沿线国家经济合作和人文交流新模式
四川自贸区	主要是加大西部地区门户城市开放力度以及建设内陆开放战略支撑带，建设内陆开放型经济环境，实现内陆与沿海、沿边、沿江协同开放
浙江自贸区	主要是探索建设舟山自由贸易港区，就推动大宗商品贸易自由化，提升大宗商品全球配置能力进行探索
河南自贸区	主要是加快建设贯通南北、连接东西的现代立体交通体系和现代物流体系，着力建设服务于"一带一路"建设的现代综合交通枢纽

资料来源：笔者整理后编制。

党的十九大把建设自由贸易港提上议程。① 与自贸试验区相比，自由贸易港②不是简单延伸，表6-4中列出了两者的一些区别，自贸港是全方位的开放，设立自贸港的最终目标是离岸业务的发展，自贸港的设立将有助于我国逐步建立起完善的离岸市场。通过进行离岸贸易，一方面能够带动我国其他产业的对外发展，实现各层次产业的对外开放，另一方面完善的离岸市场更加有利于拓展离岸金融等相关业务活动。自十九大中提出推进自由贸易港建设以来，我国多个地区政府都积极响应，将探索建设自由贸易港纳入议程当中，特别是对于那些已经成为自贸试验区的地区而言，这又将成为一个重大的机遇和挑战，所以自由贸易港建设已经成为这些自贸区未来发展的重心。

① 十九大会议中，习近平总书记提出要"推动形成全面开放新格局，赋予自由贸易试验区更大的改革自主权，探索建设自由贸易港"。

② 自由贸易港是在自贸试验区率先建立与国际投资和贸易规则相衔接的制度体系基础上实行的更高水平的开放，实施更高标准的贸易和投资便利化制度政策，建设开放度最高的自由贸易园（港）区。

表 6-4 自由贸易区和自由贸易港的区别

区别	自由贸易区	自由贸易港
关税	关税优惠	零关税
定位	自由贸易区充当试点区的角色，选择特定地区进行试点，进一步得到可推广到全国各个地区的经验	全面开放是自贸港的重大标志，作为全球开放水平最高的区域，需要在市场准入、税收以及金融制度安排等方面作出相关的规定
货物审批	先报关后进货	先进货后报关
监管方式	二线有限渗透	实行“一线放开，二线管住”，也就是“海关后撤”到二线，自由港内部成为“境内关外”

资料来源：笔者整理后编制。

建设自由贸易港，体现了我国要不断推进对外开放的决心，为我国对外经济提供了更多的可能性，同时不断进行各地区的自贸试验，实现了区域贸易的发展，为各地区开辟经济增长的新出路。在对外贸易发展层面，探索建设自由贸易港已经成为新的课题，如何从现有的自由贸易区发展成为自由贸易港将成为各自贸区发展的方向。①

（二）上海自贸区金融业开放经验借鉴

探索建设自贸港是基于我国的国情提出的新议题，因此借鉴相关经验就显得十分必要。② 海南并不是自由贸易区，缺乏一定的基础，因此将海南建设成为自由贸易港是一个长期的过程，借鉴现有自贸区建设过程中的经验是非常有必要的。作为首个自贸试验区，上海自贸区建设过程中的相关经验值得借鉴。

表 6-5 是 2015 年和 2016 年上海自由贸易区的主要经济指标，通过表中的数据可以发现，上海自由贸易区的全社会固定资产投资总额由 563.11 亿元增加至 607.93 亿元，增长率约为 8%；工业总产值由 3901.3 亿元增加至 4312.84 亿元，增长率约为 11%；外贸进出口总额由 7415.46 亿元增加至 7836.8 亿元，增长率约为 6%；新兴金融机构由 4154 个增加至 4651 个。根据数据显示，上海自贸区的大多数经济指标都呈现出增长的趋势。

① 建设具有中国特色的自由贸易港，这是中国经济由高增长向高质量发展转型时期的重大举措，对于推动形成全面开放新格局，促进开放型经济创新发展具有重要意义。

② 2018 年 4 月 13 日下午，习近平在庆祝海南建省办经济特区 30 周年大会上郑重宣布，党中央决定支持海南全岛建设自由贸易试验区，支持海南逐步探索、稳步推进中国特色自由贸易港建设，分步骤、分阶段建立自由贸易港政策和制度体系，海南成为我国第一个探索自由贸易港建设的地区。

表 6-5 2015 年和 2016 年上海自由贸易区的主要经济指标

指 标	2015 年	2016 年
税收总额(亿元)	1022.20	—
一般公共预算收入(亿元)	444.74	559.38
外商直接投资合同项目(个)	3072	2760
外商直接投资合同金额(亿美元)	396.26	350.56
外商直接投资实际到位金额(亿美元)	48.21	61.79
新增内资企业注册户数(个)	10901	10298
新增内资企业注册资本(亿元)	7362.79	6423.38
全社会固定资产投资总额(亿元)	563.11	607.93
工业总产值(亿元)	3901.03	4312.84
社会消费品零售额(亿元)	1051.35	1396.76
商品销售总额(亿元)	26866.48	33609.23
服务业营业收入(亿元)	3599.06	4167.59
外贸进出口总额(亿元)	7415.46	7836.80
出口(亿元)	2027.02	2315.85
经认定的企业研发机构(个)	555	527
发明专利授权数(个)	2843	4578
期末监管类金融机构(个)	758	815
新兴金融机构(个)	4154	4651
跨境人民币结算总额(亿元)	12026.40	11518.00
跨境人民币境外借款金额(亿元)	69.82	40.70

资源来源:上海统计局。

上海作为我国的金融中心自建立以来已经取得巨大成就,为自贸港的建立奠定了坚实的基础,在岸金融的发展也进一步推动自贸港的建设,以离岸金融进一步助推自贸港建设将是今后发展的关键,借鉴相关国际自贸港建设经验就显得至关重要。①一方面,根据 2017 年全球金融中心指数排名报告[①]公布的最新指数排名,上海位居第六,最新一期新华・道琼斯国际金融中心发展指数[②]上海也达到 71.10 分,排名相对靠前;另一方面,上海拥有方便快捷的交通运输系统以及发达的通信体系,可以提供丰富的要素,有助于降低市场成本,这些优势在促进在岸金融发展的同时也为推进离岸金融的深入发展提供了基础。②金融开放对自由贸易港的建设起着至关重要的作用,其

① 资料来源:金融智库 Z/Yen。

② 资料来源:新华社和标普道琼斯指数有限责任公司。

最好的形式是离岸金融。离岸金融使得海外业务结算更加便利,有利于国内企业“走出去”;可以放宽对资本流动的限制,为港内投资公司提供更方便的资本账户开立、转移、贸易融资、担保和抵押等,这将有助于扩大企业融资渠道,加速该地区资本的自由流动,并进一步促进自由贸易港区的建立。③在建设上海自贸港的过程中,在金融机构的设立以及资本的自由流动方面我们可以借鉴新加坡自由港的建设经验,引进国际货币经济商,为国际业务提供更大便利,借鉴香港的建设经验逐步建立各类型的国际银行。在离岸金融市场逐步放开资本限制、减少外汇管制等,推动由“内外分离”的专门账户管理方式转向渗透型,促进我国金融市场的开放。

上海自贸区设立过程中创建的FT账户是上海自由贸易区金融创新的主要内容,这一账户体系的建立促进了金融市场的开放,使得贸易更加便利化。伴随着FT账户的开通,越来越多的企业从中受益,为上海金融经济注入了活力,这对推动海南省自由贸易区的金融开放具有重要的借鉴意义。[①]

(三)海南自贸港建设的未来展望

1.海南省发展现状

就经济结构而言,截至2018年,海南省GDP达4832.05亿元,三大产业增加值分别为1000.11亿元、1095.79亿元以及2736.15亿元,其中第三产业所占比重约为57%,较上年增长了6.8%,其中房地产行业的增加值为389.66亿元,旅游业增加值为392.82亿元。由此可见,海南省主要是以第三产业的发展为主,与此同时,第三产业的增长速度比其他产业更快。就国际贸易与投资而言,2018年海南省对外贸易进出口总额为848.96亿元,与上年相比,增长了20.8%。其中,出口总额为297.67亿元,进口总额为551.29亿元。2018年海南省新设外商投资企业为167家,与上年相比,增加了80家。[②] 就金融业发展水平而言,2018年,海南省金融业增加值约为309.1亿元,与上年相比增长幅度较小,约为0.8%。[③]

从海南发展的现状来看,目前海南相比于内地主要省份,经济水平仍然偏低,工业基础较为薄弱,自由贸易区(港)不可能在短时间内就建立起来,必将经历漫长的探索、试验阶段。

---

① FT账户不仅提高了经营性资金跨境收支的便利程度,并可实现资本项下对外支付,同时该账户与离岸汇率和利率市场对接,达到意愿结汇和从境外融入低成本资金的目的。

② 中外合资企业52家、外资企业109家、外商投资股份制企业3家、中外合作企业2家、合作开发企业1家。

③ 截至2018年末,该省金融机构本外币存款余额为9610.47亿元,与上年相比约下降了4.8%,年末金融机构本外币贷款余额为8820.12亿元,比上年相比增长了4.3%。

2.海南省自贸港建设的未来展望

从上文中的各种数据来看,相对于其他省份而言,海南省的经济发展水平仍然较低,第一产业和第二产业的发展处于较为落后的状态,因此将海南建设成为自贸港是一个长期的过程,需要不断地进行探索。

首先必须明确海南自贸区(港)建设的本质与核心,并以此为前提去借鉴相关的经验。海南以探索新的经济体制和发展模式为目的,为国内进一步推进全面深化改革提供可以复制的经验。将海南建设成为全岛自贸港,其前提是要建立起与自贸港需求相匹配的全面开放的现代化产业体系,其基础是要实施更加开放和灵活的准入政策、财政政策、税收流转政策等。在贸易方面,可以采用“负面清单”的管理方式,提高贸易便利化和自由化程度;在财税金融方面,要向香港和新加坡学习,建立与自贸港相适应的财税金融体制,实施零关税政策,降低企业所得税,设立海南自由贸易港建设投资基金,并实行人民币资本项目自由兑换,促进资金自由进出;在人才进出方面,自贸港应建立人员自由进出政策体制,促进国际化人才流动便利;在行政管理方面,应学习香港经验,建立精简高效的行政管理制度。与此同时还应当全面扩大企业的自主投资权利,降低企业项目投资准入门槛,鼓励投资,推进国有企业的改革步伐。总之,未来海南将构建一个更加开放、更加灵活、更加优越的全面、自由贸易之岛。

从海南省特有的优势出发,探索海南自贸港建设的未来方向,从地理位置来看,与全国其他11个自贸区相比,海南是中国最大的经济特区,且地处海上丝绸之路的重要节点和中国—东盟自由贸易区的中心,具备独特的地理位置,自古以来就与东南亚各国贸易往来频繁。作为我国唯一的热带岛屿省份,海南的天然优势就是南海运输的重要港口通道。在新一轮科技和产业革命的推动下,海南的区位优势、自然优势将得到充分发挥,海南将成为推动区域政策和国家战略结合的枢纽。

从政策机遇来看,政府对建设海南省表达了强烈支持的态度,并为其提出了一系列政策方案,有助于海南省逐步实现全方位开放。《指导意见》中对海南省提出了四个战略方向,并提出了海南省未来发展“四步走”的发展规划,明确提出由中央统筹、部门支持、省抓落实,真抓实干、统筹推进海南全面深化改革开放工作。① 海南将站在担当国家使命和服务国家战略的前沿位置,发挥国际旅游岛、经济特区以及生态环境三大综合优势,同时将从更高的层次出发,从更深远的角度出发来大力推进改革开放的步伐。根据《指导意见》的要求,在学习和借鉴国际自由贸易区(港)建设经验的同

① 《中共中央、国务院支持海南全面深化改革开放指导意见》(简称《指导意见》)从建设现代化经济体系、全面开放新格局、创新促进国际旅游消费中心建设的体制机制、服务和融入国家重大战略、加强和创新社会治理、加快生态文明体制改革、完善人才发展制度等七个方面制定了较为详细的政策措施来引导海南的发展。

时，海南省自贸港建设应当具备自身特色，它应当充分发挥地区优势，以发展本地特色的旅游产业和现代化的服务产业为重点任务，而不再是将转口贸易和加工制造等业务活动作为发展的主要方向，也就是应当将自贸区（港）建设与产业开放和发展结合起来，形成更高层次和更高水平的开放型经济。

为扩大海南自贸区的金融开放，海南自由贸易账户（FT 账户）体系于 2019 年 1 月 1 日正式上线运行，FT 账户是以上海自由贸易账户为基础设立的，它是按照客户的需求在分账上对账户收支进行管理的本外币账户，遵循“一线便利，二线管理”的原则。通过设立 FT 账户，可以实现资金的自由兑换，资金流通也更加便利，FT 账户体系中有 70 多个不同的账户，可以实现不同货币的自由划转，不需要每个不同的币种都向外管申请结售外汇，这使得汇兑交易更加便利化。海南自由贸易账户体系的运行进一步推动了海南省自由贸易区的建设以及海南自贸区的金融开放，实现了贸易投资的便利化。

建设自贸港口将为地区经济的发展带来新的机遇，使得该地区可以获得经济发展所需要的技术支持和流动资金，与此同时，能够开辟新的市场，进而提供一条新的产品销售渠道，利用区域贸易的发展推动地区经济的增长，进一步缓解我国经济发展中存在的区域不平衡问题。探索建设自由贸易港的最终目的是发展离岸贸易、离岸金融，由此而产生的金融风险问题也是值得关注的，我们不能仅通过政策性手段或者直接控制手段来处理，还应当通过一些技术上的创新来加强监管，进而管理和预防风险。

四、自贸港金融业开放风险监管措施

（一）金融业开放的风险

在促进自贸港金融业建设的同时，我们应该关注金融风险监管问题，自贸港建设过程中存在的金融风险来源于它的跨区域和跨市场的金融业务交易，自贸港跨市场金融业务的主要特点是合作中涵盖的金融机构、非金融机构以及新兴金融机构分布较多，如 2016 年上海自贸区的新兴金融机构有 4651 家。再者，自贸区内外资金流动频繁，使得自贸区金融业开放存在较大的风险问题，从自贸区建设中存在的金融风险来看，自贸港建设过程中，我们也应当关注以下几个方面存在的风险。

（1）跨市场金融交易在一定程度上会规避金融监管，监管部门的监管指标无法充分揭示单家机构的真实风险水平，现有监管指标的早期风险预警和提示功能被削弱。从宏观层面来看，部分银行通过通道业务等跨市场金融创新，将资金投向偏离信贷政策导向的行业，弱化了信贷政策效果。此外，社会融资规模等宏观经济监测指标在跨市场金融创新的影响下，无法全面客观真实反映实体经济的真实融资需求。

(2)自贸港建设的过程中，会加速人民币利率和汇率的市场化，因此在较长时间内会使得区内与"区外境内"存在较为显著的利差，资本具有逐利性，这种利差的存在就为短期资本的套利提供了空间，在资本账户开放和资本自由流动的情况下，国际资本可以实现短期套利，使国内金融市场受到冲击。与此同时，国际资本的大量流入会使我国的外汇储备在短期内大幅增加，这在一定程度上会引发通货膨胀，不利于经济稳定。由三元悖论可知，货币政策的独立、资本的自由流动以及固定汇率这个三角形的三个顶点无法同时实现，因此在促进金融业开放的过程中，我们抛开了对资本流动的限制，那么汇率稳定以及独立的货币政策两者之间必将面临重大的挑战，这也是金融业开放带来的一大风险。

(3)建设自贸港的一个重要任务是加快离岸金融市场的建设，从其定义来看，离岸金融市场是指非本地居民，在货币发行国之外，以银行为媒介，从事本国货币的交易。随着金融业务的全面开放，离岸金融市场必然成为我们重点建设的领域，而离岸金融市场在一定程度上又加大了金融风险。

(二)金融风险监管措施

1.采用风险溢价以防控金融机构风险

实体经济在转型升级的压力下，企业贷款违约的可能性增大，导致银行对企业贷款非常谨慎，这也是融资难的原因之一。人民银行、工业和信息化部、银监会、证监会、保监会联合印发的《关于金融支持制造强国建设的指导意见》(以下简称《意见》)为金融机构把控风险提出两项措施：一是建立合理的信贷管理体制和授信评价机制，提高金融机构对制造业新型产业链和创新链的支撑作用，以实现金融产品和服务的优化和创新；二是切实择优助强，银行业金融机构应审慎处理企业的贷款申请，在自主决策和自担风险的原则下，择优支持有核心竞争力的企业，注重从源头把控风险，从而实现对风险的控制。

国务院发展研究中心金融研究所研究员吴庆认为，风险溢价的方法可以解决中小企业贷款难的问题。较低的企业贷款利率会影响银行防控风险的能力，因此，银行应尽力开展风险比较高的业务，试验高利率的贷款，用较高的收益来覆盖风险，这就是风险溢价。也就是说高风险、高回报。而事实上，风险是无法降低的，但是可以用更多的收益来弥补风险带来的损失。利润和风险要匹配，这也是金融创新。[①]

2.协调市场机制和政府作用，实现政府支持和市场监控的有效结合

引入各种金融衍生工具是金融创新的必经之路，其最初目的是为了规避风险、转移风险，包括期货、期权、利率互换、利率上限、利率下限等。但金融衍生工具具有两面性，高杠杆倍率决定了它自身的高风险性，因此，它并不是单纯的避险工具。

3.建立自贸港风险预警机制

首先，组建金融宏观风险网络预警机制。本着“统一组织领导，统一管理，统一监督内容，统一监测指标，分级监控”的原则，在中国人民银行总行和自贸区的各金融机构建立宏观预警组织系统。具体负责对自贸港的监测预警，对中观和微观预警机制实行管理和领导，并及时接收来自中观预警机制和微观预警机制的各种信息，处理完成后即时传输防范银行风险的各种决策和措施。

其次，金融宏观风险预警的职能。当国内外政治经济发生重大变化时，以及各项改革措施、法规出台时，应着力研究这些措施法规以及变化会给自贸港的金融机构运行带来哪些影响，可能提出哪些新问题，并迅速做出反应，提出对策，研究通过哪些途径统筹实施有效的规范化的风险监管，从而监控金融机构自我发展的实力，自担风险的能力，对因经营不善或其他原因带来的风险和损失实施强有效的监控。

最后，金融宏观风险预警机制的意义。金融宏观预警机制体系的建立，为中央银行科学把握国内外市场经济发展，准确进行自贸港宏观经济发展的预测，制订自贸港的经济金融战略措施提供依据；有利于了解自贸港金融发展状况，保障自贸港金融政策较好地贯彻执行，维护自贸港的金融秩序。

4.提升公共治理水平

首先是根据中国自贸港发展现状有针对性地学习国际成熟自贸区的相关管理经验，不断完善自贸区的管理机制，使自贸试验区的职能传导机制更为流畅。其次还要强调法律制度，包括对股东的保护和会计准则等因素在金融开放过程中的重要作用。

5.强调政府在自贸区金融开放中所起的作用

正确认识自贸区自身的定位。自贸区不是为经济发展建立的经济特区，更不是在改革开放后出现的高新技术园区。金融自贸区所强调的是政府对其放开，给予更多的市场自由。政府还应该降低自贸区的运营成本，进行市场化运作与管理，遵循优胜劣汰的规律，运营成本的增加必然会降低自贸区的运营效率。因此政府应该制定合理的税收政策，吸引企业的进入，促进自贸区的繁荣。

---

① 中证网，http://www.cs.com.cn/

作为我国发达的金融中心,上海在金融创新方面一直处于领先地位。应对金融创新的风险防控,政府需从货币政策和宏观审慎两方面双管齐下,同时可以借鉴美国的做法,前期政府进行资金扶持,后期政府干预减弱,引导合作性金融进入,逐步实现独立运作,通过观察市场动态实现对风险的实时监控。在 2017 年 11 月 20 日举行的第五届外滩国际峰会上,黄浦区发布了"外滩金融发展指数",这是上海首个区域性金融发展指数。① 该金融指数注重各个金融核心要素,围绕"金融服务实体经济、防范金融风险和深化金融改革开放"三大命题展开,有利于政府与企业了解黄浦金融发展的整体水平,客观评价区域金融发展,有效防范金融风险。虽然目前市场上有大量的金融指数,但绝大多数都为价格指数,像"外滩金融发展指数"这样的评估指数非常欠缺。因此政府与企业可以以"外滩金融发展指数"为依据来考察上海金融业的发展,从而实现对金融风险的防范与控制。

6.在现有监管制度的基础上逐步过渡,建立统一的功能性监管

中央银行现在可以设立监督办公室,检查和监督各监管机构的协调和信息沟通。最近新成立的银行保险监督管理委员会意味着金融监管格局进入了"一委一行两会"时代,标志着混合业金融监管开启。这有利于弥补金融市场监管不足,实现从分业监管到功能监管的转变。然后建立独立于央行的统一的金融监管总局,撤销"三会",并且在金融监管局下设金融情报部门,负责反洗钱工作。最后,由金融发展总局制定和执行促进金融业发展的政策,以此确保金融监管总局更好地发挥监管职能。

因此,对于上海金融业的监管,首先要完善上海的金融监管协调机制,特别是在危机处理和临时紧急联合行动的情况下,各个部门在一定程度上的相互制约能够有效控制道德风险问题。同时,要明确各行政部门的权责,形成权利的有效制衡,注重加强危机管理计划的系统化和业务活动的整合。

7.加快促进东亚区域性金融监管合作

2008 年金融危机的爆发与蔓延已经充分说明,仅关注本国金融业的安全与金融体系的稳定是不够的。博弈论告诉我们,即使某一个国家金融制度的行为是理性的,但整个区域甚至世界的决策结果却可能不是最优的,甚至会隐藏和积累风险,从而影响整个世界金融体系的稳定,陷入博弈困境,即个体理性并不代表集体理性。

因此,在加强上海地区金融监管的同时,应该学习借鉴发达国家的监管措施,促进国际监管协作,尤其是我国可以先加快推动建立东亚区域性金融监管合作,然后推动整个东亚地区的金融稳定发展。

---

① 上海市金融服务办公室。

参考文献

[1]曹胜亮.金融开放、金融安全与涉外金融监管[J].中南财经政法大学学报,2014(3):79-84.

[2]陈恒有.金融监管协调制度研究:现实障碍与最优路径[J].青海金融,2013(6):13-15.

[3]董登新.美国次贷危机带给中国四大启示——金融业开放与衍生化应当更加审慎[J].中国外资,2008(11):68-69.

[4]李成,刘社芳.金融开放的经济学分析与我国金融监管思考[J].经济科学,2003(3):83-90.

[5]梁颖琳.宏观审慎监管框架下我国金融业监管协调问题研究[J].财经问题研究,2013(4):49-53.

[6]刘志霞.金融业全面开放后我国的金融安全问题探究[J].中国外资,2012(6):74.

[7]马勇,王芳.金融开放、经济波动与金融波动[J].世界经济,2018,41(2):20-44.

[8]弓劲梅.金融开放浅析——兼评加入WTO对我国金融业的影响及对策[J].南开经济研究,2000(1):42-47.

[9]金祖明,全毅."入世"与中国金融业发展对策[J].亚太经济,2000(5):50-53.

[10]刘志霞.金融业全面开放后我国的金融安全问题探究[J].中国外资,2012(6):74.

[11]莫开伟.银保监会正式挂牌开启金融监管新时代[N].证券时报,2018-04-10(A03).

[12]曲凤杰.韩国金融开放的经验和教训[J].新金融,2006(8):24-27.

[13]王军.墨西哥金融危机与中国金融开放[J].世界经济,1995(5):22-28.

[14]王洋天,郑玉刚.基于改革开放40年的中国金融业对外开放实践和启示[J].贵州社会科学,2018(9):11-17.

[15]吴福山."乌拉圭回合"与中国金融业开放[J].经济问题,1993(7):49-50.

[16]杨德勇.乌拉圭回合服务贸易总协定对我国金融业的影响及其对策[J].辽宁大学学报(哲学社会科学版),1993(2):19+27-29.

[17]朱青梅.从东南亚金融危机看我国金融业的对外开放[J].山东工业大学学报(社会科学版),1999(4):22-23.

[18]周宇.亚洲金融危机与金融开放问题[J].世界经济研究,2002(2):41-46.

[19]张楠.金融开放与中国经济结构转型——基于Pugno修正模型的实证研究[J].国际金融研究,2015(10):32-42.

[20]张天顶,张洪敏.金融开放度对跨境资本流动的影响——基于跨国数据的经验研究[J].国际商务(对外经济贸易大学学报),2014(2):13-20.

[21]张永升,杨伟坤,荣晨.金融开放与经济增长:基于发达国家与发展中国家的实证分析[J].财政研究,2014(3):78-80.

[22]张小波,傅强.金融开放对中国经济增长的效应分析及评价——基于中国1979—2009年的

实证分析[J].经济科学,2011(3):5-16.

[23]张小波.金融开放与宏观经济波动——基于修正的“三元悖论”框架的分析[J].西南政法大学学报,2017,19(4):103-112.

[24]张仲福.谈中国金融开放过程中的金融安全问题及其影响[J].商业时代,2013(35):75-76.

[25]翟雅琴.贸易开放、金融开放与中国金融发展悖论——基于动态面板模型的实证研究[J].金融与经济,2016(8):9-14.

[26]Agrrieszka G.Growth,productivity and capital accumulation:The effects of finanial liberalization in the case of european integration[J].International Review of Economics and Finance,2013(25):291-309.

[27]Calderón C.,Loayza N. V.Does openness imply greater exposure ? [R].World Bank,2005.

[28]Coric B.,Pugh G.Foreign direct investment and output growth volatility:a worldwide analysis[J].International Review of Economics & Finance,2013(25):260-271.

[29]Edison,Hali,Michael Klein.Capital account liberalisation and economic performance:Survey and synthesis[R].IMF Working Paper,2002a:120.

[30]Goldstein M.The Asian financial crisis:causes,cures and systemic implications[J].Thunderbird International Business Review,1999,41(6):721-728.

[31]Glick R.,Guo X.,Hutchison M .Currency crises,capital-account liberalization,and selection bias [J].Review of Economics & Statistics,2006,88(4):698-714.

[32]Ranciere R.,Thoenig M.Growth and risk at the industry level:The real effects of financial liberalization[J].Journal of Development Economics,2009(89):210-222.

[33]Popov A.Financial openness and output fluctuations:Business cycle volatility or disaster risk [R].European Central Bank Working Paper,2012:29.

[34]Quinn D. P. Does capital account liberalization lead to economic growth? [J].Review of Financial Studies,2008,21(3):1405-1449.

第七章　金融科技对自由贸易港的挑战与应对策略

陈晓静　黄劭智　吴俊杰

一、金融科技的发展重点与发展方向

金融科技，即通常所说的 Fintech，是由金融“Finance”及科技“Technology”两个词结合而来。根据美国 2017 年发布的《金融科技框架》白皮书中的定义，Fintech 涵盖内容广泛的技术创新概念，影响并改变了传统金融活动如支付、投融资、存贷款、保险、信用监管等的服务形式。这些创新包括消费者与商户的移动支付解决方案、线上市场借贷、由算法主导的储蓄与投资工具、虚拟货币、数字化用户的生物特征识别及身份验证、大数据的自动化、人工智能等（National Economic Council，2017）。随着科技的不断发展，金融科技也逐渐成为人们热议的话题。2017 年 8 月，在第六届 CFA 中国投资峰会上，CFA 协会亚太区董事总经理连伯乐表示，Fintech 将会作为一个科目加入 CFA（特许金融分析师）考试。种种迹象都表明，在未来，金融科技将逐渐改变传统金融业的运作模式及发展路径，传统金融机构的职责将在很大程度上被改变，这将会给各行业的发展甚至是人们的日常生活带来实际的影响，也对未来从事金融、科技及互联网相关行业的人员提出了更高的素质要求。

（一）金融科技发展重点

分析金融科技在美国的发展重点，必须首先明确美国政府及相关部门对于金融科技产品及服务所抱有的期待和所持有的目标。美国希望通过 Fintech 的发展，构建新世纪的金融监管框架，实现金融服务的创业和创新，促进安全、公平、可负担的资本获取，强化普惠金融在全社会范围的推广，应对金融系统性风险，以此达到增加国家竞争力的目的（National Economic Council，2017）。将这些目标和计划结合目前科学技术与相关产业的发展情况来看，Fintech 的发展重点主要集中在以下几个领域：

1.区块链技术及数字货币的发展

我国工信部发布的《中国区块链技术和应用发展白皮书(2016)》将区块链定义为分布式数据储存、点对点传输、共识机制、加密算法等计算机技术在互联网时代的创新应用模式(工信部,2016)。区块链技术最具颠覆性之处在于它绕过了或者说在很大程度上淡化了传统金融机构作为中间环节的作用,能够减少交易结算、收付款项、加密支付、资产登记转移等一系列流程的中间环节。这样的改变所带来的区块链技术潜在优势包括提高效率、缩短处理时间、加大透明度和降低成本等,因此世界上各国都已经开始意识到,区块链技术在数字货币、跨境支付与结算、证券发行与交易、客户识别与征信等领域都有着较大的发展潜力。

尤其是在数字货币领域,目前美国和其他国家及各行业内的领先企业都已开始着手研究数字货币在实际支付中的应用。不同于传统货币由中央银行进行集中发行与控制的机制,区块链技术去中心化、可追溯、可加密的特点使数字货币不再需要特定的发行机构,也不需要通过商业银行等金融机构进行资金的流通和周转,而是直接通过信息与数据的加载与传递即可在各资金参与者之间完成传输,不需要第三方信用进行背书,大大降低了货币的发行与流通成本,提升了经济活动的便捷性和透明度。数字货币所具有的完整数据链能够记载每一笔交易明细及结算环节,容易追溯且不可篡改,使假钞的出现几乎成为不可能,也有助于社会诚信的管理和相关金融管理的强化与监督。此外,数字货币改变了传统纸币仅能在本国范围内使用的局限性,通过区块链技术在全球性的数据库内流通,由分布在世界各地的节点与参与者共同认证,不受地域和国界的限制,能够有效地降低货币的流通成本,并缓解汇率波动的风险。除了数字货币之外,区块链技术在其他领域的运用也在不同程度上改变了金融服务、供应链管理、文化娱乐、智能制造、社会公益、教育就业等行业的发展。

近年来,美国和世界其他国家都在区块链技术方面投入了相当的资金和技术来进行研究,并成立了多家企业从事相关的技术应用及推广,其中,美国较为成功的区块链研究项目主要有(俞学劢,2016):通过区块链网络建立自由快捷转账渠道的Blinktrade、利用区块链的不可篡改性完成电子协议多方签署的 Blocksign、面向银行提供区块链定制开发服务的 Alphapoint、打造比特币支付平台的 Uphold、结合大数据与区块链记录进行网络侦查的 Skry、打造移动身份证钱包的 Shocard 等。这些看似形态各异、针对对象各不相同的区块链项目恰恰反映出了区块链在各领域发展的实际可能性。从我国的情况来看,近年来我国政府大力支持区块链技术的发展,并试图通过颁布相关政策促进区块链与资本市场的联动效应,国内多地已建立起了目的各异的区块链发展联盟,数字货币的发展也已被中国人民银行提上了日程。从某种程度而言,我国区块链发展的速度及质量已不逊色于美国，而美国的区块链发展在相关政府鼓励政策的支持和资本市场力量的驱动下，也必将迈入新的阶段。

2.大数据分析及用户画像的构建

大数据（Big Data）是指传统数据处理软件及处理方式无法捕捉并处理应用的大量、复杂的信息资料。互联网的发展使各类信息量显著增加，传统的信息分析方式不再能够满足多样化的数据分析需求，大数据就在金融科技的发展中应运而生。通过对大量数据的收集和分析，企业能够更加了解客户的需求，社会个人之间的联系也能够被建立起来，不同需求之间的对接也会变得更加便捷。在大数据的应用中，用户画像就是一个应用广泛且有效的实践。用户画像通过收集用户静态与动态的数据，基于标签体系对用户的行为进行分类、推测和分析，尽可能多地、准确地推测出用户的偏好，并通过相关模型进行验证，以提升用户体验，同时通过获取用户的正面反馈来达到提升企业利润的目的。目前生活中应用较为广泛的大数据及用户画像产品就包括各类个性化推荐、可穿戴设备、特定群体营销等。除此之外，大数据在各行业（如农业、环境保护、职业运动、新闻等领域）都能够起到服务与启示的作用，其与区块链技术结合也能够在征信系统中发挥作用，目前美国的征信系统就已经有了较为成熟的大数据收集与查询系统，能够更高效地监控个人的信用，建立完善的信用体系，使个人的经济行为更有秩序。

3.人工智能及其在风险控制中的应用

人工智能（Artificial Intelligence）也是金融科技的发展重点之一，在近年来逐渐受到关注，随着金融科技的不断发展，人工智能在未来将拥有更为广阔的发展前景，为诸多行业的转型与发展提供机遇。美国自 2016 年 10 月以来，已经接连发布了三项人工智能国家战略层面的报告（《美国国家人工智能研发战略计划》《为人工智能的未来做好准备》和《人工智能、自动化与经济》）来谋划和布局人工智能在未来的发展（张倩，2017）。这些计划和报告中详细罗列了美国人工智能发展计划的战略，主要包括加大人工智能领域的研究投入、注重相关领域的人才培养、发展人工智能配套设施、制订相关政策及税收优惠等。在未来，人工智能与生物识别等技术的结合将重新定义用户身份验证和识别，为企业和个人建立完整可查询的信息库，涵盖个人及关联信息、个人信用、用户行为记录、群体及个人用户偏好等。银行及相关金融机构能够利用人工智能技术更加便捷准确地确定客户身份，尽量避免欺诈行为的产生，降低坏账及信息盗窃等风险，维护企业及个人双方的利益。

从美国和我国 Fintech 的发展过程来看，要特别注意金融科技与我国所称“互联网金融”的区别。互联网金融更侧重于金融，是一种通过互联网实现的有效率的业务方式;而金融科技则更偏重于拥有较多的技术性,通过科技的运用来辅助金融及其他产业的发展。在美国等其他国家的行业发展中并没有“互联网金融”的概念,只有金融科技即 Fintech 的说法。因此,我国政府及相关部门在政策制订及措施执行的过程中必须要注意防范部分企业将互联网性质的业务人为冠上与金融科技(Fintech)相关的名字以规避监管和监督。这也对相关法律法规提出了更高的要求,必须根据金融科技的变化不断修正现有的制度和政策,在各个监管部门间实现信息的互通和反复审查,在最大程度上保障社会公众的利益,为金融科技提供规范、有序、完善的发展平台与前景,而这样的监管过程本身又是大数据及相关金融科技在实际应用中的良好展现。

(二)金融科技发展方向

研究金融科技如何应用并加以改进固然重要,如何真正实现 Fintech 与社会各领域的对接并切实改善人们在日常生活中的体验则显得更为重要。结合目前的金融科技发展现状和美国及其他国家对未来行业发展的设想,未来金融科技的发展方向主要分为偏向社会化功能的金融服务成本降低及偏向私人化体验的用户金融场景化。

一方面,Fintech 的发展将为全方位降低金融服务成本的设想提供可行的依据。传统金融行业的发展往往需要依靠大量的人力资源,并附带有烦琐的审批流程,产生较长且无意义的业务等待时间;各类资金的转移和信息的交互也都依赖于中介机构的信用,并伴随着较高的业务成本。因此,金融科技的发展,将为传统的金融行业发展注入新的活力,也给传统金融机构提出了转型发展的要求。

第一,银行及相关金融机构的业务将逐渐完成由传统模式向新型自动化模式的转变,投资及相关业务的产品推荐及风险管理也会在很大程度上由大数据平台进行接管。在传统的银行业务即资金借贷与支付结算中,往往需要银行及相关金融机构作为中介机构,对资金借贷人的信用进行审核,并收取一定的费用以进行资金周转。但随着金融科技的发展,区块链技术去中心化的特征和大数据管理对征信系统的改良都能够极大地减少中间环节的时间和费用损耗,实现点对点的数据及资金传输,同时带来过程的透明化和资金的可追溯性,提升资金的安全性和利用效率。

第二,区块链技术及人工智能的发展将构建完善的个人信息网络,传统的征信系统和风险管理模式将被颠覆。在传统的征信系统中,客户识别系统和信息网络的建立始终是难以解决的难题;而区块链技术的引入能够将分布式账本中所记录的交易记录自动关联,提升客户信息的准确性和全面性,并与人工智能、生物识别技术相联合,使人们能够随时随地使用身份标识,客户识别系统也能够从任何地方进行访问,提高金融机构在客户识别及信用审查等工作方面的效率,降低法律合规的成本,最大程度地防止金融犯罪的产生，这是传统技术无法做到的。

第三，移动及便捷支付将成为商业活动的主流选择，极大地降低资金转移的成本。在这方面，脱胎于互联网金融的我国移动在线支付可以说是完全颠覆了传统银行的支付模式，巨大的人口基数和极快的普及程度让我国移动支付在短短几年间有了飞速的发展。大到百货商场、小到菜场摊贩，都纷纷拥有了移动支付终端或是贴上了支付二维码，“出门只带手机”的生活出行模式不再仅仅只是一个设想。从这一点来看，我国移动支付的普及程度及所涉资金额度已远远超越美国。移动支付的便捷性、透明性、安全性等特点使其在未来有着较大的发展潜力，但我国也应当注意其中可能出现的系统性风险和非系统性风险，平衡移动支付与传统信用卡支付方式的关系，构建统一的征信系统和资金信息联动查询平台，营造更加良好的支付环境。

另一方面，Fintech 在多平台多场景下的应用推广将以用户为核心，逐渐实现金融场景化。仅仅基于数据的采集和技术的分析无法满足企业和社会的要求，只有将线上的数据信息与线下的个人行为对接，才能够将科技的发展真正融入到金融中去，融入到社会公众的日常生活中去，为人们的工作及生活带来实际的便利和更良好的用户体验。从目前已有的部分可视化网站和手机应用来看，金融科技已经逐渐出现了场景化的趋势。企业通过用户的信息和行为采集大量的数据，包括用户的性别、年龄、职业、交友圈等个人信息以及用户在网站或平台上的言论、浏览情况、点击率等各异的行为指标，对此进行分析整合，描绘出较为完整的用户画像，使产品及互联网平台、手机应用等能够更精准地获取用户的偏好甚至是思考模式，从而为个人或具有某个标签的群体量身定制各种投资产品、购物推荐、优惠推广、音乐曲目、口味偏好等。这些用户场景化的实施会显著提升用户在使用产品时的感受，降低重复选择和随机选择所带来的时间成本和金钱成本，使企业与用户之间的联系更加紧密。

此外，与金融科技相关的法律法规和监管制度以及相应的政策体系也将会在未来金融科技的发展过程中得到完善。随着各国金融科技的普及和实际应用中参考案例的增多，政府及相关部门的政策制订也将拥有更为可靠的依据，从实际出发为 Fintech 提供良好的政策环境，更好地引导金融科技的发展，以此来带动社会经济的发展。

二、金融科技对自由贸易港的挑战

针对金融创新，首先，我们必须深刻认识到，金融创新的最终目的是为实体经济服务，因此在创新的过程中，必须坚持以贸易模式为先导，通过贸易附加服务的增加来发展金融市场，坚持立足于服务实体经济、深化金融改革的目标，在利率、汇率、融资汇兑、资本项目开放上进行先行试验和开拓创新，逐步实现境内外资本的双向、自由流动，从而充分提升上海作为国际金融中心对金融资源和要素的配置作用，发挥自贸港的聚集和辐射作用。其次，要突破传统、顺应潮流，建立以区块链技术和互联网金融为载体的金融科技体系。自贸港金融体系涉及投融资、汇兑、贸易、物流等多个领域，这就对金融服务的差异化策略提出了更高的要求。在建设自贸港的过程中，要善于探索境内外客户的不同金融需求，设计出迎合客户需要的创新性金融产品，同时运用区块链技术，将股票、债券、商业票据、仓单合约等各类金融资产打包整合到区块链中，使得金融资产所有人能够直接在链上从事交易，这不仅能在很大程度上保护投资者的隐私，还能够降低自贸港内金融交易的成本，提高效率，从而将自贸港打造成金融科技的新高地。

根据国内外已有的研究和相关金融科技公司调研，金融与科技融合背景下的自由贸易港金融风险主要有流动性风险、合规风险、操作风险、技术风险、金融安全风险、网络信任风险、法律风险、反洗钱风险、战略风险、商业行为一致性风险、名誉风险、信息安全风险、管理风险等。

以信息化手段实现货物实时在线监控和业务流程系统控制，确保严格按照规则操作，有效规避操作风险。当前，我国已进入经济社会发展的新时代，加大金融监管势在必行。首先，要注重区分传统金融风险和新型金融风险，监管机构应在对技术规则与法律规则进行细致把握的基础上，调和两者之间的相互影响。我们应把技术规则纳入监管体系，优化区块链设计，鼓励国有金融机构和科技机构增加区块链基本技术的开发和研究。其次，利用区块链金融风险管理，提高金融业信息透明度，通过结合保险、担保等行业，利用制度风险控制模型开发的风险管理产品。加强穿透式监管，剥离虚假区块链项目，在金融市场的非核心地带给予相对较高的创新和宽容空间。再次，采取有效的风险控制措施，防止技术垄断和技术操作风险。构筑技术防火墙防范道德风险。针对新的技术结构，应建立适合于技术结构的科学风险管理与控制技术和应急措施。最后，借鉴西方发达国家的金融监管经验，使用包容性监管沙盒。在合理范围内放松管制，降低准入门槛，支持金融科技创新发展。积极探索智能监管，在国家监管框架内，将安全机制通过人工智能算法编码进区块链中，从而达到实时自动识别金融违规违法行为的目的，极大地减少了人工投入和监管成本，让金融市场变得更为安全和高效。

另外，监管机构借助大数据、云计算和人工智能技术，积极地推广监管科技，从而有效降低合规成本，提升中国金融科技和金融服务的全球竞争力。

最后要加强供应链金融管理的信息化建设。物流金融运营者之间的信息化程度和合作密切度直接关乎到运营者之间信息传递的及时性，因此在开展物流金融业务前，应事先做好与银行、贷款企业之间的沟通。同时，为了保证供应链金融中物流、资金流与信息流的协调，保证各种信息流活动的无缝融合，应加大信息管理硬件投入以及相关专业人员的培训，借助互联网技术和软件，建立物资与资金数据高度共享，并借助信息技术平台，将供应链的上下游企业组织起来，加强各企业间的信息交流，降低信息传递风险。

金融科技对自由贸易港的挑战主要有以下几方面：

（一）技术不成熟和技术操作的风险

当前分布式账本的技术仍不成熟，有待经过更多的行业证明，其无缝整合进入供应链金融底层基础设施仍有许多工作。以智能合约为例，智能合约的全网维护可能会造成很多资源的浪费，一些无法预审查的合约也会造成很多麻烦。此外，已拥有海量用户的企业在更新技术时，势必需要考虑新技术的改变和引用是否会导致用户的流失，新的技术能否平滑支撑海量用户的导入和使用：包括由此带来的性能、可扩展性、海量数据存取等问题。区块链对每一笔交易进行记录，这也会导致大量冗杂无用的信息同样会存储在节点上，对其数据存储能力是一个巨大的考验。

而技术的提升和算法的更新需要大量的时间精力投入，区块链在供应链金融领域大规模使用后，其使用及维护的成本也必将是商业上应重点考虑的问题之一。即便拥有理论上较为完备的算法和交易系统，在实现过程中也可能会遇到不同程度的问题，如用户自持私钥丢失、加密信息被破解、市场波动被放大等。区块链安全性的前提是私钥，私钥一旦丢失，用户便失去了对账户的掌控。区块链平台与上层应用必须一起提供一套安全的私钥存取方案，相关的市场风险应对措施也亟待出台贯彻。更关键的是，传统的金融监管系统往往都围绕业务风险运作，很少有具体的机制能够应对技术风险及其带来的后续影响，这就使技术风险和操作风险成为了区块链中最不可靠的风险。

（二）应用推广和对接难以短时间实现

尽管大多数企业意识到区块链可溯源和透明化能够为其解决许多问题，但在具体落地时，企业机构最关心的还是应用对接成本，包括时间和人力成本。多数企业和金融机构在长时间的供应链金融运作中已经形成了较为成熟的解决方案和操作流程，并投入了大量的基础设施设备和人力资本。在短时间内难以应用到整个供应链金融体系。

（三）完全的去中心化带来新的信任问题

由于在区块链上所记载的数据每一笔都可追溯并且不可更改，这的确有助于验证交易的真实性，然而一旦交易的某一方出现信用问题，这笔交易就是无法撤销的，区块链只能用下一个不可修改的操作，来弥补前一个错误操作。此外，由于去中心化的数据记录和管理方法的存在，各个节点上的企业、金融机构、物流企业各自掌握私钥，安全性提高，在面对欺诈、转移非法所得等非法行为时，追缴资金会存在一定的难度。这就导致了严重的信用和监管问题。

（四）新的数据思维的落地初期可能反而造成低效率

区块链能够将实体资产数字化，便于不同企业进行资产验证、抵押和流转，然而不同企业提供的数据都是非结构化数据，且不同企业提供数据的周期不同，数据收集和数据结构化处理都需要时间。落地初期由于缺乏一套统一的资产向数据转化的流程和规则，反而可能降低了供应链的运作效率。可扩展性问题严重影响比特币更广泛的使用，理论上比特币系统每秒只能处理 14 笔交易，这和银行等中心化系统每秒动辄需要处理上万笔交易相比，相差甚远。

（五）外部条件不成熟

区块链应用于供应链金融有赖于智能合约的不断完善和发展。一个智能合约是一套以数字形式定义的承诺，包括合约参与方可以在上面执行这些承诺的协议（Nick Szabo，1995）。智能合约和区块链要完成的不仅仅是一个简单的信息储存，还有建立信息之间的关联程度，达到当特定条件满足时，合约中预设的规则将自动执行的结果。但是目前，智能合约暂时无法形成成熟的使用系统，缺乏技术规范和可靠性。一旦合约出现问题，并没有一套规则帮助企业及时止损。所以，智能合约目前能实现的功能和效果不具有稳定性和长远性，[①]这在一定程度上阻碍了区块链在供应链金融领域的应用。

（六）区块链初创公司面临风险与成本的双重挑战

当前在供应链金融领域进行尝试并获得成功的，大多是那些已经具有强劲实力的金融机构或企业，初创企业的尝试并不十分理想。主要是由于在与核心企业的谈判

① 张璟霖、伦祖炜. 区块链技术与供应链金融结合研究［J］. 合作经济与科技，2017（21）.

中，区块链初创企业并不具备非常大的话语权，而若与有资金需求的中小企业合作，需要考虑的风险因素较多。这可能导致区块链在供应链金融方面的创新活力不强，技术进步革新较慢。

（七）法律合规风险

智能合约并非法律意义上的合约，只是合约的一种履行方式。然而在智能合约现实履行中，合同条款以数据代码形式写入区块链的分布式账本，便直接生效、无法干预，甚至违反了法律条款也会得以执行。“代码即法律”的区块链认知模式是对现有法律框架的巨大冲击。不仅如此，由于区块链技术带来的智能合约可匿名性，当匿名的智能合约发生法律纠纷时，纠纷的另一方是谁都将无法确定，采取传统的诉讼方式进行解决难度变大。我国现行法律中，关于供应链金融和区块链的内容很少。由于区块链尚在发展阶段，不断涌现新的技术和规则，因此法律无法将其纳入框架。

区块链的去中心化结构及其开元软件的开发过程也给金融机构的管理带来了潜在风险，摒弃了传统中心组织强有力的监管体系后，区块链技术所带来的交易资料、数据或客户信息将可能被不法分子利用，从而进行一些非法行为，相关机构的合规管理或存在难题。法律约束和监管的暂时性缺位可能会让一些高风险企业有机可乘。

（八）在供应链的基础上形成新的“信息孤链”

不同上下游产业链寻求合作的区块链公司不同，其底层区块链的技术路线可能不同。这可能导致相互分割的不同类型的区块链又成为一个个“信息孤链”，区块链上的交易、业务数据和链上的共识将被割裂。为区块链提供区块链之间的交互和整合，使区块链上的交易、价值等能够跨区块链进行流动和互动，成为一个新的技术挑战。而且区块链涉及参与者众多，包括上下游企业、核心企业、金融机构、监管者，各方协调难度较大，可能花费很多时间。

三、金融科技背景下自由贸易港的应对策略

（一）利用区块链技术推动自贸区大宗商品发展

结合区块链技术去中心化、去信任、分布式账薄、可靠数据库等特点和优势来看，这项技术其实与大宗商品交易领域有很多值得关注的可结合点，如果能够以区块链技术为核心支撑技术，在大宗商品交易领域研究和开发基于区块链技术的交易模式和交

易系统，将可大幅减少可疑交易，降低监管成本，促进市场透明化和监管的便捷性。这对于提高大宗商品交易效率，提升中国在国际大宗商品交易领域的话语权，均有着十分积极的作用和意义。

1.利用区块链技术提高交易透明度

据中物联大宗分会不完全统计，2014 年，国内大宗商品类电子交易市场达 739 家，2015 年激增至 1021 家。大宗商品交易市场发展迅猛，难免有心术不正的人“浑水摸鱼”。电子交易平台交易环节的透明度一直是很难解决的问题。社会迫切需要寻找新的技术手段确保交易的真实和准确，同时又可以保证交易双方信息的私密性。基于区块链技术的交易模式和交易系统，可以有效避免出现交易风险。

借助区块链的公开透明、数据不可篡改等特性，从技术上杜绝交易所篡改交易数据等违规行为。如果把商品物流过程中的仓单等信息写入区块链，供第三方随时查询监督，便能有效提高仓单信息的准确性。

区块链是基于时间戳形成不可篡改、不可伪造的数据库。区块（完整历史）与链（完整验证）相加便形成了时间戳（可追溯完整历史）。时间戳存储了网络中所执行的所有交易历史，可为每一笔数据提供检索和查找功能，并可借助区块链结构追本溯源、逐笔验证。每个参与者在记账并生成区块时都加盖时间戳，并广播到全网节点，让每个参与节点都能获得一份完整的数据库拷贝。一旦信息经过验证添加到区块链上，就会永久地存储起来。根据“少数服从多数”原则，从概率上讲，要篡改历史信息，必须同时控制整个系统中超过 50%的节点。因此区块链技术认为其系统的数据可靠性很高，且参与系统中的节点越多和计算能力越强，该系统中的数据安全性越高，从而利用区块链技术可以大大提高大宗商品交易信息的安全可靠性。

2.更便于监管的分布式系统架构

区块链系统减少了对中央服务器的依赖，因为区块链上的数据在每个接入节点上都有备份，只要下线的节点数目不至于影响到区块链上数据的共识，整个系统就是安全可用的。监管方只需要维护区块链系统里的一个普通的节点，就可以实时获得链上的记录，及时发现异常情况。

区块链技术的意义在上述的特征中得到了很明确的体现。通过区块链可以记录网络上发生的所有交易，且由于系统内多个副本的存在，增加了内容被恶意篡改的成本，进而实现区块链内信息内容的“不可篡改”。与此同时，区块链还通过网络系统与智能合约的结合，杜绝了交易双方的违约和执行中断，这对于金融行业来说是一个巨大的提升。

另外，我们可以利用区块链技术的便利改进监管方式、完善监管手段。比如，利用区块链技术的公共账本信息对 P2P 市场中的系统性风险进行高效且可靠的监控。主动开展区块链技术领域的金融立法研究。应加强新技术、新金融法律法规领域的国际经验交流,制定相关标准规范和操作规范,降低金融产品的创新风险,加强保护金融消费权益的教育工作。

此外,区块链技术的去中心化和不可篡改性,也为行业监管机构的市场监管行为提供了极大的便利,数据由系统自行见证记录,无须数据采集,无须企业上报,在免去监管成本的同时也保证了数据源的准确性。这有助于市场监管机构与市场参与者形成良好的合作关系,在增进双方互信的同时令市场更加高效地运行。

通过区块链技术的“多副本共同记账”特性,可以通过多方见证,确保交易的真实和准确。同时,数据秘钥的存在,又可以保证交易双方交易信息的私密性,或仅向有关监管部门适度公开必要信息,从而双向实现市场增信的目的。同时,对于大宗商品交易行业的参与企业和监管部门而言,区块链技术在该领域的应用也可以提高交易和监管效率。

换个角度来考虑,即便只是增信这一简单功能,就可以为市场带来巨大的助益。因为,如果能够保证在交易过程中的每个环节都是真实、准确、可追溯、可查证、不可伪造的,那么市场的公信力将会有一个质的飞跃,无论对市场发展还是对市场监管来说都将受益无穷。

3.提高行业企业协同发展的能力

利用区块链去信任的技术特性,可以有效帮助行业建立起跨企业的合作体系。供应链的问题在于融资周期长、费用高,第三方增信机构难以确定供应链上各种相关凭证的真伪,使得审核的时间增长,造成费用等资源的浪费。区块链的特点使参与者不需要第三方机构鉴定供应链上凭证的真实性,降低成本、缩短周期。

区块链通过去中心化和去信任的方式集体维护一个可靠数据库的技术方案。区块链理论最大的颠覆性在于新的信用形成机制。在传统的互联网模式中,陌生人之间是通过可信任的第三方机构(如银行、清算组织等)来建立信用和进行交易的。而区块链技术从根本上改变了中心化的信用创建方式,它运用一套基于共识的数学算法,在机器之间建立“信任”网络,从而通过技术背书而非中心化信用机构来建立信用。通过这种机制,参与方不必知道交易的对手是谁,更不需要借助第三方机构来进行交易背书或者担保验证,而只需要信任共同的算法就可以建立互信,通过算法为参与者创造信用、产生信任和达成共识。

4.解决物流的授信问题

应对措施,就是“区块链+物联网”解决方案。从仓储物流环节的准确性来讲,交易标的物在仓储物流环节中的真实性一向是市场所担忧的,2014 年上海钢贸业崩塌就是由于仓单信息不准确导致的一单多押和货不对单。而通过在大宗商品交易的仓单登记系统里引入区块链技术,对商品和仓单进行数字化的一一对应,可以有效确保标的物商品和仓单的准确性和真实性,避免交易过程中因为仓储物流环节的错漏而出现交易风险。如果相关交易企业或监管机构可以通过引入区块链技术实现行业内仓储、物流、交易全产业链的大宗商品可信交易,那么无论是对市场运行效率还是参与者对市场的信任度,都将具有积极的推动作用。

5.区块链在客户管理方面的创新应用

在用户身份识别领域,不同金融机构间的用户数据难以实现高效的交互,使得重复认证成本较高,也间接带来了用户身份被某些中介机构泄露的风险。在传统方式下,KYC 是非常耗时的流程,缺少自动验证消费者身份的技术,因此无法高效地开展工作。在传统金融体系中,不同机构间的用户身份信息和交易记录无法实现一致、高效的跟踪,使得监管机构的工作难以落到实处。账户认证要求保护用户隐私、保障账户安全,这就意味着要求极高的标准化程度和加密技术。每日数以十亿计的用户数和更多的账户数等待验证,则要求更高的自动化程度。同时,证明身份的资质证明也是名目繁多,真伪难辨。

区块链技术可实现数字化身份信息的安全、可靠管理,在保证客户隐私的前提下提升客户识别的效率并降低成本。区块链通过程序化记录、储存、传递、核实、分析信息数据,可省去大量人力成本、中介成本,提高准确性和安全性,所记录的信用信息更为完整、难以造假。

(二)用智能化工具规避风险的供应链,把区块链底层技术手段应用到大宗商品领域

在当下的投资"风口",部分投资者已不满足于银行储蓄、保本基金等稳健的理财方式。除了常见的股票交易外,"炒贵金属""炒原油""炒大蒜"等各种大宗商品投资之风盛行。在形形色色的投资背后,乱象频现,不仅增加了市场纠纷,更扰乱了正常的市场秩序,甚至出现恶性案件。因此,我们可以引入区块链技术来解决这些问题。

一是探索开展金融支付、清算、结算、登记等领域的区块链创新试点。由于区块链技术可在没有中介的情况下完成国家(地区)之间的清算、结算,且安全性较高,因此,可探索以各地的自贸试验区为通道,建立与"一带一路"沿线国家的区域性跨国清算和结算中心,发挥亚投行、金砖银行的区域协调作用,提升人民币在"一带一路"国家中的清算、结算地位。二是推动大宗商品等金融要素交易所开展区块链场景模拟实

验，协同开发交易所区块链应用架构和建立共识机制，探索大宗商品的交易、登记、托管、代理投票等场景的应用。探索设立基于区块链技术的票据交易所，提升承兑、流转和托收的安全性和效率。这方面，可选取电子票据使用较少、IT系统集中度较好的票据合作进行基于区块链技术的数字票据使用。三是鼓励银行机构开展区块链技术在跨境支付、银行间结算、资产托管、信贷合约、资产数字化等领域的应用，依托区块链形成新的商业模式，提升核心竞争力。鼓励商业银行在普惠金融领域应用区块链技术，探索在经济欠发达地区实现低成本的资金转移支付，改善欠发达地区的金融服务。

（三）供应链逆向互联网化促进自由贸易港大宗商品的交易和金融服务互联网化

由于互联网具有打破信息不对称、降低交易成本、促进专业化分工、优化资源配置和提升劳动生产率的特点，为我国经济转型升级提供了重要的途径和发展机遇。当前，在零售领域，互联网化已经很明显，行业已形成寡头垄断，淘宝（天猫）、京东已围绕着商品零售延展出有各自特色的生态圈，从支付结算到消费金融再到个人征信，产品已经形成了以消费者为中心的覆盖，B2C已是竞争的红海。随着供应链的逆向互联网化，企业间的商品交易（B2B）最终也会走向互联网化，而当前B2B还是蓝海阶段，围绕产业链聚集着大量的中小企业客户，中小企业由于财务不规范、缺乏抵押物难以拿到融资的状况比较普遍，通过“互联网+交易平台+供应链金融”解决了信息不对称，通过供应链金融，依托核心企业的信誉，弱化中小企业的融资资质要求，再结合透明化的物流管理，将信息流、资金流、物流完整匹配，大大提高了大宗商品交易和金融服务的便利性，为实体经济转型增效提供基础保障。

建立集电子交易、现代物流、金融服务于一体的创新型商品交易平台。如果说产业供应链体系建设中的“四流一链”，即物流、资金流、信息流、商务流及追溯链形成一个如蛛网般紧密的价值链条，那么价值链条的核心一定是经政府批复成立的专业型交易平台。近年来，全球大宗商品的贸易流通方式正在发生重大转变，电子商务已成为全球一体化生产和组织方式的重要工具。融合网上电子交易、现代物流、金融服务及信息技术为一体的商品交易平台兴起，通过电子商务更快速地获得资源配置主动权，提高经济竞争力，在许多国家被列为国家战略。交易平台推动了信息化和工业化深度融合，促进了产业结构调整，提升了产业核心竞争力，提高了产业经济运行效率和质量，对稳定产业经济增长具有十分重大的意义。

本章提到的融资平台主要是针对供应链金融服务，将供应链金融服务进行创新，产生一种与传统模式不同的在线服务模式，这种服务模式的优点在于解除了时间、空间对服务的限制，用户只要通过互联网金融就可以享受到在线服务、随时服务，这种自由服务简便了大宗商品交易程序，节省了大宗商品交易时间，通过便捷的融资服务，大宗商品供应商可以得到及时的资金支持。便捷服务的同时也需要注意互联网金融的风险控制问题，保证正常的融资秩序。首先，要根据不同的交易主体选择合适的在线供应链金融服务，结合主体的特点丰富服务模式：当互联网金融企业作为交易主体时，要明确互联网金融企业的交易目的，希望通过服务大宗商品交易来获得利润，但是可以将互联网金融企业放在大宗商品交易的主导位置上，因为互联网金融企业是构建互联网金融秩序的主体；大宗商品参与企业是互联网金融服务的主要对象，可以利用大型互联网金融企业成熟的服务为自身发展提供助力；大宗商品交易要灵活运用已有的发展优势结合互联网金融的优势创新发展模式，多数的电商平台已经发展成熟，通过引进互联网金融的融资和结算服务，弥补大宗商品交易的不足。其次，通过分析在线供应链金融服务，可以看出这种创新服务模式利用灵活的服务方式为大宗商品交易提高了效率，但是也要注意大宗商品的交易质量，可以建立完整的制度体系来保证在线供应链金融服务的质量。在线供应链金融服务模式可以利用监管、抵押或物流服务外包等手段来保障大宗商品交易质量。最后，要注意在便携地利用在线供应链金融服务的同时保证交易安全。交易风险过大会造成金融服务秩序出现混乱，将大宗商品交易与互联网金融服务结合的目的是实现共赢，如果忽视了金融服务的风险而造成一方或双方出现巨大的损失，将不利于合作的发展，在线供应链金融服务进行了模式创新，突破了传统的空间、时间限制，但也提高了交易风险。互联网金融企业在提供融资、结算等服务的同时要监控交易进程，达到资金、物流、仓库的多面监管，建立起一个完善的资料库来保证交易安全。

有效的电子签名为自由贸易港大宗商品的交易和金融服务保驾护航。大宗商品交易平台为买卖双方搭建起了交易的桥梁，但是，目前市面上很多交易平台并没有采用电子签名技术进行身份识别和合同签订，特别是在合同签订环节，如果不具备有效的电子签名作为保障，会给交易双方的合同纠纷埋下隐患，在和银行对接实现在线融资时，银行对客户的贷款真实意愿得不到核实，基于此，建议大宗商品交易平台在为客户提供服务时，务必采用有效的电子签名技术，如中国金融认证中心 CFCA 的签名技术。同时，在客户使用平台之前，应提供使用电子签名的声明，同时加盖公司公章作为有效的法律凭据。

建议使用电子签名在线生成质押物清单，当客户还款赎货时，金融机构也在线生成发货通知，实现出质、质权的“秒杀”，减少人工操作的风险，同时，电子签名具有不可抵赖性、不能造假。众所周知，保兑仓业务在大宗商品供应链金融中应用最为广泛，其中质押物的出质是关键，因为质押物清单上列明的货物是融资额度核算的依据，同时，也是银行在风险处置中出质货物的重要凭据。传统来说，质押物清单的传递，都是通过线下纸质来完成的，每次赎货，还需来回跑去金融机构和仓储监管方盖章，不仅费时费力，还可能存在虚假放货通知书的可能，为大宗商品的金融服务埋下了巨大的隐患，为了解决这一问题，建议使用电子签名在线生成质押物清单，当客户还款赎货时，金融机构也在线生成发货通知，实现出质、质权的“秒杀”，减少人工操作的风险，同时，电子签名具有不可抵赖性，为大宗商品供应链金融的业务发展提供了极大的便利。

1.加快金融创新

建立离岸在岸隔离型的自由贸易港金融开放创新模式。一方面，我国金融改革开放正处于深化阶段，资本项目尚未实现完全可兑换，金融监管和风险防控能力仍未达到国际先进水平，不具备采取金融业经营自由、金融市场完全开放的内外一体型模式的条件；另一方面，我国自由贸易港金融开放创新必须坚持服务实体经济的本质要求，如果自由贸易港通过实施避税型模式来推动金融开放创新、建设全球“记账中心”，难以发挥对实体经济的推动作用。我国建设离岸在岸隔离型的自由贸易港，可以参照美国、新加坡的做法，在提升离岸金融服务能力的基础上，设立离岸与在岸业务的“防火墙”。第一，鼓励自由贸易港内金融机构开展离岸金融创新，为非居民客户提供货币借贷、贸易结算、黄金买卖、证券交易和保险等离岸金融服务，增强自由贸易港的国际业务竞争力。第二，实施离岸与在岸业务分离的“防火墙”机制，严格分离在岸账户与离岸账户，分开离岸与在岸金融业务，防止境外金融交易活动影响或冲击境内金融体系。第三，建立在宏观审慎管理框架下离岸与在岸金融市场之间资金相互连通的机制，推动境内外市场逐步、适度地相互渗透。

提高外资进入自由贸易港金融领域的便利化、自由化水平。国际自由贸易港的一项重要经验是，实施高度开放的金融准入制度，引进境内外金融机构，为自由贸易港扩大金融开放、深化金融创新提供市场主体支持。与自由贸易港相比，我国自贸试验区在金融服务业对外开放方面仍显不足。在金融机构准入方面，我国自贸试验区《总体方案》明确提出要“放宽金融机构准入限制”，但只是在外资持股比例等方面降低准入条件，对外资进入金融领域的自由、宽松程度仍未达到全球主要自由贸易港的水平。在金融市场对外开放方面，近年我国自贸试验区通过设立国际金融资产交易平台、开设黄金交易所国际业务板块、引进境外投资者参与金融要素平台交易等途径，不断扩大金融市场的开放水平。然而，自贸试验区金融市场的建设与开放总体仍处于起步阶段，境外投资者参与市场交易的数量不多、金额有限，市场平台的国际影响力与定价地位未能有效提升，难以充分发挥促进境内境外市场联动的作用。我国在建设自由贸易港的过程中,可以借鉴国际经验,提高外资进入金融领域的便利化和自由化水平。短期来看,可以改善和优化自由贸易港的金融营商环境,对金融业实施准入前国民待遇加负面清单的管理模式,在外资进入前享有的待遇不低于境内投资者,并对外资参与银行机构、证券公司、基金管理公司、期货公司、保险机构的组织形式、经营活动等施行内外一致原则。同时,提高境外投资者参与自由贸易港金融市场平台交易的便利化水平,打造具有国际影响力的要素交易市场。待条件成熟,可参照香港的做法,对外资设立机构、参与金融市场交易采取备案制,实施完全自由的市场准入。

构建与贸易投资自由化相适应的自由贸易港跨境投融资体系。全球主要自由贸易港在金融开放创新的过程中,通过减少或取消资本管制,允许境外资金自由进出与兑换,营造了与商品、人员自由进出相配套的金融环境。我国建设的自由贸易港既源于自贸试验区,又高于自贸试验区。与自贸试验区相比,自由贸易港更为开放,政策更为灵活,跨境贸易投资便利化、自由化水平更高。为此,自由贸易港金融开放创新要坚持服务实体经济、促进贸易投资便利化的本质要求,在自贸试验区开放型金融体系的基础上,创新跨境投融资服务,为货物、资本与人员便利流动提供强有力的支撑。第一,完善全口径跨境融资宏观审慎管理政策,提高自由贸易港内金融机构和企业自主开展跨境本外币融资业务的自由度,支持市场主体更加便利地融入境外资金。第二,支持自由贸易港内金融机构与境外同业开展资金拆借业务,拓宽金融机构向境外发放本外币贷款的渠道,逐步放松企业与个人开展境外直接投资、证券投资等资金汇出的限制,提高市场主体对外输出资金的便利化水平。第三,探索实行限额内资本项目可兑换,允许自由贸易港的境内机构在一定限额内自主开展直接投资、并购、债务工具、金融类投资等资本项下交易,待条件成熟时,逐步提高限额直至取消额度限制,最终实现资本项目完全可兑换。

促进自由贸易港金融与贸易、航运协同创新。围绕贸易、航运等领域的需求创新金融服务,构建面向全球的贸易、航运、投融资等综合服务网络,形成全球贸易中心、航运中心与金融中心,是全球主要自由贸易港提高国际竞争力的有效途径。我国要借鉴国际先进经验,结合自由贸易港建设与发展的需求,谋划金融开放创新的举措,实现金融与贸易、航运协同创新,成为引领区域发展的增长极。具体来说,有以下两个着力点:一是打造贸易金融服务港。构建自由贸易港金融服务体系,首要的是围绕贸易港发展的需求来扩大金融开放、深化金融创新。为此,要立足自由贸易港对外贸易高度自由、便利的特点,构建涵盖贸易全流程的贸易金融服务体系,创新贸易结算、贸易融资、信用担保、避险保值等贸易金融产品和服务方式,以全方位、高效率的贸易金融服务促进对外贸易的便利化、自由化发展。二是建设航运金融枢纽港。发展航运物流业，既是自由贸易港建设的内容，也是促进自由贸易港外贸发展的基础。为此，要针对自由贸易港航运业的发展需求，开展船舶融资、航运保险、航运价格衍生品等航运金融服务，为航运业加快发展提供支持。要推动港口物流金融创新，加大对多式联运、供应链一体化等物流业发展的金融支持，增强自由贸易港的货物集散能力，提高港口服务外贸的水平。

建立自由贸易港金融风险防范体系。全球主要自由贸易港通过设置风险“防火墙”、建立金融风险防控体系不断增强风险管理能力，有效实现了金融开放与风险管理的相互平衡。在自由贸易港深化金融改革开放的进程中，我国要借鉴国际做法，建立自由贸易港金融服务高度开放、跨境资金便利流动的风险防范机制，防止境外金融风险对境内金融体系造成冲击。一是要建立自由贸易港金融风险防范的组织框架。探索在自由贸易港实行跨部门的金融综合监管模式，对自贸港内金融机构、金融市场、金融活动实施统一监管，提高金融监管效率。二是要建立自由贸易港金融风险的监测分析体系。完善金融业统计指标体系，建立涵盖各类金融市场、机构、产品、工具和交易结算行为的金融风险监测监控平台，实现新型金融业态、跨市场跨行业金融产品等的风险监测全覆盖。三是要加强自由贸易港跨境资金流动的监管。试行本外币一体化的账户管理模式，强化跨境资金流动的宏观审慎管理，运用融资杠杆率、风险集中度、流动性和期限匹配、资金成本等手段，对资本流动进行有规则的相机抉择审慎管理。四是要扩大监管科技在自由贸易港金融风险管理中的应用。推动金融监管从传统监管向传统监管与智能监管相结合转变，提高自由贸易港金融风险监测预警和及时处置的能力。

2.掌握大宗商品定价权

(1)抓住国家和政策机遇。要抓住“一带一路”倡议发展机遇，推进交易所对外开放，深化与国外交易所的合作，提升大商所的国际影响力。

(2)拓展市场参与者。第一，要拓展实体企业特别是现货企业进入期货市场。第二，要拓展投资机构特别是金融机构参与期货市场，主要面向非银行类金融机构进行市场拓展，从而改变大商所以散户为参与主体的不利状况。

(3)要把握数字货币先机。进一步加速货币数字化建设，分阶段推进数字货币进程，可以先成熟完善货币移动、互联网支付体系，再推进完全无纸币体系，最终形成数字货币体系，并适时向国际社会推进数字化人民币，以增加人民币的引领力。

3.加快数字税制改革

(1)研究和制定自贸港税制的基本思路。税制应具有国际竞争力，确保我国自贸港区的国际竞争力；税制是助力科创研发的，自贸港除了满足传统的货物贸易发展以外，更应发挥其带动产业升级的特殊区域功能，注重对科创要素集聚的吸引和服务贸易的发展；税制创新既需要满足投资、技术、货物自由流动的优良营商环境，又需要扩大税源，保证财政收入的稳定；负责任大国的税收应通过营商环境的改变增加要素集聚，而不是单纯的主体税率下降，以地区超低税率的有害税收方式攫取地区贸易额和投资额。

(2)灵活运用现行企业所得税的优惠框架。我国企业所得税名义税率为25%，高于新加坡。但企业实际税率并非如此。例如："高新技术企业所得税15%税率"的优惠政策极大降低了企业税负，从上海地区张江国家自主创新示范区企业的每元收入税负额看，该区域确实已是全市最低税负区；在高技术制造业内部，2015年规模以上外资企业税负远低于名义税率，也远低于中资企业，造成普惠税制实际上并不普惠。因此，建议通过设立"自贸港区先进产业目录"，对纳入目录内目标产业一律实施15%的优惠税率，同时，赋予自贸港管理部门确定产业目录的权利。这样，既保持现行税率的稳定，实现真正的普惠，也有利于自贸港集聚目标先进的要素。

(3)主要借鉴新加坡的经验，在自贸港区内实行属地原则。新加坡执行了修正和有管理的属地原则，但同时辅助规定："汇往新加坡的利润，视同源自新加坡的所得，需要缴纳企业所得税"。该规定考虑了实质重于形式的原则，认为汇往新加坡的所得表面上不是源自新加坡的所得，但其实际上与"新加坡的某种存在"密切相关，因此，也被判定是源自新加坡的应税所得。这一原则规定既减轻了大部分企业的境外所得税收负担，又对股息、分公司利润、服务收入、风险投资基金存在豁免，只是对消极性利得征税。借鉴新加坡部分属地原则的做法，有利于我国"一带一路"企业利润回流和科创要素集聚，在增加国家财政收入的同时，也不伤及资本。

(4)大力简化税制，实行"境内关外"的税收制度。借鉴新加坡的经验，大力探索创新我国自贸港"境内关外"税制。我们建议：①货物入港则应退增值税和消费税；②港内货物流转与区内消费的劳务，应以不含国内流转税的价格进行，因而区内企业之间的交易，不应缴纳增值税、消费税等流转税；③全部取消各种"附加"和税外收费；④对港内企业签订的合同应免除印花税，贸易型合同的印花税制是我国的传统税制，不属于世界通行的自贸区税收制度，不利于自贸港的创新发展。

(5)适应数字经济，加强和完善数字贸易税收征管。跨境数字贸易已经成为当今国际贸易的重要内容。随着中国电子商务的快速崛起，数字贸易税收的匮乏正在严重侵蚀我国的税基。而自由贸易港的新加坡税法明确规定，"通过互联网或其他电子媒介进行的商品和服务的活动，不改变其应税性质"。通过对数字经济税收的紧密跟踪，积极保证了国家的税源。

遵循 OECD 的指引，我国税法规定，境外的单位或者个人在境内提供应税服务，在境内未设有经营机构的，以其代理人为增值税扣缴义务人；在境内没有代理人的，以接受方为增值税扣缴义务人。然而上述规定在 B2C 的实务中操作性较差，境外法人无法进行境内税务登记，使得上述规定难以适用于跨境服务。

我们建议，自贸港区借用第三方平台，促进境外销售方在中国境内快速税务注册（不必像国内企业一样先行进行工商登记），由海外销售商在收款之前完成纳税。这样，在自贸港区率先实现数字贸易税收征管，有效弥补自贸港税收优惠带来的短期财政收入下降问题。

（6）探索离岸税制。应当综合考虑以自由贸易港为依托构建国际离岸业务中心的任务目标，研究制定离岸税制，在港内采取更加宽松便利的税收优惠政策，可考虑适当减免利息预扣税、企业所得税、个人所得税以及与离岸业务相关的预扣税、利息税、印花税、盈利税等税收，通过合理税收优惠政策带动港内经济发展，吸引更多外商入港投资：①可在现有的研发、中医药等四个领域试点基础之上进一步扩展离岸税制的适用范围，参照 15%所得税税率执行，助力发展离岸金融与离岸贸易；②对于国际转口贸易可由货物过境后退回关税改为全程免征关税；③落实金融业税收优惠政策，参考天津、上海关于“将试验区内注册的融资租赁企业或金融租赁公司在区内设立的项目子公司纳入融资租赁出口退税试点范围”，在我国多个自由贸易港之间适时增加融资租赁出口退税的试点数量、拓展融资租赁出口退税的实施范围；④简化高新技术科技企业办税流程，对技术先进型服务企业和科技型中小企业在科技研发方面的费用及收入减免税收，让创新型科技企业享有更多税收优惠政策；⑤给予港内物流企业更多税收优惠政策，有效降低物流运输成本，提升物流运输效率。

（7）推行离港免税政策。加强自由贸易港的吸引力，各国在发展自由贸易港时，都依托政策红利，实行零关税、低税率的税收政策。因此，我国在建设自由贸易港时，应推行离港免税政策，营造吸引企业投资或贸易的赋税环境。具体来说，企业所得税方面，可效仿新加坡推行统一的企业所得税政策，在港区注册与成立的公司，以及有来源于港区的应税收入的公司，均需缴纳统一税率的企业所得税。关税方面，自由贸易港应尽量推行离港免税政策，除酒类、石油、烟草、汽车等敏感产业与特殊产品外，其他在海关监管范围内的货物允许自由进出关境，并且适用零税率或低税率的税收政策，逐步扩大免税种类与额度。此外，自由贸易港提供的相关服务，例如国际运输服务、进出口货物装卸、货物转运、保险等，也可适用零税率政策，从而提高对外商企业的投资吸引力。

4.借鉴国际经验，加强自由贸易港风险监管

自贸港内金融风险的监管不能采取强制性的手段进行干预或者单纯依靠行政力量管制，而应当通过监管制度的创新、监管能力的提升、监管技术的提高来应对和防范。①可以通过体制创新，设立如自贸港金融监管局等行政监督机构，用体制的力量将可控风险消除。②自贸港内，可以利用先进技术，建立电子化、智能化、信息化的电子系统，对金融机构的日常经营事项及金融活动进行风险监控，以应对境内外金融市场日渐复杂的风险与挑战。③风险监管的重中之重在于构建一个服务境内外金融市场的安全、高效的金融安全网络，为港内资金、资源、资本提供一个稳定的场所。这就要求政府和监管当局建立有效合理的风险预防机制，从而在保证金融创新与开放的基础上，严格控制好金融市场的风险，实现金融创新与金融稳定的平衡发展。

5.数字化运营

近年来，荷兰鹿特丹港海关也与时俱进，采取先进科技进行数字化运营提高整个鹿特丹港的运行效率。首先，海关在码头安装高科技扫描设备以及采用全球最快的列车扫描仪完成对进口货物的扫描，既简化了抽查程序，又提高了准确性，减少延误，避免因为人为开集装箱给货主带来损失。鹿特丹港海关在对货物进行法定检查时，通关利用港口数据库 Portbase，可以为供应链的所有环节提供超过 40 项服务，通过这些服务，供应链上的所有环节之间能够实现实时高效的信息协调和交换，而海关也可以掌握进口商、出口商、货代、航运公司、码头和发货人的实时动态信息，进而保障货物安全，提高工作效率。其次，鹿特丹港务局与 IBM 物联网进行了数字化的倡议合作，该项目通过云端物联网技术在手机和处理平台上收集到各种信息和数据，进而进行分析研究，并转化为鹿特丹港可用于决策的信息。一方面，通过精准的大数据分析，可以为外贸商带来更好的服务，比如，鹿特丹港可以根据平常收集到的水位数据信息来估计一艘船到达和离开鹿特丹港的最佳时间，这能保证船上可装卸最大量的货物。另一方面，通过这样的数字化经营，能够将港口进行更为先进的改造，从而使港口在日常工作流程上更加高效。例如，通过数字化的运行，能够大大节约航运公司在港口的停泊时间，据估计，每节省 1 小时港口停泊时间，就可以节省约 8 万美元的成本。

参考文献

[1]陈晓静.区块链:金融应用及风险监管[M],上海财经大学出版社,2018.

[2]李超桐.大宗商品在线平台供应链金融风险管理研究[D].武汉轻工大学,2017.

[3]刘培亮.基于供应链金融的大宗商品互联网融资平台运行机制的研究[D].天津财经大

学,2016.

[4]刘正,曹伊.浅议大商所争取国际大宗商品定价权的方向及途径[J].对外经贸,2017(10):134-136.

[5]王浩森.区块链技术在金融领域的应用现状及展望[J].中国新信,2018,20(4):134-135.

[6]王硕.区块链技术在金融领域的研究现状及创新趋势分析[J].上海金融,2016(2):26-29.

[7]徐钧健.加快自贸区大宗商品交易国际化进程[N].联合时报,2017-06-06(4).

[8]尹满华.区块链技术可助大宗商品交易透明便捷[N].期货日报,2016-05-13(T04).

[9]张璟霖,伦祖炜.区块链技术与供应链金融结合研究[J].合作经济与科技,2017(21).

[10]张锐钢.关于创新大宗商品供应链服务模式的思考[J].环渤海经济瞭望,2017(6):47-48.

第八章 中国自由贸易试验区(港)服务贸易监管、规则与风险研究

蒙英华

服务贸易开放是目前进一步推进中国自由贸易试验区(港)开放的重点与难点。由于服务贸易的交易方式与货物贸易不同,因此中国自贸试验区(港)对货物贸易"一线放开、二线管住"的监管原则并不能有效对服务贸易风险进行防控。为实现自贸试验区(港)建设中服务贸易的单边开放目标,并形成中国对标国际贸易投资新规则的规则储备,本章从自贸试验区(港)服务贸易开放风险与监管,中国服务贸易开放对标国际贸易投资新规则风险,以及美国诉华未完成入世议定书中服务贸易开放内容等方面进行深入探讨。

党的十九大报告中明确提出"赋予自由贸易试验区更大的改革自主权,探索建设自由贸易港"。因此,建设自由贸易区(港)将成为中国对外开放下一步重点建设的内容与模式,它对于实现以"自由贸易港"建设为龙头带动新一轮"自贸试验区"建设、对接国际经贸投资新规则、形成"可复制、可推广"的成功经验,具有十分重大的实践意义。

当前全球产业结构正由"工业型经济"向"服务型经济"加速转型,发展服务贸易应成为中国经济实现高质量发展的必然要求,成为推动"中国服务"与"中国制造"参与国际经济合作竞争的新优势。但长期以来,我国对服务贸易的开放呈现出"总量小、开放慢、政策少、领域窄"的特点,中国政府所颁布的服务贸易开放相关制度绝大多数只涉及服务业的外资开放内容,即开放只侧重于对 GATS 服务贸易定义中的提供模式三"商业存在",而对于"跨境交付"的服务贸易,以及"自由人流动"模式的开放①没有应有的重视。服务贸易开放需要扩大到服务贸易四种提供模式的同时开放,不应只停留在吸引服务业外资层面。2017 年,中国跨境服务进出口总额达 46991.1 亿元人民币,比 2016 年增长 6.8%。其中,服务出口 15406.8 亿元,增长 10.6%;服务进口

① 大多反映在促进旅游行业的相关文件及促进技术人员(或高管)的出入境文件上。

31584.3 亿元，增长 5.1%。[①] 跨境服务贸易提供在我国发展迅速，如何针对“跨境服务”开放值得我们关注。

本章试图在全球化变局、国际经贸规则重构背景下，对中国自贸试验区（港）建设经验中服务贸易开放风险这一问题进行深入剖析，这不仅促进实现我国自由贸易区（港）建设目标，营造法治化、国际化、便利化的营商环境，而且对我国在新一轮对外开放中形成贸易投资规则储备，对标国际贸易投资新规则起到重要作用，另外中国自由贸易试验区（港）的服务贸易开放也应同时解决美国诉华未完成入世议定书问题。

一、中国服务贸易开放历程回顾及政策梳理

中国服务贸易开放的起点根源于服务业高度的自然垄断和行政垄断特征，因此放宽服务业外资准入和促进竞争成为服务贸易开放的重点内容。

（一）《外商投资产业指导目录》对服务业的相关规定

为规范和引导外商投资行为，我国自 1995 年开始颁布《外商投资产业指导目录》，2017 年国家发展改革委、商务部发布最新版本的《外商投资产业指导目录》，此次修订属第 7 次修订，首次提出在全国范围内实施外商投资准入负面清单，作为对外商投资实行准入前国民待遇加负面清单管理模式的基本依据。从上述文件的服务业开放内容来看，在服务业领域虽然取消了公路旅客运输、外轮理货、资信调查与评级服务、会计、审计、大型农产品批发市场建设经营、综合水利枢纽的建设经营等领域外资的准入限制，但外商投资准入特别管理措施（外商投资准入负面清单）中包含限制外商投资产业目录一共 35 条，其中涉及制造业外商投资的只有 2 条，其他 33 条都是限制服务业外商投资的内容。而禁止外商投资产业目录一共 28 条，其中涉及制造业外商投资的仅 7 条，其他 21 条都是限制服务业外商投资内容。因此，服务业仍是当前我国对外资主要的限制和禁止内容。

（二）中国在入世议定书附件 9 中所做出的开放承诺

在入世议定书附件 9 中，中国对 149 种具体服务活动中的 82 种服务活动做出了约束性承诺（Binding Commitment），承诺比例为 55%，如果排除视听、邮政、基础电信、

① 2016 年我国服务业附属机构服务贸易规模居全球第二，销售额达 10.25 万亿元，是当年服务进出口总额（“跨境交付”）的 2.3 倍。

运输服务等 46 个敏感部门(排除的原因在于对这些服务活动的承诺有待于在以后的 WTO 谈判中修改或撤消),中国的承诺比例上升为 63%(盛斌,2002)。与 WTO25 个发达经济体、77 个发展中经济体和 4 个转轨经济体相比,从总体水平上看,中国对服务业的具体承诺与转型国家相似,明显高于发展中国家,而较低于发达国家。在 WTO 统计的 GATS 谈判参加方所承诺的具体服务活动的数量中,中国居第二档次(81~100 个),是做出部门减让最多的发展中国家(世界贸易组织秘书处,2000)。

表 8-1 中国在入世议定书中对服务业分部门的具体承诺情况

	市场准入			国民待遇		
	平均数	平均覆盖比率(%)	没有限制的部门占总数的比例(%)	平均数	平均覆盖比率(%)	没有限制的部门占总数的比例(%)
商务	50.0	36.4	22.8	50.0	41.8	22.8
通信	66.7	43.2	19.8	66.7	57.3	19.8
建筑	75.0	50.0	25.0	75.0	50.0	25.0
分销	90.0	62.5	35.0	90.0	70.0	35.0
教育	75.0	50.0	25.0	50.0	37.5	25.0
环境	75.0	50.0	25.0	100.0	87.5	25.0
金融	76.5	46.3	16.2	76.5	59.6	16.2
健康	0.0	0.0	0.0	0.0	0.0	0.0
旅游	50.0	37.5	25.0	50.0	40.6	25.0
娱乐	0.0	0.0	0.0	0.0	0.0	0.0
运输	25.8	18.5	11.3	25.8	20.6	11.3

资料来源:盛斌(2002).

(三)中国在区域贸易协定中所做出的服务贸易开放承诺

目前,中国已和 24 个国家或地区签署了 16 个自由贸易协定,如与东盟(2007 年)、新西兰(2008 年)、新加坡(2008 年)、智利(2008 年)、巴基斯坦(2009 年)、秘鲁(2009 年)、瑞士(2014 年)、韩国(2015 年)、澳大利亚(2015 年)等,而其中通常会附带相关服务贸易开放承诺内容,但中国在与不同国家签订的 FTA 中,涉及的服务贸易开放内容有所不同,例如,对《中国—东盟自贸区服务贸易协议》(以下简称《东盟服贸协议》)与《中国加入世界贸易组织法律文件》附件 9(以下简称"附件 9")进行比较后发现,中国在《东盟服贸协议》中的承诺并未体现出明显的"GATS+"特征,在《东盟服贸协议》中,中国对六大类服务部门(通信、分销、教育、金融、健康、旅游)未做出任何开放承诺,而且对商务和运输部门做出的开放承诺要比"附件 9"中做出的承诺更为严格(无论是市场准入还是国民待遇),说明中国对东盟服务业开放壁垒仍然较高。而在《中韩自贸协定》中,加入了威海—仁川经济合作开发区先行先试的规定,这对双边服务贸易的开放提供了更多的机遇。

表 8-2　中国与东盟各国对服务活动做出承诺的数量①　　单位:种

国家	市场准入	国民待遇
中国	102	94
新加坡	259	211
越南	367	364
印尼	23	19
泰国	38	32
老挝	21	21
柬埔寨	333	342
马来西亚	128	125
菲律宾	53	64
缅甸	26	22
文莱	11	10

资料来源:根据各国在《中国—东盟自贸区服务贸易协议》中的具体承诺减让表及《中华人民共和国与东南亚联盟成员国政府全面经济合作框架协议服务贸易协议》、中华人民共和国服务贸易具体承诺减让表计算。

(四)中国针对香港和澳门的服务贸易开放

2016 年,中国内地分别与香港和澳门签订《〈内地与香港关于建立更紧密经贸关系的安排〉服务贸易协议》及《〈内地与澳门关于建立更紧密经贸关系的安排〉服务贸易协议》,这是首个内地全境以准入前国民待遇加负面清单方式全面开放服务贸易领域的自由贸易协议。根据上述协议,内地对香港和澳门服务业全面或部分开放的部门有 153 个,占世界贸易组织全部服务贸易部门的 95.6%,当中有 62 个服务部门就“商业存在”提供模式对香港和澳门实行国民待遇。尽管 CEPA 对香港开放的服务部门远超中国对 WTO 的承诺水平,但在实践中依然存在落实效果欠佳、准入门槛过高、配套法律法规不完善等问题,其中一个关键点在于:CEPA 采取了正面清单的开放方式,正面清单的管理方式是被动滞后的,难以应对服务贸易的创新发展和国际化对接,如深

① 即排除了“不做承诺(Unbound)”后的承诺总数;服务活动的总承诺数为 154 种服务活动乘以 4 种服务提供模式,即 154×4=616。

圳的腾讯微众银行。

2017 年 6 月 28 日，中国内地与香港特区又签署了《CEPA 投资协议》和《CEPA 经济技术合作协议》。但《CEPA 投资协议》主要针对《服务贸易协议》范围以外的投资准入（包括制造业、矿业和资产投资等，合称“非服务业”）做出承诺。《CEPA 经济技术合作协议》是内地签署的自由贸易协定框架下首个专门的经济技术合作协议，强调重点领域合作和贸易投资便利化。其中主要包括金融、旅游、法律和争议解决、会计、创新科技、电子商务、知识产权及质量监督检疫等合作领域，并更新合作内容，新增了“法律及争议解决合作”和“会计合作”条款，为香港的专业服务提供新的机遇。

（五）中国通过自由贸易试验区推行的单边服务贸易开放

2013 年，上海自贸试验区建立时推出中国首个《自由贸易试验区外商投资准入特别管理措施（负面清单）》（以下简称《自贸试验区负面清单》），2017 年颁布了第四个版本的《自贸试验区负面清单》，对全国现有 11 个自贸试验区同步实施。

新版《自贸试验区负面清单》针对服务业的措施一共 70 条。其中提到“放宽”外资准入限制主要体现在金融、证券、保险领域；“放开”外资准入限制体现在会计审计、建筑设计、评级服务等领域；“取消”外资准入限制主要体现在部分制造业领域；而“推进”开放主要体现在电信、互联网、文化、教育、交通等领域。值得注意的是，对于某些特定行业，虽然《自贸试验区负面清单》取消了对外资的准入或者股权比例等限制，但是行业许可对于内外资投资者仍然存在。比如，因私出入境中介服务，需要有省级以上公安机关核发因私出入境中介机构经营许可证。因此，外资如要在区内开展某些业务，除需查看是否属于《自贸试验区负面清单》范围，还需了解是否有其他许可、审批的要求。根据目前自贸试验区的运作，除少数领域的业务限制经营区域外，大部分领域允许区内注册区外经营。

表 8-3　2017 版《自贸试验区负面清单》比 2015 版本减少的措施（服务业）

交通运输业	道路运输	13.公路旅客运输公司属于限制类
	水上运输	14.外轮理货属于限制类，限于合资、合作
信息技术服务业	互联网和相关服务	15.禁止投资互联网上网服务营业场所

续表

金融业	银行服务	16.外国银行分行不可从事《中华人民共和国商业银行法》允许经营的“代理发行、代理兑付、承销政府债券”
		17.外资银行获准经营人民币业务须满足最低开业时间要求
		18.境外投资者投资金融资产管理公司须符合一定数额的总资产要求
	保险业务	19.非经中国保险监管部门批准，外资保险公司不得与其关联企业从事再保险的分出或者分入业务
租赁和商务服务业	会计审计	20.担任特殊普通合伙会计师事务所首席合伙人（或履行最高管理职责的其他职务），须具有中国国籍
	统计调查	21.实行涉外调查机构资格认定制度和涉外社会调查项目审批制度
		22.评级服务属于限制类
	其他商务服务	23.因私出入境中介机构法定代表人须为具有境内常住户口、具有完全民事行为能力的中国公民
教育	教育	24.不得举办实施军事、警察、政治和党校等特殊领域教育机构
文化、体育和娱乐业	新闻出版、广播影视、金融信息	25.禁止从事美术品和数字文献数据库及其出版物等文化产品进口业务（上述服务中，中国入世承诺中已开放的内容除外）
	文化娱乐	26.演出经纪机构属于限制类，须由中方控股（由“为本省市提供服务的除外”调整为“为设有自贸试验区的省份提供服务的除外”）
		27.大型主题公园的建设、经营属于限制类

（六）地方政府与各部委出台的外商投资服务业（服务贸易）相关制度

各地市也根据地方特色和产业发展目标，分别颁布各种服务业（服务贸易）管理措施，例如对外资领域的放宽、贸易便利化政策、对国内服务产业的补贴政策等方面。如《关于在中国（天津）自由贸易试验区内设立外商投资融资租赁企业实行备案管理的公告》（津商务资管〔2016〕2 号）、《前海深港现代服务业合作区资本项目收入支付审核便利化试点实施细则》的通知（深外管〔2018〕20 号）、中国人民银行广州分行关于支持中国（广东）自由贸易试验区扩大人民币跨境使用的通知（广州银发〔2016〕13 号）等，支持产业主要集中在金融（如融资租赁、银行和保险相关业务）和文化创意、旅游产业等。

二、中国自由贸易试验区（港）服务贸易开放风险与监管

为实现对服务贸易进行风险监管，以下对自贸试验区（港）内的服务贸易开放风险点进行了梳理，大致可以分为经营主体资质风险、服务质量风险、超出经营范围风险、经济安全风险、税收风险、与服务贸易相关的货物监管风险，以及发展服务贸易新模式、新业态风险等方面。

（一）经营主体资质风险

（1）在工商登记注册的专业服务机构（如人力资源）未到当地相关部门（人社部门）取得服务许可证，自行开展服务业务，出现“有照无证”行为。

（2）自贸试验区（港）跨境人民币业务主体资格不当，非自贸试验区企业通过银行业机构办理自贸试验区（港）业务。

（3）相关专业服务人员须持证上岗：如电力企业须持证（电力业务许可证）经营、电力工程须持证（承装、承修、承试电力设施许可证）施工、进网作业电工须持证（电工进网作业许可证）上岗。

（4）港（澳、台）会计专业人士担任自由贸易试验区会计师事务所合伙人未符合设立条件。

（5）申请增值电信业务的企业注册地和服务设施须设立在试验区（港）内。

（6）因特网接入服务业务的服务范围限定在试验区（港）内。

（二）服务质量风险

（1）外国专业人士提供专业服务（如医疗、建筑工程、会计服务）过程中不能完成相应服务，发生争议、事故或违法违规，其负责人逃逸难以追究责任。

（2）互联网上网服务营业场所在自贸区（港）内营业违反相关规定，发生违法违纪行为。

（3）外资检测机构在区内设立的分支机构出具虚假结论或出具的结论严重失实；第三方检测机构在送检产品检验过程中发现其安全、卫生、环保等项目存在重大不符合情况而隐瞒不报。

（4）对符合条件的区内企业开展境内外维修业务：该模式不实行单耗管理，对企业经营管理数据的真实性、完整性要求较高，存在因企业管理不善造成保税料件流失风险。

(5)台湾合法导游、领队在福建自贸区所在城市执业中未按相关规定发生违法违纪行为。

(三)超出经营范围风险

(1)小额贷款公司(或典当行风险)发生非法集资、吸收或变相吸收公众存款的风险,或发生抽逃出资、虚假出资的风险。

(2)从事商业保理业务的外商投资企业可能从事吸收存款、发放贷款或受托发放贷款业务,专门从事或受托开展与商业保理无关的催收业务、讨债业务等。

(3)娱乐市场:歌舞娱乐场所歌曲点播系统与境外曲库连接;歌舞娱乐场所播放的曲目、屏幕画面及游艺娱乐场所电子游戏机内的游戏项目含有《娱乐场所管理条例》第十三条禁止内容;歌舞娱乐场所接纳未成年人或游艺娱乐场所在非国家法定节假日接纳未成年人进入游戏区;游艺娱乐场所设置具有退币、退钢珠得赌博功能的机型、机种;娱乐场所的消防安全不符合安全生产标准;等等。

(4)演艺市场:未经批准擅自举办营业性演出活动;营业性演出含有《营业性演出管理条例》第二十六条禁止的情形;举办临时搭建舞台、看台的营业性演出未能在演出前提交演出场所合格证明和安全、消防批准文件。

(5)金融创新业务从传统的信贷业务转向中间业务和表外业务,结构化和证券化衍生产品的创新将提高杠杆,增加市场和机构间的关联度,放大了风险传染的可能性及程度。

(6)利用自贸区(港)电子商务或以金融创新为名从事传销等违法行为的可能性增大。

(四)经济安全风险

(1)脱离真实交易背景的服务活动(如金融、证券等)导致跨境资金大规模流进流出,对经济健康发展造成不利影响。

(2)试验区(港)内开办新型金融业务可能会面临一些突出的风险,如流动性风险、市场风险、交易对手信用风险、国别风险、法律合规风险以及金融消费者保护等,如若风险防控不力,或将引发区域性、系统性金融风险。

(3)利用自贸区(港)跨境转移、掩饰、隐瞒非法所得,或发生洗钱和恐怖融资风险。

(4)自贸区(港)内网络和信息安全、数据安全问题。

(5)随着自贸区(港)通关便利化,区内进出口和转口贸易增加,发生知识产权侵犯的服务行为可能增多,如利用他人商标名义提供服务,展览服务盗用他人名义美术品等。

(6)注册会计师行业业务报备系统出现数据泄露等安全隐患。

(五)税收风险

(1)服务贸易等项目对外支付税务备案的税务风险点:境内机构和个人向境外单笔支付等值5万美元以上资金(不含等值5万美元)属于文件规定三类资金,均应向所在地主管国税机关进行税务备案。可能因纳税人对外付汇频率金额的增加,导致税款流失的风险。

(2)2014年至2018年,继续对符合条件的技术先进型服务企业实行企业所得税优惠政策,可能存在企业虚构条件享受税收优惠的风险。

(六)与服务贸易相关的货物监管风险

(1)国际运输服务贸易(港口服务,如远洋航线和近洋航线、航空运输服务等):海关对中转集拼和转口的货物及其运输工具进行监管,确保货物安全合法运输。

(2)旅游服务贸易:对进出境人员携带的行李物品进行监管,查缉走私和办理其他海关业务,主要的场所是机场、港口和车站。另外,邮轮旅游过程中会停靠途径国家或地区的港口,在这类旅游服务贸易中,口岸海关必将对停靠的邮轮和人员进行监管。

(3)金融服务贸易:主要体现在海关对融资租赁货物的监管。

(4)特许权使用费:如果这部分费用和货物构成一体一同进口支付,这部分服务贸易是受到海关监管的。

(5)修理服务:如运往境外修理的机械器具、运输工具或者其他货物,出境时已向海关报明,并且在海关规定的期限内复运进境的,是受到海关监管的。

(6)文化服务贸易:各类电影节、艺术节、旅游节以及各项赛事等需要的用品,如一些机器配件、维修设备、转播设备等均需要进境,对于这类暂时进境的货物,并没有发生所有权转移,在赛事等结束后复运出境,接受海关监管。[①]

(7)会展服务贸易:进出境展览品是指境外为来华或我国为到境外举办经济、文化、科技、武器装备展览或参加博览会而进口的展览品及与展览会有关的其他物品。包括:在展览会中展出的或示范用的货物、物品;为示范展出的机器或器具所需用的物品;展览者设置展台的建筑、装饰材料;供展览品做示范宣传用的电影片、幻灯片、录像

① 为了给国内外文化企业提供多种服务,海关针对此类货物按照《中华人民共和国海关暂时进出境货物管理办法》进行监管。

带、录音带、说明书、广告等。

(8)加工贸易涉及的服务贸易：加工贸易中的来料加工、出料加工形式中货物并没有发生所有权转移，除了来料和出料加工的工缴费是服务贸易的范畴外，加工贸易产品产生的售后和维修等服务活动都会受到海关的监管。

(9)再制造业务：涉及再制造业务二手品的进口货物监管。

(七)发展服务贸易新模式、新业态风险

新兴技术对现代服务业的影响速度越来越快，范围越来越大，未来现代服务业的平台性、跨界性、共享性、体验性等趋势越来越明显：一是以云计算、大数据、移动互联网、物联网、务联网[①]和新型终端技术等为代表的新一代信息技术正带动服务计算、知识图谱等技术深入研究和应用；二是信息技术与各个领域交叉融合的速度正在加快，促使第一、第二产业与现代服务业深度融合，催生云制造、数字医疗等新业态，现代服务业呈现出“跨界融合”的新态势与新特征；三是行业融合、平台经济、分享经济、特种定制、“互联网+”、一站式集成服务将成为未来发挥主导作用的商业模式。因此，传统的服务贸易监管模式将面临发展服务贸易新模式、新业态的严峻挑战。

(1)维修业务的监管模式创新：以船舶维修业务为例，在传统模式下，从事国际业务的船舶零配件需要维修，有的零配件需要进口、报关出口，再装上船。有些甚至要求同船换装，比如某个零配件从一条船上卸下来，维修好，还要装回到这个船上。如果国际班轮的发动机坏了，想利用停靠上海的时间委托给企业维修，但这台发动机以什么方式报关、入关？还有维修用配件，当它出洋山保税港区仓库时，性质为货物，当该配件装上船舶替换受损零件时，其性质变为了船舶物料，根据现行海关相关法规，不同性质的同一货物有不同的监管方法，另外进口配件还会涉及税收问题，这些都导致这项业务的发展处处受限。因此，如果实施自由贸易区(港)政策创新，改变现有船舶维修业务的监管模式和手续流程，可以促进这一业务的开展。

(2)发展新兴业态和模式：离岸贸易包括了很多新型服务贸易，比如保险公司参与国际联保，保的货物在海外受损，货物要运回来查看，如果要报关、检验检疫，还要以退运货物来申报，那么这些成本都是企业不愿承担的，而离岸之地，显然更适合这项金融业务的开展。另外发展期货交割业务和服务外包业务等也类似。

(3)与服务贸易相关货物的监管问题：用于维修、测试和舞台表演、拍卖、展览或

---

① 伴随着软件、硬件、资源、信息、人的虚拟化与服务化，下一代的 Internet 成为“服务的物联网”，即务联网。

其他服务的相关货物,货物可以临时进口六个月,而不支付关税/GST。[①] 临时进口计划要求银行担保。临时进口货物由海关进口许可证或卡通片覆盖。临时进口货物必须在海关开具许可证的规定期限内再出口,如果货物不随后再出口,则必须支付 GST。

三、中国服务贸易开放对标国际贸易投资新规则风险

(一)中国服务贸易规则对标 CPTPP 服务贸易相关条款的挑战

2017 年 11 月 11 日,在美国宣布退出《跨太平洋伙伴关系协定》(TPP)之后不到一年,11 个亚太国家发布联合声明,称"已经就新的协议达成了基础性的重要共识",并决定将 TPP 改名为《跨太平洋伙伴关系全面进步协定》(CPTPP),CPTPP 直接与服务贸易有关的内容包括四章,分别是第 10 章"跨境服务贸易"、第 11 章"金融服务"、第 12 章"商务人士临时入境"以及第 13 章"电信服务"。另外,第 9 章"投资"、第 14 章"电子商务"及第 17 章"国有企业"等包含服务投资销售的相关内容。

相比我国其他自贸协定的服务贸易规则,CPTPP 采取了负面清单承诺方式和棘轮原则,[②]同时在覆盖领域等方面均体现出"超 WTO"条款,因此对我国相关规则的对标形成更大的挑战。如对于电信业务,CPTPP 规定:①"确保其境内的主要电信服务商必须以合理条件提供网际互联、租用专线等服务",这意味着假如中国加入 CPTPP,外资公司可以以合理价格和条件租用中国三大电信公司的基础设施服务,这对打开中国电信服务市场意义重大;②在发放牌照的情况下,确保监管程序透明及不会对特定电信技术构成一般性歧视,并不会给本地供应商提供优惠接入的待遇,此举将打破中国电信运营商垄断特定电信业务的权力;③"在国际漫游服务领域引入竞争"条款迫使中国电信服务提供商降低国际电信资费与基础电信服务的相应资费。另外,从 CPTPP 金融服务条款来看,成员方都需要对其他成员方开放本国的金融服务业领域,特别是新金融服务,现有的中国金融监管体系下,银行、保险和证券等金融机构大都从事的是传统的金融业务,因此面临如何监管这些新金融业务问题。另外,CPTPP 中的

---

① GST 代表 Goods & Services Tax(货物服务税),与我国征收 VAT(Value Added Tax)营业加值税类似。GST 是几乎每个生产和经销阶段有供货或提供服务时会征收,唯一享有免 GST 的项目是食品。供货商和服务机构必须在税务部门注册。他们购买物品或服务时所付的 GST 可与他们供货或提供服务给其客户时所征的 GST 相抵消。

② 棘轮原则是 NAFTA 类型贸易协定的特征,任何保留措施未来的自由化都将自动锁定。而 GATS 类型的贸易协定几乎没有禁止反转条款。即便是有,也往往采用诸如"尽最大努力""应当考虑"此类约束力不强的表述。可见,TPP 呈现出较高水平的自由化和透明度。

投资者—国家争端解决机制、当地存在等条款与我国自贸协定的规定也差异较大。

（二）中国服务贸易规则对标 TiSA 条款的挑战

TiSA（Trade in Service Agreement）谈判启动于 2013 年，目前它包括了除美国、欧洲、澳大利亚等主导国以外的一共 50 多个国家和地区，涉及的服务贸易总额更是涵盖 70%的全球服务贸易市场。TiSA 谈判共包括以下方面：信息通信技术服务（包括电信和电子商务）、专业服务、金融服务、海运服务、空运服务、快递服务、能源服务、临时入境服务、政府采购、医疗服务、补贴。[①] TiSA 的特征主要体现在：

（1）在 TiSA 框架下，类似于 WTO 模式的法庭将会扩大，而且这些法庭在解决贸易争端时会影响当地法律，甚至“停滞”一些当地的法律法规，以冻结地方管理，如冻结当地对职业许可资格或技术标准的立法。

（2）公司可以通过类似于投资者—国家争端解决（Investor - State Dispute Settlement，ISDS）机制来执行监管方面的建议。而现有 WTO 争端解决法律机制规定只有国家才能成为诉讼主体，而在 ISDS 下，条约允许投资者对投资东道国违反协议的行为提起诉讼，美国意在利用 TiSA 替代 WTO 核心法规 GATS。

（3）TiSA 协议将企业的利润放在首位，社会、文化，甚至公共健康这些议题将靠边站。

（4）TiSA 对人权尤其是个人隐私存在潜在威胁。例如，TiSA 规定政府将不能阻止外国服务公司连入国内传输、访问、处理或存储信息（包括个人信息）网络，不管该公司是否在领土内，TiSA 规定的原意是把隐私保护视为贸易壁垒，因此这项规定将会对隐私法规造成冲击。一般而言，互联网是全球性的，但相关的隐私法规却采取本地化的规范，最具争议的是，无论国家的法律如何，所有的电信服务供应商都能够将客户数据移出消费国（甚至 TiSA）之外，这种跨国界的数据自由流动将会打破以往在业务所在地保存商业记录的传统，并引发了支持隐私人士的担忧。而服务贸易总协定（GATS）规定，把隐私保护当作例外情况，即隐私保护不被视为贸易壁垒，因此 TiSA 对那些想要保留隐私法的国家而言非常重要。

目前，我国正试图通过自贸试验区战略对接高标准国际贸易投资规则，但目前自贸试验区试点所涉及的服务贸易规则仍然低于 CPTPP 及 TiSA 水平。

---

① TiSA 谈判内容一直保密，维基百科陆续在 2014 年 6 月 19 日、2015 年 6 月 6 日、2016 年 6 月 27 日披露了几十份机密文件，TiSA 的神秘面纱也慢慢揭开。

（三）中国跨境服务贸易负面清单的实施风险

首先，中国对服务贸易开放的相关规章制度广泛分布于《外商投资产业指导目录》、中国在区域贸易协定中的承诺内容、中国内地与香港和澳门在CEPA框架下所签订的服务贸易协议、《中国自贸试验区负面清单》、地方政府与各部委所出台的对外商投资服务业（服务贸易）的相关管理文件。因此呈现出对服务业外资准入管理负面清单的“碎片化”特征，而且负面清单透明度并不高，造成对特定类型的服务业外资准入，这除了导致出现服务部门的多头管理以外，还会形成负面清单的使用地域和范围的相互冲突问题。

其次，目前中国十一个自贸试验区所执行的《自由贸易试验区外商投资准入特别管理措施（负面清单）》的模板与国际上主流的负面清单的规范格式相距较大（如NAFTA），如何进一步与国际负面清单接轨并减少其中产生的开放风险问题值得我们关注。

最后，目前我国正在研究尝试实施跨境服务贸易的负面清单，而开展跨境服务贸易必然受到近期欧盟所实施的数据隐私规则的影响。因此，是否可以先在我国特定地区试行跨境服务贸易负面清单（如粤港澳大湾区），并以此为基础进一步在内地推行，并发挥内地优势发展跨境服务贸易的机遇与优势。

四、美国诉华未完成入世议定书中服务贸易开放的相关内容

目前美国认为我国并未完成入世议定书中的相应承诺，而其中的焦点之一就在于服务贸易的开放问题，现做一简要梳理以助应对。

（一）美国诉华未完成入世议定书的相关服务贸易承诺

美国认为，2017年中国监管机构继续采用个案审批、歧视性监管程序、针对企业进入和扩张市场的非正式禁止措施、过于繁重的许可和运营要求等手段，阻挠美国服务供应商实现在华扩大市场的努力。这些政策和做法影响了很多领域的美国服务供应商，包括银行、证券和资产管理、保险、电子支付、云计算、电信、视频和娱乐软件、电影制作和发行、快递和法律服务等。此外，中国的网络安全法以及相关草案，包括购买国内ICT产品和服务的要求，对跨境数据流的限制以及在本地存储和处理数据的要求等，都使得美国服务提供商更难以进入中国市场。中国也未能充分解决美国在WTO争端解决领域的担忧，其中包括电子支付服务和戏剧电影的进口和销售等方面。

1.电子支付服务

美国认为,2017年中国继续对外国公司实施限制,其中包括针对美国主要的信用卡和借记卡处理公司,这些公司一直在寻求向在中国发行或接受信用卡和借记卡的银行和其他企业提供电子支付服务。在2010年发起的WTO案件中,美国辩称,中国已在2006年的入世协议中承诺开放这一领域,WTO专家组在2012年发布的一项决定中与美国达成了一致。中国随后在2013年同意遵守WTO专家组的裁决,但中国直到2017年6月才采取必要措施,甚至不允许外国供应商申请许可证。据报道,几家美国供应商已经试图提交他们的许可证申请,但中国还没有采取任何行动。在中国一直推迟向外国供应商开放市场的过程中,中国银联(China Union Pay)一直在利用其在中国市场的独家准入,支持其在海外(包括美国)建设电子支付服务网络。中国银联(China Union Pay)最近宣布,其在美国自动柜员机的渗透率达到100%,在接受信用卡的美国商店渗透率达到80%~90%。

2.戏剧电影

2012年2月,美国和中国就美国胜诉的WTO案件中涉及戏剧电影进口和发行的某些裁决达成了另一项决议。双方签署了一份谅解备忘录(MOU),规定每年将大幅增加在中国进口和发行的外国电影数量,美国电影制片人的收入也将大幅增加。然而,中国尚未完全履行其谅解备忘录的承诺,其中包括开放进口电影分销机会的重要承诺。2017年,根据谅解备忘录的规定,双方开始就进一步向美国提供有意义的赔偿进行讨论。

3.银行服务

美国认为,中国在很大程度上拒绝向中国以外的大型竞争对手开放其银行业。尽管中国以外资银行的形式开放了银行业,但在其他方面仍实施限制,使外资银行无法在中国获得重要的市场份额。最近的数据显示,自从中国加入世贸组织以来,中国银行资产的外资份额实际上已经下降。中国实施了各种歧视性和不透明的监管要求,使得外资银行更难在中国建立和扩大市场。其中一个主要领域涉及外国银行参与中国本币业务的能力,尤其是对中国个人方面。根据现行的管理规定,只有在中国设立代表处一年且总资产超过100亿美元的外资银行,才能申请在中国成立法人银行。另外,中国对外资银行实施了一些并不适用于国内银行的资产和资本要求,同时对外资银行申请设立新的分支机构,中国迟迟不采取相应行动。此外,中国限制外资银行通过分支机构而不是子公司在中国开展业务的活动范围。各种规定也限制了外资银行参与中国资本市场的能力。多年来,对单个外国投资者出售现有中资银行的股权,中国一直限制在20%以内,而对所有外国投资者的总股权限制在25%以内。2017年11

月,中国宣布将取消这些外资股权限制,并将对国内外企业实施同样的规定。2018 年 2 月,中国发布了一项措施,暗示打算取消外国股权限制,但该措施在重要方面含糊不清,目前尚不清楚是否将在实践中提供有意义的、非歧视性的市场准入。

4.保险服务

外资保险公司在中国市场的份额很低。在人寿保险领域,中国只允许外国公司成立中外合资企业,外资股权上限为 50%,目前这些合资企业的市场份额约为 5%。对于健康和养老保险行业,中国也将外资股限制在 50%。虽然中国允许外资独资子公司进入非寿险(即财产和意外)保险行业,但外资公司在该行业的市场份额仅为 2%左右。虽然中国的外商投资目录表明中国已经放开了保险经纪服务,但在实践中似乎仍在继续限制外国公司可以提供的保险经纪服务的范围。与此同时,一些在中国成立的美国保险公司有时在获得中国监管机构及时批准其开设新的内部分支机构以扩大其业务的请求时会遇到困难。2017 年 11 月,中国宣布将放宽保险服务领域的某些外资股权限制,但迄今为止还没有这样做。

5.证券和资产管理服务

在证券和资产管理服务行业,中国只允许外国公司设立中外合资企业,外资持股比例不得超过 49%。然而,据报道,中国最近授权了一家外国公司成立外资控股的合资企业,此外,中国已开始批准少数外资独资公司向高财富个人提供某些私募基金管理服务,但这些服务只是证券和资产管理公司通常提供的服务的一部分。2017 年 11 月,中国宣布将逐步取消对证券和资产管理服务行业的某些外资股权限制。2018 年 3 月,中国发布了一份征求公众意见的草案,似乎与 2017 年 11 月有关证券行业的公告有关。

6.电信服务

美国认为,中国为提供增值电信服务的外国供应商进入市场设置了障碍。这些限制包括不透明和任意的许可程序、外国股本上限以及定期暂停发放新许可证。结果只有几十家外国供应商获得了提供增值电信服务的许可证,但同时有数千家持牌的国内供应商。此外,中国对基本电信服务实施限制,如对新进入中国市场的非正式禁令、49%的外国股本上限、外国供应商只能与国有企业组建合资企业的要求以及极高的资本要求,都阻碍了外国供应商进入中国基本电信服务市场。中国最近发布了一份草案,提议允许国内外供应商获得移动电信转售服务的许可。然而,适用于外国供应商的条款和条件仍不清楚,现在判断是否提供有意义的市场准入还为时过早。

7.视听和相关服务

美国认为,中国对影院服务领域、电视和电台服务的限制极大地限制了外国供应商的参与。中国还禁止外国公司在中国提供电影制作和发行服务。此外,美国仍然非常关注国家新闻出版广电总局(SAPPRFT)和工信部(MIIT)2016 年 2 月发布的网络出版规定对外国公司从事视频和娱乐软件在线发行能力的影响(见下文“数字贸易壁垒”)。

8.快递服务

美国对中国实施 2009 年邮政法和相关规定感到担忧,中国禁止外国服务供应商参与其国内快递市场的“文件业务”。在一揽子措施方面,中国采取了过于繁重和不一致的监管措施,包括安全检查。据报道,在颁发商业许可证时,中国对国内服务供应商提供了更优惠的待遇。

9.法律服务

中国已经颁布履行加入世贸组织的法律服务承诺的措施。然而,这些措施限制了外国律师事务所可以提供的法律服务的类型,包括禁止外国律师事务所聘用符合中国法律执业资格的律师,并延长了设立新事务所的时间。

(二)数字贸易壁垒

美国认为,中国的互联网监管体制是限制性的、不透明的,影响着通过互联网开展广泛的商业服务活动。此外,重叠的监管权限常常导致一个服务需要来自多个机构的单独授权。

1.云计算限制

云计算服务通常通过以下两种方式之一的商业存在进行提供:①作为一种综合服务,电信网络的所有者和运营商提供计算服务,包括数据存储和处理功能;②通过该网络,或作为独立的计算机服务进行提供,与电信服务供应商单独提供的计算机服务站点连接。尽管中国在 GATS 承诺中允许这两种方式,但目前这两种方式都不对外资企业开放。

中国还严格限制外国企业在跨境基础上向中国提供云计算服务的能力。2017 年,中国监管机构发出题为《清理和规范互联网接入服务市场》的通知,于 2018 年 3 月生效,禁止中国电信运营商提供消费者租赁线或虚拟专用网(VPN)连接到达海外数据中心——防止了公司用来连接外国云计算服务提供商和相关资源的关键访问机制。美国正在评估这一限制,因为中国的 WTO GATS 有义务确保跨境数据处理服务使用和线路租用。

2.网页过滤和阻止

中国广泛屏蔽合法网站,对基于网络的服务和产品的供应商和用户造成了重大损失。最新数据显示，中国目前屏蔽了全球前 30 家网站中的 12 家，美国行业研究公司（U.S.industry research）估计，总共有多达 3000 家网站被屏蔽，影响了数十亿美元的业务，包括通信、网络、应用商店、新闻和其他网站。尽管随着时间的推移，这种技术手段变得越来越复杂，被称为"防火长城"（Great Firewall）的屏蔽机制也经常影响到那些可能不是预期的过滤和阻止目标，但可能共享相同互联网协议地址的网站。此外，有报道称，仅通过国家防火墙传递所有互联网流量会造成传输延迟，这可能会显著降低服务质量，在某些情况下，会降低到商业上不可接受的水平，从而抑制或阻止某些服务的跨境供应。过去，消费者和企业可以通过使用 VPN 服务来避免过滤，但 2017 年的一次打击行动几乎取消了这一选项，流行的 VPN 应用现在被禁止。这种发展对外国企业产生了严重的影响，它们经常使用 VPN 服务连接中国境外的地点和服务，并依赖 VPN 技术确保通信的机密性。

3.互联网语音协议（VOIP）服务

在中国允许计算机对计算机 VOIP 服务的同时，中国的监管机构已经限制向基础电信服务被许可人提供与公共交换电信网络（即：拨打传统电话号码）相关的 VOIP 服务。这种限制没有明显的理由，这剥夺了消费者进行交流选择的权利，因此美国继续主张消除这种限制。

4.域名规则

美国和其他外国利益相关方继续对 2016 年提出的监管互联网域名的规则表示关注，这是中国提供的许多基于网络服务的关键投入。虽然中国解释最初担忧禁止访问任何未在中国注册的网站的规定是基于对拟议规定的误解，但美国关于中国打算如何实现对注册及使用域名和其他网络资源的要求仍存在担忧。

5.跨境数据传输和数据本地化

中国监管部门为执行 2017 年 6 月生效的《中华人民共和国网络安全法》和 2015 年以来生效的《中华人民共和国国家安全法》，正在制定各种草案和最终政策，这些政策和措施会对日常商业活动中的跨境数据传输形成限制，同时，这些措施还会对涉及"关键信息基础设施部门"施加各种当地数据存储和数据处理的要求。考虑到依赖跨国界信息传输和灵活使用全球计算设施的各种商业活动，这种趋势在各国政府以及美国和其他国家的利益攸关方之间引起了高度关注。

6.在线视频和娱乐软件的限制

中国通过实施影响内容和分销平台的措施，限制了外国视频和娱乐软件的在线服务提供。此外，对于在线视频，国家新闻出版广电总局要求中国在线平台供应商将不超过其收购预算 30%的资金用于外国内容。对于分销平台，广电总局已采取了许多措施，比如要求视频平台都是国有的，以阻止外国供应商获得许可。广电总局和其他中国监管机构也采取措施防止跨境提供在线视频服务，这可能牵涉到中国 GATS 有关视频分销的承诺。

7.加密

信息通信技术产品和服务的使用越来越依赖于强大的加密，这是保护隐私和保护敏感商业信息的基本功能。这种功能在中国尤为重要，因为在中国市场网络盗窃的发生率很高。对加密使用的苛刻要求，包括侵入式审批程序，在许多情况下强制使用本地加密算法（例如，WiFi 和 4G 蜂窝产品），作为一个重要的贸易壁垒继续被利益相关者引用。美国将继续监测现有规则的执行情况，并将继续警惕引入任何妨碍使用稳健的、国际标准化加密的新要求。

8.限制互联网支付服务

2010 年中国人民银行（PBOC）首次发布了对非银行在线支付服务供应商的监管规定，随后开始处理申请者的申请。据美国一份行业报告显示，截至 2014 年 6 月，在已发放的 200 多份许可证中，只有两份发给了外商投资供应商，而这两份许可证只是针对有限服务进行的许可。此外，与其他信息通信技术领域（ICT）一样，中国人民银行要求供应商在中国境内进行本地化数据和设施。

（三）对再制造产品（Remanufactured Products）禁止进口政策

中国禁止进口再制造产品（通常将其归类为二手货）。除经济特区外，中国还实施了限制措施，禁止从事再制造生产过程中的投入品（通常为核心产品）进入中国海关领域。这些进口禁令和限制损害了中国许多行业的发展，其中包括矿业、农业、医疗、交通和通信，因为从事这些行业的公司无法购买在中国以外生产的高质量、低成本的再制造产品（二手货）。虽然出于环保或其他原因，中国禁止从国外进口再制造产品，但上述政策也同时构成对目前比较优势仍处于加工贸易[①]阶段的中国的障碍。

（四）产品和服务相关标准

在实施与标准相关的政策上，据报道，第一，中国政府在某些情况下曾向寻求参与标准制定程序的外国公司进行施压，要求它们以不利的条件获得技术或知识产权的许可；第二，中国在一些已经存在国际标准的高技术领域继续实施国家标准。

目前，中国正在对其标准体系进行大规模改革。作为这项改革的一部分，除了现

① 在新的国际收支平衡表中，加工贸易纳入服务贸易统计范畴。

有的“自上而下”制度之外，中国正在寻求在标准制定中纳入“自下而上”的战略。2017 年 9 月，中国发布了一份新的标准化法律草案，美国对此提出了书面意见，并对中国技术在标准开发方面的偏好提出了新的担忧，但未能解决美国在前一份草案中所写的其他问题。这份 2017 年 9 月的草案，只有微小的修改，并在 2017 年 11 月成为最终草案，于 2018 年 1 月生效。与此同时，现有技术委员会继续制定标准，允许更多的外国参与。例如，尽管美国对中国网络安全标准的实质性担忧尚未得到解决，但网络安全标准技术委员会已经允许外国公司参与标准的制定，并允许多家美国和其他外国公司投票，并参加标准制定工作组的工作。尽管如此，美国仍然非常关注中国在标准方面的政策，因为中国正准备制定标准化法律的实施条例。

值得注意的是，美国对中国标准制度的担忧并不仅限于美国公司进入中国市场的影响，还包括中国正在努力制定的国家标准，该标准旨在满足中国公司争取全球竞争的利益，因为中国政府的愿景是利用庞大的中国市场力量来推动或强制在全球市场采用中国标准。

（五）知识产权方面

中国加入世贸组织后，根据世贸组织《知识产权贸易协定》（TRIPS 协定）的要求，对保护国内外知识产权的法律法规框架进行了广泛修订。目前，中国正在针对这些法律法规进行一系列的修订。尽管在 2017 年中国国务院发布了各种计划和指示，但中国知识产权保护和执法体制继续对美国出口和投资构成严重障碍。因此，中国再次被列入美国贸易代表办公室 2017 年特别 301 报告的优先观察名单。此外，在 2018 年 1 月，美国贸易代表公布了 2017 年“恶名市场非周期评估”的结果，该评估对全球范围内打击盗版和假冒行为存在问题的在线和实体市场进行了确定，其中一些中国市场被称为“恶名市场”（Notorious Markets）。对于这方面内容，美国主要认为包括贸易秘密、不良商标注册等方面，另外特别指出了网上侵权行为：

网络盗版在中国继续蔓延，影响众多行业，包括传播合法音乐、电影、书籍和期刊、软件和视频游戏等行业。虽然加强执法有助于遏制一些盗版产品的在线销售，但需要更持续的行动和关注才能为内容产业的所有者和知识产权持有者创造更有意义的保护（特别是对中小企业）。

美国敦促中国政府创造一个更广泛的政策环境，以帮助合法和授权产品市场的健康发展。美国还敦促中国修改具有负面作用的现有政策。例如，对外国电视内容进行审查的相关规定形成了重点关注内容，如对通过网络平台对外国电视内容进行授权的连续性，这些规则正在破坏合法的商业活动，同时无意中创造了允许盗版内容取代在线合法内容的条件。

在2016年11月的美中商贸联委会（JCCT）会议上，中国同意积极推动与电子商务有关的立法，加强对网络侵权和假冒行为的监督，并与美国共同探索利用新途径提高网络执法能力。此外，2016年12月和2017年11月，中国公布了《中华人民共和国电子商务法》草案，征求公众意见。美国在书面评论中强调，这部法律的最终版本应该促进一种有效的通知—撤诉制度（notice and takedown regime），在处理网络侵权的同时为互联网服务提供商提供适当的保障。

总之，对中国自贸试验区（港）服务贸易的开放风险进行监管，各服务业的监管部门除了要考虑业务上的风险防范措施外，还需要重视如何跟国际贸易投资新规则进行对标，以及应对美国诉华未完成入世议定书承诺的诉讼等问题。

五、美国控诉国际知名自由港的国家（地区）服务贸易壁垒相关内容

以下我们引入美国控诉新加坡、阿拉伯联合酋长国等具有国际知名自由港的国家服务贸易开放的相关内容，以为中国建设自由港的政策设计提供参考。

（一）美国控诉新加坡服务业开放壁垒相关内容

1. 知识产权保护

新加坡渴望成为一个创新中心，并把打造成地区性知识产权中心列为国家重点建设目标。尽管新加坡在知识产权保护和执法方面有着良好的记录，但美国的利益相关者还是提出了一些担忧，包括商业秘密保护的限制、针对通过新加坡转运的侵权产品的执法不力，以及对终端用户盗版软件的威慑惩罚力度不足。美国的利益相关者还指出，他们主要担心的是使用未经授权的流媒体服务和第三方非法流媒体设备来获取盗版内容。

2017年5月，新加坡政府为创作者、用户和集体管理组织举行了关于版权集中性权利管理框架的听证会，作为对新加坡版权法律框架内容的一部分，还于2017年8月就新加坡专利制度修改提案进行了第二轮公开磋商。

2. 媒体、娱乐和广播服务

收费电视。2011年，媒体发展局（MDA），即现在的新加坡信息传播媒体发展局（IMDA）实施了一项规定，要求付费电视提供商在2010年3月12日以后“交叉传送”（cross carry）独家广播内容。这些规定仍在实施，要求付费电视公司与频道或内容签

订独家合同，以相同的零售价向其他付费电视供应商的用户提供这些内容。美国内容提供商仍然担心这些规定对私人合同安排、新内容包装和交付的创新以及对市场投资产生负面影响。

美国将继续与新加坡合作解决这个问题，包括通过快速发展的"OTT"模式（通过互联网为用户提供服务而不是通过专用的有线或卫星网络提供独家内容）。尽管采用了这些规则来避免用户寻求访问只在竞争对手网络上提供的内容来订阅两个有线网络，但基于互联网的竞争选项和 OTT 流媒体内容的激增，明显降低了拥有多个账户的消费者负担。

3. 视听和媒体服务

新加坡限制使用卫星天线并且未授权直接连到家庭的卫星电视服务。IMDA 对广播接收设备的安装和操作，包括用于电视接收的卫星天线进行许可。通过卫星接收电视服务的各方需要申请电视接收系统许可证，该许可证仅供金融机构等需要访问敏感信息以供业务决策的组织使用。

4. 法律服务

除国际仲裁外，在新加坡设有办事处的美国和其他外国律师事务所不得通过招聘新加坡合格律师或与新加坡合格律师建立合伙关系来就新加坡法律提供建议。为了可以对新加坡法律提供建议，外国公司必须与新加坡法律实体组建合资企业，或获得持有合格外国律师执业资格（QFLP①）的许可。QFLP 许可证是有限的（2008 年以来已有 10 份，其中 9 份依然有效），根据法律部门的规定，QFLP 方案目前尚未开放申请，目前还没有关于下一轮申请的详细信息。

5. 银行业

除非已获得合格的完全银行（QFB②）特权，否则在新加坡发行信用卡的外国银行和其他金融机构不得对当地发行的信用卡持有人提供 ATM 服务，除非他们通过自己的网络或通过外国银行共享的 ATM 网络。然而，QFB 可以就商业化的方式与当地银行进行谈判，让信用卡持有者通过当地银行的 ATM 网络获得现金预付款。

负责新加坡金融管理局（MAS）的部长必须批准合并或收购在新加坡注册的银行或金融控股公司，以及收购高于特定门槛的金融机构（5%、12%和 20%）的投票权股。在这个审批过程中，一个重要的考虑因素是政府的政策，即维持当地银行的市场份额不低于总居民存款的一半。关于在新加坡扩大业务，金管局将考虑给予自贸协定伙伴国家的外资银行新的 QFB 特权，并给予对新加坡有实质利益的外资银行。

① Qualifying Foreign Law Practice.

② Qualifying Full Bank.

6. 医疗保健

美国利益相关方表示，对卫生部实施的补贴政策和药品程序规则的透明度问题感到兴趣，特别是关于制药以及生物制药创新的批准方面。

（二）美国控诉阿拉伯联合酋长国服务业开放壁垒相关内容

1. 知识产权保护

2017年卫生部与经济部合作联合采取行动，允许在美国国内生产但尚在专利保护范围内的仿制药物产品依然受到专利保护法的保护，但呼吁以前政府为原产国提供了原产地专利保护的措施不再有效。阿联酋政府未能提供澄清或保证，缺乏可预测性和透明度导致创新制药行业利益相关者之间的不稳定和混乱。

此外，严重的版权盗版和商标侵权问题仍然存在。行业团体继续引起了人们的担忧，即官员在迪拜和阿治曼继续允许许多假冒产品的出口和转运，而不是没收和销毁货物，即使联邦阿联酋官员宣称，2014年的法律在商业欺诈要求销毁假冒商品的同时仍然允许有缺陷或不合格的货物回到原点。美国版权所有者还继续对缺乏知识产权起诉表示担忧；缺乏专门从事打假执法的常设工作人员；缺乏执行行动，没有权利所有者提出具体的书面投诉；缺乏透明度和有关阿联酋袭击和没收盗版和假冒商品的现有信息。阿联酋也尚未建立某些版权使用费的收集协会，这一直是一个长期关注的问题。在2017年恶名市场名单中，还包括阿联酋的两个实体市场，该市场有5000多家商店出售各种各样的假冒商品。除了服务阿联酋市场之外，这些市场还作为向中东、北非和欧洲其他市场销售假冒商品的门户。

在海湾合作委员会成员国探索进一步协调其知识产权制度之际，美国将继续与海湾合作委员会各机构和成员国开展合作，并酌情根据美国资源和目标，就知识产权政策和实践提供技术合作和能力建设计划。

2. 数字贸易壁垒

互联网服务。阿联酋严格限制提供基于互联网的通信服务，包括互联网协议语音（VoIP）服务，但允许电信运营商提供的或与之合作的服务除外。这一限制对外国供应商的“OTT”（通过互联网为用户提供服务而不是通过专用的有线或卫星网络提供的独家内容）服务构成了巨大的市场准入障碍。2017年9月，电信监管机构宣布计划允许某些服务供应商提供VoIP服务，但实际上，国有电信服务提供商已周期性地放缓外国VoIP服务。

阿联酋已经建立了一个限制性的通过移动应用的交通服务监管框架。所有基于APP的运输服务都必须获得许可，而且这种许可数量有限，导致服务质量差，价格高。

基于应用程序的交通服务也需要比传统出租车多收取30%的费用，并且必须与阿联酋政府实时共享数据。这些限制措施限制了这些服务能够向消费者提供的价值，并削弱了它们相对于本地替代产品的竞争力。

3. 航空公司补贴

2015年，三家美国航空公司与美国官员进行接触，声称阿联酋政府向其航空公司提供扭曲市场的补贴。美国政府认真对待这些声明，并就这些指控和相关政策影响向各种航空业利益相关者征求信息。两国政府正在努力达成共识，以解决所有美国利益相关者提出的担忧。

4. 代理和分销商的规则

阿联酋相关法律要求非GCC（Gulf Cooperation Council）的外国公司只能通过阿联酋国民或阿联酋国民全资拥有的公司的独家商业代理商在阿联酋销售其产品。阿联酋政府允许外国公司在没有当地代理的情况下销售某些产品（包括家畜、乳制品、脂肪和油、蜂蜜、鸡蛋、果汁、盐、酵母、动物饲料、清洁剂和卫生产品），以稳定这些产品的价格。外国公司必须拥有独家的商业代理，除非前代理商或商业代理委员会同意终止本协议，或者除非有法律行动取消本协议，否则不得注册其他商业代理。

5. 电信

阿联酋政府持有Etisalat和du的多数股权，这是阿联酋目前仅有的两家电信公司，也是阿联酋唯一的互联网服务提供商和移动电话运营商。2015年6月，阿联酋允许外国投资者持有最大电信运营商Etisalat多达20%的股份。对于du来说，尽管外国的股权可以达到100%，但其实际的外国所有权目前只占不到1%。阿联酋的两个主权基金：阿联酋投资管理局（EIA）和穆巴达拉发展公司（Mubadala Development Company）分别持有du40%和20%的股权。尤其是与阿联酋对OTT服务的限制（见“数字贸易壁垒”一节）相一致，阿联酋电信市场受到了国外竞争的严格限制，消费者几乎没有选择。

6. 保险

外国保险公司只能作为分支机构在阿联酋经营。阿联酋内阁2017年5月第16号决议允许国内保险公司的外国股本限额从25%增加到49%。

阿布扎比酋长国将阿布扎比国家石油公司的基础设施、建设项目和公司的保险范围限制在阿布扎比的国家保险公司。

7. 投资壁垒

阿联酋一般不为外国投资者提供国民待遇，外国对土地的所有权也受到限制。阿联酋通过限制性的代理、赞助和分销要求限制外国投资。除了极少的例外，或者除非建立在自由区,否则在阿联酋拥有非 GCC 所有权的公司必须至少拥有阿联酋 51%的国家所有权,尽管利润和管理控制权可以进行不同的分配。非海湾合作委员会外国公司的分支机构必须有一个具有 100%阿联酋国家所有权的商业代理,除非外国公司根据与联邦政府或一个酋长国政府的协议设立其办事处。

2016 年 4 月,阿联酋澄清了 2012 年第 4 号联邦法律,该法律定义了“主导机构”,并禁止这些实体在没有正当理由的情况下从事价格操纵、掠夺性定价、在拥有类似合同的客户之间进行歧视,或强迫客户不与竞争实体打交道。然而,该决议免除了国家或地方政府拥有至少 50%股份的机构。一般来说,国有企业是阿联酋经济模式的关键组成部分,在与外国公司的法律纠纷中,国有企业被认为是受到当地司法部门青睐的。

2017 年,一些政府实体发布了为国家投资者提供优惠待调的决议。2017 年 1 月经济部第 3 号决议更新了各项服务的收费标准,适用于外国公司的收费比国内公司的收费标准高出 4~12 倍。阿治曼酋长国(The Emirate of Ajman)发布 2017 年 7 月第 12 号法令,对房地产经纪办公室进行重组,其中阿治曼经济发展部不得为房地产经纪办公室颁发新许可证或续签或修改有效许可证,除非申请人是阿联酋公民或 GCC 国家。

外国投资者继续对解决投资争议和收取仲裁裁决的困难表示担忧。除其他问题外,外国投资者也担心与阿联酋公司争执仲裁往往会危及他们在该国的商业活动。

参考文献

[1]美国贸易代表办公室(USTR)关于 TPP 电信章节的解释,2015.

[2]美国贸易代表办公室(USTR)关于 TPP 跨境服务贸易章节的解释,2015.

[3]蒙英华,汪建新.超大型自贸协定的服务贸易规则及对中国影响分析——以 TPP 为例[J].国际商务研究,2018(1).

[4]盛斌.中国加入 WTO 服务贸易自由化的评估与分析[J].世界经济,2002(8).

[5] 2017 Report to Congress On China ' s WTO Compliance [R]. United States Trade Representative, 2018.

[6]2018 National Trade Estimate Report on Foreign Trade Barriers[R].Office of the United States Trade Representative, 2018.

第九章　国际企业入驻视角下自贸试验区营商环境研究[①]

文　娟　陈天瑜[②]

一、从投资环境到营商环境的概念演变和实践逻辑

营商环境是一个比较新的概念。在2013年之前,学术界和政策实践中使用的主要是投资环境。从投资环境转向营商环境,体现了我国政府从重视招商外资转向重视为外资企业从入驻到经营提供良好的稳定环境和服务,以及政府从单纯依赖优惠政策转向依赖良好经济制度环境。

(一)概念演变

1.投资环境

投资环境又称投资气候,最早出现在1968年《国际商业安排的概念框架》一文中,美国学者Litvak I.A.和Banting P.M.以冷热国比较法从政治、市场机会、经济发展、文化、法律等角度选取七个指标对投资环境进行定性评估,但尚未对投资环境有明确界定。我国对投资环境的研究兴起于改革开放以后,对应于改革开放背景下对我国经济特区投资环境进行的研究分析。[③] 按照《投资大辞典》定义,投资环境是制约投资主体投资行为的客观条件。[④] 是在一定时期特定区域内,一国或地区为吸引国际投资进入并取得效益所具备的各种外部条件(郭信昌,1991)。

综合国内文献研究成果,投资环境具有以下基本特征:①综合性。投资环境不是

① 本章受国家社会科学基金项目“中国企业主导构造价值链推进国际产能合作的动力、路径和对策研究”(17BGJ025)、上海市哲学社会科学规划办公室智库专项后期资助项目“国际企业入驻视角下自贸试验区营商环境研究”(2019TFB008)资助。

② 陈天瑜就职于中国农业银行上海分行。

③ 陈乔之.试析新加坡的投资气候——兼论改善我国经济特区投资环境的问题[J].东南亚研究资料,1982(3):43-53.

④ 黄汉江.投资大辞典[M].上海社会科学院出版社,1990:380.

孤立存在的个体，而是涵盖众多不同类型要素的综合配套体系。按构成因素，投资环境分为政治环境、宏观经济环境、法律环境、技术环境、社会环境、自然环境等。按投资要素是否可变，投资环境分为硬环境和软环境（闵建蜀，1993；厉以宁，1993）。硬环境是以自然资源、能源、水电等具有物质形态的因素为代表的有形资源，而软环境包括了以经济结构、政治体制、法律、文化传统等为代表的无形要素。按研究层次，投资环境分为宏观的国家环境、中观的地域或产业投资环境和微观的项目或企业具体投资环境三类（鲁明泓，1997；石忆邵等，2003）。②动态性。在较早时期，投资环境指以“七通一平”为代表的基础设施建设（朱乃肖，1985）。[①] 后来，为企业提供安全稳定的法律保障和政策优惠安排等各种软指标（周文彰，1996）也被纳入投资环境的内涵中。

2.营商环境

根据世界银行首份全球营商环境报告（2003），营商环境是企业在一国或地区内从开办、经营到关闭所面临的一切制度环境。从广义角度看，营商环境涵盖了影响企业投资、经营的一切因素。

研究表明，营商环境具有以下特征：①综合性。营商环境是影响企业正常运营的一系列要素的综合。狭义的营商环境是影响企业生命周期全过程的要素集合，广义的营商环境包括了市场环境、政务环境、法律政策环境和人文环境等因素。[②] ②内涵丰富。广义的营商环境被解释为一国或地区影响投资行为和企业盈利的各种客观条件的总和（孙丽娜，2016），包含政治要素、经济要素、社会要素、法律要素等各个方面。营商环境可分为营商“硬”环境和营商“软”环境。营商“硬”环境主要包括与企业经营相关的自然资源、基础设施等有形要素，而营商“软”环境主要关注制度软环境、市场环境、商务成本环境、基础设施环境和生态环境等要素（薄文广等，2018）。按照投资对象，营商环境分为投资营商环境和本土营商环境（张志铭和王美舒，2018）。投资营商环境聚焦于对外商投资企业政策方面的优惠与便利，也包括市场准入、知识产权保护等要素（马骆茹、朱博恩，2017）。本土营商环境侧重于对本土企业以制度环境为代表的改革，包括立法的条文、司法效率和行政机关的执法效率。按研究层次，营商环境包括宏观层面、政府或制度层面和基础设施层面的因素（韩冰、潘圆圆，2017）。按研究空间，营商环境分为国际、区域、城市等由大到小的范围。按外商直接投资动机，可分为政策寻求、市场寻求、效率寻求、资源寻求等类型的营商环境（李玉梅、桑百川，2018）。

① “七通一平”指的是通电、通水、通道、通航、通电讯、通地下水道、通煤气管道、平整土地。

② 详见《中华人民共和国国民经济和社会发展第十三个五年规划纲要》第五十章第一节。

3.投资环境与营商环境的比较

(1)两者责任主体相同,但责任主体所起的作用有差异。政府作为环境建设的引领者,不论在投资环境还是在营商环境中都需要参与制度设计、政策执行、市场监管等活动。但在投资环境中,以往政府主要扮演监管者的角色,而在营商环境中,政府作为服务者的地位更加突出,注重政府服务对企业经营效率的提升。

(2)两者都具有综合性,但内涵子要素有差异。投资环境和营商环境都是影响企业投资行为的一系列外部因素的总和,具有综合性、复杂性和动态性的特点。营商环境更加从微观凸显企业从开办、经营到破产的全过程以及政企关系的重要性,更注重从基础设施好坏等投资环境的显性成本向影响企业经营效率的隐性成本转变。

(3)二者内涵分类相似,而侧重点不同。相较于过去投资环境对基础建设的重视,营商环境更加关注政府制度和政策层面的改革给微观企业带来的变化(徐昱东等,2015;张威,2017;杨亚平、李腾腾,2018;何凌云、陶东杰,2018),更加重视软环境建设对企业经营效率的影响(张莉,2017)。

(4)营商环境指标呈现出量化特点。投资环境经历了从分类不明确的定性评价到定量评价的转变,一度盛行的冷热国比较法、等级尺度法等存在主观性强的问题(谢国娥等,2018)。1980 年之后,出现了道氏评估法、投资风险评估和以世界经济论坛发布的《全球竞争力报告》等对投资环境的测评体系。目前,数学模型定量分析手段如主成分分析(张雅清,2006)、层次分析法(钟飞腾等,2015)、熵权法(权衡、张鹏飞,2017)、模糊神经网络分析技术、突变级数法等常见于对投资环境的分析评级。营商环境评估分析首先建立在调查基础上,从微观层面的中小企业入手(许可、王瑛,2014;徐昱东、崔日明,2015),指标的体系建设更为全面和成熟。

表 9-1 从投资环境到营商环境的概念转变

	投资环境	营商环境
政府角色	监管为重	服务为重,监管为辅
重点内涵	基础设施及优惠政策	政府制度建设
企业动力	以优惠政策为主	整体环境优化
研究方法	定量到定性	定量为主,定性为辅

资料来源:笔者自行整理。

(5)国际组织、政府、准政府和企业都积极参与对两者的研究分析。投资环境的主要研究机构包括国际组织(如世界经济论坛)和专业性的国际会计师事务所或律师事务所。随着概念的演变,上述机构以及更多机构参与到对营商环境的研究中,形成不同的测评体系。近年来,我国十分重视建设国际一流营商环境,不少研究机构投入到研究中,如上海华夏社会发展研究院提出构建中国营商环境的指数体系、粤港澳大湾区研究院撰写的《2018 城市营商环境》、中央广播电视总台编撰的《中国城市营商环境 2018》报告等。

(二)营商环境在我国的实践逻辑

改革开放以来,我国利用外资的基本增长趋势大致可以分为四个阶段(见图 9-1)。第一阶段属于引资探索期:1979—1991 年,外商直接投资项目和中国实际使用的外资金额缓慢增长,以间接投资为主(年均对外借款占比约 39%,最高达 60%~70%)。第二阶段是外资飞速增长阶段:1992—1993 年,其中 1993 年,外商直接投资项目达八万余个,较 1992 年增长了 71.1%。第三阶段是缓和期:1994—1999 年,外商直接投资项目逐年递减,金额增速放缓。第四阶段是外资爆发增长期:2000 年之后,入世首先为我国送来第一轮外商投资规模的小幅增长,然后 2006—2011 年前后出现一轮外资项目和金额的快速增长。除去发生美国"次贷危机"的 2008 年,在此期间,中国利用外资总体处于增长态势。

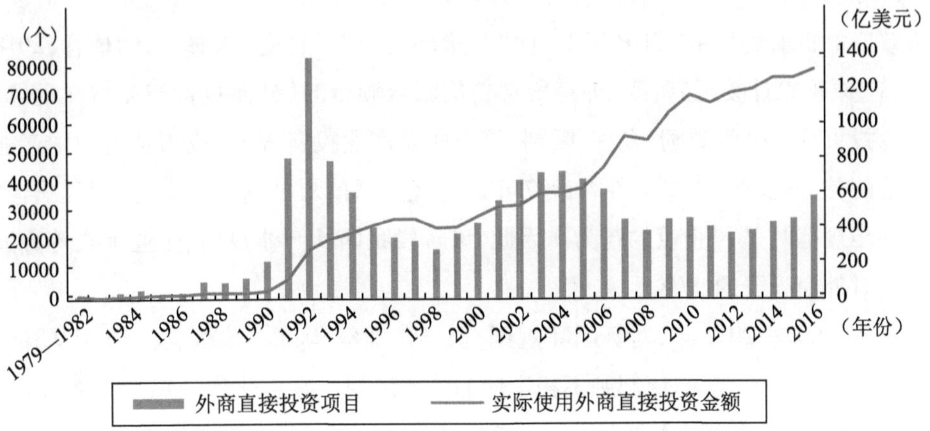

图 9-1 1979—2017 年中国实际吸引外商直接投资情况

按照前述中国吸引外资的四个阶段,我国的引资政策实践相应地经历了四个阶段。

第一,1979—1991 年,大力优惠阶段。改革开放初期,我国经济发展水平低、基础设施落后,处于封闭经济向开放经济转型的过程中,主要靠外商投资开发国内资源(魏杰,2016),发展出口导向型经济拉动经济增长,而廉价的劳动力和土地资源,以及超国民待遇的政策优惠是吸引外资的主要动力。在外资企业投资形式方面,随着

1979 年《中华人民共和国中外合资经营企业法》的颁布、1986 年《中华人民共和国外资企业法》以及 1988 年《中外合作经营企业法》的正式实行，中外合资经营、外商独资和中外合作经营成为了三种主要的外商投资形式，但尚未有统一的外资企业法，投资环境存在政府行政干预过多、市场经济法律体系不健全等问题（焦泉，2007）。在税收方面，1980 年，《中华人民共和国中外合资经营企业所得税法》第三条规定了合营企业的所得税税率为 30%，此后还给予免征、缓征所得税的优惠。在经济特区、沿海经济开放区和经济技术开发区实施更加优惠的税收政策，仅征收 15%或 24%的企业所得税。1986 年，国务院《关于鼓励外商投资的规定》第二十二条在征收税收方面，取消了外资企业在利润汇出时的税收限制。因此，此阶段我国通过制定外资法规增强外商投资的信心，政策内容以“超国民待遇”的优惠为主。

第二，1992—2000 年，对外商投资的监管增加。我国开始改善金融、外贸和外汇等领域的外贸和投资环境（太平，2008）。地方政府原来以优惠政策作为招商引资的主要手段，并未考虑产业结构和环境保护的问题。随着劳动力成本的上升，我国传统的比较优势逐渐被越南、印度等发展中国家取代，劳动密集型产业的投资环境吸引力下降，因此，单纯依靠低成本、优惠政策的投资环境已不适合社会的发展，需要向高质量、体制层面改革环境（娄成武、张国勇，2018），政府的职能需要从主导向引导发展，地方政府的价值目标由“GDP 至上”向“政策环境至上”转变（宋林霖、何成祥，2018）。1995 年，原国家计委、经贸委、外经贸部首次联合颁布的《外商投资产业指导目录》列明外商投资项目分为鼓励、允许、限制、禁止四类产业投资方向，成为针对中国产业投资环境的首份规范性法律文件。1997 年起外经贸部门对外商投资企业进行联合年检以进一步规范“三资”企业的行为。因此，该阶段我国从产业投向、企业审查等方面开始注重对外商投资的监管。

第三，2001—2012 年，对标国际规则，引导产业结构进一步优化。加入 WTO 后，我国进一步清理了与 WTO 规则不相适应的法律法规。在优化产业结构方面，2002 年《指导外商投资方向规定》划出了以新技术为重点的引资领域，鼓励和引导外商投资现代农业、高新技术产业、基础设施建设；2006 年发改委公布的《利用外资十一五规划》是首个为外资发展单独制定和发布的规划，其中明确了外商投资的产业环境，向“高技术产业、现代服务业、高端制造环节、基础设施和生态环境保护，中西部和东北地区”引导，成为我国今后利用外资政策的战略转变。2007 年通过的《中华人民共和国企业所得税法》对内外资企业实现 25%的统一所得税率，外商投资企业不再享受“超国民待遇”。从 2010 年 12 月 1 日起，国务院 1985 年颁布的《城市维护建设税暂行条例》和 1986 年颁布的《征收教育费附加的暂行规定》正式对外商投资企业适用。因此，此阶段我国吸引外资的政策以税率的统一和产业上的差别性优惠为主，从产业和地域两个角度鼓励技术开发与创新。

第四，2013 年至今，实施以优化营商环境为主的引资新举措。2013 年，党的十八届三中全会在论及"推进国内贸易流通体制改革，建设法治化营商环境"时正式提出了"营商环境"概念。政府近五年来也在多个重要会议上直接强调营商环境建设（见表9-2）。在具体实践方面，2013 年 9 月，上海自贸试验区的设立是我国营商环境在法治化和国际化方面的先行先试，通过暂停调整原有外商投资管理的相关法律和行政法规以减少在产业准入方面的限制。2017 年国务院发布的 5 号文、39 号文和 2018 年的国发 19 号文都以引进外资促进高质量发展为中心，引资政策推进更具连续性。就内容来看，措施不限于产业或税收政策等领域，覆盖面更广，除了降低外资企业制度性交易成本外，还进一步营造内外资公平竞争的环境，如内外资企业同等适用"中国制造2025"战略政策等。

表 9-2　政府提及营商环境的重要会议或报告列表

2013 年中央全面深化改革的决定	建设法治化营商环境
2014 年起国务院常务会议	每年首次常务会议都以部署营商环境为工作的中心
2015 年 1 月李克强总理在达沃斯年会的致辞	提出"打造国际化、市场化、法治化的营商环境"
2015 年 11 月党的十八届五中全会	提出要"完善法治化、国际化、便利化的营商环境"
2015 年 5 月《关于构建开放型经济新体制的若干意见》	着力构建稳定、公平、透明、可预期的营商环境
2016 年 3 月 17 日《国民经济和社会发展第十三个五年规划纲要》	提出要"营造优良营商环境"
2017 年 6 月全国深化简政放权放管结合优化服务改革电视电话会议	提出"营商环境就是生产力"
2018 年 11 月 30 日二十国集团领导人峰会	强调"中国将继续朝着优化营商环境的方向，营造自由、开放、包容、有序的国际经济大环境"

资料来源：根据中央人民政府网站有关新闻整理。

二、营商环境评价研究

不少国际机构系统地评估各国营商环境，其中影响最大的是世界银行的《营商环境报告》和经济学人智库（EIU）的《营商环境排名》。世界经济论坛（WEF）的《全球竞争力报告》、瑞士洛桑国际管理发展学院（IMD）出版的《世界竞争力年鉴》、美国传统基金会发布的《经济自由度指数》虽然未以"营商环境"命名,但其内涵与营商环境高度相关。近年来,我国先后发布出台了《2018 年中国城市营商环境评价报告》《2018 中国城市营商环境质量报告》《机遇之城》等。

表 9-3　国际主要研究机构

国际机构及报告名称	设立年份	覆盖经济体数量(个)
世界银行《营商环境报告》	2001	190
经济学人智库《营商环境排名》	1997	82
世界经济论坛《全球竞争力报告》	2005	137
瑞士洛桑国际关系管理学院《世界竞争力年鉴》	1989	63
美国传统基金会《经济自由度指数》	1985	179

资料来源:根据各机构研究报告整理。

(一)评价指标体系

综合来看,国际机构营商环境指标包括了:投资、贸易、税收便利与税负高低、法治、基础设施和企业经营效率这六个方面。

1.世界银行营商环境评价体系

世界银行《营商环境报告》聚焦于影响和限制国内私营企业商业活动的监管规则和法规。2003 年至今,世界银行共发布了十五期以法律监管和法规为主题的报告。世界营商环境调查覆盖企业生命周期的 5 个阶段(创业、获得场地、获得融资、入场运行、出现问题)所涉及的手续、时间及费用,指标体系包括对监管程序的复杂和成本进行估计、对法律制度的力度进行衡量。企业经营所经历的手续越少、耗费时间越短、花费越低,意味着政府监管的效率越高,营商环境越好。世界银行《营商环境报告》具有较广泛权威性,也存在一些不足。

(1)调查内容具有局限性。报告对营商环境有针对指向性,报告中的营商环境特指那些影响中小企业生命周期的 10 个阶段的监管规则和法规,未将私营企业以外的其他类型企业纳入调查范围。而从广义角度看,营商环境是影响企业经营的各方面因素的集合体,是商业环境对企业或投资者有影响的方面,而基础设施、宏观经济稳定性等因素都不在研究范围内。

(2)调查对象具有片面性。首先,调查的对象是一国的中小企业和影响中小企业商业活动的监管规则和法规。其次,调查基于标准化假设。针对内资中小企业在企业实体(有限责任公司)、启动资金(人均收入的 10 倍)、雇员(10~50 个本国国民)和营业额(不低于人均收入的100倍)等方面一系列标准化的假定条件。世界银行的这一假设虽然有利于各经济体之间的数据进行相互比较,但部分假设与现实相脱离,是一种理想化的企业运营状态。因此,调查以某一个区域代表一个国家,若一个经济体内城市发展差距大,仅调查主要商业城市无法说明整个国家的总体营商环境。最后,受访对象主要是以问卷调查的方式采访了律师事务所或咨询公司及世行的工作人员,受访对象可能存在主观性。

(3)方法简单。在数据处理上,营商环境报告对所有数据采用简单平均的方法,没有赋予不同指标相应的权重。在经济体之间,将发展中国家和发达国家直接进行排名,可能忽略了其在体制等方面的基础差异。

2.其他国际机构的评价体系

经济学人营商环境排名、全球竞争力报告等评价指标覆盖面广。尽管各指标切入角度不同,但从表9-4的一级指标可以看出,指标体系基本由法治、宏观经济、企业运行效率、基础设施建设构成。

表9-4　不同指标体系的比较

国际机构及报告名称	指标角度	一级指标
世界银行《营商环境报告》	中小企业获得感视角的营商自由	开办企业、办理施工许可、开通电力、登记财产、获得信贷、中小投资者保护、纳税、国际贸易、合同执行、破产清算和就业市场
经济学人智库《营商环境排名》	投资视角的制度环境和市场环境	宏观经济环境、市场机会、自由企业和竞争政策、外国投资政策、外贸和外汇管制、税收、融资、劳动力市场和基础设施
世界经济论坛《全球竞争力报告》	宏观视角的经济发展绩效和市场环境	制度体系、基础设施、宏观经济环境、健康和基础教育、高等教育和培训、商品市场效率、劳动力市场效率、金融市场发展、技术准备程度、市场规模、商业成熟度和创新
瑞士洛桑国际管理发展学院《世界竞争力年鉴》	经济绩效政府效率	经济运行、政府效率、商务效率和基础设施建设
美国传统基金会《经济自由度指数》	经济自由度	法治、政府规模、监管效率、市场开放

资料来源:根据各机构研究报告整理。

与世界银行的《营商环境报告》类似,EIU的《营商环境报告》也是从企业投资视角出发。EIU的报告最大的特点在于数据的时间跨度较长,其涵盖了过去五年的历史数据和未来五年的预测数据。在十大一级指标下,又分设了91个二级指标,每个指标又分为五个等级，从 1（非常不利于经营）到 5（非常利于经营）进行打分，最终的营商环境评分转换成 1~10 分。除简单平均计算外，报告中还考虑了指标的不同权重，在市场机会、劳动力市场和税制三个指标中有一国或地区过去三年 FDI 的流入量计算相应的权重。

瑞士洛桑国际管理发展学院（IMD）和世界经济论坛（WEF）的调查问卷均为经理问卷调查（Executive Opinion Survey），但与 IMD 的调查不同，WEF 赋予了经理问卷调查更高的权重，由问卷调查收集的最终数据占到数据总量的 2/3，而 IMD 更加重视硬性指标的数据，经理问卷调查的统计结果仅占 1/3，因此，IMD 的统计结果较 WEF 更为客观。

经济自由度指数包含的内容比世界银行的营商环境指标更加多样。该指标从法治、财税、企业开办和运行的微观视角，以及贸易和投资市场开放的宏观视角构建经济自由度指标。在营商自由中，借用了世界银行在开办企业、获得许可和电力，以及关闭企业这些领域共十二项指标的数据。

（二）对中国的研究

根据上述国际机构的研究结论，中国营商环境建设取得了显著的成效。以世界银行排名为例，2018 年中国营商环境排名跃升了 32 位，主要原因是中国为企业营商环境的提升开展了 7 个领域的改革，尤其是企业开办的手续时间、接入电网所需的费用和纳税所需时间三大方面较过去五年有了显著提升。在《世界竞争力年鉴》中基础设施项的排名和世界银行《营商环境报告》中获得电力的排名都在世界前 20 位。《世界竞争力年鉴》中，除了中国的经济表现长期稳定在前五名的位置之外，商业效率从 2014 年的第 28 位上升至 2018 年的第 15 位。虽然中国的经济自由度指数一直处于基本不自由的类别中，但得分在 2017 年提高了 5 分，绝对排名提高了 30 位。

表 9-5　国际机构指标的中国排名

世界银行《营商环境报告》		世界经济论坛《全球竞争力报告》		IMD《世界竞争力年鉴》		美国传统基金会《经济自由度指数》	经济学人智库《营商环境排名》	
2009 年	83/181	2008—2009 年	30/134	2008 年	17/59	126/157	2009—2013 年	49/82
2010 年	89/183	2009—2010 年	29/133	2009 年	20/59	132/179	—	—
2011 年	92/183	2010—2011 年	27/139	2010 年	18/59	140/179	—	—
2012 年	91/183	2011—2012 年	26/142	2011 年	19/59	135/179	—	—

续表

世界银行《营商环境报告》		世界经济论坛《全球竞争力报告》		IMD《世界竞争力年鉴》		美国传统基金会《经济自由度指数》	经济学人智库《营商环境排名》	
2013 年	91/185	2012—2013 年	29/144	2012 年	19/63	138/179	—	—
2014 年	96/189	2013—2014 年	29/148	2013 年	21/63	136/177	2014—2018	50/82
2015 年	90/189	2014—2015 年	28/144	2014 年	23/63	137/178	—	—
2016 年	84/189	2015—2016 年	28/140	2015 年	22/63	139/178	—	—
2017 年	78/190	2016—2017 年	28/138	2016 年	25/63	144/178	—	—
2018 年	78/190	2017—2018 年	27/137	2017 年	18/63	111/180	—	—
2019 年	46/190	2018 年	28/140	2018 年	13/63	110/180	—	—

资料来源:根据各机构历年统计报告整理。

应当注意的是,这些报告也指出,与国际高标准相比,我国营商环境还有很大的提升空间。例如,在办理施工许可和纳税方面,我国的综合排名仍然在 190 个经济体的中后段,与世界前沿水平差距很大。此外,我国在 IMD 和美国传统基金会的评价结果中排名比较靠后,在经济学人智库的排名有所恶化。之所以出现这些情况,可能原因有:

(1)世界银行主要考察的是一国中小企业的商业法规监管与效率,并对企业做出标准化假设,研究仅针对最具商业活力的城市。经济学人智库的营商环境指标体系包括宏观环境、投资政策等方面,各项综合后,可能会影响中国的最终排名。经济学人智库排名还参考历史和预期的影响。由于中国优化营商环境政策集中在近五年出台,过去中国中后位的营商环境排名拉低了名次。

(2)《全球竞争力报告》和《世界竞争力年鉴》的指标包括宏观经济、政治制度、基础设施、健康医疗等社会环境,覆盖面广,这有利于提升我国排名。

(3)经济学人智库《营商环境排名》研究对象国主要是经济发达国家且受到过去排名的影响,这也易导致中国营商环境排名靠后。

三、国际企业入驻视角的全球代表性自贸区营商环境

新加坡、中国香港、迪拜杰贝 · 阿里自由区、美国纽约—新泽西港对外贸易区、爱尔兰香农自由区等是全球知名的自贸区。根据前述营商环境报告,下面从投资、贸易、

法治、基础设施等角度对这些自贸区营商环境加以比较。

(一)全球代表性自贸区国际企业入驻情况

1. 投资来源

《2016 年新加坡外商投资报告》显示,新加坡外商投资前五大来源地分别为美国、英属维尔京群岛、开曼群岛、荷兰和日本。约有 3700 家美国企业在新加坡经营,主要投资于电子、医疗保健、机械设备、石油、制药、电子通信产业。在 2018 年美国商会的调查中,75%的受访企业认为未来在新加坡的经营会带来利润的增长。

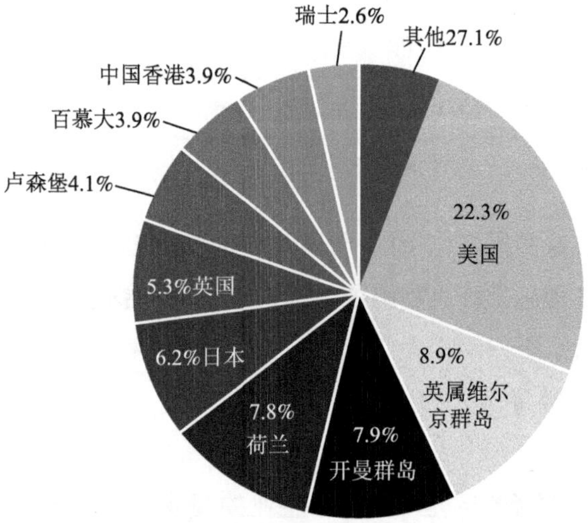

图 9-2 新加坡 2017 年前十大外商投资来源国/地区

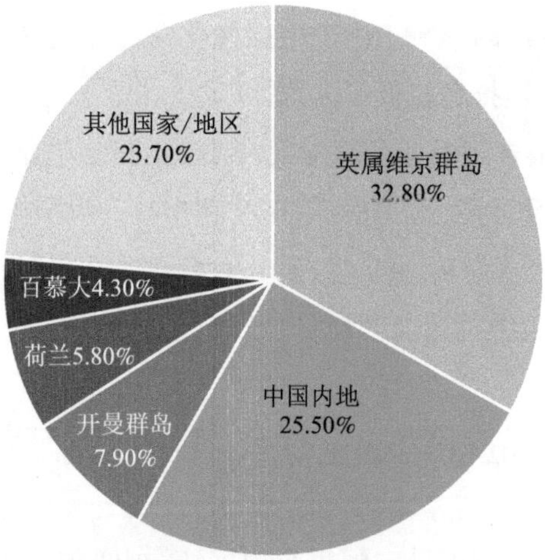

图 9-3 中国香港地区 2017 年主要投资来源国/地区

香港外商直接投资主要来源地分别为英属维京群岛、开曼群岛、荷兰、百慕大、新加坡和美国等。2018上半年,香港是约3955家地区跨国公司总部和办事处的所在地,数量上较2017年有了明显提升,增加了203家。其中,18.3%的跨国公司总部和办事处来自于美国,16.8%来自日本,英国、德国、法国和新加坡位列其后。

2016年迪拜的外商直接投资项目中,60%的直接投资为战略项目,73%的项目集中在大中型高科技企业,迪拜的2021年计划(Vision 2021)与在电子商务、人工智能、区块链和金融科技等知识和技术领域提供多样化投资机会相关,强调创造力和可持续性。其中美国(25%)、英国(16%)、印度(10%)、德国(4%)和意大利(4%)分别为前五大投资项目来源国。而就资本流入来看,发达经济体外商直接投资流入多,加拿大(30%)、英国(13%)、法国(11%)、西班牙(8%)和美国(7%)分列前五位。

表9-6　迪拜外商投资项目和资本流入来源国

前五大投资项目来源国	占比(%)	前五大资本流入来源国	占比(%)
美国	25	加拿大	30
英国	16	英国	13
印度	10	法国	11
德国	4	西班牙	8
意大利	4	美国	7

资料来源:《Dubai FDI Monitor 2017》。

香农自由区是爱尔兰最大的航空及航天集群的所在地和全球公认的航空航天服务卓越中心,园内企业稳定但投资数量增长不明显。据2018年香农集团年报统计,香农自由区内约有160家公司入驻,以航空和先进技术部门为主,提供约7500个工作岗位,自贸区内的投资超过4000万欧元。园区内美国企业数量最多,占到27%,其次分别为英国(6%)、加拿大(4%)和日本(2%)。①

2.行业分布

国际企业在新加坡投资主要流向金融保险业(占49.6%),其余分布在批发零售业(占21.9%)、制造业(占12.5%)、专业及商用服务业(占7.8%)、房地产业(占2.8%)和运输、仓库和速递服务业(占2.1%)。而在金融保险业中,86.8%的资本投资于控股公司。

① 参见https://www.shannonproperties.ie/wp-content/uploads/2018/09/Shannon-Group-Annual-Report-2017-English.pdf

金融服务、旅游、贸易物流和专业及工商支持服务是中国香港经济的四个主要行业。在香港，超过50%的跨国公司总部和办事处主要从事进出口贸易、批发和零售活动。从事专业商业服务和教育的企业和从事金融业的企业数量相当，分别占到15.4%和14.9%。其余7.1%的跨国公司为交通运输、仓储服务，从事制造业的跨国公司总部仅占3.8%。[①] 从投资行业看，金融服务业是香港的主要产业，这也与其世界金融中心的称号相对应。

在杰贝·阿里自由区（JAFZA），石油石化相关行业、贸易、物流、制造业等公司的数量最多（张善杰，2014）。业务上以加工制造和转口贸易为主，大部分工业投资集中在电子等行业的轻工程和最后阶段组装。从事贸易、仓储和分销的公司占到75%，服务业公司占到3%。2017年杰贝·阿里自由区16%为电子和电气部门；13%为机械和设备公司；食品、牲畜和农产品，零售和一般贸易公司，车辆和运输公司各占11%。

纽约—新泽西港对外贸易区主要是以汽车产品为主的加工制造业，通用区主要是货物中转，除通用区外，还有9处活跃的分区用于企业的加工制造，主营进出口的加工制造囊括手表、汽车、石化、制药、饮料等业务。

（二）全球代表性自贸区营商环境

低税负是世界知名自贸区吸引国际企业入驻、营造良好税赋环境的优势所在，大多数自贸区企业所得税率低于17%。

1.对外资开放度高

（1）行业准入限制少

实行准入前国民待遇，对外资进入不做过多限制。新加坡商业、外贸、租赁、电信等市场对外资开放，仅在《制造业限制投资法》中处于保护本国产业的目的对少部分制造业做出了投资限制。爱尔兰香农自由区的投资具有产业导向，主要在航空航天、医药、软件开放等高科技领域。在迪拜自由区内投资无行业限制，但需要获得贸易、工业、服务、电子商务等对应领域的许可证。美国没有独立的外商投资法律体系，但联邦政府、州政府和地方的法律中对并购、环保等投资都做出了规定，适用于内外投资企业。美国对外贸易区主要是服务国内生产和消费，对投资准入限制不多。如果涉及国家安全或垄断等问题，外国投资委员会会依照关键行业条款、Exon-Florio 法案等进行严格的安全审查。

① 详见香港贸发局，www.hktdc.com/Research。

(2)股权门槛低

外资企业大多数在自贸区基本可100%持股。新加坡仅对新闻业、广播业的持股比率分别做出不得超过30%和49%的限制,其余行业一般无限制。在迪拜各自由区,外资企业可100%独资,迪拜自由区事实上成为外资企业最大的担保人。

(3)税收激励

新加坡对内外资企业实行统一的企业所得税政策,从2010—2017年普遍采用17%的企业所得税率,且前1万新加坡元可享受75%的税收减免,后29万新元可享受50%的税收减免。资本收益无须缴税,新注册企业免征印花税。对年利润低于30万新元的企业(税率为8.5%)、对"先锋企业"(税率为0~5%)及船舶运营企业(税率为5%~10%)实行减征和免征的优惠税率。

中国香港奉行简单低税制,不设消费税、增值税和营业税,仅设立利得税、薪俸税、物业税三种直接税,对企业境外所得利润不征税。离岸贸易的企业无须缴纳预扣税、印花税等。企业在迪拜自由区税负基本长期为零,50年内免征企业所得税,期满后可再延长15年免税期的所得税政策是自贸区最大的税收特色。海湾阿拉伯国家合作委员会于2018年1月1日开始征收5%的增值税,杰贝·阿里自由区等20个自由区暂时免征此增值税。低税率是爱尔兰吸引国际企业入驻的重要原因,香农自由区在2013年前,对制造业公司仅征收10%的所得税,对贸易类公司征收16%的低税率。从2013年1月1日起,爱尔兰对内外资一律实行12.5%的企业所得税率,低于OECD国家平均21.52%的税率。

表9-7　代表性自贸区税收优惠政策比较

自贸区	所得税	增值税	其他
阿联酋 迪拜自由区	可享受50年免除企业所得税、期满后可再延长15年的免税期;无个人所得税	5%,部分自由区免征	
爱尔兰 香农自由区	企业所得税内外资一致,为12.5%;对非居民的设备租赁租金免征预提所得税	在自由区内注册的公司进口物品(包括主要设备)无增值税;国际飞机租赁增值税(VAT)税率为0	在爱尔兰获得专利并开发的产品免征所得税;8年以上设备、工厂和机器成本予以税收折旧;运送仪器的飞机免征印花税
新加坡	17%的企业所得税,地区总部企业所得税为10%	仅对进口产品征收7%的增值税	一系列税收优惠政策(见附录)
中国香港	16.5%的企业所得税和17%的个人所得税	无增值税	

资料来源:笔者根据资料整理。

2.贸易自由

(1)豁免关税

新加坡所有出口货物免除关税,进口货物中除酒类、烟草制品、汽车和石油产品(关税税率从0到4%不等)外,其余无须缴纳关税。中国香港一般进口货物实行零关税(除烟草、酒精、碳氢油类和甲醇外,进口要交关税和消费税)。迪拜自由区在港内进行贸易和存储、加工不征收关税和增值税,也没有物业税,对区内原材料和设备免进口税,货物转口零关税。爱尔兰香农自由区内公司进口物品免交增值税和关税,从非欧盟的国家进口用于储存、处理和加工的物品并再次出口到非欧盟国家免征关税,在股权分配环节符合国家发展战略的企业免缴资本利得税。

美国纽约—新泽西港对外贸易区有21条优惠政策,其中倒置关税对企业投资吸引较大。由于汽车零部件的生产是区内企业的主要活动之一,整车进口的关税仅有2.5%,利用倒置关税的政策,企业自行选择支付原料或成品税率中的低者,吸引外国汽车制造厂商在区内设厂生产并直接进入美国市场而不必为零部件支付更高的税率。

表9-8 纽约—新泽西港对外贸易区的税收优惠

税收优惠类型	名称	说明
减征	倒置关税	企业自行选择支付原料或成品税率中的低者
免征	无关税出口	区内设厂企业出口时无须缴纳进出口关税
	国际退货免进口税	出口海外的产品退货时无须缴纳进口关税
	无须为人力和行政开支付税	进口价格中涉及人力成本、行政开支和企业利润的部分无须缴纳进口税
	质量监控	不合格产品可免税退回或销毁
	区间运输免关税、区内加工消耗的商品一般不缴纳关税、区内货物免征库存税	
	进口备件	区内仓库储存的进口备件未使用退回或销毁时免关税
	展览商品	展品从海外运进自贸区展览免征进口关税
延迟缴纳	推迟缴纳关税	货物经海关进入美国时支付关税
进出口程序简化	无海关延误与货物因税务问题被查扣、区内商品无须原产地标记	
其他	免安全、按季支付港口维护、保险费用降低,除零售外,商品可自由买卖	

资料来源:根据纽约—新泽西港对外贸易区关税21条优惠政策整理。

(2)贸易便利化

贸易"单一窗口"普遍为各自由区所采纳。中国香港于2018年底推出贸易单一窗口第一阶段的服务,涵盖五个类别货种所需要的进出口贸易文件。新加坡早在

1989 年就推出了世界首个贸易申报的单一窗口(Trade Net),将新加坡海关、税务等 35 个政府部门连接,进出口贸易中的申请、审核、许可等手续都通过平台一次性办理,单一窗口以电子方式交换贸易信息,2007 年单一窗口发展到了 4.0 版本,2016 年又引入全球电子贸易服务平台(GeTS)扩展贸易便利化的覆盖范围,从而向国际通办转变。美国在 1995 年由财政部批准实施国际贸易数据系统,于 2001 年启动“自动化商业环境”(Automated Commercial Environment,ACE),将 80 多个政府部门整合在 ACE 平台上。

(3)贸易监管

海关是主要监管机构。新加坡通过贸易网、港口网、海事网及空运社群网实现监管部门与港口间的全面信息化管理(朱孟楠等,2018)。中国香港海关进行风险管理,通过审核事前文件对进口货物进行管制,货物查验采取抽样的方式,航运方面放行自由,对运输工具进出不做限制,海关边防检疫等部门对船舶等无额外检查。美国对外贸易区的货物可在区与区之间自由流动,大多数情况下,货物可以在同一自贸区内自由转运,或者在海关的监管控制下从一个自贸区运到本国另一个自贸区。

3.法治

首先,各自贸区一般遵循“先立法,后设区”的原则。新加坡的九个自贸区没有单独的立法,依据最高立法机关制定的《自由贸易区法案》统一管理。1966 年,以《海关法》《进出口商品管理法》为基础,新加坡提出《自由贸易区法令》,全面规定了自由贸易区的功能定位、管理模式、政策优惠等制度安排。1969 年首次颁布了《自由贸易区条例》,对自由贸易区法令的内容进行细化。环境立法上,有专门的《环境污染管制法令》,入驻的国际企业也需要遵守其标准。中国香港整体是自由港,港区内所有的运营活动依照《中华人民共和国香港特别行政区基本法》、《香港法例》部分条款、《贸易促进和保护投资协议》来管理。迪拜杰贝·阿里自由区、美国对外贸易区和香农自由区均是在港区成立之前就园区管理出台了相关立法。

自贸区立法与自贸区的产业发展和功能定位密切相关。爱尔兰重视高新技术的发展,除了自由空港开发的法案外,政府以发展高新技术产业为导向,还制定了《爱尔兰高新技术产业发展规划》《电子商务法》等国家级法律法规,以配套法治监管服务产业发展。

表 9-9　管理自贸区的法案

新加坡	1966 年《自由贸易区法案》《自由贸易区条例》
中国香港	《中华人民共和国香港特别行政区基本法》
迪拜杰贝·阿里自由区	《杰贝·阿里自由区管理章程》
美国	1934 年《美国对外贸易区法》
爱尔兰香农自由区	1959 年《香农自由空港开发有限责任公司法案》

资料来源:根据网站资料自行整理。

其次,重视知识产权保护。迪拜有完善的知识产权保护体系,在国家层面分别有《阿联酋商标法》《知识产权保护法》和《消费者保护法》。新加坡知识产权保护局和香港知识产权署分别在 1995 年和 1997 年就颁布了专利法,并逐渐形成以《专利法案》《商标法案》《注册商标设计法》《版权法》为代表的法律体系,还签署了《保护工业产权巴黎公约》和《与贸易有关的知识产权协定》共同保护企业的知识产权。中国香港在知识产权保护中,出台了《商标条例》《版权规则》《外观涉及条例》等。知识产权服务提供商众多,从版权贸易、特许经营的授权到商标专利的注册,共有上千家知识产权服务提供商,另有海关负责对侵犯版权及商标活动做出刑事制裁。

4. 园区管理

自贸区的管理基本呈现以企业经营为主、政府监管为辅的特点。新加坡自由区实行公私合作的管理模式。政府负责监管和引进外资,企业负责实际营运。政府不过多干预区内企业的日常运作,而是通过企业按期主动提交的年报来了解经营活动,执法机构依法直接对区内企业进行监督。樟宜机场集团负责机场附近新加坡机场物流园和樟宜机场航空货运中心的管理,具体的机场基建和货物处理可下放给私营企业负责。港口海运主要由新加坡港务集团有限公司和裕廊海港私人有限公司分别管理,以港务集团为主,其负责六个自贸区的监管工作,其中五个位于新加坡南部港口。

中国香港特区政府在政务司下设香港海关,在财政司下设工业贸易署、投资推广署等,分别负责管理港口的日常通关和进出口货物的查验、进出口贸易及贸易政策的制定、引进外资等。香港机场管理局和香港海运港口局分别负责机场和港口的开发和日常运营,并将货运站和货柜码头的经营外包给民间企业,因此企业在自主管理的同时,也提升对港区的基础设施建设。香港采取政府营造环境、企业自律、民间组织共同监督的管理模式。民间团体的自治性管理是香港对企业监管的一大特色,包括综合性商会、行业性商会和外国商会在香港共有 200 多个。

阿联酋迪拜自由区管理局独立于地方政府,港区采取政企合一的管理方式。1991

年成立迪拜港务局这一专业管理机构，负责杰贝・阿里港和拉什德港的管理工作。1999年，迪拜港务局和迪拜国际港务公司合并为迪拜港口世界公司，在政府监管下以集团化的形式运作。

爱尔兰政府授权香农开发公司对香农自由区进行规划和开发。公司自负盈亏，其主要职责包括对园区制定战略规划、进行基础设施的开发、吸引国际企业入驻及园区日常经营。香农开发公司由政府领导，也是一家有限责任公司，经营具有灵活性。2014年香农开发公司经重组演变为爱尔兰政府控股的香农集团，管理航空航天、商业地产和旅游业等多元产业集群。香农商业地产公司是爱尔兰中西部地区最大的商业地产公司，香农自由区的建筑用地等基础设施开发由香农集团旗下的香农商业地产公司全权负责，招商引资等其他活动由爱尔兰投资发展局（IDA）、爱尔兰企业局（Enterprise Ireland）等负责。

美国自贸区由对外贸易区委员会和地方政府共同管理。美国对外贸易区法案规定了自贸区由对外贸易区委员会负责管理。该委员会由商务部、财政部、海关和边境保护局组成，分别负责货物进出、与税收相关的政策制定、对经营活动的批准审查。企业进入自贸区需要经过海关和边境保护局的企业背景审查并缴纳保证金。在具体经营模式上，又细分为受让人、经营人、使用人三层。对外贸易区的申请人（受让人）经对外贸易区委员会批准后可自行经营自贸区或与经营人达成使用协议，并可将区内的运营权再下放给使用人。另有全国对外贸易区协会（National Association of Foreign Trade Zones，NAFTZ）作为民间自治组织，将自贸区遇到的具体运营情况及时与政府沟通。

表9-10　主要自由区管理模式总结

类型	典型自贸区	宏观领导	园区运行
政府主导	爱尔兰香农自由区（早期）	政府	政府在当地设立管理委员会
企业主导	新加坡自由贸易区、迪拜自由区		樟宜机场集团、新加坡港务集团有限公司和裕廊海港私人有限公司分别管理
政企混合	美国对外贸易区		受让人与经营人达成协议，可由使用人使用
	中国香港自由港		香港机场管理局和香港海运港口局将具体运营分包给竞标企业

资料来源：根据网站资料自行整理。

5.基础设施建设

香农自由区在2001年就与欧洲和北美实现宽带网络连接。2014年香农集团重组后，在香农商业地产的管理下，香农自由区逐渐加大了对基础设施的投资。对已入驻国际企业的已有厂房进行扩建，以满足企业扩大生产的需求。据 2017 年香农集团年报显示，香农商业地产公司投资 4000 万欧元为区内制造、仓储和办公空间提供基础设施的支持。

杰贝·阿里自由区在海陆空三方面都有良好的交通运输网络。在海运方面，全球最大的人造港——杰贝·阿里港有 150 条货运航线，年处理集装箱货物达 1900 万箱，货运周转能力强。在空运方面，马克图姆国际机场将成为全球最大的货运机场。在陆运方面，通过发达的公路网络，在数天内可将货物运至海湾国家和整个中东地区。另外，沿阿联酋海岸线建设的阿联酋联邦铁路将杰贝·阿里自由区和阿拉伯半岛相连，具备便利的铁路运输优势。因此，整合了海运、空运和陆运的迪拜多功能物流走廊提高了货物的运转效率。

此外，JAFTA 提供多样的产品服务。包括大小不一的商业地块、预建的仓库、展厅、写字楼、商业园、零售店等，也为投资者提供个性化的定制服务。对土地的管理，由迪拜房地产管理局进行立法和监管，采取出租不出售的政策，企业租用土地后自主权大，可自由选择建厂房或建仓库，厂房设备的租赁最长可达 25 年。一旦企业决定搬离，余留的厂房等可以通过招租或出售的方式处理，减少拆除造成的资源浪费。企业通过支付租金可自行建设厂房或仓库，同时自贸区管理机构以硬件设施的租金为主要收入来源。以普通办公室为例，2012 年，每年每平方米的租金价格约为 1700 迪拉姆~2500 迪拉姆，约合 2900 元~4300 元人民币。迪拜电力基础设施廉价充裕，获得电力的排名位居世界第一，有助于降低企业生产经营的能源成本。2020 年世博会和“2021 愿景”会继续推动迪拜对基础设施的投入。

从香农自由区和迪拜自由区的基础建设来看，香农有专业的地产公司负责自贸区及周边区域的楼宇建造等，以吸引区内企业继续扩大生产。迪拜杰贝·阿里自由区重点打造的是港区一体化的物流基础设施，配套其“两港一区”的发展定位。

四、上海自贸试验区营商环境特征分析及评价

（一）上海自贸试验区营商环境发展成就

制度创新试验是上海自贸试验区的核心任务。截至 2018 年 5 月，已有 153 项制度创新成果落地并在全国起到示范作用。以制度创新为核心，以营造国际化、法治化、便利化的营商环境为目标，上海自贸试验区的营商环境在投资自由、贸易便利、金融开

放、监管有效四个方面取得了一些成就，持续吸引国际企业入驻。

1.国际企业入驻上海自贸试验区情况

上海自贸试验区挂牌当天，共有36家企业入驻，其中中外合资、外商独资企业共11家。到2013年11月底，新增58家外资企业通过"一口受理"成功注册。到2014年3月，自贸区新设企业7772家，其中外资企业661家，占比约8.5%，贸易类企业居多，达59.7%，服务类占31%。

2015年4月27日上海自贸区第一次扩区，新增陆家嘴金融片区、金桥开发片区、张江高科技片区三个片区，国际企业入驻显著改善。当年，新增内资企业14943家，新增外资企业3326家，占比22.2%，全年区内新增注册企业18269户，占比从8.5%跃升到22.2%。

2017年全年区内实到外资占全市比重超过40%，自贸区成为上海吸引外商投资的主要阵地。到2018年11月底，上海自贸试验区共有企业超过88307户，区内外资企业18709户，占比约21.2%，涉及注册资本2809.73亿美元，内资企业达69598户，占比达78.8%，涉及注册资本49067.65亿元，外资比重稳定在20%左右的水平。

表9-11　2015年上海自贸区扩区后上海自贸区企业注册登记情况

时间	内资企业数目（户）	外资企业数目（户）	内资企业注册资本（亿元）	外资企业注册资本（亿美元）
2016年	62365	17304	41403.62	2436.86
截至2017年11月	68152	18469	46739.30	2642.10
截至2018年11月	69598	18709	49067.65	2809.73

资料来源：根据上海市国民经济和社会发展统计公报整理。

2.投资管理制度创新

负面清单加准入前国民待遇的投资管理模式是上海自贸区最具代表性和意义重大的投资管理制度创新。

（1）外商投资负面清单管理制度

上海自贸区从2013年9月29日发起第一版负面清单以来，特别管理措施的数量从最初的190条简化至2018年的45条，缩减率达76%左右。五年来政府通过减少上百条外商投资的准入限制，降低投资准入门槛，持续扩大开放。在第二批自贸区总体方案通过后，2015年负面清单推广到其他三个自贸区，2017年起又进一步在全国范围实行。

表 9-12 中国自贸试验区负面清单发展

负面清单版本	制定部门	适用范围	特别管理措施数量(条)	主要修改
2013 年版	上海市政府	上海自贸试验区	190	与《2011 年产业指导目录》"禁止类"和"限制类"基本无差异
2014 年版	上海市政府	上海自贸试验区	139	实质修改内容少,21 条为格式调整
2015 年版	国务院	上海、广东、天津、福建 4 个自贸试验区	122	一般制造业进一步开放
2017 年版	国务院	上海、广东、天津、福建、辽宁、浙江、河南、湖北、重庆、四川自贸试验区	95	大幅减少限制性措施,加快开放高端制造业和服务业
2018 年版	发展改革委、商务部	所有自贸试验区	45	增值电信领域政策向所有自贸区推广,金融业 2021 年取消外资股比限制

资料来源:根据各版负面清单整理。

2013 年的负面清单列表过长,主要依照 2011 年的外商投资产业指导目录将禁止类和限制类条目合二为一,实质性开放措施少。2014 年较 2013 年提高了 17.4%的开放度,取消 2014 条特别管理措施并放宽 19 条。在结构上进一步与国际通行规则衔接,将国民经济行业分类代码置于最后,使特别管理措施更加突出。但 2013 年版和 2014 年版负面清单中分别有 55 条和 25 条特别管理措施没有列明限制条件,从 2015 年版开始,不再显示国民经济行业分类代码,保持"序号+领域+特别管理措施"的结构,对外资准入的行为仅有 5 条没有明确限制。同时 2015 年版改变了 2014 年版笼统的金融业适用领域,将金融业细分为银行业、外资银行、期货公司、证券公司、保险机构等十个子领域,对行业分类更加清晰。

(2)改审批制为备案制

2013 年 9 月的《中国(上海)自由贸易试验区外商投资企业备案管理办法》规定在负面清单之外的领域,投资项目由核准制改为备案制,外资企业设立、变更和合同审批都实行备案管理。政府从事前逐项审批变为事中事后的监管,从成效来看,自贸区成立 1 个月内,据统计,在网上办理新设的 29 户外资企业中,在负面清单以内实施审批的有 5 户,占 17.2%,有 24 户在负面清单以外实行备案,占 82.8%。自贸区成立五年来,采用备案制的企业比例进一步提升,已有 98%的企业通过备案制完成企业注册。投资者实施备案管理后,投资者需提交的材料由 10 份减少至 3 份,省去了在工商、税务、质检、商务委等多个部门间的耗时,办理时间由 8 个工作日缩减至 1 个工作日，并从2016年10月起在全国复制推广。

3.贸易便利化制度创新

上海自贸区形成了包括“先进区、后报关”“区内自行运输”“批次进出、集中申报”多项贸易便利化创新措施，其中最重要的举措是贸易单一窗口和证照分离改革。自贸区在2014年6月推出国际贸易单一窗口政策，目前已建成3.0版本。单一窗口将各行政审批从部门分散型向集中化管理，指企业通过一个网上服务平台，一次性完成货物、船舶申报、海关、检验检疫、海事等贸易监管需要提交的材料，通过监管部门的实时反馈实现双向信息沟通，简化了审批流程，节约企业在准入阶段花费的人力和时间。目前，上海自贸试验区单一窗口业务处理规模居世界第一，负责上海口岸全部货物申报和船舶申报，通过“单一窗口”办理日均处理2000多万张单证，货物申报环节提交数据项减少65%，船舶申报环节缩减24%，提高了服务效率。

4.金融开放制度创新

依据《上海自贸试验区总体方案》，上海自贸试验区在风险可控的前提下，形成“一线放开、二线严格管理的宏观审慎”的金融制度框架和监管模式，主要开展了“1+4”体系的金融制度创新。“1”是指自由贸易账户（FT账户）、“4”分别指投融资汇兑便利、人民币跨境使用、推进利率市场化和外汇管理改革。2018年上海扩大开放100条政策中，出台支持扩大金融开放25条举措，位列在服务业先进制造业、知识产权保护等五大方向之首。

表9-13　上海自贸试验区金融开放制度创新

阶段	主要内容	主要文件
2013年到2014年5月	跨境人民币使用和利率市场化改革	《上海自贸试验区总体方案》“一行三会”出台的“51条”举措
2014年5月22日	自由贸易分账核算体系及自由贸易账户建立	自由贸易账户（FT账户）实施细则公布，自由贸易账户系统正式投入使用
2015年2月12日	金融宏观审慎政策框架本外币一体化监管模式	人民银行上海总部发布《中国（上海）自由贸易试验区分账核算业务境外融资与跨境资金流动宏观审慎管理实施细则》
2015年10月	资本项目可兑换和金融服务业对外开放	金改40条

资料来源：根据网站新闻整理。

金融开放制度创新成效显著。2017年上海自贸试验区共开立FT账户7.02万个，当年累计收支总额7.65万亿元。跨境双向人民币资金池累计769家，收支总额9761.

50 亿元。自贸区企业境外直接投资中方协议投资额累计达到 694 亿美元。自贸区内共有 95 家企业开展跨国公司外汇资金集中运营管理业务。截至 2018 年 11 月,境内外超过 3.8 万家的企业开立了自由贸易账户约 7.2 万个,累计办理各类本外币跨境结算约 25.9 万亿元人民币。跨境人民币资金池搭建近 800 个,累计发生收支总额约 1.38 万亿元人民币。

5.法治化政府管理

上海自贸试验区的"基本法律规范"包括《自由贸易试验区总体方案》《中国(上海)自由贸易试验区条例》《进一步深化中国(上海)自由贸易试验区改革开放方案》《全面深化中国(上海)自由贸易试验区改革开放方案》及其他部门出台的规范性文件等。

从国家层面来看,配套的对外资企业的法律保护正在推进。2015 年 1 月公布了《外国投资法(草案)》,2018 年 12 月的人大常委会第一次提请《中华人民共和国外商投资法(草案)》的审议,意味着我国正加快推进统一的投资法立法进程,从原有的外国投资法草案到外商投资法草案,虽然仅有一字之差,也能看出草案对投资主体有了更明确的指向。草案的主要内容从知识产权保护、建立外资企业投诉维权机制等方面着手,更加注重外商投资的权益保护,从原来以市场准入为焦点向构建公平的法治化市场环境转变,2013 年 11 月,上海浦东新区人民法院成立了自贸区法庭,2015 年 4 月又专门成立上海自贸试验区知识产权法庭,也反映出我国在营商环境建设中对外资企业从能不能进到入驻后获得的权益好不好转变。

(二)上海自贸试验区打造国际一流营商环境面临的挑战

各国自由区由于经济体量、制度等不同,存在差异化的功能定位(郭永泉,2018)。迪拜港形成航空港、综合港口和自贸区三位一体的模式,新加坡从单一转口贸易发展到以吸引高科技产业为主要目的的综合性自由区,纽约—新泽西港对外贸易区以贸易和加工制造为主。世界知名的自由贸易港,其良好的营商环境遵循一定的共性。上海自贸区成立时间短,对标国际一流营商环境面临一定的挑战。

1.投资开放度不高

上海自贸试验区的负面清单仍存在较多投资限制条款。一是我国的负面清单按照《国民经济行业分类及代码》,国际上大部分都依据 WTO《服务部门分类列表的文件》,这会导致国际投资项目在谈判时出现行业分类难以界定的问题。并且负面清单并未涵盖全部国民经济行业,与国际上负面清单一般包括所有的行业仍有脱节。二是虽然 2017 年版的负面清单大幅删减了"属于限制类"这类没有具体限制措施的表述,但2018年版负面清单中，有43%的语句提到“禁止”字样，有20%的措施以限制股比的方式规定，表述上仍有中方控股、中方相对控股这些未明确控股比限制的字眼。而世界自由区在产业准入上禁止较少，除了对国防或民族产业有影响的行业禁止投资外，以股比限制等词语表达更多。从行业来看，上海自贸试验区负面清单中对文化产业保护意图明显。负面清单中对文化、体育和娱乐业更多使用的是“禁止”一词，没有出现股比限制等词语。

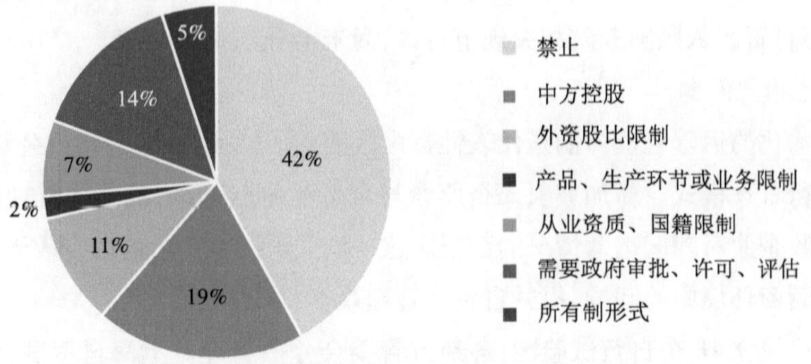

图9-4　2018年负面清单对外资准入的行为限制方式汇总

2.投资激励优惠少

税收优惠是代表性自贸区吸引投资的主要措施。国际代表性自贸区企业所得税普遍较低，税制结构较我国简单。上海自贸试验区没有像世界上代表性自贸区一样在企业所得税税率上进行区别于区外的大幅优惠，而是从促进投资、进出口贸易和网上纳税服务三个角度，给予资产评估增值所得税和股权激励个人所得税缴税递延，融资租赁出口退税、进口环节增值税优惠等税收优惠政策较少。以香农自由区为代表，其12.5%的低税率正是吸引外资企业入驻的主要原因。而我国的基本税率达到25%，比一般代表性自贸区的基本税率要高出10%左右。

3.贸易单一窗口整合不足

新加坡在1989年推出了世界上首个贸易通关系统，连接海关、税务等35个部门，使企业享受一站式通关服务。我国目前将23个相关部门连接于统一平台，从整合的部门个数来看，还没有实现全部连接，从阶段上来看还在新加坡单一窗口建设的早期。上海依托自身地理区位优势，目前处于推动长三角通关一体化的区域单一窗口建设过程中，但我国各部门间横向联合较弱而垂直管理强（方晓丽、朱明侠，2014）。口岸通关的各部门都在各自的法律法规的框架下服务，监管部门实现数据共享会花费更长时间，跨部门的互联互通建设还有待加强（匡增杰、孙浩，2018）。

新加坡与美国的单一窗口都强调客户导向，企业主动参与管理。新加坡第三代系统中企业还可以参与设计，美国 1993 年推出的《海关现代化法案》体现海关与商界以利益共同体的形式共同管理（匡增杰，2013）。企业在上海自贸试验区单一窗口建设中主要体现的是使用者的角色，参与程度有待提高。

4.顶层法律问题

国外自贸区的发展遵循立法为先。新加坡 1966 年通过了自由区法案，2014 年再次修订该法案，迪拜自由区获得阿联酋宪法授权，美国在联邦层面有对外贸易区法案。目前，上海自贸区依照国务院相关规范行事，尚未上升到立法高度。

5.管理模式问题

去政治化的运营管理体制是代表性自由区的共同特征，政企合作或公司化运营是普遍的运行管理模式。新加坡引入企业参与自贸区的运营，依靠企业管理园区，政府会定期接收企业对园区运营情况的汇报。这一模式可以减少政府的行政干预，有助于直接反映营商环境中的问题，提升自贸区管理效率。

中国已设立 18 个自贸试验区，各地方管委会分散管理。上海自贸试验区由中国（上海）自贸区推进工作领导小组领导，通过召开领导小组会议，部署自贸试验区建设和改革的总体工作和主要任务，领导小组下由浦东新区人民政府和自贸试验区管理委员会构成，浦东新区人民政府负责对五个片区的管辖，自贸试验区管委会领导主要来自上海浦东新区的行政领导班子，下设政策研究、对外联络及综合协调三个分部，负责落实自贸试验区建设的具体工作，最终的建设方案需要中央批准。

（三）国际代表性自贸区的启示

1.提高负面清单的透明度

（1）改善负面清单的行业分类依据。负面清单应与国际通行的分类规则相对接。可在国内适用的国民经济分类行业代码旁增加国际通行的行业分类加以对照。

（2）提高负面清单的透明度可以从限制性措施的表述上入手。从负面清单的语言表述上，上海自贸试验区可以优化负面清单中对投资行为方式的词语使用，逐步从“禁止”向“限制”转变。在限制领域，也要对如“控股”和“相对控股”这类容易引起歧义的词语从量化的角度给予明确说明。股比限制以量化的形式表述更能显示负面清单的透明度。

（3）减少负面清单特别管理措施。在跨境服务贸易负面清单出台的背景下，在确保产业安全的前提下，扩大对服务业的开放。通过与事中事后监管等配套机制相结合的方式，适度扩大对文化、体育和娱乐业的开放，从禁止投资放宽到中方控股或需政府审批等。

2.增加区内税收优惠

虽然上海不以税收政策打造优惠的洼地，但可考虑采用增加间接性的税收优惠，而减少降低税率等直接的优惠手段。从企业入驻角度，可考虑对国际企业入驻自贸试验区放宽首次纳税的时间等；在产业领域，不同片区针对各片区的产业特点可考虑推行优惠程度不同的税收政策，比如对企业的研发、专利的申请等行为进行奖励。

3.提升单一窗口整合能力

(1)要继续加强自贸试验区窗口的功能建设。在已有的资质许可、运输工具、支付结算、信用保险、申报预约、信息查询六大模块内，需要加强与企业的沟通，进一步与企业的单一窗口相整合，开发更多功能。

(2)加强各部门的联系。我国的海关、边检、税务等口岸部门都有自己的独立系统，都属于中央到地方的垂直化管理。各部门需要加强横向的协调，建立部门信息互换机制。

(3)注重数据传输的安全问题。各口岸部门随着注册企业数量的增加，需要运用新兴信息技术手段，融入云计算、大数据、人工智能、区块链等新兴技术，在提高服务效率的同时，更好地保证企业的信息安全。

(4)扩大与区域以及国家的对接。长三角有70%以上的货物出口经由上海口岸通关，因此上海应加快与长三角在单一窗口上的互联互通。同时，应抓住“一带一路”和亚太电子口岸(APEMN)的机遇，实现“一带一路”沿线国家和亚太地区外贸口岸的互联互通。

4.加强顶层立法设计

事中事后的监管需要以事前完备的法律体系为基础，打造服务型政府需要加快顶层设计。完善上海自贸试验区法律保障体系，可考虑尽快启动自贸试验区基本法，从高位阶的法律角度统一对全国自贸试验区进行法律管理。海南自贸试验区在这方面已经领先各地迈出了探索性的第一步。

5.优化政府管理模式

(1)可以在中央层面建立统一的管理委员会。在微观运营中可以考虑借鉴政企混合管理的模式，如爱尔兰集团化的管理，将园区更大的经营权赋予政府监管下的企业集团。操作层面上分别将港务、机场的管理等分包给竞标企业，实现园区行政管理和经济运行分离。

(2)政府管理中要允许和鼓励社会组织或企业个体参与市场监管。例如，继续推进上海企业信用制度建设和政府主导、行业监督、企业自律、社会参与“四位一体”的社会共治监管模式，以行业、公会自律和市场调节的方式协调企业、市场和政府的关系，通过网上平台，对信用较差的企业在进出口施以严格的查验。

参考文献

[1]薄文广，周燕愉，陆定坤.企业家才能、营商环境与企业全要素生产率——基于我国上市公司微观数据的分析[J].商业经济与管理，2019(8):85-97.

[2]方晓丽，朱明侠.构建“单一窗口”，提升我国贸易便利化水平[J].对外经贸实务，2014(2):21-24.

[3]郭信昌.关于投资环境概念问题的探讨[J].南开经济研究，1991(1):22-27.

[4]郭永泉.中国自由贸易港建设和自由贸易试验区深化改革的策略研究[J].国际贸易，2018(3):21-26.

[5]韩冰，潘圆圆.全球小型开放经济体营商环境比较[J].当代经济，2017(21):108-111.

[6]何凌云，陶东杰.营商环境会影响企业研发投入吗？——基于世界银行调查数据的实证分析[J].江西财经大学学报，2018(3):50-57.

[7]焦泉.论我国的外资政策和投资环境[J].现代经济探讨，2007(12):79-82.

[8]匡增杰.基于发达国家海关实践经验视角下的促进我国海关贸易便利化水平研究[J].世界贸易组织动态与研究，2013,20(1):19-28.

[9]匡增杰，孙浩.上海自贸试验区国际贸易“单一窗口”建设研究[J].经济体制改革，2018(5):73-77.

[10]李玉梅，桑百川.中国外商投资企业营商环境评估与改善路径[J].国际经济评论，2018(5):49-60.

[11]厉以宁.市场经济大辞典[M]，新华出版社，1993.

[12]娄成武，张国勇.治理视阈下的营商环境：内在逻辑与构建思路[J].辽宁大学学报(哲学社会科学版)，2018,46(2):59-65.

[13]鲁明泓.外国直接投资区域分布与中国投资环境评估[J].经济研究，1997(12):38-45.

[14]吕俊玲.国外自由贸易港建设对我国的启示[J].中国商论，2018(23):82-84.

[15]马爱华.香港的营商环境及对天津开发区的启示[J].天津经济，2002(11):18-23.

[16]马骆茹，朱博恩.需求波动、营商环境与企业的研发行为——以长三角和珠三角为例[J].北京工业大学学报(社会科学版)，2017,17(2):47-57.

[17]闵建蜀.中国的投资环境：一个概念性的探讨[J].开放导报，1993(1):17-20.

[18]权衡，张鹏飞.亚洲地区“一带一路”建设与企业投资环境分析[J].上海财经大学学报，2017,19(1):88-102.

[19]石忆邵，洪琳，张洪武.中国投资环境评价方法论研究[J].同济大学学报(社会科学版)，

2003(2):65-71.

[20]宋林霖,何成祥.优化营商环境视阈下放管服改革的逻辑与推进路径——基于世界银行营商环境指标体系的分析[J].中国行政管理,2018(4):67-72.

[21]孙丽燕.企业营商环境的研究现状及政策建议[J].全球化,2016(8):106-119+135.

[22]太平.中国对外开放模式的演进[J].政治经济学评论,2008(2):51-69.

[23]谢国娥,许瑶佳,杨逢珉."一带一路"背景下东南亚、中东欧国家投资环境比较研究[J].世界经济研究,2018(11):89-98.

[24]徐昱东,崔日明.山东中小企业数量型发展影响因素与营商环境建设——基于山东17地市2006—2013年的面板数据[J].华东经济管理,2015,29(4):34-39.

[25]徐昱东,崔日明,包艳.俄罗斯地区营商环境的哪些因素提升了FDI流入水平——基于系统GMM估计的动态面板分析[J].国际商务(对外经济贸易大学学报),2015(6):57-66.

[26]许可,王瑛.中国国有企业与私营企业国际化战略对比研究——基于负二项分布模型的实证分析[J].宏观经济研究,2014(9):76-89.

[27]杨亚平,李腾腾.东道国营商环境如何影响中国企业对外直接投资选址[J].产经评论,2018,9(3):129-147.

[28]张莉."一带一路"战略下中国与东盟营商环境差异与协同构建研究[J].经济与管理,2017,31(2):27-32.

[29]张威.我国营商环境存在的问题及优化建议[J].理论学刊,2017(5):60-72.

[30]张雅清.中国各省市投资环境的统计分析[J].重庆师范大学学报(自然科学版),2006(1):67-70.

[31]张志铭,王美舒.中国语境下的营商环境评估[J].中国应用法学,2018(5):29-37.

[32]钟飞腾,朴珠华,刘潇萌,等."一带一路"投资环境评估的理论构建[M].社会科学文献出版社,2015.

[33]周超,刘夏,辜转.营商环境与中国对外直接投资——基于投资动机的视角[J].国际贸易问题,2017(10):143-152.

[34]周文彰.论特区投资环境[J].特区经济,1996(3):12-15.

[35]朱孟楠,陈冲,朱慧君.从自贸区迈向自由贸易港:国际比较与中国的选择——兼析厦门自由贸易港建设[J].金融论坛,2018,23(5):3-12.

[36]朱乃肖.外国企业家对投资环境的理解[J].外国经济与管理,1985(11):27-28.

第十章　上海自由贸易港税制的制度建设与功能定位

王家俊

一、中国自贸港的功能辨析

(一)从自贸区到自贸港的“功能”衍变

在国务院印发的关于《全面深化中国(上海)自由贸易试验区改革开放方案》(以下简称《方案》)中,第一次提到了自贸港,其第三条第十六款中写明:

设立自由贸易港区。在洋山保税港区和上海浦东机场综合保税区等海关特殊监管区域内,设立自由贸易港区。对标国际最高水平,实施更高标准的“一线放开”“二线安全高效管住”贸易监管制度。根据国家授权实行集约管理体制,在口岸风险有效防控的前提下,依托信息化监管手段,取消或最大程度简化入区货物的贸易管制措施,最大程度简化一线申报手续。探索实施符合国际通行做法的金融、外汇、投资和出入境管理制度,建立和完善风险防控体系。

从中我们提炼出三大关键词:“一线放开,二线管住”“信息化监管”“简化放权”。因此可以看出从自贸区到自贸港,一字之变,是在改革进入深水区,坚定不移地推进改革的背景下,进一步简化放权,利用大数据、云计算等新技术打造一个更加高效的对外开放平台。与自贸区相比,上海自贸港的信息基础设施和信息化网络也是制度创新必不可少的推手。因为,上海作为亚太示范电子口岸网络(APMEN)的运营中心,旨在推动形成口岸间的数据网络及合作平台,目前共有中国、越南等 10 个成员经济体的 14 个电子口岸或港口加入。因此可以看出,在自贸区向自贸港的转变过程中,信息基础设施是重要的一部分,要充分利用前沿科技,对现有的制度进行改善,从而打造服务型政府。

(二)自贸港与保税区的功能阐明

自贸港是在中国改革进入深水区,中共中央决定进一步全面深化改革,处理好政府与市场之间的关系，使市场在资源配置中起决定性作用，中国的经济增长由要素驱动转向创新驱动的背景下提出的。是在保税区的基础上，进一步扩大开放程度，优化内部结构形成的。由于自贸区的战略定位和肩载的历史使命和保护区不同，由此引发的自贸区与保税区在功能定位、业务流程及管理模式方面均有显著不同，下面对其详细论述。

1.战略定位与历史使命

自贸港从筹备之初便肩负着国家战略转型的使命，在《国务院关于印发中国（上海）自由贸易试验区总体方案的通知》中第一条便开宗明义，建立中国（上海）自由贸易试验区，是党中央、国务院做出的重大决策，是深入贯彻党的十八大精神，在新形势下推进改革开放的重大举措，对加快政府职能转变、积极探索管理模式创新、促进贸易和投资便利化，为全面深化改革和扩大开放探索新途径、积累新经验，具有重要意义。

而保税区的建设初始于1990年，时值改革开放起步阶段，其定位在于通过在中国境内设立一个“海关特殊监管区域”，从而进一步促进中国对外的贸易往来，正如《中华人民共和国海关保税港区管理暂行办法》第二条规定，本办法所称的保税港区是指经国务院批准，设立在国家对外开放的口岸港区和与之相连的特定区域内，具有口岸、物流、加工等功能的海关特殊监管区域。其强调的是仅在海关监管方面区别于国内的其他进出口贸易，与自贸港建立的四大战略意义具有明显不同的战略定位和历史使命。

2.功能定位

从《中国（上海）自由贸易区试验条例》中可以看出，中国（上海）自贸区的三大功能是投资开放、贸易便利、金融服务，与这三大服务功能相匹配的是税务管理、体制管理及综合治理管理。这三大功能与自贸港所肩负的历史使命正是相配套的，相应地把上海打造成国际金融中心、国际贸易中心、国际航运中心和国际经济中心。而从《中华人民共和国海关保税港区管理暂行办法》及各地的保税区的管理办法和规定中可以看到，保税区仅有一个功能，即促进贸易的便利化，而相关的金融、投资等服务均是在为了促进贸易便利化这一功能的前提下，进行的辅助或配套措施。

3.业务流程及管理模式

从业务上来看，保税区对于入区的货物进行严格的监管，有着严格的报批手续和流程，对于各类生产经营活动准入限制和事前审批有着较严格的控制，尽管相对于传统的入关模式有所改进，但并没有摆脱传统监管模式的弊病，仍然以“事中监管”（通关监管）为主，事前监管和事后监管为辅，审查环节是以货物为中心，而非以企业为中心。自贸港的管理模式与其有本质的不同，其改变审查监管的主体，改成以“企业为中心”，由原来模糊的“境内关外”概念，进一步细化为“一线放开，二线管住”。将原来政府与市场的关系由审查与被审查的关系，改变成服务与被服务的关系，充分为企业提供各类帮助来促进贸易便利。根据国际上对自贸区监管的三原则（信赖原则、简化原则和服务原则）对自贸区管理模式进行重构；由着重于事中的管理，逐渐演化为对事前和事后的管理；同时引进新技术，依托中央监控平台，运用物联网、云计算等新技术，对运输工具、集装箱、卡口控制、转关运输等监管环节的物流信息进行采集分析，在每个业务节点上有效获取、处理和利用监管数据，形成统一系统、无纸作业、电子围网的数据网络；以监管大数据智能分析为基础，综合应用风险自动识别布控系统、海关业务专家“智库”与机动监管队伍等手段，构建信息全面、分析准确、反应迅速、处置有力的风险防控体系。

（三）上海自贸港在“一带一路”中的功能定位

2013 年 9 月，上海自贸区成立，次年 12 月，天津、广东、福建三个自贸区成立，自此我国沿海自贸区的战略布局形成。其相同之处在于均承载着贸易便利化、投资自由化、金融国际化和行政管理简化的使命，但由于其不同的地理位置和资源禀赋，导致四大自贸区的功能定位会各有不同。上海自贸区作为最先成立的自贸区，相较于其他三大自贸区，具有两大显著功能，具体如下：

1.金融与科技创新

上海作为中国的金融中心，在最新的全球金融中心指数排名中，上海取代东京，位居全球金融中心第五，同时与第四名新加坡只差 3 分。

诚如周汉民所言：要思考如何把“四个中心”建设和全球科创中心建设结合起来，加速建设一批高能级、面向国际的金融、贸易、航运平台和创新平台，把金融创新和科技创新作为上海自贸区的重中之重，认真研究研发资源跨境流动、离岸研发、知识产权保护、数字安全等问题，大力鼓励与科技创新相关的金融资源、金融要素、科技人才在自贸区框架下实现自由流动，建立人民币的定价、交易、清算中心等。其主旨便是强调金融与科技的结合。此外，多位知名学者在强调如何利用上海的比较优势，在此次自贸区建设中取得成果的论述中均强调上海金融中心的建设。季卫东强调，自贸区的建设关键在于金融制度的创新；马曼指出自贸区金融国际化要与“一带一路”的“贸易畅通，资金融通”相协调；刘剑文谈到上海自贸区的创新体现在利率市场化、汇率自由汇兑、金融离岸服务等金融领域；而新一轮的上海金融改革不仅要进一步走向市场，更要对标国际顶尖金融市场，利用最新科技成果、大数据、人工智能等实现金融要素的充分流动，从而更好地促进金融改革。

2.上海自贸区建设与长三角乃至长江经济带发展结合

从宏观层面来看,“一带一路”与自贸区建设将共同构成我国对外开放新格局,前者侧重以基础设施为先导促进沿线经济体互联互通,后者则以降低贸易门槛、提升贸易便利化水平、加快域内经济一体化为主要内容。习近平总书记针对“一带一路”提出的“五通”问题(加强政策沟通、道路联通、贸易畅通、货币流通、民心相通)与自贸试验区的“四化”(投资自由化、贸易便利化、金融国际化、行政管理简化)相互吻合。自贸区作为制度和创新聚焦的焦点,能够成为“一带一路”产业政策落实的具体方位,而“一带一路”能将各个自贸区聚点成线,形成集群效应。而上海自贸区位于长三角经济带的中心,同时是中国首个自贸区,更应当利用上海的区位优势,做好自贸区建设与“一带一路”的衔接。

从微观层面来看,上海在地理位置处于陆上丝绸之路和海上丝绸之路的重要节点;从产业结构上,处于全球产业结构的中高端位置;从法制环境和营商环境上均排在中国前列。因此综合看,上海具有自贸区改革的示范地位和“一带一路”计划的触发地位。

二、自贸港税收的特殊性与关键点阐明

(一)重点产业的特别税收

自贸港的功能与定位决定了现今税制建设的原则与方向。想要发展其他高新科技产业,建立人民币的定价、交易、清算中心,促进境外股权投资和离岸业务等现代服务业发展,实现金融资源、金融要素和科技人才在港内自由流动,完成面向国际的高能级金融、贸易、航运平台和创新平台综合性建设,必须施以特定的配套税收政策,鼓励和推动重点产业的发展。

1.重点产业特别税收的必要性分析

对于投资者来讲,在对拟投资的国家或地区进行评估时,首先会根据东道国的市场规模、原材料、劳动力等生产要素来计量和估算成本收益比,若上述生产要素基本满足预期标准,在第二阶段的评估中,税制、赠款或其他激励政策便至关重要。自贸港税制影响着交易成本和交易效率,尤其税收优惠制度,在减少交易成本、提高交易效率方面,税收倾斜对于重点产业的发展具有不可替代的作用。对进入自贸区的投资者通过让利的方式,实行积极的税收差别待遇,有利于吸引、鼓励投资;与此同时还能够促进贸易创造,扩大生产效益和规模,促进产业发展和聚集。

从国内实践来看，自加入世贸组织到如今《入世议定书》15条a款失效已近两年，财政税收等激励性政策长时间以来都是作为扶持国内产业成长的重要手段，结果表明，我国在国际合作分工价值链体系中所处的地位逐步提高，所处生产环节的附加值也大幅提升，在此过程中，税收激励手段的作用不可或缺。从国外经验来看，综观国际上成熟的自贸区和著名的自贸港，无一例外地通过税收优惠驱动着重点产业沿其期望的方向发展。

所以，上海自贸港在制定税收政策时，应在遵循国际惯例的前提下，审时度势，融会贯通，从税收法治环境的角度出发，不仅做好服务贸易、离岸服务等新型领域的税收政策创新，也注重支持地区战略性、优质性高新技术产业项目，做好自贸港内重点幼稚产业成长时期的保护和引导，从而使企业可以针对自身发展战略选择合适的税收优惠条件进行投资，或者开展其他相关的贸易合作活动，为自贸区的重点企业提供更加精细化的服务。

2.重点产业特别税收的具体举措

重点产业特别税收的制度设计可以从配套税制和行政管理两个层面进行考虑。税收激励的措施根据税种不同，可分为包括个人所得税、企业所得税在内的直接税措施与增值税、关税等间接税措施；根据税收要素不同，又可分为税收主体、税收客体、税率等税收基本要素手段和计税依据、税收减免项目、收入确认时间等一般要素手段。在税制设计中，直接税措施和基本要素手段可归为“直接手段”，间接税措施和一般要素手段可统称为“间接手段”。从数学模型演算及实践经验来看，“直接手段”易导致企业扎堆投入某个或某几个行业中，从而引发产业失衡；而“间接手段”具有普遍调节作用且不容易改变财富分配比例，更趋于中性。

首先，从配套税制设计角度出发，具体税收制度应该由“直接手段”适应性地向“间接手段”转变，选择减免增值税、关税，更改计税依据，提供更多的税收减免项目，延迟收入确认时间等“间接手段”，能够在提供优惠激励的同时把给市场带来的扭曲作用降到最小。

可保留股权奖励、企业转增股本个人所得税分期缴纳制度等直接税措施，保留试验区内企业以股份或出资比例等股权形式给予企业高端人才和紧缺人才的奖励，因为对于大多数重点产业而言，如果自贸港是其诞生的土壤，人才便是土壤中供养其破土、萌芽、成长并壮大的养分，自贸港应在税制设计上鼓励人才驻留自贸港，为重点产业的茁壮发展提供源源不断的人才供给。

其次，从行政管理角度来看，主要是全面提高办公效率、减少管控力度和范围。负面清单制度是上海自贸区在外资准入管理上引领全国的重要创新之一，尽管有学者认为目前我们没有理清审批和备案以及许可之间的界限,对于权力清单的认识存在偏差,但不可否认的是负面清单管理模式是一种全新开放的指引管理模式。故而,行政管理对于重点产业的倾斜可以模仿负面清单模式管理,健全税收管理制度,实行重点产业纳税事项清单模式,发布“最多跑一次”事项清单、“全程网上办”纳税事项清单,丰富多元化缴税方式,规范办税流程,精简表单证书,落实优化税收营商环境。

(二)中国企业与外国企业的区别税收

为了给我国找到可借鉴、可复制的自由贸易港税收制度模式,从中国香港、新加坡、韩国,再到中东迪拜、德国汉堡、美国纽约,学者们把国际上发展相对成熟的自贸港均纳入研究范围。在上述自贸港中,多次被用作学习比较的范本多为地处亚洲的自贸港,其中,新加坡的自贸港税收制度呼声最高。我国自贸港税收建设属于无先例可循的情况,我们只能在保税区、自贸区的建设基础上,自主探索出高标准、高质量的自由贸易港及其税收制度。譬如,上海自贸港税制设计里,应做到我国企业与外国企业区别税收的原因有二。

1.造成地区间不当竞争

税收优惠作为吸引外资及重点企业入驻的重要手段,是就自贸港而言最大特色也是必然存在的制度内容。但税收优惠有利亦有弊,若设计不合理造成税收优惠的泛滥,我国企业在港内适用与外国企业同一税收制度,或带来地区间税收的不正当竞争。从某种程度上可以说,税收优惠的泛滥破坏了税收法制环境的建设。

无论是早些年前赴后继的保税区,还是最近遍地开花的自贸区,当地政府纷纷投入改革大潮的主要目的都是为了争取信贷、出口以及税收方面的优惠措施。但由于省情差异,各个自贸区的区位条件和经济发展阶段不同,其税收政策的侧重和竞争优势产业存在差异,不同税收政策对投资的促进效应会因为不同产业内企业所得税率的不同而不同,并非所有地区都适合设立自贸区。部分地区单纯地照搬先行自贸区的政策制度,甚至造成不协调现象,对地区发展带来不利影响。更严重的是,各地的申请热潮间接地造成了地区间不当竞争。因此,自贸港的建立若要由传统的“优惠区”转变成真正政策改革区,必须在税收优惠制度设计上解决传统“优惠区”的根本症结,即做到中外企业的区别税收,真正做到优惠税收与其设立目的一一对应,

2.将面临税收洼地效应

若中外企业在港内适用同一税收制度或将面临税收洼地效应。一国两制国情下,香港特区政府在经济政策上践行“积极不干预主义”,由完全不干预政策、直接干预政策及临时性干预政策等三个方面构成。其中,完全不干预政策即除极少数本地法律所

明确限制的领域及行为外，贸易、金融、出入境及企业设立等活动基本上不受干预，享有超高度的自由。香港以其自身深水良港的天然地理优势，整个特区不存在两套并行的税收管理模式，没有港区内外的税收制度对比。

但中国内地不同，从上海自贸区到广州、天津、福建自贸区再到后续新设的 7 个自贸区，实践证明，尽管放弃了零税、低税模式，上海自贸区在可复制性上还将面临税收洼地效应。自由贸易港是我国保税区制度和自贸区制度发展到一定程度的产物，是自贸区的更高发展形态。因此，自贸港的税收制度将不可避免地以保税区和自贸区的税收实践为基础，即对自贸港税制的探究须建立在保税区和自贸区实践基础的研究之上。在上海自贸区计划公布之后，当地注册公司数量暴涨、其他地区跟风申办自贸区的狂热都暴露了“制度套利”动机的投机风气之盛。税收洼地最大的潜在风险就是急功近利的制度套利现象。

若要想尽可能避免税收洼地效应，首先，必须确保在税收制度设计时，把握税制改革的节奏，并在具体制度设计上，明确税收优惠适用的重点产业清单和企业，做到中国企业与外国企业区别税收，保证大部分中国企业在港内外适用一致的税收制度；其次，尽量缩短税收洼地出现的时间，一旦在自贸港内形成有效的可复制经验，应尽快把税收制度向全国推行；最后，在自贸港内加强对注册企业的事后监督，尽量减少空壳公司的存在，在产业发展和产业结构选择方面扎扎实实打好实体经济部门的基础。

（三）国内税收与国际税收的衔接

随着数字时代的不断演化，数据对经济生活的影响将会越发明显。决定国家未来发展和人类未来走向的人工智能技术、区块链技术、物联网技术全部建立在数据之上。只有对数据进行收集、分析才能够通过这些技术改造商业模式和人类生活。可谓，得数据者得天下。在此背景之下，税务机关在进行税收工作的过程中不能落后于时代，也要充分利用数据提高税收征管工作的效率。

在国际经济交往越发频繁的背景之下，国与国之间的双重征税问题将会越发突出，因此需要结合自由贸易港的政策红利，首先在自由贸易港内部进行避免双重征税协定的施行，从而保证自由贸易港内部企业的营业绩效。具体施行方式为通过建立数据库，利用先进的数据技术，与他国之间进行数据交换，从而避免双重征税现象的发生，保证企业的经营利润，最终实现国内税收与国际税收之间完美衔接的目的。

1.双重征税问题的产生原因

国家享有征税的主权，不存在对一国征税主权的明显限制，但是一国对缴税主体征税时应当建立在一定联系之上，或是基于属人的联系，或是基于物上联系因素。随着国际经济往来的不断深入发展，经济往来的形式不局限于国际贸易，国际投资同样普遍存在。当一国企业在他国投资设厂生产时，其与东道国之间产生联系，东道国享有对外资企业征税的权力；同时，外资企业与其母国之间也存在联系，其母国也享有对其征税的权力。所以，在这种情形之下，将会对纳税人造成双重征税的后果，扭曲了国际投资的正常发展。结合自由贸易港的税收优惠和政策红利，应当首先在自由贸易港内部施行避免双重征税协定，具体为通过建立数据库，保证自由贸易港与他国之间进行税收数据交换，在不影响国际投资正常进行的前提下对纳税人进行合理征税。

2.数据交换的具体施行

在签订避免双重征税协定之后，缔约国双方主管当局之间相互交换避免双重征税协定所涵盖的信息，与国内法有关的纳税信息不能交换。从而对纳税人所应缴纳的税额进行评估，维系正常的跨境经济关系，保证国际经济发展的正常进行。但是，在进行数据交换的过程中，一国只能向他国申请交换协定所涵盖的信息，并且在交换信息之后应当认真履行保密义务，严防纳税信息的外漏，并且一国当局只能在协定规定的范围内使用这些信息，从而保证协定的正常施行，促进两国经济之间的友好往来。自由贸易港肩负中国进一步对外开放的重任，应当坚决避免不合理的双重征税问题在自由贸易港内部发生。

3.自由贸易港税收优惠的意义

在保证避免双重征税问题的妥善解决，同时还应当保证税收优惠在自由贸易港内部的顺利施行，从而进一步促进自由贸易港内部经济的发展。自由贸易港不应该成为企业避税的天堂，影响一国的税基，所以，建设自由贸易港的意义并非在自由贸易港内取消税收，其意义应当理解为在法律规定的框架之内，在一定幅度上创造税收优惠，否则，自由贸易港将会失去税基而无法正常运转。在法律规定的范围内创造税收优惠正是衔接国内税收与国际税收的基本点。同时，能够获得税收优惠的主体需要满足一定条件，税收优惠所针对的对象具有特惠性，其仅仅使满足条件的纳税人获得税收优惠。当然，暂时未获得税收优惠的纳税人不代表其彻底丧失获得税收优惠的可能性，若有关纳税人通过改变自身状况在将来满足税收优惠的条件，其必定会获得相关税收优惠，这在一定程度上说明对于市场上潜在的主体税收优惠具有普遍性。

自由贸易港中的国内税收与国际税收的衔接应当以促进贸易港内部的经济发展为目标，通过税收优惠的方式促进知识溢出和技术转让，带动经济发展，同时进一步保证自由贸易港吸引外资的能力。具体而言，对于自由贸易港而言，无论出于社会公共目标的考虑还是经济发展的需求，税收优惠政策都应当体现出对高新技术产业的倾斜，从而在本质上提升自由贸易港的竞争能力。随着自由贸易港税收优惠政策的施行，港区内部的投资、贸易、服务业、加工制造业将会大幅发展，资金、技术、人才、服务等各种资源会在市场获利机会的指引下源源不断地流入自由贸易港区，同时由于自由贸易港区的辐射作用，自由贸易港区周边地区的经济发展也将会发生大幅改变。在众多的经济发展机会面前，企业之间的竞争也将会趋于公平公正。除此之外，自由贸易港的税收优惠政策将会进一步吸引外国投资，从而增加自由贸易港的经济活力。

（四）自由贸易港“一线”和“二线”的衔接

自由贸易港实施“一线逐步彻底放开、二线安全高效管住、区内货物自由流动”的监管模式。形成“放开一线，管住二线”的监管模式。当货物等在自由贸易港内部流动，以及从自由贸易港向外国流动时，应当保证其享受税收优惠和政策红利。但是，如果货物从自由贸易港流入我国内陆时，货物所享有的税收优惠应当全部予以取消，否则，这样不仅会动摇一国的税基，还会造成自由贸易港成为避税的天堂，损害一国经济的正常发展。

同时，由于自由贸易港发展到如今，其意义不仅仅在于发展自由贸易港的内部经济，更在于带动港口城市乃至周边城市的发展。一方面，港口作为城市的开放窗口，有效促进城市走出去，发展成为水平更高、层次更高的现代化港口；同时，城市的快速发展也能够为港口的现代化发展提供技术、资金、人才、物流等各方面的物质保障。另一方面，城市的现代化发展进程也需要港口的门户作用，作为一国对外开放的窗口，从而实施外向化和国际化的发展战略。由此可见，现代化港口城市，主要是指以一定的城市腹地为依托，重点发展港口经济，充分发挥港口对外开放的门户作用，作为连接陆地与海洋的重要接点。城市与港口充分融合，才能够发挥港口城市的影响力。港口城市发挥其重要作用，在于三个方面：一是作为港口，能够承担起航运中心和物流中心的功能；二是具有坚实的工业基础，具有发挥成贸易中心的潜质；三是和港口业务相关的服务业发展充分，从而保证港口经济的正常运转。由此可见，一线二线衔接的基本框架为港口—港口城市—内陆，所以自由贸易港一线与二线的衔接中应当保证做到以下几点：

1.保证产业聚集、辐射和带动效应

港口城市是连接海洋和陆地的空间枢纽，不仅通过陆上的交通网络保证陆上各个城市能够参与到港口城市的经济活动中来，也能够通过海上和空中各大航线，在国际分工中发挥更大的影响力，从而在全球范围内吸引先进生产力的各种要素。最终形成以自由贸易港为桥梁，带动其他陆地城市与整个世界相连接的效果。

2.保证更高层次的对外开放形态

港口城市相比于内陆城市具有明显的区位优势,因为其可以通过港口最先参与到国际分工体系中,同时也较早受到全球经济中心和贸易中心的辐射,从而成为国家层面对外开放的桥梁。同时,由于港口城市可以在内陆庞大经济的支撑之下,充分参与到国际经济竞争中去。所以,港口以及港口城市都应当保证更高层次的对外开放形态,从而拉动内陆经济的发展,促进内陆城市与整个世界的经济往来,保证内陆城市能够充分参与到经济全球化的浪潮中,促进整个国家层面的经济均衡发展。

3.形成港城一体化融合发展

中国经济现代化进程中的关键模式就是港口城市带动内陆经济发展,但是,当前港口城市与内陆之间的经济往来主要是物流关系。下一步,自由贸易港的发展方向应当是通过陆、水、空等多种运输方式,拓展自由贸易港的功能半径,在腹地城市与自由贸易港之间形成综合性功能网络,最终形成港城与内陆城市之间的共同发展与融合,内陆城市以港口城市为跳板,保证内陆城市能够走向国际市场,从而进一步扩大中国经济的对外开放程度。

港城一体化融合发展还需要做好"多规合一"的顶层设计。协调好相关部门,在城市和区域的规划框架之下,形成功能定位、交通、产业和空间布局等方面的一体化战略,把港口城市的产业规划和城市规划共同设计的内容统筹协调,做到"多规合一",在统一的平台上建立信息体系,从而促进港口城市的全面发展。

自由贸易港设立的意义不仅在于促进自由贸易港内部的经济发展和招商投资,自由贸易港的经济发展仅仅是中国对外开放的第一个层面,第二个层面在于促进自由贸易港所在城市的进一步对外开放,第三个层面在于促进其他内陆城市的对外开放,从而在中华大地上形成多维度、全方位的对外开放格局。中国经济进入改革开放的深水区,通过自由贸易港的形式进一步加大中国对外开放的力度是一项创举,同时体现中华民族的对外开放心态,最终使得中国经济在世界范围内的影响力大大增强。

三、自贸港税收的具体制度建设

(一)自由贸易港与税收制度

1.自由贸易港的概念界定

在研究自由贸易港(以下简称自贸港)税收问题前,对自贸港的概念进一步明确,是针对性研究自贸港税收激励制度的前提。笔者通过查阅文献,多是聚焦于自贸港的意义、主要障碍等，但对该概念的界定、与自贸区的区别等众多问题均未被提及和论述，甚至将自贸区与自贸港的概念混用。自贸港在域外被表述为“Free Trade Port”，是指一国政府在本国的某些港口和周边设立的特殊地带，在这一区域可以试行与国内不同的贸易、投资政策，其最鲜明的是有岛屿、港湾等地理特征，区别于国家与国家间建立的自由贸易区“Free Trade Area”，类似于一国境内划定的“Free Trade Zone”。但应当注意的是，自贸港作为我国借鉴国外的舶来品，不仅要参考国外有关经验和做法，更要兼顾我国本土环境，探寻具有中国特色的自由贸易港制度。

首先，我国政府认为，自由贸易港是一国境内的，划分出与境内其他地区可实行不一样的海关监管制度等经济制度的特殊区域，各个自由贸易区的功能定位允许差异，相关经济政策亦可不同。其次，参考保税区和自贸区的发展历史，可以认为保税区、自贸区和自贸港是海关特殊监管区域的不同发展阶段。最后，目前我国自贸区建设，无论在深度还是广度上，与国际自由贸易港相比仍存在较大差距和发展瓶颈。由于税收是世界上自贸港吸引外资的重要手段，应当提升中国税收优惠力度，通过立法保障税费公开透明以及可预测性；推进税收制度创新，与其他优惠措施形成合力；推动离岸业务发展，综合运用税收减免和财政补贴等优惠措施，降低企业经营成本，最终达到具有国际竞争力的税费水平。

2.税收制度在自贸港制度体系中的作用

自由贸易港作为海关特殊监管区域，以免除关税为主要特色的税收制度占据了重要位置。税收制度既与其他制度存在交叉作用，亦存在自己独有的逻辑和监管机理。

(1)自贸港税制作为自贸港经济制度的重要内容，影响交易成本和交易效率。有学者认为，自由贸易区域是以自由市场经济理论和自由贸易理论为理论基础建立的，其基本功能就是致力于交易成本的降低、经济效率的提升。而在成本效率方面，企业与个人的纳税义务扮演着关键角色，这意味着税收优惠制度亦发挥着不可替代的作用。

(2)自贸港税制是自贸港法律监管制度的重要组成部分，保证了自贸港法律制度的完整性。亦有学者认为，恰当的税收优惠政策体系和健全的法律制度体系是自由贸易区域高效运作的关键，其一方面充分发挥税收优惠的制度优势吸引资本，另一方面通过法律形式监管市场操作，避免市场机制失灵而引发的较大风险。

(3)发展离岸贸易首先要解决的就是税收问题。对标国际最高水平，实施更高标准的“一线放开”“二线安全高效管住”贸易监管制度，建立同国际投资和贸易通行规则相衔接的制度体系，实现投资贸易自由、监管公平高效、营商环境便利的国际高标准自由园区是当下推进自贸区金融创新的迫切要求。

(二)自贸港现有政策及溯源

目前,上海自贸区税收政策的总体布局来自于国务院《关于印发中国(上海)自由贸易试验区总体方案的通知》(国发〔2013〕38 号)(以下简称"上海自贸区总体方案")、国务院《关于印发进一步深化中国(上海)自由贸易试验区改革开放方案的通知》(国发〔2015〕21 号)(以下简称"上海自贸区进一步深化方案")、国务院《关于印发全面深化中国(上海)自由贸易试验区改革开放方案的通知》(国发〔2017〕23 号)(以下简称"上海自贸区全面深化方案"),其中在上海自贸区总体方案中颁布了促进贸易和投资的税收政策,具体类型及溯源情况如下:

1.自贸区关税政策

上海自贸区进出口税收政策通知中规定,根据企业申请,试行对该内销货物按其对应进口料件或按实际报验状态征收关税的政策;在现行政策框架下,对试验区内生产企业和生产性服务业企业进口所需的机器、设备等货物予以免税,但生活性服务业等企业进口的货物以及法律、行政法规和相关规定明确不予免税的货物除外;在严格执行货物进口税收政策的前提下,允许在特定区域设立保税展示交易平台。内销货物选择性征收关税和相关机器设备免税最早见于 2011 年国务院对于福建横琴开发的批复,其中规定在横琴实行类似税收政策。保税展示交易作为解决传统贸易中价值较大的单个商品(如机床、文化产品)一旦进口后如果无法预期销售则面临退回和再次办理出口手续的风险,从而占用资金和降低营业效率,这属于上海自贸区总体方案首次提出。

2.自贸区增值税和消费税出口退税政策

关于融资租赁出口退税方面,财税〔2014〕62 号文规定,对试验区内注册的融资租赁企业、金融租赁公司及其设立的项目子公司(之后配套文件对融资租赁企业和金融租赁公司做出了解释),以融资租赁方式租赁给境外承租人且租赁期限在 5 年(含)以上,并向海关报关后实际离境的货物试行增值税、消费税出口退税政策;对融资租赁出租方购买的,并以融资租赁方式租赁给境内列名海上石油天然气开采企业且租赁期限在 5 年(含)以上的国内生产企业生产的海洋工程结构物,视同出口,试行增值税、消费税出口退税政策。在启运港退税方面,最新财税〔2018〕5 号文规定,对符合条件的出口企业从启运地口岸(以下称启运港)启运报关出口,由符合条件的运输企业承运,从水路转关直航或经停指定口岸(以下称经停港),自离境地口岸(以下称离境港)离境的集装箱货物,实行启运港退税政策;对从经停港报关出口、由符合条件的运输企业途中加装的集装箱货物,符合前款规定的运输方式、离境地点要求的,以经停港作为货物的启运港，也实行启运港退税政策。2012 年，天津东疆保税港区首次提出试行融资租赁货物出口退税；2009 年，国务院在探索建设上海的航运中心地位时首次提到，实施启运港退税政策，鼓励在洋山保税港区发展中转业务，继而在 2012 年确定正式在洋山保税港区试行启运港退税。由于规定离境港在上海，上海自贸区在这方面有先发优势和累积优势。

3.自贸区进口环节增值税政策

按照上海自贸区总体方案的规定，对试验区内注册的国内租赁公司或租赁公司设立的项目子公司，经国家有关部门批准从境外购买空载重量在 25 吨以上并租赁给国内航空公司使用的飞机，享受相关进口环节增值税优惠政策。该政策属于上海自贸区总体方案首次提出。

4.自贸区所得税政策

个人所得税见于总体方案，其中规定，对试验区内企业以股份或出资比例等股权形式给予企业高端人才和紧缺人才奖励，实行已在中关村等地区试点的股权激励个人所得税分期纳税政策。按照中关村等地区的政策，对试点地区内的高新技术企业转化科技成果，以股份或出资比例等股权形式给予本企业相关技术人员的奖励，技术人员一次缴纳税款有困难的，经主管税务机关审核，可分期缴纳个人所得税，但最长不得超过 5 年。企业所得税见于总体方案和财税〔2013〕91 号文，其中规定，注册在试验区内的企业，因非货币性资产对外投资等资产重组行为产生资产评估增值，据此确认的非货币性资产转让所得，可在不超过 5 年期限内，分期均匀计入相应年度的应纳税所得额，按规定计算缴纳企业所得税。个人所得税最早出现在财税〔2010〕83 号文中。企业所得税属于上海自贸区总体方案首次提出。

5.与其他自贸区以及其他地区比较

(1)与国内其他自贸区比较

由于上海自贸区是全国第一个成立的自贸区，因此，2015 年 4 月相继成立的广东、福建、天津自贸区，以及此后成立的 7 个自贸区的税收政策基本都参照上海自贸区执行，如国务院《关于印发中国（广东）自由贸易试验区总体方案的通知》（国发〔2015〕18 号）中明确指出，中国（上海）自由贸易试验区已经试点的税收政策原则上可在自贸试验区进行试点，其中促进贸易的选择性征收关税、其他相关进出口税收等政策在自贸试验区内的海关特殊监管区域进行试点；此外，广东、福建、天津自贸区各自的总体方案中有提及符合条件的地区可按政策规定申请实施境外旅客购物离境退税政策，不过财政部 2015 年 1 月 6 日发布的公告第一段中已经提及在全国符合条件的地区实施境外旅客购物离境退税政策，国务院在《关于印发进一步深化中国（上海）

自由贸易试验区改革开放方案的通知》里亦阐明了这一点,所以实质上不构成差异。

(2)与国内其他地区比较

目前,内销货物选择性征收关税的政策已由财政部、海关总署、国家税务总局《关于扩大内销选择性征收关税政策试点的通知》(财关税〔2016〕40号)扩展至河南、湖北、四川等地区的特殊区域,且其他地区(如江苏)正在积极争取;保税展示交易和启运港退税已由上海自贸区拓展至全国多个海关、多个港口;根据财政部、海关总署、国家税务总局《关于在全国开展融资租赁货物出口退税政策试点的通知》(财税〔2014〕62号)和财政部、海关总署、国家税务总局《关于租赁企业进口飞机有关税收政策的通知》(财关税(2014)16号),融资租赁出口退税(增值税、消费税)和租赁企业进口飞机增值税优惠已推广至全国;非货币性资产企业所得税递延和股权奖励个人所得税递延也已经分别通过财政部、国家税务总局《关于非货币性资产投资企业所得税政策问题的通知》(财税〔2015〕116号)和财政部、国家税务总局《关于将国家自主创新示范区有关税收试点政策推广到全国范围实施的通知》(财税〔2014〕116号)推广实施。因此,仅生产企业和生产性服务业企业进口所需的机器、设备等货物免税的政策属于自贸区特殊政策。

(3)与国外相关自贸区比较

目前,许多国家都成立了自己的自由贸易区来促进投资和贸易的便利化,其中体系最为成熟、影响最为深远的无疑是美国。起源于20世纪30年代的《对外贸易区法案》(Foreign Trade Zones Act),美国的自由贸易区(其称为"对外贸易区",因此本部分都采用此名称)具有悠久的历史和实践。根据2017年的《美国对外贸易区管理委员会第78次年度报告》(78th Annual Report of the Foreign－Trade Zones Board to the Congress of the United States),截至2016年,美国有195个对外贸易分区,324个生产中心在生产经营,雇用劳动力超过42万;有3300个公司在利用对外贸易区的优势开展业务;全年进入对外贸易区的货物价值超过6100亿美元,出口货物超过760亿美元。由此观之,其规模和金额远超中国的自由贸易区。

由于美国对外贸易区的税收优惠主要集中在关税部分,因此在关税领域可能会是上海自贸区很好的借鉴对象。美国的关税优惠部分主要规定在《对外贸易区法案》(Foreign Trade Zones Act)第81条C款,其内容包括:

第一,若本法案不做另行规定,国内外各种商品(法律禁止的除外),均可不必受美国海关法的制约而直接运入对外贸易区内进行储存、出售、展览、拆卸、再包装、组装、分配、分类、分级、清洗、与国内外商品混合或进行其他处理,或按本法案另行规定方式进行生产或制造,也可使用原包装或改换包装后出口或销毁,或转移至美国关境。

但当外国商品按此方式进入美国关境时,必须接受美国进口商品的有关法律和法规的制约。

第二,若有关商品没有获得特许,且其加工或操作也不会引起关税分类的改变,适当层级的海关官员应在对外贸易区内监管任何该有关外国商品,确定其估价、税额并结算关税。被监管的商品可以根据财政部颁布的规定,在监管之下存放、操作或加工,且无论是否与美国国内商品进行混合或加工,均可出口、销毁或在确定税额并结算关税之后运入关税领域。如果被监管的商品已有操作或加工,则关税和税收将按照在操作或加工中使用的外国商品数量来征收。免税额应当被适用于可回收与不可回收废物;如果可回收废物进入关税领域,以其状况、数量和进入时的重量决定其应税性。如果在对外贸易区内商品的操作或加工产出了两个以上的产品,则税收将被分配到几个产品中去,上述规定提及的免税额也将做相应分配。

第三,按照财政部提出的有关确定和保护税收的规定,付清国内税的美国境内的商品,付清关税和税收或是免税后进入的进口商品,都可以从美国关境运送进对外贸易区,并置于相应海关官员的监管之下,而且无论他们在对外贸易区内是否与其他物品结合或成为其他产品的一部分,都可免去配额、关税或税收,返回美国关境。

第四,按照财政部的意见,如果商品的识别标志已失去,则该与财政部的要求不符而没有资格不受限制地进入美国的商品,在重新进入美国海关时将被视为外国商品从而受到有效的关税法和国内税法的调整。

第五,在对外贸易区内生产或制造并出口的商品后来又进入美国的关税领域时,将与在外国加工的类似商品受同样的法律调整,除非该商品只使用了美国国内来源的其他商品,则在符合本部分(第 81 条 C 款)的第二个附加条件的情况下,可以被视为美国货物的返销。

第六,如果满足所有可适用的关税法,进入对外贸易区的在区里被用作生产设备或其零部件的商品,直至设备完成装配、安装、检测,并使用在生产中,才缴纳关税。

C 款除了上述规定之外,还包括只适用于北美自由贸易区、自行车及其配件、酒精饮料,以及区内炼油厂的规定,因为参考价值不大,不再叙述。

从上述条款当中,我们可以看到,美国国家层面的关税政策主要包括:①外国商品进入对外贸易区继而发生的多种生产活动免税,只在离开对外贸易区进入美国关境才要交关税;②关税倒置。生产在区内完成的商品进入美国市场时,由企业选择按原材料或产成品缴纳关税;③已付清关税的国内商品进入对外贸易区,生产或加工又进入美国境内免税;④在区内企业由于进口部件出现废品或废料的情况(不管是可回收还是不可回收的)免进口关税;⑤关税可延迟至产品完全组装完成时才征收。

在其他税种方面，美国各自贸区分区都有自己的税收优惠政策。由于纽约、新奥尔良、旧金山分别成立了美国1号、2号和3号对外贸易区，且从近两三年的贸易量来看，新奥尔良所在的路易斯安那州和旧金山所在的加利福尼亚州都名列前茅，因此这些州的税收优惠政策具有一定的代表性。具体的优惠存在于以下几个方面：

第一，就业抵免。纽约对外贸易区规定，在本区投资后就业率有所上升的，可以享受投资税抵扣的30%，适用于提出投资税抵免后3年的每一年（投资税抵免是指在区内投资公司的用于特殊用途的计提折旧的财产或设备，其金额的10%可以用于抵免）；新奥尔良对外贸易区规定，每个经认证创造的就业可以享受一次性2500美元的就业抵免。如果是航空航天企业或汽车零件制造商则可以获得一次性5000美元的就业抵免。

第二，雇佣抵免。纽约对外贸易区对雇佣贸易区内全职或相当于全职的员工的公司给予最多5年的工资所得抵免，对雇佣特定群体的员工每年抵免3000美元，其他员工每年抵免1500美元；旧金山对外贸易区规定，符合条件的企业可以每年在税前扣除支付给一名或多名合格员工的工资。

第三，售税抵免。三个对外贸易区都有类似规定，即在贸易区内购买并使用的特定设备、机器、装置等所缴纳的销售税可以抵免。除此之外，旧金山对外贸易区还规定，第一年在区内购买并使用的特定财产的部分成本可以作为营业费用税前扣除；100%的净亏损最多可以结转以后15年扣除，减少这些年份的应纳税所得额。

（三）我国自由贸易港税制建设的预期难题

1.税收激励安排滞后

税收是企业经营者选择去留的最重要考虑，但目前中国内地自贸区税制安排还不具有国际竞争力，区域竞争也落后于中国香港和新加坡。以上海自贸区为例，区内企业离岸业务需缴纳25%的企业所得税，高于新加坡的17%和中国香港的16.5%。税收激励是调整产业结构的重要手段，但目前自贸区税收制度仍然以鼓励制造和出口为主，在鼓励创新、鼓励服务和鼓励贸易方面的税制安排还比较滞后。如表10-1所示，中国香港、新加坡以及巴拿马科隆等是税收制度建设完善、发展相对成熟的自由港，可以作为中国内地建设自贸港的重要参考对象。

表 10-1 国际主要自贸港税收经验

中国香港	除烟、酒、甲醇及碳氢油这四类商品外，一般进出口货物均无须缴纳任何关税
新加坡	对内外资企业实行统一的企业所得税政策，公司税率为 17%，除烟酒、石油和机动车外，对所有进口商品免征关税
巴拿马科隆	港区内企业仅需缴纳税率为 2%~5%的所得税，货物转口无须缴税
韩国釜山	减免税收、减免自由贸易园区租金、对港口收费进行优惠等
美国纽约	进口加工原料免关税、出口关税减免、可延迟缴纳关税等
阿联酋迪拜	港区内设有税务局，仅有 5%的海关税、货物转口零关税，50 年内免交所得税

2.关于立法依据违反税收法定原则的质疑

上海自贸区的税制立法依据是 2013 年国务院常务会议通过的《中国（上海）自由贸易试验区总体方案》（以下简称《总体方案》），在其建设和实施过程中，关于税制依据的合法性问题饱受争议。一方面，部分学者认为，《总体方案》属于政府部门出台的文件，并非法律位阶的立法文件，造成其对自贸区中纳税人和税务机关税收法律关系做出的变更违反了我国的税收法定原则。另一方面，亦有学者认为，由于税法的不确定性与税法调整经济关系的灵活性，税法文件的法律位阶较低是不可避免且难以解决的问题。此外，海南自贸港的总体方案在制定过程中也将面临相同的问题，因为其税收优惠制度的规定仍然以国务院部门出台的文件作为建设和实施的最高依据。上述学者关于立法权限的质疑，将加大自贸港税收规定的合同性风险，阻碍税制建设。

3.缺乏自贸区与自贸港税收制度的内外衔接机制

由于我国探索海南自贸港制度的未知性，现有的税法制度存在很多盲区，其中自贸区与自贸港的税法衔接机制处于明显的空白状态。其一，缺乏自贸区与自贸港的外部衔接机制，即现有自贸区税制向海南自贸港税制的转化机制。如何对现有的自贸区税制经验进行区分、选择，如何确定海南内部自贸区与海南整体自贸港的基础问题，均是我国在探索自贸港税制建设中必须解决的问题。其二，缺乏自贸区与自贸港之间的内部衔接机制，即海南省内部自贸区与海南整体自贸港在税制方面的协调。2018 年 4 月颁布的《中共中央 国务院关于支持海南全面深化改革开放的指导意见》（以下简称《指导意见》）指出，在 2020 年之前，自由贸易试验区建设要取得重要进展，在 2025 年自贸港制度初步建立，在 2035 年自贸港制度体系和运作模式成熟。这意味着，海南内部自贸区和整体自贸港存在并存的过渡性阶段，而要使二者协调统一，便须解决税法制定的权限分配问题、税制之间出现冲突如何协调的难题。

4.存在税收优惠政策违反竞争中立风险

就自贸港而言，税收优惠是其最大特色，也是必然存在的制度内容。但值得注意的是,税收优惠既是针对某个特定客体的特殊待遇,又是所有纳税主体应当平等适用的税收政策。税收兼具针对性、普适性造成其内部矛盾,使税收优惠违反竞争中立的风险被异常放大。因此,自贸港内外纳税人纳税义务不平等待遇不可避免,如何通过保证自贸港内外部政策的协调,尽量消除整体市场层面不公平和恶性竞争的风险,是促进自贸港税收优惠制度的关键因素。

(四)从自贸区迈向自贸港——中国的选择

1.自贸港目标定位的更新

一是改革的立足点是可复制、可推广,而不是形成政策洼地。凡是重大改革,都要于法有据,即自贸区建设都要从现有的立法出发,不能突破法律的界限。综合考虑试点的紧迫性和可行性,在不增加日后全国范围内复制推广难度的前提下进行制度创新。二是必须处理好区域定位与全局视野的问题。以往政府主导型的开放政策实行“以点带线”“以线带面”的发展战略,先行先试的特权激励了中央与地方、地方与地方之间的“逐底竞争”关系问题,最终加剧地区间的恶性竞争。因此,应当在全国范围内统筹规划,探索统一适用的外商投资负面清单等制度创新,致力于建设公平竞争、统一开放的市场环境,并对其他自贸区、自贸港产生辐射效应。三是坚持制度创新,而不是继续沿用传统的税收优惠政策。在不侵蚀税基、转移利润的前提下,出台与新业态相结合的税收优惠政策,具体而言,包括扩大所得税方面的税收优惠力度、全面免征增值税、部分免征消费税、加大或保持现有的环保征收力度等。

2.自由贸易税法特殊适用体系的建立

协调我国税收法定和授权立法之间的难题、保障自贸区税收规定的确定性和灵活性,要求尽快建立新理念的税法特殊适用体系,并通过该体系规避立法层面违反税收法定原则的潜在风险、解决自贸区和自贸港机制的衔接问题。笔者认为,应当从立法层级出发,参考美国在联邦层面确立《自由贸易法》的规则,就我国以促进对外经济和贸易的特殊地区立法等问题从法律上予以明晰和授权。

首先,应当确定保税区、自贸区、自贸港以及经济特区或其他相似性质的区域立法的基本原则,并就税法制度及财政补贴等利用一般条款予以明晰,在法律层级确立自贸港的税制立法依据;其次,针对自贸港的功能定位以及自贸港下各个自贸区的总体特征,制定通用的税收规则,并就自贸港或自贸区等特殊区域的税法原则和基金制度进行规定,解决自贸区与自贸港之间的税制内部衔接问题;最后,在自贸区层面制定若干税法适用规定,针对融资租赁货物的出口退税问题、上市公司个人所得税的递延问题等进行规定,保证各自贸区内部的税收特色和优势。

3.税收征管制度的创新

作为法律的目标价值之一，税收程序法的效率原则要求“税收程序的设计与运作符合经济效益的要求”，简化征税程序，提高税收行政效率。但是，我国现有的立法并不能完全实现投资领域和贸易环节的便利化，如何完善税收征管法律制度是当下迫在眉睫的问题。笔者现从提升审批质效、优化纳税服务等多个维度提出以下建议。

（1）明确纳税人中心主义立法理念

《税收征收管理法》的修订目标是构建现代税收征纳制度，推动征纳双方从不平等、单向、对抗的管理关系转型为平等、互动、合作的治理关系，而实现该目标势必需要重申纳税人中心主义。首先，为了凸显征纳双方地位的平等性，建议立法名称去掉“管理”二字，改为《税收征收服务法》，以体现征收与服务并重。其次，应当在税收征管过程中引入合作式执法理念，提高纳税人的主体地位和参与意识，即征纳双方由“猫和老鼠”的关系转型为“脑和四肢”的协同互动状态。具体到立法层面，税收征管法应当重视纳税人的意思表示，就税务行政和解的条件、标的等内容进行详细规定。

（2）规范涉税审批制度

涉税审批制度包括税务登记、税收优惠、税务注销等环节，但实践中税务机关设置的保障税收顺利实现的关卡弊端重重，应当从以严格把控市场的进入、退出为主转向以完善事中、事后监管为主，实行统一的市场准入制度和健全优胜劣汰的市场化退出机制，力图“使市场在资源配置中起决定性作用和更好地发挥政府作用”。具体而言，一要建立税务机关的权力清单制度，目前仍没有理清审批和备案以及许可之间的界限，处理好“权限法定”与“实践需要”的紧张关系是今后改革的重点。二要简化审批流程，推进涉税审批标准化管理。三要完善日常的税务检查与税务稽查，规范事中事后监管。

（3）完善纳税信息管理

从现有条文来看，《中华人民共和国税收征收管理法（草案）》第四章“信息披露”中对于涉税信息的规定过于粗糙，在多次修订过程中，立法机关亦频繁使用信息管理、信息披露、信息报告以及信息协助等字眼，显示出立法对涉税信息举棋不定的态度。笔者认为，一方面，需要明确税务机关的权利与义务，加强涉税信息的隐私权保护，详细规定涉税信息提供的主体、内容、时限和法律责任，在保障国家税收与保护纳税人隐私之间实现平衡；另一方面，应当提高税务机关的大数据应用能力，运用“互联网+”手段创新监管方式，借鉴国际先进的税收征管经验，引入风险管理理念，利用大数据进行比对分析、科学监测，对纳税人的涉税风险进行识别、衡量和分析，并有针对性地对企业进行纳税辅导和危机处置，以可数据化的“管事模式”取代传统经验型的“管户模式”。

4.金融创新的税法规制

金融税法规则的"碎片化"不是自贸区金融创新领域的个案,而是我国金融市场普遍存在的问题。因而要实现自贸区金融市场平等有序的税收法治秩序,就应当弥补金融市场课税规则的立法空白,并将其与现行规则之间重新整合、梳理,实现课税规则的体系化。

(1)提炼金融交易普遍适用的一般性基础的规范和法律标准,以便足以灵活地反映市场活动并为金融创新提供便利。"法律制度既要植根于当前的社会现实,也需要反映时代发展的趋势。"据此,可按照一般到特殊的逻辑,首先修正所得税法关于利息、资本和资本利得(或财产转让所得)等所得类型的内涵和外延,以包容自贸区金融创新所产生的新型业态;其次根据所得的来源和属性将自贸区中纷繁复杂的金融产品交易类型化,概括并抽象出统一适用于金融市场上属性相同的金融产品的所得税规则;最后以自贸区的创新金融业务推演出新导向,不断制定该创新金融工具的特殊课税规则,以丰富、完善金融所得税法规制体系,真正实现金融市场的公平课税。

(2)革除金融业费用归集和成本扣除的制度性弊端,如改革贷款损失准备金计提及税务处理,简化呆账核销的操作和认定程序,以提高自贸区金融市场主体创新的积极性。"呆账准备金的税收处理要遵循税收中性原则,银行的贷款损失应及时给予税收减免,同时将呆账核销自主权交给银行,这样可以促使银行及时足额提取呆账准备金、核销呆账,从而提高银行风险管理水平。"因此,作为改革的试验田的自贸区,可在这方面先行先试,努力使金融企业贷款的损失准备与实际不良贷款相互匹配,反映真实的信贷风险,并做到税务部门和中央银行贷款损失准备的统一。

(3)通过金融业增值税法规则的细化,破除"营改增"对自贸区金融创新的掣肘。目前,自贸区金融创新需要解决的是"营改增"以后,金融业在体制机制上的不适应问题,具体从两个方面着力:一方面,通过以金融服务 GDP 的计算方法界定其增值额,以记账凭证或电子发票作为增值税的抵扣依据,以金融法人为汇总纳税主体等方式,进一步完善金融业增值税制度;另一方面,借助梳理并改造金融业务流程、做好增值税申报数据准备及构建增值税发票管理流程等措施,以有效应对"营改增"带来的冲击。

(五)上海自贸区税收制度构建

1.定位

通过追寻政策的制定及其源头,并从国内自贸区和国内其他地区的比较可以看出,上海自贸区在保税展示交易、启运港退税、进口环节增值税优惠以及非货币性资产投资企业所得税方面走在全国先列,但是其政策上已经被复制到其他自贸区和其他地区;除此之外,上海自贸区的其他税收优惠并非首创,自然也谈不上有独特的优势。虽然我国与美国的税收体系不同,不能单纯地加以比较,但是从关税方面可以看出,上海自贸区仍有发挥的空间;在其他税种方面也可以得到一些启示。因此,未来上海自贸区的税收制度建设会去往何处值得深思。

回顾上海自贸区进一步深化方案和全面深化方案可以看出,党中央、国务院对上海自贸区的指导思想和发展目标是"以制度创新为核心,大胆闯、大胆试、自主改""力争取得更多可复制推广的制度创新成果""做好可复制可推广经验的总结推广";而上海自贸区总体方案也明确指出,与自贸区配套的税收优惠集中在促进贸易和投资方面。这表明,首先,上海自贸区不可能依靠不可持续的政策吸引企业入驻,因为其具有不可复制性。因而,类似于降低税率等直接优惠的方法绝不是上海自贸区税收建设的首选,除非中央已下定决心要在全国推广。而政府税收服务由于可维持时间长、反馈迅速,能够直观地改善企业运营效率,加之符合自贸区建立规则开放透明、监管公平高效的营商环境的要求,当仁不让地成为改革的重点领域。其次,在考虑税收制度时,应当避免与上海独特的地理优势联系在一起,抛开其作为金融、商业、航运中心的地位,更多从一般性的角度展开,结合全国的普遍情况。再次,制度上的创新必然不能涉及新的税种、税率的设立及新的税收征管程序,否则便违背了税收法定原则。上海自贸区税收改革必然是点的而非全面的,是从促进贸易和促进投资两个方面突破,而不是创造全新的制度。最后,制度上的创新要求顶层设计,以便更好地指导上海市的具体规定。

2.具体设计

(1)关税

在关税方面,上海自贸区可以对标美国《对外贸易区法案》的规定,根据来源将国内商品划分为国内其他地区的商品和国内其他自贸区的商品,赋予自贸区更多的"境内关外"的地位:①从国外进入自贸区的外国商品,在区内发生围绕商品进行的一系列生产经营活动,包括但不限于仓储、拆卸包装、生产加工、使用来源于国内其他自贸区的商品,均给予免关税待遇,但使用来源于国内其他地区的商品除外;该外国商品,或生产加工后的该外国商品从自贸区进入国内其他地区才需要缴纳关税,但之前使用的已缴纳关税的国内其他地区的商品无须重复缴纳。②从国外进入自贸区的外国商品,如果是生产加工后转复出口的,仅需就其使用的来源于国内其他地区的商品缴纳关税。③国内其他地区的商品进入自贸区视同出口,缴纳关税;在自贸区内的一系列生产经营活动,包括但不限于仓储、拆卸包装、生产加工、使用来源于国内其他自贸区的商品,以及从自贸区出口到国外或转复返回到国内其他地区给予免关税待遇,但是在此过程中使用来源于国内其他地区的商品除外。④自贸区和国内其他自贸区之间的商品流转给予免关税待遇。

(2)增值税和消费税

在增值税和消费税方面，首先，由于各国鲜有将消费税的减免优惠直接作为自贸区税收制度的重点领域，因此相关的成功实践并不多，更多的是与增值税一并实行出口退税的政策；而融资租赁的出口退税已在全国范围内开展，上海自贸区税收在该方面几乎没有发挥空间。同时，单纯寻求在融资租赁的基础上拓展至其他金融活动的出口退税也是不现实的。标的租赁物是大型飞机、船舶、设备等固定资产的融资租赁因其特殊性而兼有货物买卖和资金融通的特征；这种特征恰好可以作为从商品出口退税到金融活动出口退税的跳板。同时开展的期货保税交易恐怕也是由于这个原因。因此，在现有的制度框架下，出口退税的优惠不具有进一步的可操作性，上海自贸区应当把重点放在增值税优惠环节。不过，如前文所述，进口飞机转租业务的增值税优惠也已推广至全国，从党中央、国务院关于融资租赁和进口转租业务的一系列税收优惠政策来看，国家对于租赁业务的贸易和投资颇为看重。不同行业的增值税一般有不同的特征，如果单独对租赁行业试行自贸区的增值税优惠，符合国家发展目的，能够树立自贸区的标杆。

目前，上海自贸区租赁业务政策可参考的蓝本包括国内的天津东疆保税区和国外的爱尔兰香农自由贸易区。而天津东疆保税区已经发展了包括融资租赁、进口转租、离岸租赁、境外融资租赁、出口转内销租赁在内的多重租赁业务，且均有与之相配套的税收政策；上海自贸区作为非第一批试点地区，只对国家税务总局颁布的文件参照执行即可，无须再创造经验供复制推广。相较之下，爱尔兰香农自由贸易区可能更具有借鉴价值。在20世纪40年代，由于续航能力不足，香农机场一直是欧洲和美洲之间的加油中转枢纽。而后由于技术的发展，飞机长途飞行能力加强，香农机场一度陷入困境。但正是由于技术的进步，人们越来越倾向于飞机代步，使民用航空业蓬勃发展。而获得飞机从事运输业务的最好方式就是租赁。因此，爱尔兰香农地区抓住机遇，以飞机租赁为中心成立了自由贸易区，颁布了一系列优惠措施，其中就包括一些税收优惠，比如国际飞机租赁增值税(VAT)税率为0，运送仪器的飞机免征印花税等。除此之外，与飞机租赁有关的金融服务业也有相应的优惠，比如在爱尔兰经营管理投资基金的收益不需在爱尔兰纳税。

综合天津东疆保税区和香农自由贸易区的租赁业务和税收情况，上海自贸区的租赁业务增值税优惠可做如下安排：①尽快颁布文件引入天津东疆保税区各类租赁业务，借鉴成功经验。②对于注册在自贸区内的需要购买境外租赁物的融资租赁企业、金融租赁公司或其项目子公司,或注册在自贸区内的需要进行进口转租的国内租赁企业或其项目子公司,在需要资金时,由符合条件的商业银行向其提供贷款服务或其他金融机构向其提供直接收费金融服务;商业银行提供的贷款服务可推迟至融资租赁期满时缴纳增值税,但必须每年向所在地税务局申报;其他金融机构提供的直接收费金融服务可分期缴纳增值税。③对于注册在自贸区内的需要购买境外租赁物的融资租赁企业、金融租赁公司或其项目子公司,在需要购买保险时,由符合条件的保险公司向其提供保险服务;租赁期在 5 年以上的,保险公司提供的保险服务可享受分期缴纳所得税优惠;租赁期不足 5 年的,可享受推迟至租赁期满缴纳增值税。④租赁物应当符合《增值税暂行条例实施细则》第二十一条"固定资产"的范围。

(3)所得税

在个人所得税方面,由于在上海自贸区实行的是中关村等地区的股权奖励个人所得税政策,且该政策已在全国实施,因此可操作空间不大。在企业所得税方面,根据税收公平原则和上海自贸区的定位分析,税收优惠应当以间接优惠为主,即主要集中在成本费用扣除、政府补助等方面,具体如下:①注册在自贸区内的生产企业和生产性服务业企业在本区内为生产经营活动而投资取得的土地使用权,每年可以按照两年计算的摊销额并入厂房建造成本,厂房建造完成后亦按两年计算的摊销额并入管理费用;完工后的厂房可以采用缩短折旧年限或加速折旧的方法计算折旧在企业所得税税前扣除。②注册在自贸区内的生物制药企业,专用设备制造企业,铁路、船舶、航天航空和其他运输设备制造企业,计算机、通信和其他电子设备制造业,信息传输、软件和信息技术服务企业为研究开发支出的费用可按 200%税前扣除;符合条件的可以按预计研发费用的不同比例获得政府专项补助作为研发基金,在研究开发期间不计入应纳税所得额,取得阶段性成果之后分期计入应纳税所得额;对于研发完成或外购形成的无形资产,可按 200%的摊销额计入当期费用税前扣除。

四、税收在自由贸易港营商环境中的意义——税收服务的"新趋势"

自 2004 年至今,世界银行集团每年对世界上 190 个经济体的营商环境进行评估,并出具相应报告。世界银行集团具体通过问卷方式对世界 190 个国家的营商环境予以调查,从而给出各国的营商环境排名,为投资者作出投资决策提供有力参考。世界银行给中国的排名由中国最大的两个城市组成——北京和上海,其中上海占整体的权重为 55%,北京所占的权重为 45%。世界银行集团在 2017 年 10 月 31 日出具的《2018

年营商环境报告》中显示中国的营商环境在世界范围的排名为第 78 名,名次靠后。具体到《2018 年营商环境报告》中所包含的各国税收情况,中国的排名更为靠后,为第 130 名。中国的税收情况不乐观,严重拉低中国整体的营商环境,改善中国的税收情况势在必行。因此,中国各级政府积极采取行动,努力改善中国的税收情况,力争在短期内有效提高中国在世界范围内营商环境的排名。这种紧迫性对于上海市政府以及上海自由贸易港也是如此。

世界银行首席执行官克里斯塔利娜·格奥尔基耶娃(Kristalina Georgieva)曾在中国财政部和世界银行共同主办的"优化营商环境的国际经验及对中国的启示"中明确说明政府所采取的改善营商环境的措施如果没有被企业真实的感受到,那就基本是徒劳无功的,在营商环境的具体评估中仍然无法得分。从中可以看出,如果政府所采取的措施仅仅只是倡议或者口号,而未具体采取行动,那么一国的营商环境不会发生明显改善,这对于一国的税收环境来说更是如此。世界银行的基本理念认为领导更换频繁,具体做法也会因人而异,所以需要通过立法把具体规则确定下来,保证规则的稳定性和纳税人的可预期性。

同时,在建设上海自由贸易港的背景之下,上海市应当抓住此次机会,在自由贸易港内部提升税收水平,从而提升上海市的税收环境和营商环境,进而从整体提高中国的营商环境水平。上海市首先应当在自由贸易港区内部改善税收环境,再进一步改善上海市的税收环境。

(一)完善自由贸易港税收环境的倡议

从世界银行对中国的评估报告中可以看出,上海税收部分的主要失分点体现在中型企业年均所需纳税时间冗长,达 207 小时;税务流程以及申报程序烦琐,企业的报税难度大;税收电子系统还未成熟;企业总负担税率高昂;税务机关内部时间缺乏统一的平台和内部沟通;此外,税务的审计效率低也是造成上海税收得分低的重要原因。所以,从中央到地方都对如何改善中国的税收环境予以高度重视。因此,在上海自由贸易港内部应当从以下几个方面予以提升:

1.构建统一的税收征管体系

上海市顺利完成国税地税合并工作后,在中央的领导之下,施行以国家税务总局为主、上海市人民政府双重领导管理体制,这种体制也将会在自贸港内部施行。这将会大幅简化上海市税务部门的行政治理体系,提高税务机关的行政效率,加大上海市税务部门政策执行力度,上海市的税收领导体制和运行机制也会因此发生新的变化,从而进一步提升税务机关在纳税人心目中的良好形象。此外,在上海市的国税地税工作完成后，将会再造税收征管流程，上海市税务部门的管理方式和职能职责将会发生一场深刻变革，这也体现了上海市在税收执法和服务标准，以及业务流程等方面的改革和创新。这种大幅度的改革创新正是世界银行集团评估上海市营商环境的重要考察对象。所以应当在自由贸易港内部建立统一的税收征管体系，提升自由贸易港的营商环境水平。

在上海市完成国税地税合并的重要任务之后，税收征管施行统一管理，税收征管部门因此减少，从而明显提升了纳税人的便利度。纳税人再也不用向两个税收征管机关报税和缴税，避免接受两个税务部门的审查，从而大幅减轻纳税人的办税和缴费负担，为上海市营商环境的提升做出重要贡献。纳税人的税务审计以及缴纳成本因此也会大幅降低，中型企业所花费的纳税时间必定会从年均 207 小时明显降低，最终实现企业的经营成本得到减轻，企业的盈利水平得到提升，从而吸引更多投资者在上海投资设厂，进一步提升上海市的经济发展水平和就业环境，同时由于企业数量的增加，税务部门的总税收也会增加。纳税企业实际税收负担是世界银行集团的重要考察对象，上海市的营商环境将会因为企业的实际税收负担的降低而得到改善，这同时也非常有利于自由贸易港的经济发展。

2.提升纳税人办税便利度

提高纳税便利度的举措，在推进数据资源归集、共享、应用，以及建设集统一受理、协同办理、综合管理为一体的政务服务体系方面，积极与国际接轨，制定有关提升纳税人办税便利度的文件，能够为营造便民利民的营商环境提供法律文本的支持，以便一线执法者参照执行，若相关文件能得到全面实施，涉税信息互认，利用第三方数据，交叉对比涉税信息，推动信息共享，有望实现市区两级企业审批和服务事项 90%以上的全程网上办理。同时，依托新型智能机器人技术，为纳税人提供自助化的在线服务，拓宽了税务部门的服务模式和渠道，减少了纳税人的纳税申报时间。建设电子税务局，打造全流程、全联通的智慧税务生态系统，让纳税人在纳税过程中有幸福感和获得感，享受到智慧、高效的办税服务。通过网上办税服务厅、微信公众号等线上渠道，纳税人可实时查询服务厅的等候人数、候场时间等人流量信息，通过在线预约、提前取号，自主选择办税时间，避开办税高峰，在预约的时间内，还可通过绿色通道快速一键式办税，从而大大缩短了办税的等候时长。

3.提高税收征管效率

在自由贸易港内部构建统一的税收征管体系之后，垂直的税收管理体制将解决地税征收效率低的问题，自贸港整体的税务征收效率将会大幅提升，因为税务征收部门已经缩减一半。税务征收效率的提升将会缩小法定税率和实际税率的差异，企业对纳税程度的预期也会因此得到保证，从而降低企业经营成本，减轻企业报税和缴税的负担。垂直的税收管理体制能够保证法律法规的高效施行，从而有利于世界范围内的减税潮流在中国上海市实际实施。自贸港在税收征管方面的努力应当得到世界银行集团的公正客观评估，从而提高上海市的营商环境得分。所以，提高税收征管效率的措施应当在自由贸易港内部得到充分施行。

（二）自由贸易港税收环境改善的具体方式

在自由贸易港内部可以通过以下具体方式改善自由贸易港的税收环境：丰富宣传辅导方式；创新智能咨询服务模式；扩大取消增值税专票认证范围；加强涉税信息互认；新办企业涉税事项当天办结；推出办税事项“最多跑一次”清单；引导错峰办税；探索预填式一键申报；实现网上更正申报；推进电子税务局建设；开通社保网上自助经办服务功能；优化公积金业务流程；拓展多元化缴税方式；推行无纸化退税等。

上海市税务部门积极完成国家税务总局所要求的这些改革后，在自由贸易港内部可以提高征管效率，同时为纳税人提供更加优质高效并且便利的服务，在沪企业的纳税成本、纳税时间、纳税的便利度都将会得到明显改善，从而提升中国税收在世界银行集团评估上的排名，优化上海的营商环境，实现进一步吸引外来投资的目的，保证上海和自由贸易港经济的健康稳定发展。

推出若干优化营商环境的措施是借鉴世界银行提供的国际化经验，但这并非简单的“加加减减”，不是仅对特定行业或部分企业予以政策照顾，而是以企业为核心，以办事全流程便利为目标，实现政府服务理念转变及系统性流程再造的新愿景。这些措施在贯彻落实之后，将能够有效降低税收征纳成本，从而理顺上海市税务部门的职责关系，进一步降低纳税人缴税的难度，进一步完善结构布局和力量配置，构建高效统一的税收征管治理模式，从而为纳税人提供便利化服务，进一步优化自由贸易港和上海市的营商环境，促进上海经济的健康发展。

上海作为中国经济最为发达的城市，代表着整个国家形象，但是上海的税收环境在世界银行集团出具的 190 个国家的营商环境报告中排在第 130 名。这个排名与上海作为国际化大都市的身份不符。笔者相信在党中央和上海市政府的共同努力之下，伴随着改革措施的不断出台，上海市和自由贸易港的税收环境必将得到显著改善；同时，在避免与世界银行集团营商环境调查存在语言障碍和误差之后，上海的税收排名必将得到显著提高，自由贸易港的营商环境也会随之得到提高。

参考文献

[1]王勇.上海自贸港建设将为亚太自贸区注入新动力[N].上海证券报,2017-11-10.

[2]舒琴芳.中国(上海)自由贸易试验区海关监管服务改革创新研究[J].海关与经贸研究,2014(3).

[3]林洁琛.全球金融中心座次重排:上海超东京进入前五,内地9城市上榜[J].第一财经,2018-9-12.

[4]周汉民.我国四大自贸区的共性分析、战略定位和政策建议[J].理论视野,2015(8).

[5]季卫东.金融改革与“法律特区”——关于上海自贸区研究的一点刍议[J].东方法学,2014(1).

[6]马曼.自贸区与“一带一路”建设对接途径、问题和对策[J].国际金融,2018(9).

[7]刘剑文.法治财税视野下的上海自贸区改革之展开[J].法学论坛,2014(3).

[8]周汉民.我国四大自贸区的共性分析、战略定位和政策建议[J].理论视野,2015(8).

[9]韩民春,郎学超.上海自贸区税收政策的投资效应分析及其启示[J].武汉理工大学学报(社会科学版),2018(31).

[10]韩民春,郎学超.上海自贸区税收政策的投资效应分析及其启示[J].武汉理工大学学报(社会科学版),2018(31).

[11]李慈强.论上海自贸区税收征管制度创新与立法完善——兼论《税收征管法》的修订[J].税务与经济,2016(6).

[12]王胜,康拜英,等.香港自贸港发展浅析与借鉴意义[J].今日海南,2018(5).

[13]张富强,李梦露.论自贸区税制设计的可复制性[J].法治论坛,2014(1).

[14][奥]迈克尔·朗.避免双重征税协定法导论(第二版)[M].朱炎生,译,法律出版社,2017:1.

[15]华顿.“放开一线,管住二线”——上海自贸区解析[J].上海经济,2013(8).

[16]袁志刚.中国(上海)自由贸易试验区新战略研究[M].格致出版社,2013.

[17]季卫东.金融改革与“法律特区”——关于上海自贸区研究的一点刍议[J].东方法学,2014(1).

[18]张磊.离岸税收立法:上海自贸港建设之始[J].WTO 经济导刊,2018(1):60.

[19][美]苏珊·帝芬布恩.世界及美国的自由贸易区[M].胡苑,等,译,法律出版社,2016:48,51,59。

[20]朱孟楠,陈冲,朱慧君.从自贸区迈向自由贸易港:国际比较与中国的选择——兼析厦门自由贸易港建设[J].金融论坛,2018(5):7.

[21]方晶磊.上海自由贸易区税收优惠制度研究[D].西南政法大学,2015.

[22]任超.我国公共企业税收优惠制度的重构[J].上海财经大学学报,2017(1).

[23]李思奇,武赟杰.国际自由贸易港建设经验及对我国的启示[J].国际贸易,2018(4).

[24]施正文.税收程序法论——监控征税权运行的法理与立法研究[M].北京大学出版社,2003:84.

[25]刘剑文,陈立诚.迈向税收治理现代化——《税收征收管理法修订草案(征求意见稿)》之评议[J].中共中央党校学报,2015(2).

[26]李慈强.论上海自贸区税收征管制度创新与立法完善——兼论《税收征管法》的修订[J].税务与经济,2016(6).

[27]罗亚苍.行政审批权力清单制度评析及完善——以税务总局2014年第10号公告为分析模板[J].中国行政管理,2014(8).

[28]李慈强.论上海自贸区税收征管制度创新与立法完善——兼论《税收征管法》的修订[J].税务与经济,2016(6).

[29]冯果,袁康.社会变迁与金融法的时代品格[J].当代法学,2014(2).

[30]曾杨欢,余鹏峰.中国自贸区金融创新的税法规制[J].时代法学,2017(6).

[31]尹音频,等.中国金融业税制发展报告[M].西南财经大学出版社,2016.

[32]曾杨欢,余鹏峰.中国自贸区金融创新的税法规制[J].时代法学,2017(6).

[33]曾杨欢,余鹏峰.中国自贸区金融创新的税法规制[J].时代法学,2017(6).

第十一章　探索建设自由贸易港竞争性税收环境

孙　熠

税收对一个国家或地区的经济健康快速发展起着重要的作用，一个具有竞争力的税收政策可以成为一个国家或地区的名片，有力地促进投资和经济的可持续增长。自由贸易港由于其在开放经济中的重要地位，更是通常以竞争性税收政策作为支持其发展的重要手段。例如新加坡就以其低税负水平而在全球自贸港中享誉盛名。在当今经济全球化的背景下，企业可以越发自由地选择在世界任何一个国家或地区进行投资等经济活动，世界各国和地区为了吸引国际资本，在税收上的竞争也越来越大。如何"对标国际最高水平"，营造具有竞争力的税收环境也成为我国探索建设自由贸易港的重要内容之一。本章将从税负水平、税收结构和税收政策、税收服务和纳税便利性、税收透明度、税收征管与国际协调三个方面对探索建设自由贸易港的税收环境进行研究。

一、自由贸易港的税负水平、税收结构和税收政策

税负水平是税收环境的最重要内容，提供在全球范围内有竞争力的优越的税收政策，是国际上重要自由贸易港的普遍做法。然而，不同的自由贸易港在税制种类、优惠程度、实施手段上也各有特色和不同，这些差异与各个国家或地区的经济发展情况、总体税负高低、自身税制结构以及自贸港的功能定位等因素密切相关。[①] 因此，探索自由贸易港的税收政策，也必须从我国的具体情况和特色出发，明确我国税负水平和税收结构与世界的差别，这样才能为推进"对标国际最高标准、最好水平"找到参照和依据，为建设具有中国特色的自由贸易港提供思路和方向。

（一）我国与世界各国或地区的总体税负水平和税收结构

税负水平指的是在一定时期内纳税人因纳税而承受的经济负担，可以从国家整体

① 黄建忠，文娟.探索建设自由贸易港蓝皮书(2017)[M].中国经济出版社，2018.

宏观税负水平和企业微观税负水平两个角度来衡量。税负高低的不同是各国家或地区自由贸易港采取特殊税收安排的重要出发点。

1.我国与世界各国或地区的宏观税负水平

宏观税负是指一个国家或地区的税收收入占国内生产总值的比重,衡量的是一个国家征收税款的总体情况。不同国家由于税收制度的不同,在税收收入的计算口径上也有所不同。按照世界经合组织 OECD 计算税负水平的口径,税收是政府以公共目的以税的形式强制征缴的收入的总和。根据 OECD 数据,以 OECD 国家为代表的发达国家的历年宏观税负水平普遍在 31%~35%,而以部分亚洲和非洲国家为代表的发展中国家的宏观税负水平普遍在 15%~24%。从历年数据(见表 11-1 中第 1~3 列)来看,全球宏观税负水平总体呈稳中缓慢上升的趋势。

表 11-1　2004—2017 年世界各国宏观税负水平　(%)

年份	OECD 国家平均值	发展中国家平均值	我国不同口径的宏观税负水平		
			税	税与社保	税、非税与社保
2004	32.9	17.1	14.9	18.5	—
2005	33.4	17.8	15.4	19.1	—
2006	33.5	18.5	15.9	19.8	—
2007	33.6	18.7	16.9	20.9	—
2008	32.9	19.1	17.0	21.3	—
2009	32.2	18.6	17.1	21.7	—
2010	32.3	18.7	17.7	22.4	—
2011	32.6	19.2	18.3	23.5	—
2012	33.1	19.6	18.6	24.3	—
2013	33.4	19.8	18.6	24.5	36.4
2014	33.6	19.9	18.5	24.7	36.4
2015	33.7	20.3	18.1	24.8	34.9
2016	34.0	20.1	17.5	24.7	34.9
2017	34.2	23.2	17.5	25.6	36.4

注:“—”表示该年该数据缺失。

资料来源:中国数据根据历年《国家统计年鉴》整理编制,世界其他国家数据来源于 OECD 数据库。

由于 OECD 数据库没有测算中国的税负水平,我们可以用类似的方法构建中国的税负水平(见表 11-1 中第 4~6 列)。但是由于中国的财政统计与一些国家的财政统计有区别,特别是社会保障费用与其他国家同行算法有所不同,所以在计算上需要进行调整和处理。中国的社会保障费,比如职工社保费,虽然也属于公共强制性缴费,但在我国是不计入税收一栏的,而在美国等很多国家是属于强制缴税项目并计入税费,按照 OECD 的口径也应计入税费。因此相关文献的计算中一般把社会保险费用与税收合并计算来测算税负水平。

如果只以中国税制下的税收收入计算,我国近年宏观税负水平为 17%~18%,与发展中国家平均值接近。但是如果把社会保障费用也计入税费,我国宏观税负水平为 24%~25%,处于发展中国家和发达国家之间。此外,考虑到我国普遍存在除了"税"以外,纳税人在其他非税开支的"费"上的负担也比较大的情况,如果把所有的税收收入、社保收入连同非税收入和政府性基金包含在内来计算综合财政收入,则我国的宏观税负水平为 34%~36%,超过发达国家税负水平。此外,无论以何种口径计算,我国的宏观税负水平都呈现出逐渐上升的趋势。

2.我国与世界各国或地区的税收结构

税收结构指的是构成税制的各种税种收入之间的关系及其在税收总收入中的比重。各国家或地区的税收结构和制度不同是各自由贸易港在选取不同的具体税收政策时的重要背景和原因。

(1)税收制度的分类和构成

税收制度可以粗略地分为直接税和间接税两种类型,也可以再进一步细分为个人所得税、企业所得税、增值税、货物和劳务税、关税等。通常而言,以所得税为主的税收结构对象明确、抵扣项目繁复,以流转税为主体的税收结构税源充足、税基稳定、税负转嫁程度较高。两种税收的范围和特点见表 11-2。

表 11-2 税制结构的构成

税制结构	税种	课税对象	税率结构	税收特点	主要使用国家
直接税	企业所得税、个人所得税、社会保障税、契税、车辆购置税、烟叶税、车船税、房产税、印花税、土地增值税、城镇土地使用税、耕地占用税、船舶吨税等	收入、财产和行为	累进税率	税收不能转嫁,征收方法复杂,需要较高的核算和管理水平	发达国家
间接税	增值税、营业税、消费税、关税、资源税、城市维护建设税等	商品、劳务和资源	定额税率	税收可以转嫁,征收相对简单	发展中国家

注:社会保障税在我国为社会保险费,不计入税收收入,但在本章中看作税收来进行分析。
资料来源:笔者搜集整理编制。

（2）不同国家税种选择的差异

在实践中，世界各国根据各个税种收入在税收总收入中的比重不同，逐渐形成了以所得税为主体、以货物和劳务税为主体等不同的税收制度。以往研究发现，一个国家采取何种税制是与其发展阶段密切相关的。在自然农耕时代，土地和劳动是人们的主要财富，也是税收的主要税源，政府围绕土地和劳动征收土地税、人头税等，这构成了最早期的以直接税为主体的税制结构。之后，随着商品和交换的发展，形成了以商品和贸易为征税对象的间接税（关税和消费税）为主的第二阶段的税制结构。到了第三阶段，随着近代部分资本主义国家的经济开始快速发展，企业盈利水平和个人收入水平大幅提高，国家的社会保障和福利构建也日趋完善，这些国家又逐步转为以个人所得税和社会保障税等直接税为主体的税制结构。

因此，目前世界各地税收结构也大致由于其发展阶段不同呈现出差异：发达国家主要采取的是以直接税为主体的税制结构，而发展中国家普遍采取的是以间接税为主体的税制结构。例如，图 11-1 展示了 OECD 数据库中各国家的各税种的比例。左边部分的国家采取的是以直接税中的个人所得税为主体的税制结构，代表国家如美国、英国；中间部分的国家采取的是以直接税中的社会保障税为主体的税制结构，代表国家如德国、法国；右边部分的国家采取的是以间接税中的商品和服务税为主体的税制结构，代表国家如智利、印度。

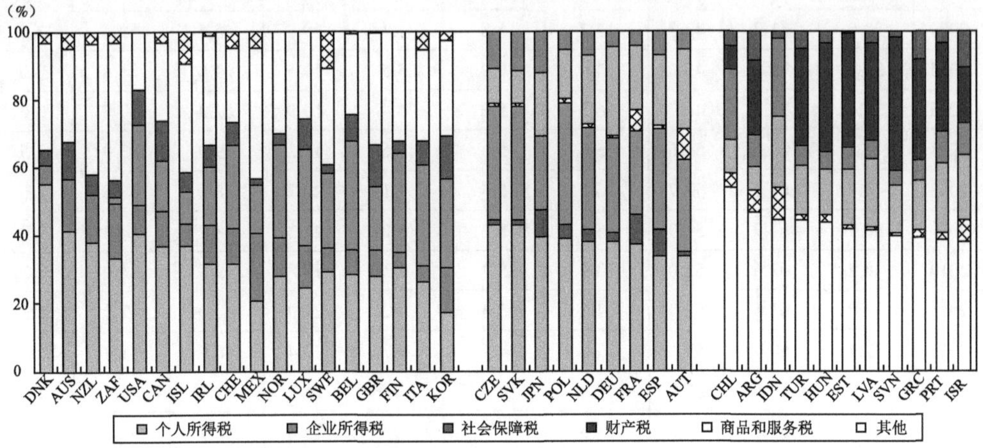

图 11-1　2017 年 OECD 国家的税制结构

资料来源：OECD 数据库和已有文献。

我国的税制结构如果按照现行的税收体系和国内统计口径计算，可以得出我国也是以间接税为主的税收制度（见表 11-3 中第 1~2 列）。其中以企业所得税、个人所得税为主体的直接税占比为 30%~40%，以增值税、消费税为主体的间接税占比为50%~70%，且仅营业税、增值税及消费税一项就可以占税收收入的 40%~50%。但是直接税和间接税的差距在逐年缩小，到 2017 年两种税制的比例已经分别为 47.1%和52.2%。相关学者普遍认为我国过去在税制结构中间接税的比重过大，有待改进和优化。①

然而，如果为了与 OECD 数据进行比较而将社会保障费当作税收收入来进行测算的话，我国的直接税比例将会大大提升，则我国也可以看作类似以直接税为主体的国家。具体见表 11-3 中第 3~10 列。其中直接税占比为 50%~60%，间接税占比为30%~40%。且直接税的比重逐年上升，到 2017 年直接税占比 63.9%，间接税占比35.6%。从具体的税种来看，个人所得税的占比比较稳定，企业所得税、财产税、社保税的占比大幅上升，而商品和劳务税费如营业税、增值税和消费税，以及关税的占比大幅下降。

表 11-3　2004—2017 年我国的税制结构　　(%)

年份	原税制		按 OECD 口径调整							
	直接税	间接税	直接税					间接税		
	总计	总计	总计	其中：企业所得税	个人所得税	财产税	社保税	总计	其中：营业税、增值税、消费税	关税
2004	29.8	81.2	43.3	13.2	5.8	4.4	19.3	65.5	59.4	3.5
2005	31.7	79.5	45.0	14.9	5.9	4.5	19.5	64.0	58.4	3.0
2006	33.4	77.7	46.7	16.2	5.6	4.4	19.9	62.3	57.0	2.6
2007	43.8	60.6	54.6	15.6	5.6	6.6	19.2	49.0	43.9	2.5
2008	40.7	61.1	52.7	16.5	5.5	7.1	20.2	48.8	43.8	2.6
2009	38.9	61.9	51.9	15.3	5.2	8.2	21.3	48.7	44.3	2.0
2010	38.2	62.6	51.0	13.9	5.2	9.3	20.8	49.5	44.9	2.2
2011	39.0	61.5	52.4	14.6	5.3	9.2	21.9	48.0	42.9	2.2
2012	39.4	60.9	53.6	15.0	4.4	9.7	23.4	46.6	41.4	2.1
2013	41.8	58.6	55.9	15.4	4.5	10.5	24.2	44.5	39.6	1.8
2014	43.3	57.2	57.5	15.5	4.6	10.9	25.0	42.9	38.1	1.8
2015	47.5	54.5	61.6	15.9	5.0	10.2	26.9	39.8	35.5	1.5
2016	46.8	54.2	62.3	15.7	5.5	10.0	29.1	38.4	34.3	1.4
2017	47.1	52.2	63.9	15.2	5.7	9.7	31.7	35.6	31.5	1.4

资料来源：笔者根据历年《国家统计年鉴》整理编制。

① 高培勇.新一轮财税体制改革的战略定位[N].人民日报，2014-06-09.

表 11-4 将 OECD 国家、发展中国家和中国不同税制的占比区间和变化趋势进行了对比。总体而言,发达国家的税制比较平稳,直接税占比相对较大,但有下降趋势(这可能是由于根据目前的相关研究,直接税对经济增长的有害性更大,而增值税由于其中性和强大的收入功能,越来越成为各国税收改制的焦点。因此发达国家开始对税制结构进行调整,“重返间接税”)。而中国和其他发展中国家直接税占比大幅上升,间接税占比大幅下降,税种比重有向发达国家靠拢的趋势。

表 11-4 2004—2017 年不同国家的税种的占比区间和趋势比较

税种		OECD 国家		发展中国家		中国	
		占比	趋势	占比	趋势	占比	趋势
直接税	企业所得税	8%~11%	下降	12%~18%	上升	13%~15%	上升
	个人所得税	23%~25%	平稳	9%~11%	上升	4%~6%	平稳
	财产税	5%~6%	平稳	2%~3%	平稳	4%~10%	上升
	社会保障税	24%~26%	平稳	11%~13%	平稳	20%~31%	上升
间接税	货物和劳务税	31%~33%	平稳	51%~57%	下降	32%~47%	下降

资料来源:笔者整理编制。

3.我国和世界主要国家或地区的企业微观税负水平

企业层面的微观税负一般指的是每个纳税个体所承担的税收总额占其收入或利润的比重。微观税负是企业所直接感受到的税负压力,对企业进行投资决策起着更重要的作用。

(1)法定最高税率

由于税收通常是通过一个法定的税率按比例来征收,一个国家或地区的最高法定税率经常被用来当作衡量该国家或地区税负高低的指标。表 11-5 的前三列总结了世界部分国家和地区在各个主要税种上的(最高)法定税率,可以看出,发达国家和地区总体在各项税收的税率普遍较低,特别是在企业所得税上的税率较低,相对而言,在个人所得税上的税率较高,体现出了较强的收入再分配功能。相比之下,中国的各项(最高)税率都处于相对比较高的水平。

此外,世界各国法定税率明显出现下降和趋同的趋势。以企业所得税为例,OECD 成员国平均法定企业所得税税率由 2000 年的 32.48%锐减为 2017 年的24.46%。目前大多数国家的企业所得税税率介于 15%~25%,并不断接近。可以想见,随着 2017 年 12 月美国税改宣布将企业所得税税率从 35%降为 21%,全球公司所得税税率仍将继续下降。

表 11-5 2017 年世界部分国家和地区（最高）法定税率和实际纳税率①

（%）

	（最高）法定税率			实际纳税率	
	企业所得税	个人所得税	商品和劳务税	不可转嫁总税收	企业所得税
中国	25	45	17	64.9	11.5
澳大利亚	30	45	10	47.4	26
巴西	34	27.5	19	65.1	22.4
智利	25	40	19	34	26.2
法国	33	22.5	20	60.4	0.3
德国	15	45	19	49	23.2
中国香港	16.5	17	0	22.9	17.5
印度	25	35.5	18	52.1	21.7
爱尔兰	12.5	40	23	26	12.4
日本	23	55	8	46.7	24
韩国	25	38	10	33.1	18.2
荷兰	25	52	21	40.8	20.5
新西兰	28	33	15	34.6	29.9
巴拿马	25	25	7	37.2	12.4
新加坡	17	20	7	20.6	1.7
阿联酋	0	0	5	15.9	0.0
英国	20	45	20	30	17.3
美国	21	37	0	43.8	27.9
世界平均				40.3	16.1

注：表中的企业所得税、间接税（商品和劳务税）为针对除烟、酒、银行等特殊行业之外的一般性行业。

资料来源：税负数据来自世界银行和普华永道《世界纳税报告》，税率数据为笔者搜集整理编制。

（2）企业实际纳税率

由于各国的优惠政策、征收强度等方面的情况不同，法定税率和企业实际缴纳的税费比率的高低并不完全等同。世界银行和普华永道从 2004 年开始发布《世界纳税报告》，对全球 189 个国家和地区进行实际微观税负的计算和排名。需要特别注意的是，这里的口径与前面宏观税负水平的衡量有所不同：由于增值税、雇员的社会保障税

① 此表中各国数据截至 2017 年，当时我国增值税税率为 6%、11%和 17%三档。2018 年我国增值税税率降为 6%、10%和 16%三档，2019 年进一步降为 6%、9%和 13%三档。

等间接税具有可转嫁性，可转由消费者或者雇员承担，因此报告中的税收剔除了这部分税收。税负指标的具体计算方法为：

纳税率=企业税负总额/税前利润

其中，企业税负总额=企业所得税+雇主社会保障税+其他不可转嫁税收；税前利润=企业利润总额（扣除企业所得税之前）+雇主社会保障税+其他不可转嫁税收。

表11-5的后两列列举了2017年世界主要国家和地区的企业实际税负水平，表11-6列出了2004—2017年全球的企业实际税负水平。结果显示，全球各国在减轻企业微观税负上都有很大的改进。2004年全球企业平均纳税率为53.1%，而2017年全球企业平均纳税率仅为40.3%。其中中国在2004年的纳税率为82.8%，而2017年此数值降为64.9%；尽管下降了17.9%，但2017年中国在189个国家和地区中的排名仅为第114名，可见中国企业的税收负担仍然比较重。

表11-6　2004—2017年全球企业纳税率　（%）

年份	全球平均	中国
2004	53.1	82.8
2005	52.0	83.6
2006	50.8	84.0
2007	49.8	82.7
2008	48.7	81.4
2009	47.3	66.3
2010	44.5	66.4
2011	43.9	67.6
2012	41.9	68.8
2013	40.7	68.6
2014	40.5	67.9
2015	40.4	68.2
2016	40.4	67.3
2017	40.3	64.9

资料来源：世界银行和普华永道《世界纳税报告》。

然而，如果将企业纳税率的构成进一步分解（见图11-2），可以发现，尽管中国的纳税率高达64.9%，但其中大部分原因在于社会保障税费较多，占比高达45.4%，而企业所得税仅占11.5%，其他税收占8%。与世界平均水平（企业所得税、社会保障税、其他税费分别为16.1%、16.1%、8.1%）相比，我国除了社会保障费用以外，其他税收的税负水平并不是很高，企业所得税占比接近甚至低于世界知名的低税率自由贸易港。

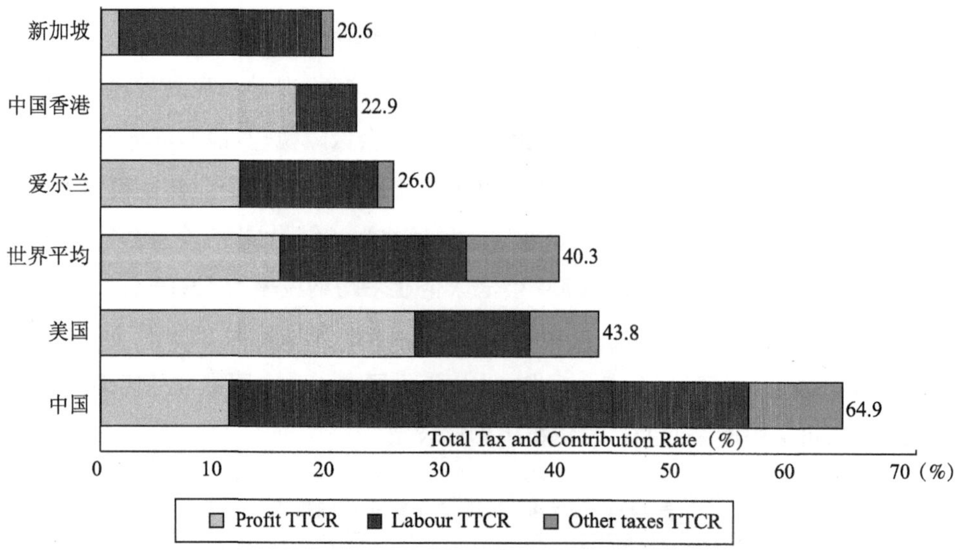

图 11-2　2017 年代表性国家和地区的企业纳税率

导致我国企业所得税税负比例较小的反直觉现象可能是由于以下几方面的原因。

第一，企业纳税率指标本身的构成导致的。世界银行企业纳税率的指标计算是将雇主的社会保障税计算在内。由计算公式可知，当社会保障税越高时，企业所得税占比就会越低。而我国的社会保障税费相比之下是比较高的。针对这个问题，世界银行的营商环境研究人员也为此在 2010 年进行了一项将两者分离的研究。他们对 85 个国家和地区进行了研究分析，结果显示，中国除增值税以外的总税负负担排在第 5 名，其中社会保障税负担排在第 2 名，而当剔除了社保和增值税以外，我国的税费负担仅排在第 62 名。

第二，各国在税收实际缴纳过程中的抵扣优惠政策各有差异。例如新加坡的企业所得税法定最高税率为 17%，而企业所得税实际占比仅为 1.7%，这可能与新加坡在所得税抵扣、所得税优惠期等方面的措施较多有关。

第三，各国对税收进行征管的能力和有效性有所差异。例如我国企业所得税的法定税率较高，而实际缴税税率较低，而爱尔兰的法定税率和其实际税率几乎一致，这可能反映出在我国经营的企业存在比较严重的转移利润问题，企业为了避税，可能通过转移定价等手段把利润放在法定税率比较低的地区，出现“看起来税率高，实际没收到税”的尴尬结果，对我国的税基产生了严重影响。

第四，其他原因，如调查企业中可能存在所得税递延情况、劳动密集型企业比重较大等其他干扰因素。

4.我国自贸区企业的税负水平

前文所述世界银行公布的数据是关于全国范围内抽样企业的税负水平,而自贸港或自贸区内的企业由于其产业类别、功能定位、经营能力等不同以及税收政策的不同,可能与区外的企业有所不同。由于建设自贸港的税收政策会对这部分企业产生直接影响,下文以上海自贸区为例,计算分析自贸区内企业的实际税负水平。计算结果见表 11-7,其中数据来源于中国股票市场交易数据库(CSMAR)里属于上海自由贸易试验区板块中 33 家上市公司在 2008—2017 年的相关财务数据。①

表 11-7　2008—2017 年上海自由贸易试验区企业纳税率　(%)

年份	企业所得税/利润总额		(企业所得税+营业税及附加)/(利润总额+营业税及附加)	
	均值	中位数	均值	中位数
2008	5.3	16.2	35.6	33.0
2009	17.2	16.6	35.3	30.9
2010	18.3	17.9	29.2	32.7
2011	18.9	18.9	31.0	31.7
2012	10.7	20.7	30.0	33.1
2013	19.7	21.9	32.0	29.9
2014	18.8	21.3	31.2	27.8
2015	21.2	20.8	31.6	27.7
2016	22.7	23.7	42.3	31.6
2017	20.2	21.8	33.0	24.4
平均值	17.5	19.7	32.5	30.0

资料来源:中国股票市场交易数据库(CSMAR)。其中"营业税及附加"指的是企业经营活动发生的营业税、消费税、城市维护建设税、资源税和教育费附加等相关税费;"利润总额"指的是扣除企业所得税之前公司实现的利润总额。

表 11-7 中第 1、第 2 列列出了企业的实际所得税税负率,由企业所得税与企业利润总额的比值得到。可以看出,尽管名义企业所得税税率为 25%,上海自贸区板块企业的实际纳税率均值基本处于 17%~21%。根据企业报表的披露,这是由于区内很多企业之前被认定为高新技术企业,享受与之对应的所得税优惠税率,或是之前享受过

① 33 家上市公司为:上海机场、上港集团、中海发展、国投资本、东方航空、长江投资、上海建工、东方创业、浦东建设、大众交通、鼎力股份、华鑫股份、新世界、龙头股份、浦东金桥、爱建集团、外高桥、锦江投资、豫园商城、陆家嘴、交运股份、上海三毛、绿庭投资、海博股份、锦江股份、中路股份、上海物贸、界龙实业、张江高科、中海集运、招商轮船、龙宇燃油、华贸物流。

企业所得税过渡优惠政策，享受逐年递减的所得税优惠。此外，可以看到，在 2013 年 9 月上海自贸区成立之后，区内的企业在所得税上并没有更多的税率优惠，相反，随着之前优惠政策的逐步结束或者取消，自贸区内企业的所得税纳税率水平也随之逐年提高。

表 11-7 中第 3、第 4 列列出的是参照世界银行和普华永道关于企业纳税率的计算方法得到的企业综合税负率，由于数据的有限性，这里的指标仅包括所得税和营业税及附加（2017 年我国全面启动了“营改增”的税制改革，但是在表 11-7 中的数值只有小幅的变化，根据企业的年报披露，这可能与自贸区企业中很多企业已经提前进入“营改增”试点有关），但是不包含增值税等价外税收以及企业承担的社会保险等非税费用。结合这个指标以及前文关于其他税费的纳税率指标，可以发现我国包括自贸区企业在内的企业，除了在所得税上的负担以外，在其他税种上的负担也比较大。如果将企业所得税和营业税分别计算，可以发现两者的占比比值非常接近。

此外，值得一提的是，由于增值税等具有可转嫁性，世界银行和普华永道在计算企业税负的指标中都剔除了增值税和其他可转嫁税收，我国企业的损益表中也没有包含增值税在内。然而在我国增值税事实上是由企业代消费者缴纳，一方面增值税是否能有效足额转嫁到消费者身上还取决于企业的议价能力、消费者的需求弹性等方面，另一方面也影响企业的资金占用等成本。而在我国企业竞争激烈、利润微薄、消费者价格弹性较大的背景下，增值税的高低事实上也对我国企业产生了或多或少的隐形负担。从我国税收结构的实际情况看，我国增值税的比重也与其他国家有所不同，一方面，我国是以间接税为主的国家，增值税在总体税负中占比较大，另一方面，我国 2019 年增值税降率改革后的税率为 9%~13%（2018 年为 10%~16%，2018 年之前为 11%~17%），而自贸区内企业除了与境外公司的业务可以免征增值税以外，在与区内或“二线”以内其他企业进行业务时仍需照章缴纳增值税。相比之下，世界其他主要经济体的增值税政策为：美国和阿联酋迪拜不征收增值税，新加坡增值税为 7%（自由区免征），爱尔兰增值税为 23%（自贸港免征进口环节增值税，且港内享受 0~13% 的优惠税率）。可见，我国企业的增值税负担也并不能简单忽略。

（二）我国与世界各国或地区自由贸易港的税收政策

1.世界各自由贸易港的税收优惠政策

（1）世界各自由贸易港的税收优惠政策的对比

基于各国的税制结构，不同自由贸易港的税收结构也呈现出以所得税（直接税）为主体和以流转税（间接税）为主体的两种类型。综合而言，发达国家的自贸港普遍以所得税为主体,而发展中国家的自贸港以流转税为主体。具体来看,各自由贸易港的税收政策又各有侧重和不同。表 11-8 总结了 10 个世界代表性国家或地区的自由贸易港的税收政策。

表 11-8　世界主要国家或地区自由贸易港税收政策

	国家主要税收制度	自由贸易港税收优惠
中国香港	1.利得税(企业所得税):最高为 16.5%。有不同程度的减免政策 2.薪俸税(个人所得税):2%~17% 3.关税:除烟草、酒类、甲醇以及碳氢油类产品外,其余产品免关税	无特殊优惠,正常缴税
新加坡	1.企业所得税:最高为 17%。有不同程度的减免政策 2.个人所得税:起征点为 2 万新元,上限为 20% 3.消费税:进口和国内提供的产品和劳务征收 7%消费税,出口产品和劳务不征税 4.关税:除烟草、酒类、汽车以及石油产品外,其余产品免关税	1.消费税:缓征,从港内进入国内市场再征收 2.关税:免征
爱尔兰香农	1.企业所得税:最高为 12.5%。有不同程度的减免政策 2.个人所得税:根据婚姻和家庭状况有 20%和 40%两档税率,并有不同程度的减免 3.增值税:标准税率为 23%,有 0~13.5%不等的优惠税率 4.关税:欧盟内部国家商品免征关税,非欧盟国家商品根据欧盟共同关税税率缴纳关税	1.增值税:在自由区注册的公司免征进口环节增值税 2.关税:免征
智利伊基克	1.企业所得税:最高为 24% 2.个人所得税:最高为 40% 3.增值税:税率为 19%,对有形动产的销售、进口货物以及劳务服务征收 4.关税	1.企业所得税:免征 2.增值税:免征 3.关税:免征 4.货物税:进口货物按 3%征收,货物(含生活资料)流通免除一切地方税

续表

	国家主要税收制度	自由贸易港税收优惠
荷兰鹿特丹	1.企业所得税:最高为25% 2.个人所得税:33.65%~52%(包括社会保障缴款),有不同程度的免除 3.增值税:6%或21%,对出售物品(包括进口商品在内)征收,出口到欧盟以外等情况可免征 4.关税	1.关税:进口商品在荷兰海关保税仓库内暂存,期间可免缴关税;原料或半成品进入欧盟境内加工后再出口,可免缴进口关税;海关监管下的商品出口至非欧盟国家或在欧盟外进行加工、修理后再次进入欧盟,可申请关税减免或零关税;进口产品如申请在海关监管下进行加工,可暂时免缴进口关税,之后按制成品税率缴纳关税 2.增值税:进口商品在荷兰海关保税仓库内暂存,期间可免缴增值税和消费税;原料或半成品进入欧盟境内加工后再出口,可免缴增值税
阿联酋迪拜	1.企业所得税:外资银行税率为20%,石油和石化公司税率为50%~55%,其他行业免征 2.增值税:5%,部分行业免征 3.关税:一般为5%	1.所得税:50年内免征企业所得税 2.增值税:免征 3.关税:免征
日本冲绳	1.企业所得税:最高为23%,小企业为15% 2.个人所得税:10%~37% 3.消费税:一般为8%,对销售商品、提供劳务、进口征收 4.关税 5.地方税:个人居民税、法人居民税、个人事业税、法人事业税、地方增值税、固定资产税	1.企业所得税:区内部分企业减免,并有投资减税和折旧免税政策 2.关税:在保税工厂等场所使用外国原材料进行加工或制造的产品,往日本国内销售时,大部分可任选原料税税率或成品税率纳税 3.地方税:新增设超过1000万日元的设备时,5年内可享受法人事业税减免、固定资产税减免
韩国釜山	1.企业所得税:税率为10%~25% 2.个人所得税:最高为38% 3.增值税:税率为10%,对境内销售货物、劳务及进口货物征收 4.地方税:居民税、地方所得税	1.企业所得税等:外国人在区内投资,对于事业收入、股息收入、引进技术经费、劳动收入等减免所得税和法人税,对于取得、拥有的财产减免取得税、财产税 2.增值税:带入区内并进行申报的国内物品和入驻企业间提供的外国物品或劳务适用增值税零税率

续表

	国家主要税收制度	自由贸易港税收优惠
巴拿马科隆	1.企业所得税:税率为25%。应纳税所得额超过150万美元的法人实体的税基为以下两者中的较高者:①正常计算的净应税所得;②总应税所得的4.67%(减除豁免、非税和外国收入) 2.个人所得税:居民15%~25%,非居民就来自巴拿马的收入按15%征收 3.增值税:普通商品增值税为7%,酒类为10%,香烟为15%,在所有销售环节(生产和进口产品)均需征收 4.关税:除部分农产品外,关税不超过15%,平均为12% 5.经营许可税:总资产减总负债后的权益的2%,最少为100美元,年最高征税不超过6万美元。资本额少于1万美元的法人或自然人可免交 6.股息税:税率为10%,公司在付所得税后且在向股东分配利润之前征收	1.企业所得税:享有部分豁免权 2.经营许可税:自由区企业的税率为1%,最高不超过5万美元 3.关税:免征 4.股息税:税率为5%
美国纽约—新泽西港	1.企业所得税:最高21%,有不同程度的抵扣减免政策 2.个人所得税:10%~37%,一共7档税率,上限为37% 3.消费税:在零售环节中对有形动产与劳务服务的毛收入征收销售税 4.关税:加权平均关税税率(AHS)为1.67% 5.财产税:对财富与不动产征收,税率为1.44% 6.地方税:以财产税为主,1%~4%;选择性开征地方的销售税、消费税和所得税	1.关税:进口再出口的产品免征关税;消耗、报废等产品免征关税;展览商品免征关税;进口产品缓缴关税,入关时应税产品可以享受倒置关税减免 2.地方税:在对外贸易区内进行储存、销售、展示、重新包装、组装、分发、归类、评级、清理、制造、加工等活动的进口有形个人货物,或者在对外贸易区内的在美国生产以出口为目的的有形个人货物,无论处于原始状态还是经过上述混合、加工等形态的改变,都免征州和当地的从价税 3.其他税费:对外贸易区的企业可以每周缴纳一次货物处理费,每季度缴纳一次港口维护费,不需要每次进口都支付。对外贸易区内商品的投保价值不需要包括应缴进口税额的部分

资料来源:笔者整理编制。

(2)世界各自由贸易港的税收政策的特点和选择不同政策的原因

通过对世界各自由贸易港的比较,可以归纳出以下几个特点:

第一,世界各自由贸易港都是以税率低零化和税种简少化为方向。全球各自贸区的政策方向都是使本国种类繁多的课税项目简化,使本来高额的税收负担减少,从而达到减少成本、提高国际竞争力、吸引国际资本的目的。例如智利的伊基克自贸区,虽然其本国税种齐全,但是在其自由区免征所得税、增值税、关税三大税种,区内的税负便大大减少。

第二,不同国家或地区采取的优惠政策的力度各有不同。大致而言,国家税收负担较高的自贸港在优惠力度上也比较大,使得企业的最终税负水平趋于接近;此外,越是新成立的自由贸易港的政策优惠力度越大。表 11-9 和表 11-10 分别计算了各国家或地区的每种税收的税率水平与该种税收是否在自由贸易港采取了税收优惠的关系,以及成立年份与采取税收种类个数的关系。可以发现,税率水平越高的税种越容易形成优惠政策,而成立越晚的自由贸易港的税收政策越丰富。

表 11-9　按优惠与否分类的各国家或地区税率平均值 (%)

该税种在自由贸易港是否有优惠	各国或地区税率平均值		
	企业所得税	个人所得税	商品劳务税
是	22.0	39.3	14.2
否	18.4	29.4	3.8

资料来源:笔者根据 World FTZ Database 中的数据计算得到。

表 11-10　各国家或地区税收优惠的种类个数

自由贸易港税收优惠种类	自由贸易港成立年份平均值
没有优惠	177
1 种	76.5
2 种	92.7
3 种或以上	35.8

资料来源:笔者根据 World FTZ Database 中的数据计算得到。

第三,不同的国家或地区采取的优惠政策的种类也各有不同。这反映出各国本身在税制结构上有所差异,以及对不同税种的敏感性有所不同。总体而言,间接税的优惠普遍多于直接税的优惠。不论是发达国家还是发展中国家,普遍采取了免征关税、消费税或增值税等优惠政策,而发达国家普遍没有在所得税上给予优惠。

世界自由区组织(World Free Zones Organization)2018 年对全球 65 个自贸区在吸引企业投资上是否使用了激励措施以及使用了何种激励措施进行的问卷调查也印证了这一结果。如图 11-3 所示,调查结果显示,自贸区广泛使用的激励手段主要在于提供优越的地理位置和实体基础设施,以及营商环境的优化上。除此以外,关税优惠也是经常使用的激励措施,在有效问卷中,超过 90%的自贸区使用了关税优惠政策。但是其他的企业税收的优惠和补贴相对来说比较少,其中大约 80%的自贸区在企业税方面提供了优惠,约 60%的自贸区给企业提供了补贴。

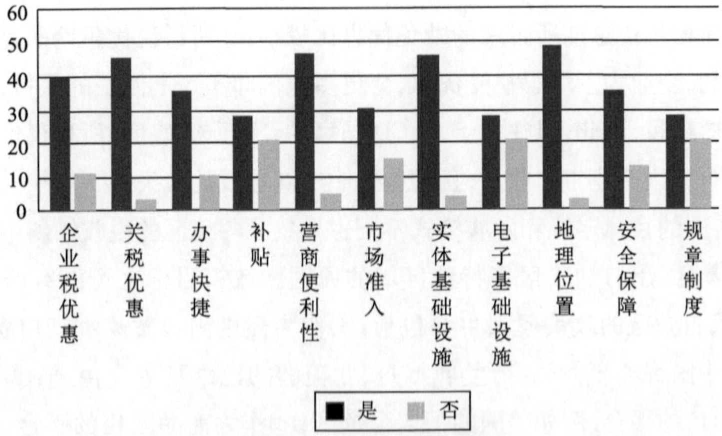

图 11-3　税收优惠的选择

资料来源:World FZO Outlook.

事实上,之前各国的优惠主要以所得税优惠为主,而目前国际上纯粹以地域来划分的所得税优惠越来越少,这个结果可能与直接税本身的优缺点有关。一方面,所得税是企业最为看重的税负,对企业的吸引力最大,因而经常被作为税收优惠的首选。根据德勤在 2017 年对于亚太地区 331 家企业(其中 208 家企业位于中国)的调查显示,99%的企业认为企业所得税“重要”,其中 63%的企业认为“极其重要”,1%的企业认为“不重要”。相对而言,只有 71%的企业认为关税“重要”,19%的企业认为关税“不重要”,如图 11-4 所示。

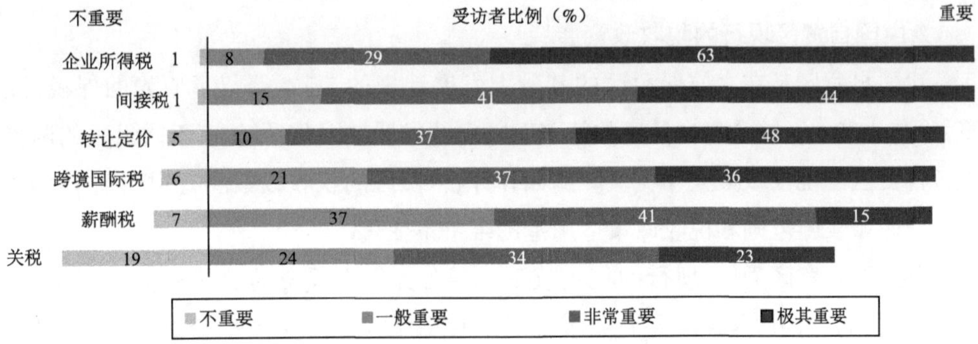

图 11-4　企业对不同税种重要性的评价

资料来源:德勤的 2017 年亚太区税务复杂性调查。

另一方面,所得税优惠政策的问题扭曲比较大。首先,以地域来划分的优惠政策会产生明显的洼地效应,影响税收的中性。其次,以往的所得税优惠通常采取早期优惠期的方式,但事实上这种类型的优惠措施通常弊大于利:①企业在早期盈利能力偏低的情况下所得税优惠期所带来的减免优惠比较小;②所得税优惠期的存在扭曲了企业的经营规划,企业为了尽早享受优惠,会更多地偏向于短期回报的项目,而不利于需要长期经营的项目,因此,以往关于OECD国家的经验研究表明,所得税优惠期的政策几乎不能给自贸区企业带来收益,且利益远小于其造成的损失。[1]

第四,各国的目标定位和发展模式不同也导致了各地区的税收倾斜不同。一国在设立自由贸易区、出口加工区等特殊区域的原因和政策目标上可能有所不同。FIAS(2008)指出,自贸区的政策原因主要包括:①作为促进出口贸易和转口贸易的平台,例如亚洲的中国香港、欧洲的荷兰鹿特丹、北美洲的巴拿马等自由港;②作为促进生产、就业和出口的平台,例如美国的很多自贸区;③作为商品零售的平台,例如智利伊基克;④作为国内引入新政策和新方法的先行试验区,例如中国的自贸区;⑤吸引外商直接投资,例如中东地区的很多自贸区和经济特区。对于不同的政策原因,采取不同的税收政策。例如爱尔兰香农是依托香农机场,以飞机租赁为特色,因而也会给与飞机租赁相关的税收以更多的政策倾斜。

第五,各国的收税主体的结构不同也导致了各地区采取的税收政策不同。例如美国的税收分为联邦税制、州税制和地方税制三个层级,这使得美国可以在自贸区范围内通过地方税进行自主优惠。因此,我们发现在美国的自贸区,隶属于联邦层级范畴的企业所得税和个人所得税均没有特殊优惠政策,而税收优惠主要集中于当地的州和当地的税负。再如日本的税制也分为中央、都道府县、市町村三个层级,以地方税为税收优惠的对象可以很好地解决税收优惠在法规上的冲突问题。

2.中国自贸区现行的税收政策

我国自贸区是在之前保税区的基础上发展起来的,基本保留了原先的保税区政策,并在此基础上结合各自贸区的特点有一定的发展。因此,虽然有不同尺度的调整,但各自贸区的税收政策大体类似。例如,海南自贸区的税收政策实行"区内的海关特殊监管区域实施范围和税收政策适用范围维持不变"。

以上海自贸区为例,现行的税收政策主要分为促进投资的政策和促进贸易的政策。[2] 促进投资的政策主要是企业所得税和个人所得税的递延纳税政策,促进贸易的政策主要是关税、增值税、消费税等流转税方面的政策。因此,按照税种具体来分,上

① FIAS. Special Economic Zones: Performance, lessons learned and implication for zone development [M]. The World Bank Group, 2008.

② 《国务院关于印发中国(上海)自由贸易试验区总体方案的通知》(国发〔2013〕38号);《财政部、国家税务总局、商务部、科技部、国家发展改革委关于完善技术先进型服务企业有关企业所得税政策问题的通知》(财税〔2014〕59号)等。

海自贸区的税收政策如表 11-11 所示。

表 11-11　上海自贸区的税收政策

税种	税收政策
企业所得税	实施非货币型资产重组的企业所得税在不超过 5 年内递延缴纳
	认定为技术先进型服务企业享受企业所得税减按 15%税率征收
个人所得税	实施非货币型资产重组的个人股东所得税在不超过 5 年内递延缴纳
	对高端人才和紧缺人才进行奖励，股权激励产生的个人所得税在不超过 5 年内分期缴纳
关税	区内生产企业和生产性服务业企业进口机器设备等货物免税
	企业内销货物按其对应进口料件或按实际报验状态征收关税
增值税	区内注册的国内租赁公司或子公司经国家批准从境外购买空载重量 25 吨以上并租赁给国内航空公司使用的飞机享受进口环节增值税优惠
	区内企业生产、加工并经“二线”销往内地的货物照章征收进口环节增值税、消费税

资料来源：笔者根据政策文件编制。

总体而言，作为自贸区的先行者和自贸港的探索者，上海自贸区税收政策的洼地效应不明显，具有很强的可复制、可推广性，事实上目前各自贸区也均采取了类似的定位和政策。但是，与国际主要自贸港的税收扶持政策相比，上海自贸区的政策仍然有较大差距，缺乏国际竞争力。甚至与国内其他自贸区的税收政策相比也有差距，税收政策创新不足。例如横琴、平潭、前海自贸区的物流、信息、科技服务、文化创意等行业减按 15%税率征收企业所得税。

（三）中国建设有竞争力的自由贸易港的税收政策的启示和建议

结合前文的内容，可以发现我国税收制度上的一些特点和潜在问题：

第一，尽管我国一直致力于为企业和个人减税降费，但与国际成功自贸港相比，我国的税负水平总体仍然处于一个较高的水平，现行自贸区的优惠力度也并不是很大，这对我国本土企业的发展和吸引国际资本都有不利的影响。根据世界其他自贸港的经验，我国想实现后发赶超，对标最高水平，采取一定的税收优惠措施仍然是非常必要的。

第二，我国的税收普遍呈现名义税率高、实际收税低的特点，如企业所得税。由于名义税率高，一方面缺乏对外部企业的吸引力，另一方面内部企业普遍对企业所得税上的优惠政策表现出过多的期待和依赖，导致我国企业所得税优惠名目也一直较多且经常调整，给政策的稳定性和征税成本都带来了不利的影响。此外，较高的名义税率和较低的实际税收也从侧面反映出了严重的避税问题，同样增加了征税成本，降低了征税效率。

第三，我国除企业所得税以外的其他税费，如增值税、营业税，也是企业的经营成本的重要组成部分。这些税收虽然具有一定的可转嫁性，但是我国这类税种繁多，税负比例较高，也给企业造成了一定的负担。

因此，可以得出我国建设有竞争力的自由贸易港税收制度的方向：①形成宽松的税负水平；②形成简明的税制结构；③形成稳定的税收制度。

具体而言，对于不同的税收种类可以得出不同的政策建议。

1.企业所得税

尽管企业所得税是最受企业关注的税种之一，但由于我国实际所得税税负并不高，降税给现有企业的影响没有理论上大，再加上所得税优惠的负面效应较大，因此不建议单纯从地域角度设置低税率的优惠政策，特别是不建议采取传统上短期优惠期方式的所得税优惠政策。企业所得税优惠应该在更广泛的范围内发挥作用。例如，第一，可以基于行业层面给予长期优惠，例如对于高成长性行业；第二，可以基于交易方式给予长期优惠，例如对离岸业务给予优惠；第三，可以采取税收豁免、税收扣除、税收饶让、投资抵免、加速折旧、亏损弥补等多种间接方法，避免形成政策洼地；第四，长期来看，甚至可以在加强税收征管的同时在全国范围内实现税率的降低，在自由贸易港内外同时形成普惠效应，避免不公平竞争和恶意避税。因此，建议探索全面长期降低企业所得税的可行性，提高社会对纳税的遵从度，降低监管难度，提升监管有效性，形成稳定的经济效应。

2.增值税

尽管由于增值税的可转嫁性，在理论分析的过程中通常将其排除在企业税负之外，但是由于我国的征税政策和税制结构，导致我国企业在间接税上也承担了很多隐形成本。加上间接税种类明目繁多，因此建议自贸港在除进口环节以外的其他环节也同样实行减免税款的优惠，一方面降低企业税负水平，另一方面也使税种简明，进一步减少税收成本。

3.社会保障税和个人所得税

社会保障税和个人所得税是在自由贸易港税收政策中较少提及的税种。然而，从之前的分析可以看出，社会保障费用在我国企业的税负比例中占比非常大，而个人所得税在吸引人力资本跨国流动方面也有重要的作用。因此，建议对境外业务产生的个人所得税进行优惠，促进离岸业务的发展，并降低企业方面的社会保障费用，减轻企业负担。

此外，我们应注意让企业形成对政策的稳定预期，也就是需要在法律层面确认其正当性。特别是对在现行税收以外的业务政策，例如离岸业务的税制，更是亟待从法律层面予以明确。虽然从我国的发展历史路径来看，经济的发展过程多为实践先行、政策后进，但国外在设立类似的自由贸易区、保税区、高科技园区等的时候，通常都是先由国家立法，明确园区的功能定位和法律框架，再开始具体运行，从而可以有效避免法律空白的情况。我国自由贸易港由于具有试验区的性质，应属于运行和探索同步进行，因而也应尽快落实相关税收在法律上的空白，有助于形成稳定的税收预期，吸引全球资本和人才的集聚。

二、自由贸易港的税收服务和纳税便利性

税负的高低是税收制度的重要组成部分。然而，税收环境是一个综合的系统，当企业衡量一个地区的税收环境时，除了每个税种的税负高低外，还会通盘考虑税种的复杂度、纳税的便利性、相关部门的办事效率、相关法规的明确性等。美国税务基金会在计算 OECD 成员国的税收竞争力指数（International Tax Competitiveness Index，ITCI）时，也综合考虑了税种的税率和占比、扣除限制、税收复杂度、是否符合国际税收规则等 40 多个变量。因此，本部分将对自贸港的税收服务和纳税便利性展开讨论。

（一）中国和世界各国或地区的税收服务和纳税便利性的现状

世界银行的全球营商环境报告调查统计了全球 190 多个经济体的包括税收在内的营商环境情况。表 11-12 列举了 2019 年的最新报告中中国和世界其他主要经济体的指标和排名。2019 年中国的总体营商环境指标排名 46，属于中上水平，但纳税指标仅仅排名 114，属于中下水平。与此同时，世界著名自由贸易港在纳税指标上的排名都遥遥领先，新加坡、爱尔兰、阿联酋都位列世界前十，纳税次数和纳税时间都远远少于中国。

然而从往年的报告来看，中国的情况正在迅速改善。例如 2019 年中国排名 46，而 2018 年这个名次仅仅是 78，2019 年我国首次进入全球前 50 名。但在纳税的便利性上，中国进步的速度仍然比较慢，2018 年中国缴纳税款的办理需要 9 次手续、共计 207 个小时，虽然相比之下 2019 年的 7 次、142 小时也有大幅进步，但是排名只从 130 名上升到 114 名。可见，除了减少税收数额外，提高纳税服务的便利性也同样是建设自贸港、对标国际最高标准所迫切需要改进的方向。

表 11-12　2019 年世界主要国家和地区营商环境和税收排名

	营商环境		纳税			
	排名	得分	排名	得分	纳税次数	纳税时间
中国	46	73.64	114	67.53	7	142
中国香港	4	84.22	1	99.71	3	34.5
新加坡	2	85.24	8	91.58	5	64
爱尔兰	23	78.91	4	94.46	9	82
阿联酋	11	81.28	2	99.44	4	12
澳大利亚	18	80.13	26	85.64	11	105
新西兰	1	86.59	10	91.08	7	140
日本	39	75.65	97	71.14	30	129.5
美国	8	82.75	37	84.14	10.6	175
英国	9	82.65	23	87.14	8	105

资料来源：世界银行《全球营商环境报告 2019》。

（二）世界各自由贸易港的税收服务便利化措施

世界各自由贸易港在提高税收服务、简化流程上有很多成熟的制度措施和管理经验。总体而言，大致分为以下几个方面。

1.先进的税收管理理念

具体体现为对税收绩效评估的标准从对税收的产出（征收或追缴的税款等）转为对税收的有效性（纳税人的自愿遵从），从纳税人的需求层面出发，减少纳税成本，提高纳税的效率。

2.简化、高效、规范的纳税流程

例如新加坡的“一站式”网络通关系统贸易网络，连接了海关、检验检疫、税务、军控、安全、经济发展局、企业发展局、农粮局等 35 个政府部门，使得与进出口贸易有关的各种申请、申报、审核、许可、管制等全部手续均通过该系统高效进行，10 秒钟完成申报手续，10 分钟获得审批结果。

3.丰富的业务咨询、业务办理和投诉调解渠道

形成了线下窗口、网络平台、移动终端、呼叫中心、信息中心、流动税务办公室等各具特色的综合纳税服务方式。

4.健全的信息获取平台和信息利用机制

具体体现为重视信息采集，通过打通不同部门的壁垒推动内外部的信息获取和分

析应用，利用数据识别税收风险，并促进跨国情报交换。

5.健全的纳税服务体系

一方面通过培训计划形成高水平的税务人才队伍，另一方面还形成了包括税务代理、纳税人协会、税收志愿组织等在内的纳税服务体系，帮助解决税务办理、争端解决等问题，协助税收征管的顺利开展。

6.针对自贸港特殊情况的灵活个别安排

例如对有争议的税收筹划的高净值纳税人实行特别关注、实施特别审查制度、构建对话平台。

（三）中国现行自贸区的税收服务便利化措施

在对税收服务的便利化水平进行改进的过程中，我国上海自由贸易区和海南自由贸易区目前已采取了一系列改革，并就探索建设自由贸易港制定了一系列措施。

1.上海自贸区的税收服务改革措施

自 2013 年上海自由贸易区成立以来，就一直在税收制度创新上进行积极的探索。例如 2014 年，上海自贸区试点推行“办税一网通”措施，并迅速在全国推广（见表 11-13）。截至 2018 年，已有百余项包括税收创新在内的创新成果在全国范围内得到推广。①

表 11-13 上海自贸区税收创新服务

1	网上自动赋码	税务机关根据工商、质监提供的企业信息，由系统自动赋予税务登记号码；建立自贸试验区税务登记自主查询平台
2	网上自主办税	推行发票和涉税事项的网上办理；加强网上跨部门联合受理和信息共享，联合推进税收便利化
3	电子发票 网上应用	加快推进自贸试验区内电商企业电子发票网上应用；积极研究金融保险业电子发票应用
4	网上区域通办	在“1+4 自贸办税直通车”（办税大厅和延伸点）的基础上，为企业提供所有税收业务事项的网上区域通办服务
5	网上直接认定	对新办企业取消辅导期，推行网上增值税一般纳税人直接认定；加强事中违纪纳税人纳入辅导期管理工作
6	非居民税收 网上管理	由银行等托管方和托管方主管税务机关提供相关涉税服务；开发非居民税收管理系统
7	网上按季申报	对符合条件的纳税人，由按月申报转变为按季网上申报并实行网上即征即退

① 资料来源：新华网、央广网等。

续表

8	网上备案	加快行政审批制度改革,对行政审批清单内常用涉税事项实行网上"先备后核"
9	纳税信用网上评价	通过信用信息平台,采集、处理、评价纳税信用信息,根据评价结果实施分类服务和管理
10	创新网上服务	网上信息分类采集;网上信息推送;网上信息查询服务

资料来源:国家税务总局税总函〔2014〕298号。

2.海南自贸区的税收服务改革措施

随着2018年《中国(海南)自由贸易试验区总体方案》出台,海南在分步骤、分阶段推进自由贸易港建设中也在逐步探索、稳步推进税收方面的政策。其中,关于优化税收服务和税收环境方面的举措包括以下几个方面:

(1)对标国际先进,全面优化税收营商环境。目前,海南自贸区制定了进一步优化税收营商环境的实施方案(2018—2022年),明确推出了压缩办税时间、减轻税费负担、优化税后流程、规范税收执法等4大类34项优化税收营商环境措施。

(2)建设电子税务局,主要涉税事项"一网"办理。电子税务局将在"四个统一"的基础上,实现384个涉税事项全部网上办理,并且实现智能预填、智能预审、自动办结。

(3)"一厅通办""一键咨询",解决纳税人"多次往返"问题。实现全省68个办税服务厅除5项特殊业务外所有涉税业务"一厅通办"和12366"税费一键咨询"。

(4)拓宽一次办结事项,最大限度便利纳税人。推出报告类、发票类、申报类、备案类、证明类等5大类141个办税事项"最多跑一次"清单,纳税人办理该清单上的事项,资料齐全且符合法定受理条件,税务机关将一次办结。

(5)发布"全程网上办"清单,纳税人办税"零跑路"。推动办税渠道多元化,在实现网上申报缴税的基础上,发布了登记类、申报类、备案类、查询类等4大类71项办税事项"全程网上办"清单,纳税人通过访问税务局门户网站即可办理。

(6)压缩发票申领时间,解决企业开办时间长问题。继续优化流程、压缩时间,将新办纳税人首次办理申领发票时间压缩至1个工作日。

(7)优化注销程序,破解纳税人"注销难"问题。与市场监管部门协同,大幅简化资料、优化程序,推出个体工商户承诺制税务注销,推进企业简易注销清税证明免办,实行"一窗受理、内部流转、限时办结、窗口出件"的套餐式服务。

(8)深化"银税互动",助力中小企业便利融资。联合银保监局、30家商业银行打造"云税贷""税银通"等银税互动品牌,将有力缓解小微企业融资难题。

（四）中国建设自贸港在税收服务便利化改革上的问题和启示

税收服务和纳税便利化的改革可以说是我国自贸试验区目前在税收领域最突出的重要成果之一。尽管取得了瞩目的成绩，但是仍然有很大的创新空间和改革需求。

（1）我国目前的税收服务措施尽管取得了巨大的进步，但服务方式仍比较简单，仍没有从本质上超越和突破现有自贸港的税收服务水平和标准。例如新加坡早在多年前就实现了“一站式”网络通关系统贸易网络，号称10秒钟完成申报手续，10分钟获得审批结果。我国应利用自身规模优势，形成更加高效的突破性措施。

（2）我国自贸区税收服务便利化主要在于提高实务处理的时效性，而税收监管手段等制度仍没有本质变化，征管模式和管理理念仍然比较陈旧。基于现金流、发票流的僵化税收监管手段在灵活的跨国经济活动和资本流动中可能存在冲突，自贸区内企业的创新经营也有可能对传统制度形成挑战。

（3）我国自贸区目前的网络办税平台仍然存在操作界面缺少人性化设计、操作流程不够简便、部分功能模块没有开通、平台功能存在重复交叉、终端渠道比较单一等问题，有较大的改善空间。

（4）我国自贸区目前的税收政策还处于各自探索、遍地开花的阶段，除了上海自贸区“一网通”等措施在全国得以推广之外，其他很多政策仍然互不统一，使得资源在不同自贸区之间，以及自贸区内外的流动形成了一定的壁垒。

（5）我国自贸区目前的税收服务体系仍然有待健全，整体纳税环境仍然有待形成，税务职能和方式仍有待延伸，税务人员和纳税人的理念仍有待更新。

（6）我国自贸区目前的税收服务便利水平是基于现有税收制度下进行的，而我国在离境退税、离岸税收等一系列问题尚未形成明确的制度，怎样适应仍然是我国探索建设自贸港的重要问题。

三、自由贸易港的税收透明度、税收征管与国际协调

随着经济全球化和生产要素的自由流动，国际经济和税收的合作进入到了一个前所未有的深度，国际税收合作协调和多变征管共治成为世界税收征管发展的新趋势。自由贸易港由于其税收政策的特殊性，开展对外经济活动或者吸引外资的时候更是会直接面临这方面的问题。例如，在过去的几十年间，由于相关规定的空白，导致在涉及两国税收制度不同的情况下，部分企业会出现在两国都面临缴税义务的“双重征税”问题，也有部分企业会利用其中的漏洞进行避税，出现“双重不征税”的现象，给世界

各国的税收公平和国际秩序产生了很大影响。针对这种情况,世界各国目前都在积极进行国际协调,提高全球各个地区(特别是包括自由贸易港在内的低税收区域)的税收透明度,确保国家税基不受到侵蚀,企业更加公平地参与国际竞争。而各个国家或地区在这些方面的参与深度也成为企业在跨国资本流动决策中的重要考虑因素。

(一)避免双重征税的税收征管

在避免双重征税方面,目前国际上主要是通过两个国家或地区谈判缔结书面协定的方式,来协调双方的税收管辖和税务问题。截至目前,我国共签订了106个税收协定、2个税收安排(针对中国香港、中国澳门)和1个税收协议(针对中国台湾)。

双边税收协定在对一些模糊地带作出规定的同时,也提供了一些跨国投资上的优惠,例如,我国与大部分国家签订的税收协定中都在利息条款有免税或者优惠税率的规定:"缔约对方政府、地方当局及其中央银行,或者完全为其政府所有的金融机构从我国取得利息且为受益所有人时,在我国免税。"此外,部分税收协定在股息红利等权益性投资收益、转让财产收益、特许权使用费上也有相关优惠。境外投资者在我国开展经营活动,可以根据双边税收协定和我国相关规定,在合法框架内享受对自己有利的税收政策。当然,双边税收协定的优惠也不是无限滥用的,也要在税收透明、税收中立的原则下进行。

(二)避免双重不征税的税收征管

与双重征税相比,部分跨国公司激进的税务筹划导致双重不征税的现象是世界各国普遍面临的重要问题。为此,2013年OECD发布《税基侵蚀和利润转移(BEPS)行动计划》,涵盖了协调各国所得税制、重塑国际税收协定、重组转让定价国际规则、提高税收透明度、确定性等方面的内容。按执行标准划分,BEPS项目的计划又可以分为最低标准、强化标准、最佳实践、辅助工具4项类别,见表11-14。

表11-14 BEPS行动计划

	BEPS项目	执行标准
1	应对数字经济的税收挑战	最佳实践
2	消除混合错配安排的影响	最佳实践
3	制定有效受控外国公司规则	最佳实践
4	限制利用利息扣除和其他款项支付产生的税基侵蚀	最佳实践
5	提高税务安排的透明度和实质性因素,有效打击有害税收实践	最低标准

续表

	BEPS 项目	执行标准
6	防止税收协定优惠的不当授予和滥用	最低标准
7	防止在没有法律依据的情况下人为规避构成常设机构	强化标准
8	无形资产转让定价指引	强化标准
9	确保转让定价安排与价值创造相匹配:风险与资本	强化标准
10	确保转让定价安排与价值创造相匹配:其他高风险领域	强化标准
11	衡量和监控 BEPS	辅助工具
12	强制披露规则	最佳实践
13	转让定价文档和国别报告	最低标准
14	使争议解决机制更有效	最低标准
15	开发用于修订双边税收协定的多变工具	辅助工具

我国政府深度参与了 BEPS 国际税收规则的制定,提出了"利润应在经济活动发生地和价值创造地征税"的总原则,同时积极地参与税收交换,促进税收透明。例如,2013 年我国签署《多边税收征管互助公约》,奠定了运用多变工具的基础,2017 年 5 月签署《非居民金融账户涉税信息尽职调查管理办法》,开始金融账户涉税信息交换(CRS);2017 年 6 月签署《实施税收协定相关措施以防止税基侵蚀和利润转移的多边公约》,并明确了 BEPS 在我国税法中的转化任务。

(三)应对数字贸易的税收挑战

应对数字经济的税收挑战是 BEPS(税基侵蚀和利润转移)所有 15 项行动计划中的第 1 项计划。数字贸易是基于互联网和互联网技术的国际贸易活动,大致分为数字内容服务、数字搜索引擎服务、网络社交媒介、基于云计算的互联网服务提供商四种类型。[①] 数字经济和数字贸易的蓬勃发展对国际税收征管造成了巨大的冲击和挑战。具体体现为:第一,数字贸易的监管和征收是前所未有的难题。由于数字产品是基于数据流的虚拟产品,与传统贸易的载体不同,具有虚拟化、隐匿性、分散化、非地域性、易转移、交易无纸化等特点,在税收征收和监管上的困难很大。第二,数字贸易在现行制度框架内很难找到对应适用的法律和定位。数字贸易的特殊性使得传统税收规则下有关"常设机构"的规则判定失效了,使得课税权的识别、所得的定性、对应税则的判定等方面都产生了很多问题,加剧了税基侵蚀和利润转移的风险,影响了各个主体

① 周念利,陈寰琦,黄建伟.全球数字贸易规制体系构建的中美博弈分析[J].亚太经济,2017(4):37-45.

之前的利益分配。

1.世界各国对数字经济征税的分歧

由于世界各国在数字经济领域存在比较激烈的利益博弈,且各国的发展阶段和规模都极不平衡,目前世界各国对于数字产品贸易税收征管的态度也有一定的分歧。

(1)以美国为代表的免税派认为对数字经济征税会严重阻碍这种新兴贸易形式的发展,因此一贯坚持并在多种场合明确倡议对数字产品贸易永久性免征税款。早在1996年,美国就开始主张网络贸易的国内外贸易应实行零税收方案,在1997年的《全球电子商务框架》中美国建议将互联网宣布为免税区,凡经由互联网进行交易的无形产品均一律免税,1998年更是进一步通过了《因特网免税法案》,并通过2007年《互联网免税法修正案》等后续法案一再延长,试图促进美国互联网产业的持续发展。

(2)以欧盟、澳大利亚和大多数发展中国家为代表的征税派则认为应该对数字经济进行税收征管。欧盟目前对通过互联网销售的数字化产品征收增值税,暂不征收关税(但并不同意对数字产品永久性免征关税),同时原则上不开征新税;印度政府规定,对“在境外使用计算机系统,而由印度公司向美国公司支付的款项均视为来源于印度的特许权使用费,并在印度征收预提税”;新加坡税法规定,“通过互联网或者其他电子媒介进行的商品和服务的活动,不改变其应税性质”。英国于2015年出台《转移利润制度》,打击外国公司通过人为安排避免在英国构成常设机构的避税行为。OECD更是把数字经济行动计划列为BEPS(税基侵蚀和利润转移)所有15项行动计划中的第1项计划。

2.中国在数字经济税收上的现状

与世界其他国家相比,我国在数字贸易上的进展与发达国家的差距还比较大。主要体现在:

(1)与数字贸易税收相关的法律还存在司法空白,在企业所得税法和个人所得税法的规定中均没有涉及相关的问题,在增值税法中与其相关的规定仅包括“中华人民共和国境外的单位或者个人在境内提供应税服务,在境内未设有经营机构的,以其代理人为增值税扣缴义务人;在境内没有代理人的,以接收方为增值税扣缴义务人”,在实务中的可操作性也比较差。

(2)我国在基础设施、海关监管、数据追踪统计等方面都缺乏有效的职能部门进行建设和跟进。相比之下,美国商务部经济与统计管理局(ESA)和欧盟很多国家的相关部门都在很早之前就开始了对数字贸易的关注和追踪,并多次发布数字贸易报告,在引领数字贸易新规则上占据了主动权;英国、日本等国也根据数字技术建立了更灵活高效的新海关报关系统或数字政府接入系统等。

3.自由贸易区港在数字经济税收上的先行作用

由以上分析可知,现行税收规则已经难以适应数字经济和数字贸易发展带来的新问题。然而,由于各国在涉及互联网的问题上普遍有重要的战略考量,因此无论是征税派还是免税派,在数字经济税收政策的推进上都比较保守,以免草率的政策行为阻碍这一产业的发展,造成更大的不确定性或者其他更严重的后果。因此,数字经济的"来势汹汹"更是迫切需要我们借助建设自贸港的平台,促进在数字经济和数字贸易税收征管上的先行探索,例如打造数字经济的免税区,促进境外相关单位在中国境内进行注册登记,并利用如区块链等新兴技术进行税收管理,从立法和技术两方面促进税收透明和税收公平。

(四)中国建设自贸港在参与和落实全球税收征管和税收协调上的问题和启示

1.中国在国际税收征管相关计划上的行动还有待进一步推进

目前我国已在"最低标准"以内的项目上基本完成了对接和修正,但是"强化标准""最佳实践"的项目仍有待进一步参与,例如如何解决转让定价,特别是对无形资产的认定和评估规则,如何解决数字贸易税收等方面。目前我国自贸区在海关特殊监管区域货物状态的分类监管上开展了有益的探索,但是在对转让定价规则的核心问题上仍然存在很多信息不对称、能力不对称、规则不对称的问题,仍需我们在这些制度和法规上先行进行开拓。

2.中国参与国际税收征管的方式还有待进一步拓展

《多边税收征管互助公约》规定,国际税收征管写作形式包括国际税收情报交换、税款追缴和文书送达,三种协作方式共同作用,而我国仅引入了情报交换的协作方式,手段比较单一。这也需要我们在其他的税收征管能力上进行开拓。

我们应该看到,随着全球范围内越来越多地对避税地、低税区实施情报交换,打击非法转移定价,将促进更多的跨国公司重新筹划其全球布局,寻找新的安全合法稳定的平台。如果我们能尽快形成良性的制度,将在吸引跨国企业和资本上有强大的竞争力。

四、总结

在贸易自由化的今天,尽管各国的营商环境在不断改善,税负水平在不断降低,但是自贸区和自贸港仍然在各国的经济发展中发挥着重大的作用。第一,各国之间的关税和非关税壁垒仍未完全消除,各种政策的扭曲仍然存在,国家之间的贸易摩擦和贸易冲突更是时有发生。第二,各国的出口成本仍未完全消除,出口手续的烦琐,设施的不足,效率的低下,都给出口活动带来一定的制约。第三,特别是发展中国家,仍然需要与其他更低税负环境的发达经济体进行国际间竞争,这都对我们建设有竞争力的税收环境的自由贸易港提出了要求。

我国自由贸易港和自由贸易区的建设均以不转移税基、不导致“政策洼地”为前提。但这并不代表我国各地区的税收政策是僵化不变的,也不应否定合理的税收激励制度对自贸港建设的重要作用。相反,我国的税制仍存在很大的优化空间,来进一步促进我国税收的公平、中立、透明、有效,以及保护我国的税基不受侵蚀。另外,我们也应该注意到,建设自由贸易港和自由贸易区的功能定位和目标是有所不同的。建设自由贸易区是以政策试验为重点,通过先行先试,减少改革风险,形成可复制、可推广的经验,建设自由贸易港则更是要对标国际最高标准、最高水平,打造最具有国际竞争力的开放新高地。可以预见的是,在未来的几十年中,国际之间对于资本和人才的竞争会不断增强,国际税收的竞争也会不断加强,因此,这也要求我们在税收上进行更深层的调整和改革,利用自由贸易港的优势进行更大胆的探索和尝试,成为推动税制改革的先行者。

参考文献

[1]高培勇.新一轮财税体制改革的战略定位[N],人民日报,2014-06-09.

[2]黄建忠,文娟.探索建设自由贸易港蓝皮书[M].中国经济出版社,2017.

[3]周念利,陈寰琦,黄建伟,全球数字贸易规制体系构建的中美博弈分析[J],亚太经济,2017(4):37-45.

[4]The World Bank Group.Special Economic Zones: Performance,lessons learned and implication for zone development[R].World Bank.

第十二章 自由贸易港法治建设与政府职能转变

张继红[①]

党的十九大报告提出,要“赋予自由贸易试验区更大改革自主权,探索建设自由贸易港”。这是新形势下我国推动形成全面开放新格局的重要举措,也是主动顺应全球治理新格局、对接国际贸易投资新规则、实现更高水平开放的必由之路。自由贸易港是继自由贸易试验区之后的又一创造性尝试,旨在通过程度更深、范围更广的市场自由化,充分激发市场活力,营造更具竞争力的营商环境。探索研究自由贸易港法治建设,形成配套、完善的法制体系,有利于我国在国际市场竞争中保持优势地位,对外贸易活动减少受制因素,增强国际经贸规则制定的话语权,深度参与国际贸易活动。自由贸易港的法治建设,应以自由贸易试验区为基础,一方面反映我国自由贸易试验区法治建设的最新改革成果,另一方面又能体现自由贸易港自身的特殊性。

一、自由贸易港的功能定位

应该说,设立自由贸易港和自由贸易区的目的基本一致,都以制度创新为核心,营造开放型营商环境,海关税收以及开设业务内容的具体要求一脉相承。从自由贸易试验“区”向自由贸易“港”转变,不仅仅是一字之差,更重要的是建设理念的区别,需要进一步实现体制和机制创新,特别是在贸易投资便利化、税收优惠等方面有实质性突破。

自贸试验区的主旨就是建构与国际高标准相一致的贸易、投资、管理等规则的综合性经济体,为中国经济发展提供创新动力。其核心在于“试验”,即在特定区域探索改革经验并推广复制到全国。我国目前已经建立了 12 个自由贸易试验区,为国家新一轮改革开放提供了探索性平台,进一步提升我国外商投资环境法治化、国际化、便利化水平。其中一系列制度创新和改革举措,与转变政府职能有关,这就从实质上推动

---

① 张继红:上海政法学院教授,上海全球安全治理研究院研究员。

了我国行政管理体制纵深领域的改革，将原先各自为政、管理型政府逐渐打造成放权简政、高效服务型政府。实现政府在市场准入、监管体制创新和行政体制改革领域的职能转变，是整个自贸试验区制度设计和推进的重中之重。

自由贸易港则是全面开放的新高地，“是设在一国（地区）境内关外、货物资金人员进出自由、绝大多数商品免征关税的特定区域，是目前全球开放水平最高的特殊经济功能区。”①也就是说，自由贸易港建设，需要在海关、金融、财税、人力资源、市场监管等各个领域做出一系列制度安排，其核心更侧重于“自由”和“制度先行”，对标国际投资贸易的最高开放标准。“探索建设中国特色的自由贸易港，打造开放层次更高、营商环境更优、辐射作用更强的开放新高地，对于促进开放型经济创新发展具有重要意义”。② 两者的区别具体表现在以下几个方面。

（一）地域概念

欧共体在法律文件中规定，“自由港是港口的一部分。自由港有严格明确的界限，该界限受海关监督。自由港准许外国商品自由免税出入。在该区内，商品可以储存、重新包装和展览或在遵守有关条例的前提下转运、销售或者加工，海关一般不予监督或限制”。③ 应该说，自由贸易港是以港口（海港、空港）为依托，划定一定区域实行特殊的海关监管。而自由贸易区通常不受地域条件的限制，在内陆、边境区或者远离港口的其他地方都可以设立，如河南、湖北、重庆、四川、陕西自贸试验区都位于内陆省份。④

（二）自由程度

显然，相比自由贸易区，自由贸易港的贸易自由度更高，开放范围及领域更广。从目前我国自贸试验区的建设情况来看，货物流通自由方面取得了较大突破。而自由贸易港则不仅涵盖货物流通自由，还包括资金和人员的流通自由、航运自由、投资自由、经营自由等。

---

① 汪洋.推动形成全面开放新格局[N].人民日报，2017-11-10.

② 汪洋.推动形成全面开放新格局[N].人民日报，2017-11-10.

③ 李一民，汤莹.自贸港引领自贸区3.0版本升级——自由贸易港区制度研究及其影响分析[EB/OL].2017-10-23.https://www.sohu.com/a/199584032_481785，2018-11-05.

④ 上海财经大学自由贸易区研究院.赢在自由贸易试验区：寻找改革红利时代的财富与机遇[M].北京大学出版社，2014：230.

（三）承载功能

目前，自由贸易试验区无论是进出口监管还是投资领域的负面清单、单一窗口，都表现为国际贸易投资的便利化，其主要作用是吸引投资和贸易，并带动国内经济发展。[①] 相比较而言，自由贸易港的优势突出表现为离岸贸易、离岸金融，将与本土没有实质联系的国际经贸活动吸引并汇聚到自由贸易港来完成。如此一来，可以促进低消耗、高附加值的高端服务业（如金融、法律、信息流通等）在自由港的发展，并向国内区域辐射，更提升了市场要素的全球配置能力和占领市场份额的国际竞争能力。

值得注意的是，还有一个概念叫"自由贸易港区"，其本质上还是自贸区，目的在于吸引国际船只与货物的进出与过境，学习先进的科学技术与管理经验，鼓励外商兴办各种经济与金融产业，以获取运费、装卸费、港务费、堆栈费与各种加工费等收益，并带动当地及邻近地区国民经济迅速发展。"港区"对应的区域通常准许境外船只自由出入，境外货物的进出、装卸、分选加工、重新包装、储存与过境中转以及外贸加工再出口等，享有免征全部或大部关税等优惠待遇。[②]

从功能定位角度看，自由贸易港区、自由贸易区、自由贸易港这三个概念呈现出层层递进、功能不断深化的特点：自由贸易港区可以独立于自贸区，也可以是自由贸易区中的一个具有更高开放度的特定区域；自由贸易港则可以是一个城市、一个行政区划，甚至一个国家，它涵盖或覆盖自由贸易区的地理区域及功能，又比自由贸易区更加自由和开放。

从目前发展情况看，上海明显具有优先建设自由贸易港的基础。自 2013 年上海成为第一个自由贸易试验区以来，已经发挥其示范作用，在政府职能转变、提升市场准入便利化，"证照分离"到"负面清单"等方面积累了丰富经验。2017 年 3 月底，国务院公布的《全面深化中国（上海）自由贸易试验区改革开放方案》中明确提出要"在洋山保税港区和上海浦东机场综合保税区等海关特殊监管区域内，设立自由贸易港区"。

现阶段很多国家及地区都建立了相应的自由贸易港法律制度，我国探索建设中国特色的自由贸易港，有必要深入探讨其他国家及地区自由贸易港具有共性特征的国际规则。

---

① 自由贸易试验区与自由贸易区两个概念也有差异性。自由贸易试验区，更加凸显"试验"目的，侧重于在特定区域内就贸易、投资、金融、海关、行政监管等领域的法律制度及规则进行创新试验、先行先试，旨在复制并推广至其他区域，为国家对外进行自由贸易区建设积累宝贵经验。

② 戴晓炜.港口在自由贸易港区中的服务功能探讨[J].中国储运，2013(9).

二、国际典型自由贸易港的特点分析

(一)典型自由贸易港的共性特征

1547 年,意大利热那亚湾雷格亨港是世界上首个自由港。自由贸易港的发展,迄今已有四百多年的历史。自由贸易港的产生,也是全球经济、对外贸易及对外投资发展到一定阶段的必然产物。自由贸易港作为国际经济合作交流的一种形式,随着世界政治经济大环境的变化和科学技术的发展而不断演进。

早期的自由贸易港功能仅限于为获取商业利益而进行的转口贸易活动,属于最低级的单一功能贸易型自由港。17 世纪后,自由港作为一种国际经济合作交往的联系形式和政策工具,继续为处于上升时期的资本主义国家运用。二战后,世界经济形势发生了重大变化,帝国主义的殖民体系崩溃,广大殖民地和半殖民地国家纷纷走向民族独立和发展民族经济的道路。在这个过程中,各国和各地区均采取各种适合于本地经济情况的对外交往形式以促进其经济发展,其中运用自由港的某些特殊政策以开展对外经济联系,成为一种非常普遍的现象。① 同时,许多国家和地区还在实践中创设了各种名目繁多的形式,从而使自由港的功能和形式发生了快速发展和变化。

时至今日,全球已有 600 多个自由贸易港,虽然种类与功能不尽相同,但是基本目标都是贯彻自由贸易政策,自由贸易港已然演变为开放国内贸易、打破关税壁垒的前沿窗口,是各国贸易自由度最高的核心地带。国际公认的、具备典型性的自由贸易港主要包括荷兰鹿特丹自由港、中国香港自由港、新加坡自由港②、美国圣路易斯郡自由港、菲律宾巴丹自由港③,其高效的管理制度和低税负吸引了大量外来投资。

从国际范围来看,自由贸易港在具体建设模式上各有差异。除了上述典型自由贸易港的建设经验,其他国家及地区的自由贸易港也有成功经验可供参考,如阿联酋由若干个自贸区组成的自由贸易港,其中迪拜所汇聚的自贸区最多、最集中,因而更加突

---

① 路璐.欧洲自由港功能的演进[J].港口经济,2015(10).

② 新加坡 1969 年在裕廊工业区的裕廊码头内划设了第一个自由贸易区,如今新加坡已经逐渐发展成为一个包括 7 个自由贸易区(其中 1 个以空运货物为主,6 个以海运货物为主)的高度开放的自由贸易港。

③ 巴丹自由港区(Freeport Area of Bataan)是一个综合型的自贸区,其前身为巴丹经济特区。20 世纪 90 年代巴丹区域经济面临衰落,为推动区域经济发展和促进就业,菲律宾国会于 2009 年通过了《巴丹自由港区 2009 法案》,将巴丹经济特区转变为巴丹自由港,并出台相关细则和机制促进自由港区发展,通过兴建强大且便利的公共设施吸引投资者进入。目前,巴丹自由港区依托优越的地理位置和税收、财政激励机制,吸引了大批跨国企业来此建立加工区,有力地推动了该地区经济收入的增加,未来将打造成为全球的休闲、旅游胜地,实现全方位发展。

出迪拜自由贸易港地位。①

通过分析上述不同地域、不同模式的自由港建设经验，可以总结出以下几点共性特征：

1.宽松的外资市场准入制度

例如，外资企业在中国香港自由贸易港注册登记只需要三个步骤，即网上注册或到公司注册处注册，递交公司注册所需的文件并缴纳相关费用，经核准备案取得《公司注册证书》及《商业登记》。网上注册申请通常一小时内回复结果；纸质申请则需要四个工作日。而且，香港对于外资企业港内注册资金数额也没有特殊限制，无须验资，实际到账的资金数额也不做硬性要求。② 而且，港内市场几乎不存在绝对禁止的行业，也没有对外资股份数额的绝对限制。同样地，在新加坡自由贸易区内注册公司手续简便且成本低廉，任何国籍的成年人只需提供新加坡境内的公司注册地址，委任一名新加坡籍董事和一名当地秘书，并按照要求提供四项文件（公司名称、章程、申请人身份证明、公司自贸区内注册地址及办公时间报表），即可在三个工作日内完成注册的全部流程。③ 新加坡自贸区内除了国防等关系国家命脉的行业外，政府对外资市场准入也不做特别限制。

2.减少贸易壁垒

例如，中国香港一般进出口货物都享受零关税，也不设增值税或其他服务费等；除酒类、烟草、碳氢油类及甲醇等四种商品外，其他货物的进出口都无须缴纳消费税；一般货物也没有进口配额或其他进口证的限制。④ 通过税种少、税负轻的贸易政策，极大降低了商业成本。与之相类似，新加坡也采取了较为宽松的关税政策，除了酒类、烟草、机动车外，对所有进出口商品免征关税。此外，新加坡对进出口货物没有类似配额的数量限制措施，除了危险品、武器、药品和化妆品等特殊货物和针对特定地区的进出口需要申请许可证外，一般货物可以自由进出口。低廉的贸易成本、便利的贸易政策、流畅的货物流通，造就了世界范围内诸多知名的自由港。

3.提高通关便利化程度

例如，中国香港对货物进出口仅实施最低限度的发证管制，除豁免报关的商品外（包括转运货物、过境货物、船舶补给品、飞机补给品），承运人只需于货物输入或输出后两周内向海关详细呈报进口或出口商品的所有付运资料和进出口报关单，是非常典

---

① 截至 2017 年底，阿联酋共有 45 个各种类型的自贸区（包括在建的 10 个），其中 30 多个在迪拜。

② 香港注册公司流程参见香港投资促进署官网：http://www.investhk.gov.hk.

③ 新加坡资讯服务私人有限公司.新加坡商务手册[M].中国财政经济出版社，2006：15.

④ 范宏云，孙光永.香港建设自由贸易港的经验[J].特区实践与理论，2008(3).

型的“先入关,后报关”的便利海关监管模式。[①] 同时,中国香港、新加坡[②]都利用电子化方式对进出口审批、检验检疫、通关查验等环节实行“贸易单一窗口”,在一个统一平台上准确、高效地完成,极大提高了行政效能。政府服务通过行政管理机制创新和技术创新,提高自由港的行政效率,是世界范围内自由港建设成功的经验之一。

4.航运服务高度发达

新加坡实施特许国际航运计划和海事金融优惠计划,大幅减免了航运企业和航运服务业的税费,汇集了航运交易、船舶经纪、航运资讯、船舶维修和海事培训等领域的完整产业链,为开展国际贸易提供了坚实的基础。迪拜则正在打造“海上城市”项目,汇聚所有与航运有关的服务要素于一个中心区域。中国香港作为世界闻名的自由港,更是实行国际航运自由,船只从海上进入或驶离港口时都无须向海关结关,进出或转运货物在港内装卸、转船和储存不受海关限制。此外,也没有海关、检验检疫、边防等部门对船舶和船员实施额外检查,降低了航运成本。[③] 自由贸易港不可回避的问题就是港口和航运建设,以航运带动要素流动和经济发展,这也是相比自由贸易区的一大优势。

5.建设优质的营商环境

中国香港于2006年2月专门组建了“方便营商咨询委员会”,旨在推动方便营商的工作,提供有效的跨部门、跨界别的沟通平台,让业界就政府规例和程序向政府表达意见,目标是取缔过时或累赘的规管,提升政府服务效率,降低对企业造成的负面影响和成本负担。近年来,中国香港在世界银行《营商环境报告》的排名一直处于全球前列。新加坡则通过法律、司法、仲裁等方面的体制创新,培育出完善的商业生态系统。根据瑞士洛桑国际管理发展学院《世界竞争力年鉴》显示,新加坡在通过司法保护企业竞争等方面的排名长期处于领先地位。此外,阿联酋迪拜的国际金融中心法院采取与国内其他法院不同的运行体制,以适用英美法、任命英美法系国家的法律专业人士为其法官,更容易为国际贸易各参与主体所接受。通过健全和完善司法、行政体系,可以最大程度培育更具竞争力的营商环境,进而促进自由贸易港的发展。

---

① 徐伟.香港海关货物通关详解[J].中国海关,2015(8).

② 早在1989年,新加坡政府就在全球率先推出了贸易管理电子平台贸易网,将海关、税务等35个政府职能部门连接在一网之上,为企业提供一站式通关服务。参见陶杰.新加坡:自由贸易港高度开放[N].经济日报,2014-02-13(13).

③ 商务部国际贸易经济合作研究院课题组.中国(上海)自由贸易试验区与中国香港、新加坡自由港政策比较及借鉴研究[J].科技发展,2014(9).

（二）中国自由贸易试验区法治建设存在的不足

从自由贸易试验区到自由贸易港，都以“制度创新”为关键点，其根本目的都是为了打破贸易壁垒，实现贸易和投融资自由化、便利化、法治化，建立开放型营商环境。应该说，自由贸易试验区是后续建设自由贸易港的基础，而自由贸易港则是自由贸易试验区发展的更高阶段。因此，这里有必要对标其他国家及地区的自由贸易港，检查现阶段我国自贸试验区法治建设存在的不足。

对比其他国家及地区成熟的自由贸易港，可以发现，我国自由贸易试验区的法治建设水平与国际先进国家及地区尚存在一定差距。

综观世界先进的自由贸易港建设，无论是新加坡、美国，还是中国香港、阿联酋迪拜，基本都采用“先立法，后设港”的发展模式，形成较为完备的自由贸易港法律规范体系。自由贸易港的建设均是在法律框架下稳步有序推进，商事登记、贸易便利、外商投资、金融开放以及内部事务都以明晰的法律制度为基础，注重倾听不同市场主体、不同利益方的诉求，最大限度地发挥自贸港灵活、自主、开放的优势。以1934年美国《对外贸易法》为例，作为对外贸易区基本法，其适用范围扩及美国全境，属于国家层面立法。依据《对外贸易法》授权作为管理全美对外贸易区事务的美国对外贸易委员会，其法律位阶也较高。从内容上看，美国《对外贸易法》全面完整，涉及对外贸易委员会定义及组织结构、权限及法定程序、授权的转移及撤销、违法管理行为的处罚等，对具体职责都做了详细规定，使其各项管理工作能够做到有法可依。

相较而言，我国自贸试验区至今尚未在国家层面进行专门立法，仍以政策驱动为主，政策入法现象还比较严重，[①]也未采取市场化的民主立法和管理模式，区域内市场活力并未得到充分释放。以自贸试验区授权立法为例，至今关于授权效力及方式等问题还存在较大的学理争议。无论是《中国（上海）自由贸易试验区条例》（地方性法规），还是《中国（上海）自贸试验区管理办法》（地方政府规章）都属于地方立法，在适用效力和实施过程中面临更多制度障碍，必然受制于上位法约束，在立法权威性和实效性上明显逊色于美国对外贸易委员会。同时，上海自贸区管委会的管理职责具体规定在《中国（上海）自由贸易试验区条例》第八条、《中国（上海）自贸试验区管理办法》第五条，[②]内容上存在简单重复，更多的是宣示性条款，缺乏可操作性。而且，条款也

---

① 以上海为例，《中国（上海）自由贸易试验区总体方案》中，关于“证照分离”“国际贸易单一窗口”等内容直接被写入《中国（上海）自由贸易试验区条例》。

② 上海自贸区管委会承继了上海原有的三大保税区管委会的相关行政事务，还被赋予了新的职权，如反垄断、国家安全审查等。

未真正体现自贸试验区市场主体的实际需求，如立法建议的提出程序、利益诉求的表达渠道以及参与自贸区管理等问题都没有规定。

三、中国自由贸易试验区有关政府职能转变的主要举措

从2013年8月22日设立上海自由贸易试验区开始，2014年12月12日，广东、天津、福建三个自由贸易试验区被批准设立；2017年3月15日，我国相继又设立了辽宁、浙江、河南、湖北、陕西、重庆和四川等7个自由贸易试验区；2018年10月16日，设立海南自由贸易试验区。至此，中国自由贸易战略体系已经初具规模，可全面推行新一轮政治、经济、文化等领域的深层次改革，推动政府职能转变。

（一）制度创新推进政府职能转变中的法律价值理念嬗变

作为制度创新"试验田"的自由贸易试验区设立以来，无论是商事制度改革，还是先照后证、证照分离、一口受理、单一窗口等，无一例外都是围绕着政府职能转变这一核心展开。政府职能转变，不是简单的市场进、政府退，而是在确保国家公共利益及国家安全的前提下简政放权，确立负面清单、权力清单和责任清单，从事前审批到事中事后监管。归根结底，只有遵循法治化、国际化、便利化的理念，才能最大限度地减少经贸往来中的不当行政干预，更好地推进我国市场融入世界经济体系。

诚然，政府职能转变势必牵涉诸多利益，存在改革风险，通过自由贸易试验区的"先行先试"，无疑是在风险可控前提下进行创新发展的可行路径。对自贸试验区内的企业法律规制从传统的事前监管，侧重于市场准入环节，逐步向事中事后监管模式转变，这也反映出自贸试验区法律价值理念的嬗变，特别是安全与效率之间的价值权衡和轻重排序。

安全是市场机制得以正常运行的根本出发点和重要基础，只有维护市场安全，市场在资源配置中的基础性作用才能更好地发挥出来，市场主体才可以获得持续性盈利。从某种意义上说，"商事交易更需要安全，如果没有安全性，交易便捷将毫无意义"。[①] 基于此，在市场准入问题上我国一段时间内坚持严格的行政审批制度，对市场主体资质、营业范围等进行实质性审查，以维护交易的安全。事实上，市场准入环节强调安全性，不仅不利于提高企业市场准入效率，也错配了政府有效的监管资源，致使我国投资总体规模受限，压制了经济发展的活力。从行政资源配置来说，市场准入阶段

① 赵中孚.商法总论[M].中国人民大学出版社，2007：42.

所监管的企业数量远远超过运营阶段的违法企业数量。如果将更多的精力放在市场准入,则需要更多的行政资源的投入。对于企业而言,进入市场的程序、手续越多,时间成本就越高,相应地大大降低了投资的吸引力,并有可能造成劣币驱逐良币的后果。之前的监管实践也表明,虽然我国监管机关在市场准入环节投入了大量监管资源,但效果却不尽人意。

随着自贸试验区的建立,实施"先证后照""集中和并联许可""企业年报制度"等,监管重心放在日常持续性监管以及事后监管上,在市场准入环节中安全的价值理念让位于效率,最大限度地促进了投资自由化和便利化。相应地,在涉及国家主权、关乎国计民生的关键领域,安全价值又明显优先于效率。申言之,安全与效率的价值序列并非亘古不变,而是根据自贸区建设的实际需要而发生变化。

(二)自贸试验区有关政府职能转变的具体法律规定

已经设立的自由贸易试验区根据《自由贸易试验区总体方案》,陆续出台了《自由贸易试验区条例》《自由贸易试验区管理办法》及其他规范性法律文件。从上述自贸试验区相关规定来看,涉及政府职能转变的法律规定主要集中在以下三个方面:

(1)商事制度创新,施行证照分离、先照后证,多证合一等举措,以减少行政审批程序和手续。[①] 自贸试验区商事登记制度改变原来的"重审批轻监管"的理念,推广"宽进严管"机制,极大减轻企业在市场准入环节的负担和经营成本。对于社会公众而言,商事登记制度的改革使得登记程序更加公开透明,能够让社会大众有效发挥监督作用。

这里的"先照后证",就是先向工商登记部门申领营业执照,再到其他行政机关办理有关许可证。根据国务院国发〔2014〕27号、国发〔2014〕50号以及国发〔2015〕11号文《国务院关于取消和调整一批行政审批项目等事项的决定》,分别将演出场所、煤炭开采、国际海上运输、娱乐场所设立、公共场所卫生许可、化妆品生产许可、食品生产及流通许可、餐饮服务许可、互联网网上服务、电信业务、出租车经营资格、会计师事务所设立、资产评估机构设立、营利性医疗机构设立、期货公司和证券金融公司设立等134项工商登记前置审批事项调整为后置审批。申请人可以直接申请相关经营范围登记,到工商登记部门办理营业执照,再向相关行政审批部门办理许可手续。需要注

① 以浙江为例,其《条例》第十三条规定,自贸试验区实行多证合一、一照一码的商事登记模式,推行全程电子化登记。为了便利商事登记,浙江还出台了《中国(浙江)自由贸易试验区内商事登记管理办法》。《中国(河南)自由贸易试验区试行办法》第十九条规定,自贸试验区应当建立与国际惯例相衔接的商事登记制度,全面实施"五证合一"和"一照一码"登记制度,试行"多证合一"模式,推动工商登记全程电子化和电子营业执照。简化和完善企业注销流程,对符合条件的未开业、无债权债务企业实行简易注销程序。

意的是,我国仍然保留外商投资企业设立、个人征信机构设立、出版单位设立、快递业务经营许可、中资及外资银行业金融机构设立、保险公司设立、融资性担保公司设立、期货交易所设立等34项前置许可项目。

(2)建立事中事后监管制度,涵盖社会信用体系制度、信息共享和综合执法制度、企业年度报告公示和经营异常名录制度、社会力量参与市场监督制度以及各部门的专业监管制度等。例如,《中国(福建)自由贸易试验区管理办法》第四十一条规定,在自贸试验区创新行政管理方式,推进政府管理由注重事先审批转为注重事中事后监管,提高监管参与度,推动形成行政监管、行业自律、社会监督、公众参与的综合监管体系。《中国(重庆)自由贸易试验区管理试行办法》第三十六条规定,重庆自贸试验区应当建立以综合监管为基础、专业监管为支撑的事中事后监管体系,构建市场主体自律、业界自治、社会监督、政府监管四位一体的综合监管体系,发挥社会多元共治的作用。《中国(广东)自由贸易试验区条例》第六十三条规定,自贸试验区应当实行以事中事后监管为主的动态市场监管方式,法律、行政法规未规定检查的,有关主管部门不得擅自开展检查。对法律、行政法规规定的检查事项,建立随机抽取检查对象、随机选派执法检查人员的抽查机制。《中国(湖北)自由贸易试验区管理办法》第三十四条,自贸试验区实行以信用监管为核心的事中事后监管制度。建立自贸试验区企业信用信息记录、公开、共享和使用制度,推动部门间依法履职信息的联通和共享。健全守信激励和失信惩戒机制。

其中,企业年报制度是改革的核心。企业年报制度与年检制度虽然都是国家行政管理部门运用行政手段干预企业经营的一种方式,以检查企业是否存在财务造假、违法经营等情形,但两者存在较大差异。前者的审查方式是形式审查,即企业登记管理机关仅对企业提交的材料是否符合法律规定的要求进行审查,而无须对材料本身的真实性负责;后者,行政机关不仅要审查企业提交的全部材料是否符合法律规定,还要对材料本身的真实性把关。显然,企业年报制度大大减轻了行政管理机关的审查负担,侧重于企业财务报表等内容的披露,监管程序更趋透明、公开。

(3)建立集中统一行政审批机制和综合执法体系,设立"单一窗口",实现贸易便利化。即,将企业所需办理登记事项及文件材料集中受理,方便和简化初始受理程序,由"单一窗口"上交至自贸区管委会及其他行政监管部门受理,自贸区管委会进行部分审核后对相关文件再行分类转交给其他部门,各部门审核备案后再集中于一个窗口。例如《中国(天津)自由贸易试验区条例》第十一条规定,自贸试验区各片区实行相对集中行政许可权制度,依法统一行使相关行政许可权。第二十三条规定,自贸试验区实行国际贸易"单一窗口"管理服务模式。《中国(天津)自由贸易试验区管理办法》第十三条规定，自贸试验区实行行政许可目录管理，完善综合窗口统一受理的服务模式，统一行政许可事项办理标准并予以公示，简化办理流程，推行现场许可和网上许可，方便申请人。第二十三条规定，自贸试验区建立国际贸易单一窗口，企业通过单一窗口一次性递交标准化电子信息，处理结果通过单一窗口反馈。《中国（广东）自由贸易试验区条例》第二十三条规定，自贸试验区应当实行一点接入、一次申报、一次办结的国际贸易单一窗口服务模式，加快建设电子口岸，建立跨部门的综合管理服务平台，实现部门之间信息互换、监管互认、执法互助。第六十四条规定，自贸试验区片区应当依法建立集中统一的综合行政执法体系，相对集中行政执法权。《中国（四川）自由贸易试验区管理办法》第十一条规定，自贸试验区应当公布法律、法规规定实施的行政许可目录，推进行政审批标准化、信息化建设，推行"一窗受理、协同审批"的"一站式"高效服务模式。自贸试验区各片区实行相对集中行政许可权制度，依法统一行使相关行政许可权。《中国（陕西）自由贸易试验区管理办法》第八条规定，支持自贸试验区各片区管委会建立集中统一的行政审批和综合行政执法体系，建立部门间协调合作的联动执法机制。

（三）中国自贸试验区存在的不足

1.存在"洼地式"优惠，与国际化规则理念不符

2017年4月，大连片区发布百项政策清单，实施"落户奖""经营贡献奖"及"高级管理人员奖"。企业实缴资本达到1亿元的，给予500万元奖励；实缴资本超过1亿元，每增加1亿元，奖励金额增加100万元，奖励总额最高不超过1500万元，奖励资金在实缴注册资本到位第二年起分5年等额兑现。"经营贡献奖"规定，企业自注册之日起，年度纳税超过1000万元的，从下一年度起，按照不超过企业上年形成地方本级财力的70%给予奖励，奖励期限为5年。"高级管理人员奖"规定，企业副总级以上（含副总）高级管理人员，按其上年缴纳个人所得税的50%等额金额给予奖励，每人每年最高不超过200万元。同时鼓励金融类企业在小窑湾国际商务区举办省级以上（含省级）有影响的相关金融商业活动，按照活动总支出的50%给予奖励，总额不超过50万元。[①] 这里，姑且不论奖金来源于政府哪项预算，仅就登记注册资本的奖励而言，这种经济优惠措施早已被时代摒弃，与国际规则严重不符。

2."先照后证"改革中，尚未根除合并登记的影响，导致证照关系的逻辑混乱

我国自贸试验区施行的"先照后证"并不适用于所有的市场准入领域，如前所述，

① 辽宁自贸区大连片区发布百项政策清单[N].辽宁日报，2017-04-17.

仅仅是行政许可后置事项。而实践中,工商登记部门给企业颁发的营业执照上又包括“经营范围”这一内容。而经营范围又涉及后置许可事项,经营范围的真实性尚存在疑问。也就是说,营业执照本身不应当涉及特殊行业经营许可事项,仅仅是商事主体资格成立的证明。加之,对于已经拿到营业执照的企业而言,事实上已经获得商事主体资格,但尚未取得后置许可这段时间内,倘若发生侵害消费者权益的问题,颁发营业执照的行政部门无权实施处罚,后续许可机关尚未启动许可程序,存在着监管真空状态。

3.对于并联审批和集中审批模式,各相关主体法律责任并不明确

通过检索自贸试验区的全部规范性法律文件可以看出,对于并联审批和集中审批,主要内容也仅仅限于“一口受理”“统一接收材料”等工作机制的表述,对于哪个环节或某个部门出现问题之后的法律责任大都语焉不详。例如,在集中审批模式下,对各个行政部门的权限及责任是否出现调整或转移,谁是责任主体等问题都未做规定。而没有责任的法律规定无异于空中楼阁,其执行力和权威性必将大打折扣。

四、自由贸易港法治建设要点

我国自由贸易区、自由贸易港建设起步较西方发达国家晚,在国际市场的准入、贸易规则、标准制定、法治保障方面存在一定差距,对“自由贸易”的概念理解存在逐渐深入的过程。从总体思路上看,设立自由贸易试验区就是要用法治理念来解决权力与市场的关系问题,以更大的开放倒逼现行的行政管理制度进行深层改革,划清政府、社会和市场的边界。未来自由贸易港作为高度自由化的国际贸易港,更需要通过法律法规明确改革红线,让改革“风险可控”。对自由贸易港法治建设问题的研究,可在一定程度上促进宏观和微观层面改革的协同化。

(一)商事登记制度法治化

无论是我国香港地区的《香港法例》,还是美国的《对外贸易法》、新加坡的《对外贸易区法》及《对外贸易区条例》,都对工商登记具体流程和当事人应当注意的事项进行了具体规定,企业可以较为便捷地了解和知悉在商事登记过程中所应遵守的义务和享有的权利。相比之下,我国自贸试验区商事登记制度尚不够透明、规范和具体,在建设自由贸易港时应借鉴和学习先进国家和地区的经验,完善商事登记制度。

针对“先照后证”改革之后,企业取得营业执照与获得许可之间,尚存在监管真空等问题,必须强化监管部门之间的信息沟通,落实“双告知”制度,即要求工商登记部

门告知行政相对人只有获得许可方可经营,同时将自己所掌握的信息告知办理后续许可事项的其他监管部门。同时,针对我国现阶段营业执照制度执行中存在的误区,建议在自由贸易港内尝试推进营业执照改革时,以"市场主体资格证书"替代营业执照,取消原记载于营业执照上的经营范围。换言之,工商登记部门无须再对企业经营范围做强制性记载。

(二)增设第三方立法评估制度

如前所述,我国现阶段自贸试验区"政策入法"现象严重,12个自贸试验区已经出台的《自贸试验区条例》《管理办法》的内容与《总体方案》高度重合,立法环节并不能真正体现科学性、民主性和合理性。未来建设自由贸易港,应适时增设第三方立法评估制度,能够有效提升其立法质量,极大地提高公众参与度。这里的第三方立法评估主体,可以交由高校、科研机构、社会团体等,由它们遵循客观、公正、独立原则给出科学的评估。当然,这里的评估机制也要考虑成本效率问题,仅对关系到自由贸易港长远发展、影响重大的法规等进行立法评估。限定立法评估对象和范围,可以降低评估的随意性,避免立法资源的浪费。

(三)完善并联审批和集中审批制度

并联审批和集中审批制度旨在简化审批程序,提高行政效能,推动改革从"碎片化"向"跨部门协作"转化,如果仅仅依靠某个政府部门的努力亦无法实现并联审批和集中审批的最终目的。这里,有必要通过明确的法律规定,确立各个行政管理机构的行政权力和具体职责,避免职责交叉和重叠。特别是集中审批,还涉及行政机关职权转移,更需要法律规则对各部门权责进行梳理和规范,详细规定审批的议事规则,包括行政相对人提交申请材料的程序、要求、时限、救济路径等。与此同时,还可设立专门的"并联和集中审批协调机构",专门就上述事项进行相应的协调和梳理,为并联和集中审批管理提供有力的组织和人力保障。相反,协调机制不健全,相互扯皮推诿,必然影响审批效率。

随着互联网、大数据技术的快速发展,自贸试验区互联网+、电子政务等领域取得长足进步。在信息沟通方面,地方政府与中央政府之间、主管部门与其他部门之间、立法部门与执法部门之间都需要加强协调;建立大数据共享平台,使得各部门之间能够及时掌握有关行政许可的持续进展动态,并确保网上政务技术系统的稳定性和安全性。同时,政府部门的监管信息也要走出去,及时向社会公开,充分发挥相关专业机构及社会的监督作用,便于公众的知情监督。

（四）完善四位一体的综合监管体系，充分发挥行业自律的能动性

从效力结构看，四位一体的综合监管体系中，政府是自上而下的行政监管，处于主导地位，也最具权威性，指导并监督行业自律组织以及企业等市场主体；行业自律组织作为中间层，起到沟通协调政府与市场主体之间的纽带和桥梁作用；社会监督与公众参与具有自发性、分散性等特点，主要通过举报、投诉、舆论等形式参与自贸港事务管理。

作为一种有效的市场治理手段，行业自律在约束市场主体不良行为、维护市场正常运营秩序上有其独有的调控空间，通常被视为一种补充政府监管的治理路径。[①] 行业协会作为自律组织进行自我管理拥有十分悠久的历史，在很多领域的应用都极为普遍。从理论上分析，通过自律规范整顿并构建合理的内部秩序，能够更好地实现市场有序化。相较于法律规定，自律规范更能建立“内生机制”，有效降低国家管制成本。自律组织就其法律属性而言，可归为社会团体法人，属于私主体范畴的民间机构。目前，我们更需要进一步完善和强化的就是使其回归本位、角色矫正。也就是说，应当确保行业协会之独立性，而不被异化，政府应适当干预，而非取而代之，有效发挥其自我管理的积极作用。政府的权力扩张，虽然在一定程度上确实能够快速培育相关市场并建立秩序基础，但也使得市场参与主体不能完全独立运营，特别是无法培养成熟、理性的从业者。政府不仅需要承担本应由市场主体来自行承担的经营风险和责任，还可能遏制市场的创新活力。事实上，行业自律是市场经济不可或缺的重要组成部分，虽然其作用的发挥有赖于多种外部条件和环境的制约。行业协会在建立之后，政府可以对其自律活动进行指导，但不能过度干预。要想使自律机制真正发挥作用，必须处理好政府与协会之间的关系。[②] 应该说，任何一种市场治理主体都有其优势和各自的局限性，单独依赖任何一方都是不够的。而现阶段政府如何放权于市场、将自律管理权力还给自律组织，将是有效发挥行业自我管理能动性的关键。

（五）建立并完善信用法律制度

目前覆盖全社会的征信系统尚在建设过程中，企业、其他组织及公民个人的信用记录还不够完整，守信激励和失信惩戒机制亦不能有效发挥作用，各行政部门之间信息共享意愿也不强。今后，在自由贸易港的建设中，可以结合《征信业管理条例》等行政法规以及《上海市社会信用条例》等地方性法规，完善信用信息数据库，推进社会信

① 鲁篱.行业协会经济自治权研究[M].法律出版社，2003：190-193.

② 张继红.大数据时代个人信息保护行业自律的困境与出路[J].财经法学，2018(6).

用体系建设。

2016 年 5 月 24 日，上海市浦东新区市场监督管理局与芝麻信用联合推出“共享信息、共建信用”项目，双方实现数据联通、信息共享、联合惩戒、信用共建，起到一定的示范作用，其做法值得进一步推广。市场监管部门向芝麻信用提供包括浦东新区范围内经营异常名录企业信息、行政处罚信息、失信企业信息等。已有 5.9 万家企业被纳入芝麻信用“企业行业关注名单”，160 多名企业法定代表人因公示信息造假等被纳入芝麻信用“个人行业关注名单”。[①] 芝麻信用将上述关注名单披露给合作商户，同时在金融、消费等各种信用服务场景中，对失信者予以限制，使信用约束范围从政府进一步拓展至更多的社会服务领域，真正实现“一处失信、处处受限”。相应地，市场监管部门对芝麻信用反馈结果加以应用，对列入关注名单的企业和法定代表人，采取增加检查频次、高风险预警等监管措施，加大监管力度。

此外，在信用体系建设过程中，个人信息保护制度建设问题也不容忽视。大数据、互联网、云计算进一步加剧了商业机构与消费者之间的信息不对称，还有可能导致不当歧视及信息二次利用甚至滥用、泄露等问题，原先个人信息采集、存储、使用和处理中的“告知及同意”条款及“去身份化”措施已经远远不能适应新形势下信息主体权利保护的基本诉求，必须转变思路、完善现有法律框架和规则。基于此，国际组织及一些国家纷纷出台应对信息化时代个人信息保护的新思路和新理念，突出公平合法原则、目的限制原则、数据质量原则、责任原则的重要性。各国立法者也进行应对式立法规则的修缮活动，通过强化信息主体的权利、加重企业等信息处理者的信息保护义务、构建专门的信息保护监管机构、加强事后追责法律制裁的力度等方式来完善本国个人信息保护的法律框架。自由贸易港亦应针对包括企业、个人在内的信息主体出台相应规范，保障信息主体享有查询、更正、删除、救济等权益。如果发现信息存在错误、不完整、滞后等问题，有权提出异议并要求信息处理者予以及时更正，积极探索我国个人信息保护规则及路径。

五、结语

从自由贸易试验区到自由贸易港，标志着中国改革开放已经进入新的历史阶段，改革创新、加快转变政府职能、与国际市场接轨作为自贸试验区建设的基本使命，必然需要与法治化、国际化、便利化理念相融共生。自由贸易试验区建设脱离了原先粗放

---

① 周奇，张湧.中国(上海)自贸试验区制度创新与案例研究[M].上海社会科学院出版社，2016：290.

式发展的“政策洼地”“优惠集中地”以及“经济特区”思路，转而寻求在法制框架内探索可复制、可推广的经验和规则，实现与国际高标准投资和贸易规则体系相适应的监管模式。通过制度创新和先行先试，自贸试验区率先进行了行政审批改革，取消多项审批事项；从事前管理到事中事后监管，从负面清单管理模式拓展至权力清单、责任清单，实现了行政管理理念上的又一次转型和突破；简政放权，从大包大揽到“小政府、大市场”“一口受理”“综合管理及执法体系”，无一不体现出服务型政府的改革决心。自由贸易港建设，应以法治为引领，在自贸试验区法治建设基础上更进一步，切实做到“立法先行”：完善并联审批和集中审批制度，明确各个行政监管机构职责权限及法律责任，增设第三方立法评估制度，实现商事登记的法治化，更大程度上激发市场主体活力，建立并完善信用法律制度，充分发挥行业自律的能动性。

参考文献

[1]汪洋.推动形成全面开放新格局[N].人民日报,2017-11-10.

[2]戴晓炜.港口在自由贸易港区中的服务功能探讨[J].中国储运,2013(9).

[3]路璐.欧洲自由港功能的演进[J].港口经济,2015(10).

[4]范宏云,孙光永.香港建设自由贸易港的经验[J].特区实践与理论,2008(3).

[5]徐伟.香港海关货物通关详解[J].中国海关,2015(8).

[6]赵中孚.商法总论[M].中国人民大学出版社,2007:42.

[7]鲁篱.行业协会经济自治权研究[M].法律出版社,2003:190-193.

[8]张继红.大数据时代个人信息保护行业自律的困境与出路[J].财经法学,2018(6).

[9]周奇,张湧.中国(上海)自贸试验区制度创新与案例研究[M].上海社会科学院出版社,2016:290.

第十三章　中国国际进口博览会与自贸区政策的完善①

殷　敏

一、中国自贸区建设的现状分析

（一）自由贸易区的内涵和外延

1.FTA 与 FTZ 概念辨析

FTA 与 FTZ 是有关自贸区的阐述中最易混淆的概念，学界对两者的定义也众说纷纭。2008 年 5 月 9 日商务部、海关总署在借鉴国际条约中关于“自由贸易区”和“自由贸易园区”表述的基础上联合发布了《关于规范“自由贸易区”表述的函》，明确界定了“自由贸易区”和“自由贸易园区”的内涵，②虽然该函旨在对行政部门的表述进行规范，但是，其对于学界正确区分 FTA 与 FTZ 的概念，也有一定的指导意义。我们认为，FTA（自由贸易区）是指我国与其他国家或单独关税区签订的自由贸易协定所形成的以实现双方贸易和投资自由化的所有成员的全部关税领土。FTZ（自由贸易园区），在我国指自由贸易试验区和自由贸易港，即指在我国境内设立的实行优惠税收和特殊监管政策的小块特定区域。陈立虎教授认为，FTA 和 FTZ 的区别主要体现在四方面：第一，FTA 和 FTZ 的设立主体不同，前者是两国或多国之间或单独关税区之间的一种

---

① 本章受“2019 年度上海浦江人才项目”（2019PJC059）资助。

② “自由贸易区”对应的英文是 Free Trade Area（FTA）。根据世界贸易组织的有关解释，所谓“自由贸易区”，是指两个以上的主权国家或单独关税区通过签署协定，在世贸组织最惠国待遇基础上，相互进一步开放市场，分阶段取消绝大部分货物的关税和非关税壁垒，改善服务和投资的市场准入条件，从而形成的实现贸易和投资自由化的特定区域（Area）。“自由贸易区”所涵盖的范围是签署自由贸易协定的所有成员的全部关税领土，而非其中的某一部分。“自由贸易园区”对应的英文为 Free Trade Zone（FTZ），它指在某一国家或地区境内设立的实行优惠税收和特殊监管政策的小块特定区域，类似于世界海关组织的前身——海关合作理事会所解释的“自由区”。按照该组织 1973 年订立的《京都公约》的解释：“自由区（Free Zone）系指缔约方境内的一部分，进入这一部分的任何货物，就进口税费而言，通常视为在关境之外，并免于实施通常的海关监管措施。有的国家还使用其他一些称谓，例如自由港、自由仓等。”

经济贸易制度，是国与国之间的谈判结果，需要遵循 WTO 的相关制度，而后者是一国自主设立的贸易制度安排。第二，FTA 与 FTZ 所实施的范围不同，前者覆盖两个以上的关税区，实施效应辐射全关境，而后者只涉及一个关税区，并且仅限于该关税区内小范围的指定区域。第三，FTA 与 FTZ 所实施的效果不同，前者实施后，仅有缔约方的商品进出可以在自由贸易区享受优惠待遇，而后者则依据所在国（地区）的相关规定，仅对商品是否允许进出口有限制，不针对商品的来源国。第四，FTA 与 FTZ 区域内所实施的政策价值不同，前者是为了促进缔约方之间消除贸易壁垒，促进贸易便利化等，而后者则是为一国对贸易、投资的相关措施进行改革提供试点场所。①

根据中国自贸区服务网显示的统计信息，截至 2018 年 11 月 19 日，我国已签署 16 份《自由贸易协定》，并与缔约方构建了相应的 FTA，以促进双方贸易、投资的发展。2013 年 8 月 22 日，我国设立了第一个真正意义上的自由贸易园区（FTZ）——中国（上海）自由贸易试验区。从此，我国既有了自由贸易区也有了自由贸易园区，自由贸易园区特指下文讨论的自由贸易试验区和自由贸易港。

2.自由贸易港在自由贸易区中的地位

（1）自由贸易港的概念界定及与自由贸易区的关系

自 1547 年位于意大利西北部热那亚海湾的雷格亨自由港被定位为世界上第一个自由贸易港以来，现全球范围内有 600 多个自由贸易港，其中中国香港、新加坡等已发展成为国际金融、贸易中心。以地理范围的特点为区分标准，自由贸易港可划分为三类：第一类是形式上最完全的自由贸易港，即将全部地区划分为非关税区，包括港口以及港口所在的城区。自贸港的所有居民，包括旅经此地的旅客，均享受关税优惠，外商可自由居留，并从事金融、投资等有关业务，此类自贸港城市有中国香港等。第二类自由贸易港通常具有双重定位，此类自贸港的功能定位为旅游购物胜地和工商业中心，并且地理位置独特，一般位于岛屿地区，以便于港口所在岛屿的整体开发建设，使港口所在岛屿完全变为自贸港，如印度尼西亚的巴淡岛、以色列的埃拉特等。第三类自贸港的自由化程度一般低于前两类，原因是此类自贸港的地理区域只包括港口和港口所在城市部分区域，如智利的伊基克、巴拿马的科隆自由贸易港、菲律宾的苏比克湾港等。

国务院于 2018 年 10 月 16 日发布了《国务院关于印发中国（海南）自由贸易试验区总体方案的通知》，将海南全岛作为自贸试验区的试点，在此基础上建设具有中国

① 陈立虎.中国自由贸易园区立法的新思考[J].法治研究，2016(2)：133.

特色的自由贸易港。[①] 海南自由贸易试验区的地理范围属于上述的第一类，但是目前尚未属于非关税区，也未形成完整的自由贸易港形态。

目前，我国学界关于自由贸易港的定义尚未形成统一的观点，大多数学者都是基于特殊的地理位置——“境内关外”来认定自由贸易港。例如胡加祥教授认为自由贸易港是设立在一国（地区）境内、海关监管之外，允许境外货物、服务、资金等生产要素自由进出的港口，可以是海港，也可以是陆港。外方船只、飞机等交通运输工具可以自由往来，但仍需遵守当地有关卫生、移民等政策法令。[②] 朱福林副教授认为自由贸易港是指划在一国或地区海洋港口或邻近区域享受“境内关外”的特殊政策，包括免税、自由通行及免除通常海关手续的区域，并且可以在区内进行加工、制造、贮藏、分拣、改装、修理、装卸等产业活动，以至再出口或在港区内销售，只有当货物需要进入本国区外其他地方时才实施关税等正常手续。[③] 王艳红、孟广文认为：“自由贸易港也称自由港，是全球开放水平最高的特殊经济功能区，是设在国家和地区境内，但处于海关管理关卡之外，允许来自境外的货物和资金自由进出的港口，同时允许在该区域内自由开展货物展览、储存、拆散和重新包装、改装和整理加工以及制造等多种业务活动。”[④]但是周阳博士却反对简单认为自由贸易区属于“境内关内”或“境内关外”的观点。他认为自由贸易区在法律性质上属于缴纳目的下的“境内关外”区域，除此之外，它仍然属于“境内关内”，且此处的“关内”是指关税法律适用的范围。[⑤]

一般认为，自由贸易港是自由贸易区的最初形式。从地理位置来看，自由贸易港是一国境内的特定区域，小于自由贸易区的范围。从设立目的来看，自由贸易区是为了促进自由贸易协定缔约方贸易和投资自由化，而自由贸易港是为了服务一国对外开放及一国的关税和监管制度等的改革创新，也有利于更好地建设自由贸易区。自由贸易港是自由贸易区的一个必然发展阶段，是构建自由贸易区的必经过程。

（2）世界自由贸易港建设的经验借鉴

自由贸易港的特殊税收、金融监管等政策有利于促进一国的转口贸易，带动港区从单一发展模式向综合发展模式转变。我国建设自由贸易港是我国进一步推进改革开放，助力我国企业“走出去”和“引进来”，应对国际贸易发展新挑战的重大举措。有利于促进国际贸易全球化进一步发展，提升我国自由贸易港经济发展水平，增强我国

---

① 国务院.国务院关于印发中国（海南）自由贸易试验区总体方案的通知（国发〔2018〕34 号）[EB/OL].http://www.gov.cn/zhengce/content/2018-10/16/content_5331180.htm，2018-11-19.

② 胡加祥.我国自由贸易港建设的法治创新及其意义[J].东方法学，2018(4)：19.

③ 朱福林.自由贸易港建设的国际镜鉴[J].改革，2018(8)：115.

④ 王艳红，孟广文.我国自由贸易港建设存在的难点和对策[J].经济纵横》，2018(5)：83.

⑤ 周阳.美国对外贸易区法律问题研究[M].法律出版社，2015：18.

在国际经济新秩序建设中的影响力。建设自由贸易港有关金融监管、税收、贸易便利化、自由化的改革经验,有利于我国推进监管领域的政策制度更新变革、不断提升应对新时代开放性经济建设挑战的能力,增强我国政府管理能力和水平。

从现今发展比较好的自由贸易港来看,建设自由贸易港需要具备以下条件:

第一,自由贸易港选址需要具备优越的地理位置、良好的交通及硬件设施。优越的地理位置具有成为交通枢纽的自然条件,而良好交通条件的形成很大程度上取决于硬件基础设施建设。一般而言,同时具有海陆空运输能力的地区是自由贸易港的首选。但在海、陆、空三种运输方式中,海运的运输量大且成本相对低廉,国际贸易总运量中有 2/3 以上利用海运方式,是目前国际物流最主要的运输方式。因此,具备海运条件的港口比只能陆运、空运的港口更具建设自由贸易港的优势。此外,港口的自然条件决定了港口货物的吞吐量。中国香港能成为世界上最开放、最自由的自由贸易港之一,得益于其独特的地理位置。香港北连接中国内地,南毗邻东南亚国家,东紧邻太平洋,西联通印度洋,在地理上天然成为连接东西半球及沟通南北的交汇点,非洲、欧洲和南亚国家通往东南亚的航运线路大多要经此要道。香港还是欧洲、美国、日本及东南亚国家进入中国南海的重要门户与桥梁,东南亚与美洲间的转口也要经过香港。基础设施等硬件建设水平决定货物吞吐能力,能实现海陆空联运的港口具有更强的竞争力。为此,中国香港政府在港区内提供了各项便利设施,并不断加强海陆空运输基础设施建设,如兴建码头、机场、道路、通信设施等,使其成为亚洲主要航空及航运枢纽。①

第二,具有开展转口贸易等业务的便利条件及具有强大的商品集散能力。自由贸易港拥有先进的运输、装卸设备,有较高的管理水平和承载力,港口环境不断优化;同时,还应具有开展转口贸易、储存货物及分级挑选、改装等业务的便利条件,以吸引更多客户进行转口贸易。新加坡港集装箱吞吐量曾居世界第一,直至 2010 年被上海港超越。2016 年上海港集装箱吞吐量达 3713 万标准箱,连续七年稳坐全球港口头把交椅,但其国际中转货物比例为 10%,远低于新加坡港。可见,新加坡能成为世界著名的自由贸易港,为转口贸易发展营造便利的条件至关重要。此外,自由贸易港的竞争力不仅来自取消关税和其他非关税壁垒,还来自其货代、物流、仓储、保险、银行等的通达性,即具有强大的商品集散能力。目前,国际上的自由贸易港绝大部分位于沿海港口,往往整体经济发达、商业繁荣,便利的交通运输网络辐射各地,能起到连接国际、国内两个市场的窗口和桥梁作用,这样的港口易于形成商品集散中心,并吸引跨国物流

---

① 王艳红,孟广文.我国自由贸易港建设存在的难点和对策[J].经济纵横,2018(5):84.

企业进入。例如，迪拜不仅是中东著名的全球性商业大都市，还位居东西方商业文化交流的咽喉要道，且逐渐发展成为欧亚经济活动的中心，发挥着商品集散中心的作用。目前，迪拜的仓储和商品集散中心规模还在不断扩展，至少有125家海运公司的航线经过迪拜，是世界首屈一指的中转贸易港口，在世界港口航运业中也占有举足轻重的地位。未来该地还计划发展成为辐射亚洲次大陆及中东欧各国以及东南部非洲的贸易中心。①

第三，实施宽松式贸易管理机制，提升物流通关便利化水平。借助自由贸易港货物监管和行业准入宽松等政策利好，自由贸易港为外贸企业投资、货物进出等业务提供便利的通关条件。例如，巴拿马的科隆自由贸易港采用货物自由流动机制，除爆炸品、化学品、麻醉品等严控物品外，货物进口与转口没有配额限制，可在整个贸易港内自由流动。俄罗斯符拉迪沃斯托克自由贸易港实行24小时通关制度，口岸监管机构精简到海关与边检，确保人员、货物全天无障碍进出境。德国的汉堡自由贸易港实行无限制政策，港区每批进出口或转运的货物无须立即进行申报与查验，货物转口期限不满45天无须记录，且装卸、转船和储存等环节均不受海关任何限制，且进出港口的船只无须向海关结关，船舶航行时悬挂海关关旗即可。东北网报道显示，2017年俄罗斯符拉迪沃斯托克自由港的通关时间，从150分钟缩短至35分钟。新加坡自由贸易港推行的“一站式”电子通关系统，接受98%的企业整个通关程序的自主化一次性申报，80%的报关业务可在20分钟内处理完毕，且企业电子报关被受理后，货物放行只需15分钟。依托这些政策利好的宽松管理机制，各自由贸易港的货物流通限制较少，停滞时间大幅度降低，加快了货物周转，从而提升物流通关的便利化水平。②

第四，注重自由贸易港制度环境建设与打造优质营商环境。良好的投资环境以及优惠政策待遇，可以吸引跨国资本的进入，使自贸港建设走向成功。韩国的马山出口加工区、新加坡的裕廊工业区等自贸区，建立了一套以“不干预”为宗旨的高效管理体制和配套措施，因此，我国自由贸易港的吸引侧重点，应更多地通过打造优质营商环境来吸引全球资本。目前我国现有的六种海关特殊监管区主要是侧重制造业贸易或为制造业贸易服务。现代自由贸易港的建设更加注重吸引服务业聚焦，而我国现有的海关特殊监管区侧重于为制造业贸易服务，而与传统制造业相比，服务业外资对软环境更敏感，要求更高。因此，未来我国建设自由贸易港要在服务贸易与投资便利化、扩大服务业开放、完善服务业人才生活配套等方面加大力度，予以完善，为服务业外资提供

---

① 王艳红，孟广文.我国自由贸易港建设存在的难点和对策[J].经济纵横，2018(5)：84.

② 胡耀蕾，胡德宁.我国自由贸易港构建的国际经验借鉴与实施建议[J].对外经贸实务，2018(8)：86.

更有竞争力的软环境。①

(二)中国现有的自由贸易试验区的现状

目前,我国分四批建立了12个自由贸易试验区(具体如表13-1),上海为第一批次,天津、广东、福建为第二批次,浙江、四川、陕西、湖北、重庆、辽宁、河南为第三批次,海南为第四批次。其中,在2018年4月13日庆祝海南建省办经济特区30周年大会上国家主席习近平宣布:“党中央决定支持海南全岛建设自由贸易试验区,支持海南逐步探索、稳步推进中国特色自由贸易港建设,分步骤、分阶段建立自由贸易港政策和制度体系。”②这标志着我国的自由贸易试验区建设进入了一个新的发展阶段,也明确了中国(海南)自由贸易试验区的发展方向为建设中国特色自由贸易港,为我国建立自由贸易港政策和制度体系提供实践经验。

表13-1 中国现有的自由贸易试验区设立情况

序号	自由贸易试验区名称	设立时间	实施范围
1	中国(上海)自由贸易试验区	2013年8月22日	总面积28.78平方公里,涵盖上海市外高桥保税区、外高桥保税物流园区、洋山保税港区和上海浦东机场综合保税区等4个海关特殊监管区域
2	中国(天津)自由贸易试验区	2014年12月12日	总面积119.9平方公里,涵盖天津港东疆片区、天津机场片区、滨海新区中心商务片区
3	中国(广东)自由贸易试验区	2014年12月12日	总面积116.2平方公里,涵盖广州南沙新区片区、深圳前海蛇口片区、珠海横琴新区片区
4	中国(福建)自由贸易试验区	2014年12月12日	总面积118.04平方公里,包括平潭、厦门、福州3个片区
5	中国(浙江)自由贸易试验区	2016年8月31日	总面积119.95平方公里,由陆域和相关海洋锚地组成,涵盖舟山离岛片区、舟山岛北部片区、舟山岛南部片区
6	中国(四川)自由贸易试验区	2016年8月31日	总面积119.99平方公里,分为成都、泸州两个部分,涵盖中国(四川)自由贸易试验区成都天府新区片区、中国(四川)自由贸易试验区成都青白江铁路港片区、中国(四川)自由贸易试验区川南临港片区
7	中国(陕西)自由贸易试验区	2016年8月31日	总面积119.95平方公里,涵盖中心片区、西安国际港务区片区、西安杨凌示范区片区

① 朱福林.自由贸易港建设的国际镜鉴[J].改革,2018(8):119.

② 习近平.在庆祝海南建省办经济特区30周年大会上的讲话[EB/OL].http://www.xinhuanet.com/politics/2018-04/13/c_1122680495.htm,2018-11-19.

续表

序号	自由贸易试验区名称	设立时间	实施范围
8	中国(湖北)自由贸易试验区	2016年8月31日	总面积119.96平房公里,覆盖武汉片区、襄阳片区、宜昌片区
9	中国(重庆)自由贸易试验区	2016年8月31日	总面积119.98平方公里,涵盖两江片区、西永片区、果园港片区
10	中国(辽宁)自由贸易试验区	2016年8月31日	总面积119.89平方公里,涵盖大连片区、沈阳片区、营口片区
11	中国(河南)自由贸易试验区	2016年8月31日	总面积119.77平方公里,涵盖郑州片区、开封片区、洛阳片区
12	中国(海南)自由贸易试验区	2018年10月16日	海南岛全岛

建设中国自由贸易试验区是我国结合新时代下基本国情和所面临的世界挑战,进一步深化改革和进一步扩大开放的重大举措。至今,我国已建成了1222.41平方公里的自由贸易试验区,海南岛全岛3.54平方公里的自由贸易试验区也在稳步推进建设。由于我国自由贸易试验区有不同的地理位置和功能设计,不同自由贸易试验区也有不同的定位。例如,中国(上海)自由贸易试验区面向全球,打造国际金融中心;中国(广东)自由贸易试验区面向港澳及东盟,打造国际服务贸易中心;中国(天津)自由贸易试验区面向东北亚,打造国际制造业中心;等等。此外,每个自由贸易试验区还按照本区域内的地理位置进行功能划分,给予本区域内不同片区不同的发展方向和定位。如中国(广东)自由贸易试验区按功能划分为三个片区,分别以建设生产性服务业为主导的现代产业新高地、建设我国金融业对外开放试验示范窗口、建设具有世界先进水平的综合服务枢纽、建设文化教育开放先导区及国际商务服务休闲旅游基地、建设国际性枢纽港及世界服务贸易重要基地等为目标,发展各自的重点产业,以实现各自不同的功能定位。①

中国(上海)自由贸易试验区作为中国首个设立的自由贸易试验区,其许多成功的实践经验被我国其他自由贸易试验区在建设过程中予以复制、推广。其发展历程也是我国现有的自由贸易试验区发展过程的一个缩影。上海自贸试验区在国家有关部门的指导和支持下,按照中央的部署和要求,以建设开放度最高的自由贸易园区为目标,在建立与国际通行规则相衔接的投资贸易制度体系、深化金融开放创新、加快政府职能转变和构建开放型经济新体制方面,取得了重要成果。自挂牌以来,上海自贸区

① 中国(广东)自由贸易试验区.自贸试验区简介[EB/OL].http://www.china-gdftz.gov.cn/zjzmq/zmsyqjj/201604/t20160414_1723.html#zhuyao,2018-11-20.

从以下四方面积极作为，努力打造国际一流的营商环境：第一，改革投资管理制度。上海自贸试验区在我国首次设立了外商投资负面清单，负面清单的长度从最初 190 条缩短到现在的 45 条。为了便利境外企业在我国投资及推动我国企业更好地“走出去”，在境外投资领域、外商投资项目上，上海自贸试验区均通过备案方式设立。此外，上海自贸区还进行了多项创新改革，如集中注册登记制、注册资本认缴制、企业准入“单一窗口”、企业名称登记改革试点等，更加便利投资者在自贸试验区设立企业，保持自贸试验区的市场活力。第二，加强金融创新、改革金融。上海自贸试验区率先探索并形成自由贸易（FT）账户体系。FT 账户体系成为境外融资、结售汇便利化等重要金融改革的基础，实现了本外币一体化管理，是上海自贸区的重大金融创新改革。第三，建立事中事后监管制度。为使准入后全过程监管体系达到透明高效的标准，上海自贸区确立了以规范市场主体行为为重点的事中事后监管制度。第四，促进贸易便利化。上海自贸试验区积极探索国际贸易“单一窗口”改革，通过多达百项的创新措施，如“先入区、后报关”“货物状态分类监管”“一线放开、二线高效管住”监管制度等，使通关便利化改革更加深入。①

我国其他的自由贸易试验区在借鉴上海自由贸易试验区上述经验的基础上，结合各自实际，出台了一系列的促进贸易便利化、自由化的举措。例如中国（湖北）自由贸易试验区分别从放管服改革、出入境检验检疫和通关监管创新、加强引进外籍人才政策、加强技术创新及知识产权保护等方面入手改革。如在放管服改革方面，推进投资项目审批改革，试行“先建后验”，国内首推不动产抵押权变更登记改革，推进手机版电子营业执照应用；在外籍人才政策方面，实施外籍人才口岸签证政策，推出了多项政策措施，如设立外籍高层次人才申请永久居留直通车，放宽外国留学人员在自贸试验区工作许可条件，允许外籍人才多岗位兼职等；在加强技术创新及知识产权保护方面，推出了强化知识产权保护运用，设立自贸试验区知识产权网上服务专区，开展自贸试验区专利导航工作等创新举措。② 这些举措不仅是在借鉴上海自由贸易试验区先进经验后的创新改革，也是湖北应对自由贸易试验区新机遇、新挑战的新尝试。不仅给中国自由贸易试验区的制度建设和理论创新提供了实践经验，给其他自贸区提供了可复制的改革措施，同时也反作用于湖北省的非自贸区地域，带动湖北整体跨步发展。

---

① 中国（上海）自由贸易试验区.改革良种茁壮成长，前进步伐永不停歇[EB/OL].http://www.china-shftz.gov.cn/NewsDetail.aspx? NID=03430617-5771-4efa-bcdb-ad59e0d207ac&CID=16a79677-7b73-4570-a610-761ad7cf52c3&MenuType=2&navType=0，2018-11-19.

② 湖北省人民政府网.中国（湖北）自贸试验区建设情况新闻发布会[EB/OL].2018-11-15.http://www.hubei.gov.cn/2015change/2015news/xwfbh/newsfbh/xwfbh201870/，2018-11-19.

（三）中国自由贸易协定的现状

中国自贸区服务网的统计信息显示，截至2018年11月19日，我国已签署16份《自由贸易协定》（具体如表13-2）。但实际上我国已签署的《自由贸易协定》应该为18份，其中《内地与港、澳关于建立更紧密经贸关系的安排》包括2003年6月29日签署的《内地与香港关于建立更紧密经贸关系的安排》和2003年10月7日签署的《内地与澳门关于建立更紧密经贸关系的安排》。此外，还应当包括2018年11月12日新签署的《中华人民共和国政府与新加坡共和国政府关于升级〈自由贸易协定〉的议定书》。我国现在正在谈判的自贸区包括斯里兰卡、以色列、挪威、巴拿马等13个，正在研究的自贸区包括斐济、尼泊尔、蒙古国等9个（如表13-3）。

表13-2 我国已签署的《自由贸易协定》概况

序号	签署方	名称	签署日期
1	中国—东盟	《中国—东盟全面经济合作框架协议》	2002年11月4日
		《中华人民共和国与东南亚国家联盟关于修订〈中国—东盟全面经济合作框架协议〉及项下部分协议的议定书》	2015年11月22日
2	中国内地—中国港澳	《内地与香港关于建立更紧密经贸关系的安排》	2003年6月29日
		《内地与澳门关于建立更紧密经贸关系的安排》	2003年10月7日
3	中国—智利	《中国—智利自由贸易协定》	2005年11月18日
		《中华人民共和国政府与智利共和国政府关于修订〈自由贸易协定〉及〈自由贸易协定关于服务贸易的补充协定〉的议定书》	2017年11月11日
4	中国—巴基斯坦	《中国—巴基斯坦自由贸易协定》	2006年11月24日
5	中国—新西兰	《中国—新西兰自由贸易协定》	2008年4月7日
6	中国—新加坡	《中国—新加坡自由贸易协定》	2008年10月23日
		《中华人民共和国政府与新加坡共和国政府关于升级〈自由贸易协定〉的议定书》	2018年11月12日
7	中国—秘鲁	《中国—秘鲁自由贸易协定》	2009年4月28日
8	中国—哥斯达黎加	《中国—哥斯达黎加自由贸易协定》	2010年4月8日
9	中国—冰岛	《中国—冰岛自由贸易协定》	2013年4月15日
10	中国—瑞士	《中国—瑞士自由贸易协定》	2013年7月6日
11	中国—韩国	《中国—韩国自由贸易协定》	2015年6月1日
12	中国—澳大利亚	《中国—澳大利亚自由贸易协定》	2015年6月17日
13	中国—格鲁吉亚	《中国—格鲁吉亚自由贸易协定》	2017年5月13日

续表

序号	签署方	名称	签署日期
14	中国—马尔代夫	《中国—马尔代夫自由贸易协定》	2017 年 12 月 7 日

资料来源:中国自贸区服务网。①

表 13-3 中国正在谈判的自贸区和正在研究的自贸区

中国正在谈判的自贸区	中国正在研究的自贸区
《区域全面经济伙伴关系协定》(RCEP)	中国—哥伦比亚
中国—海合会	中国—斐济
中日韩	中国—尼泊尔
中国—斯里兰卡	中国—巴新
中国—以色列	中国—加拿大
中国—挪威	中国—孟加拉国
中国—巴基斯坦自贸协定第二阶段谈判	中国—蒙古国
中国—新西兰自贸协定升级谈判	中国—秘鲁自贸协定升级联合研究
中国—毛里求斯	中国—瑞士自贸协定升级联合研究
中国—摩尔多瓦	
中国—巴拿马	
中国—韩国自贸协定第二阶段谈判	
中国—巴勒斯坦	

资料来源:中国自贸区服务网。②

其中最值得关注的是,2008 年 10 月 23 日我国与新加坡签署的《中国—新加坡自由贸易协定》,自 2015 年 11 月启动升级谈判以来,经过 8 轮谈判,双方于 2018 年 11 月 12 日在新加坡签署了中新自贸协定升级议定书。中新自贸协定升级议定书对原自贸协定进行了修订,除对原协定的原产地规则、海关程序与贸易便利化、贸易救济、服务贸易、投资、经济合作等 6 个领域进行升级外,还新增了电子商务、竞争政策和环境等 3 个领域。③ 签署升级议定书,不仅有助于进一步加深我国与新加坡双边经贸合作,促进中新自贸区的深化发展,还有助于我国和新加坡构建“与时俱进的全方位合作伙伴关系”。此外,我国还积极参加《区域全面经济伙伴关系协定》(RCEP)部长级

① http://fta.mofcom.gov.cn.访问时间:2018 年 11 月 19 日。

② http://fta.mofcom.gov.cn.访问时间:2018 年 11 月 19 日。

③ 商务部国际司.商务部国际司负责人解读中国—新加坡自由贸易协定升级议定书[EB/OL].http://fta.mofcom.gov.cn/article/zhengwugk/201811/39340_1.html,2018-11-19.

筹备会议，积极推动《区域全面经济伙伴关系协定》（RCEP）的谈判进程，为谈判各方的争议点提出可行的建议，全面促进"10+6"自由贸易协定的订立。这些举措是我国为维护多边贸易体制，积极推进区域贸易合作、反对单边主义和贸易保护主义的必然选择。

二、中国国际进口博览会的政策环境

（一）中国国际进口博览会的政策、条约发展历程

中国国际进口博览会作为一个国际性质的展会，其成功举办离不开各种政策、法律、条约的支持。从目前中国会展业的规定来看，中国的展览立法主要分为四个层次，第一层为中国加入与会展行业相关的国际条约之相关规定，中国是 WTO 世贸组织成员国之一，要遵守 GATS 项下对会展业的承诺。第二层为中国相关法律法规的规定，例如《中华人民共和国合同法》《中华人民共和国专利法》等。第三层为有关会展行业的专项规定，目前有《展览管理暂行规定》《国务院关于进一步促进展览业改革发展的若干意见》以及各地出台的一些展会管理办法；第四层为针对进口博览会专门出台的政策、意见。

（二）中国国际进口博览会政策的特点分析

1.国家层面的高规格性

2017 年 5 月，习近平总书记在"一带一路"国际合作峰会上宣布，中国将从 2018 年开始举办国际进口博览会。此项倡议得到了国际社会的高度关注。此后，中国国家主席习近平、国务院总理李克强等国家领导在多个外交场合都宣传并邀请各国来参加中国首届国际进口博览会，并多次在国内的重大会议上对中国首届进口博览会的举办做出重要指示，中国首届国际进口博览会将成为 2018 年中国四大主场外交的收官之战。更是将进口博览会上升到了国家战略的层面，为后续各项政策的建设奠定了基础，显示出了中国首届进口博览会的高规格性。

2.政策意见的出台机构较为权威

截止到 2018 年 8 月，国家最高立法机关全国人大及其常委会尚未对进口博览会的建设出台相应的法律。但是中央全面深化改革领导小组、海关总署、国家市场监督管理总局等国家行政机关的相关职能部门已经针对中国国际进口博览会的建设制定了相关政策，上海市各级政府部门及上海高院等也针对中国进口博览会出台了实施意

见与规定，相关政策的制定和实施为中国首届进口博览会的建设奠定了坚实的基础。

3.覆盖多个领域

从国际进口博览会的网站和现在出台的相关意见政策来看，有关国际进口博览会的政策同展览会的特点一致，都涉及多个领域，主要包括海关出入境管理、知识产权保护、食品安全卫生、会展旅游、安全保护、纠纷解决等。

4.地方密切配合

从已经出台的意见和政策来看，不仅是举办地上海针对进口博览会出台了一系列的政策意见，江苏、广东、江西等省份也针对进口博览会出台了有关保障进口博览会的举办、扩大出口的工作方案与实施意见。

三、中国国际进口博览会与自贸区建设的协同合作

国际金融危机后，经济全球化动荡，多边贸易体制受到挑战，保护主义抬头，中美贸易摩擦增多。这些因素促使中国加速全球供应链的重新布局，实现全球资源配置，给参与国际进口博览会的国家提供了进入中国巨大市场、实现全球资源配置的历史性机遇。中国国际进口博览会的举办是中国政府坚定支持贸易自由化和经济全球化，向世界开放市场的重要举措。中国国际进口博览会的发展与中国自由贸易区的建设是相互合作的关系。

（一）国际进口博览会和自贸区共同提升中国对外开放水平

国际进口博览会与自贸区建设是相互配套的关系，共同扩大我国对外开放格局。国际进口博览会侧重全球各国的发展成果展示交流，给各国提供发展的良机，是经济新常态下，我国对外开放战略的重要实践。自由贸易区的建设主要是为了降低贸易门槛，提高贸易便利化水平，加快区域内经济一体化、投资自由化、贸易市场化、金融国际化、行政管理合法化和简便化。自贸区将首先尝试创造一个以市场为导向的国际商业环境，形成可以复制和推广的改革，提高对外开放水平。国际进口博览会要求贸易和海关便利化程度继续提高。二者都是以提高贸易、投资的便利化为主要目标，所以自贸区是国际进口博览会的最佳助攻。加强国际进口博览会与自由贸易区的有机对接和战略联动，将全面提升我国对外开放的新水平。

（二）国际进口博览会可以促进自贸区的发展

对于自贸区的建设，中国国际进口博览会的举办不仅可以检验我国相关贸易协定

的便利性，还可以加快我国自贸区建设的进程。举办国际进口博览会是我国坚定支持贸易自由化和经济全球化、积极向世界开放市场的重要举措。自由贸易试验区是当前我国对外开放的重要平台和载体之一，在贸易、投资的便利化方面发挥着重要作用。通过国际进口博览会的举办，每个自贸试验区也都结合自身的实际情况和优势，以此为契机，有针对性地提出了服务于国际进口博览会的任务，制定出服务于国际进口博览会的临时政策和措施。在国际进口博览会建设背景下，自贸区会迎来更多的机遇和发展。从国内自由贸易试验区的发展来看，可以借鉴国际进口博览会的经验和相关的政策措施加以调整，从而促进我国自由贸易试验区在海关、税收、投资准入、货物贸易等方面的发展；从中国同其他国家签订自由贸易协定的进程来看，国际进口博览会的举办为中国同世界各国展开贸易对话、进行自由贸易协定的谈判提供了一个非常合适的舞台，可以让参展国不仅在国际进口博览会上享受到相关的自由贸易便利化措施，在与中国签订自由贸易协定后，还可以继续享受相关措施，为双方带来便利。可以说，国际进口博览会可以促进自由贸易区的发展。

（三）自贸区可以为国际进口博览会提供平台支持

国际进口博览会的成功举办，需要自贸区作为基础支撑，形成以点带面、联动发展开放的新局面。国际进口博览会从国内来看，需要与不同的区域结合在一起，要和地方区域经济发展结合在一起。自由贸易区主要以税收优惠和海关特殊监管政策为基础，主要目的是实现贸易自由化和便利化。原则上，是没有海关“干预”的货物进口、制造和再出口。国际进口博览会的组织者将提供便捷的通关、检验检疫措施，并提供长期的线上和线下交易服务，加强对知识产权的保护，保护商家的权益。这与自由贸易区在很多功能诉求上是相似的，因此可以将自贸区试验的一些成果运用在国际进口博览会的很多方面，例如海关的货物进出口、税收优惠、进出口检验检疫、进出口货物的知识产权保护等方面，自贸区可以与国际进口博览会展开对接，为国际进口博览会提供平台支持，从而帮助国际进口博览会顺利举行。

（四）自由贸易区和国际进口博览会有利于顺利推进“一带一路”倡议

“一带一路”是中国根据当前经济形势变化提出的一项国际经济发展倡议，对全球商贸的合作与发展具有重要意义。随着“一带一路”的不断推进，沿途各国间交流的各个方面都进入了一个新的阶段。在“一带一路”倡议中，需要自贸区作为基础支撑，国际进口博览会作为具体的路径，形成基础扎实、路径平稳的新格局。随着中国改革开放和世界合作进入一个新的历史阶段，中国各地的自由贸易区皆是“一带一路”

国家21世纪发展战略布局中的重要载体，未来将成为"一带一路"中国境内省际部分的重要"桥头堡"和"接力站"。[①] "一带一路"倡议从国内来看，需要和地方区域经济发展结合在一起，而国际进口博览会的顺利举办有利于为各地发展提供新的机遇，寻找国际进口博览会的商机，为当地经济注入新的发展动力。与此同时，国际进口博览会和自由贸易区试验的部分成果可用于未来"一带一路"沿线国家的谈判，这有利于"一带一路"的顺利进行。

四、中国国际进口博览会推动自由贸易区建设

（一）扩大自由贸易谈判的国家和地区范围

虽然我国目前加快了与各国自由贸易协定的谈判速度，取得了一定的成果，但是从长远发展来看，中国自贸区的建设除了政府的努力，还离不开世界多个国家尤其是发达国家的支持。2015年6月17日，中国与澳大利亚政府之间签署了自由贸易协定。澳大利亚作为世界上经济高度发达的国家，同时也是中国非常重要的进出口贸易伙伴，也对中国首届国际进口博览会的举办表示了浓厚的兴趣，中澳自贸协定的签订对促进中国自贸区的建设和增加中国国际进口博览会的成交量和影响力都有十分重要的意义。

2018年11月12日，中国与新加坡两国政府签署自由贸易协定升级协议。签署中新自由贸易协定升级协议有助于落实党的十九大提出的"促进自由贸易区建设，推动建设开放型世界经济"，该协定的签署对进一步发挥中新双边经贸合作潜力、深化中国与东盟国家经贸合作具有重要意义。签署该升级协议不仅将进一步丰富中国与新加坡"与时俱进的全方位合作伙伴关系"的内涵，也将对深化中国与东盟的经贸关系发挥积极作用。[②]

因此从促进中国自贸区建设的战略发展角度来说，我国应该通过首届国际进口博览会的举办，同其他的参展国家开展积极的自由贸易谈判与交流。如此一来，不仅可以推动我国的自由贸易建设进程，还可以进一步增强国际进口博览会的影响力，签订了自由贸易协定后，更加方便签订国在我国进行贸易活动，也可以为国际进口博览会以后的举办打下坚实的基础，加强中国在世界上的国际地位，更有利于建立新的国际

---

① 陈宏，程健."一带一路"建设与中国自贸区战略协同对接的思考[J].当代经济管理，2019(1).

② 商务部国际司负责人解读中国—新加坡自由贸易协定升级议定书[EB/OL].http://fta.mofcom.gov.cn/article/zhengwugk/201811/39339_1.html，2018-11-19.

经济秩序。

（二）促进国内政策法制化、制度化

正如前文所述，中国国际进口博览会是中国政府坚定支持贸易自由化和经济全球化，向世界开放市场的重要举措。作为继博鳌亚洲论坛、上合组织峰会、中非合作论坛后中国四大主场外交活动的收官之战，得到中国政府的高度重视，从中央部门到地方政府，都针对首届中国国际进口博览会出台了一系列政策、实施意见等。目前，这些政策、实施意见能否真正为参展国家和参展企业带来便利也需要视具体的实施情况而定。国际进口博览会能否成功不仅涉及国际政治、地缘政治和经济力量的影响，还需要国内地方政府和人民的支持。所以有关国际进口博览会的政策不仅应主动听取参展国家的意见，同时也要因地制宜，满足国内相关的利益诉求，尽可能平衡不同利益主体的诉求，逐步推动国内政策的法律化与制度化。对首届国际进口博览会政策的实施进行检验，如果效果突出，可以当做范本，为中国政府接下来的自由贸易谈判提供便利。

在中国和新加坡最新签订的《自由贸易协定升级议定书》中，中国政府着眼于进一步扩大开放，支持相关区域协调发展，做出约束性承诺，在法律、建筑和海运等领域，上海自贸试验区自主开放措施，并进一步扩大了建筑、海运等诸多领域开放措施的适用范围。例如在法律服务方面，中国承诺允许已在上海自贸区设立代表机构的新加坡律师事务所在上海自贸区内与中国律师事务所联营，双方的法律地位、名称和财务保持独立，各自独立承担民事责任；在建筑服务方面，中国承诺，承揽位于上海市、苏州市、天津市、重庆市的中外联合建设项目的企业，可为在各地的自贸区项目或相应的园区内项目，设立新加坡独资建筑企业；在海运方面，符合条件的新加坡海运服务提供商可以在外资拥有多数股权的前提下，在上海自贸区、广东自贸区、福建自贸区、天津自贸区建立合资海运公司。在上述自贸区设立的合资、合作国际船舶运输公司，可以对其拥有或光船租赁的船舶，按照相应自贸区内的国际船舶登记制度进行船舶登记。①

（三）提高中国自贸区的贸易便利化水平

中国政府可以通过举办国际进口博览会加强中国与其他国家的合作。把国际进口博览会中应用的各项便利化措施通过政府的审议变成常规性的措施和规定，不断降低贸易与投资的各种壁垒，提升各国通关工作的管理水平，努力构建一个对国际进口

① 商务部国际司负责人解读中国—新加坡自由贸易协定升级议定书[EB/OL].http://fta.mofcom.gov.cn/article/zhengwugk/201811/39339_1.html,2018-11-19.

博览会参展国和自贸协定签订国乃至国际上的良好营商环境，不断激发自贸区与各国合作的潜力。支持中国自由贸易试验区与国际进口展览会参展国、自由贸易区签署国、“一带一路”沿线国家和地区在海关管理、商检、检疫、签证、边境贸易管理等领域的机构合作，提高贸易的便利化水平。

中国国际进口博览会作为高层次的创新型开放平台，有助于进一步加强上海与“一带一路”国家的经贸往来，作为新平台，服务上海“一带一路”建设的国际合作。

充分发挥中国国际进口博览会的辐射驱动作用，我们需要做到以下三点：

一是进一步加强宣传推广，吸引“一带一路”国家和高层次贸易投资主体参与。“一带一路”沿线国家和地区有近500家企业报名参展，下一步可通过我国驻“一带一路”沿线国家使领馆在境外广泛开展宣传推介活动，利用新闻发布会、路演、推介会等多种形式、线上线下多种渠道，加快招展、招商、论坛的组织和推广。

二是强化进口促进平台功能，推动更多“一带一路”贸易便利化措施落地。推进进口博览会“6+365”专业服务模式，整合现有的酒类、汽车、机床、医疗器械、化妆品等10余个专业展示交易平台，用好俄罗斯、智利、中东欧16国商品馆等一批国别商品中心等贸易促进载体，为“一带一路”沿线国家产品进入中国市场提供全方位、多模式、多渠道的服务。深化上海国际贸易“单一窗口”建设，推进贸易领域证书证明的电子化管理，推进企业信用等级的跨部门共享。率先提供跨境服务贸易负面清单，创新跨境服务贸易管理模式。

三是充分发挥关联带动效应，打造“一带一路”全方位、宽领域开放平台。打造“1+X”国际会展集群产与“一带一路”紧密联动，构建商务与投资峰会、国别进口商品周、教育文化交流周等国际合作平台。搭建“一带一路”国家经贸合作、交流沟通的“上海渠道”，重点在经贸合作、文化交流、城市建设等领域开展合作，建立部长级会议机制。

（四）国内政策与双边、多边自由贸易协定的整合

随着中国提出举办国际进口博览会的倡议，中国政府在进行多边自由贸易协定的签约应符合“一带一路”和国际进口博览会制定的政策。而且国际进口博览会制定的各项政策应该与中国自贸区的建设相统一，能促进双边、多边自由贸易区的建设。接下来签订的自由贸易协定亦应体现国际进口博览会对外开放的精神，与国际进口博览会制定的各项政策不相冲突。因此，“一带一路”下的国际进口博览会将与中国自由贸易区的建设统一起来，使之相辅相成，构成统一的整体。

在中国和新加坡最新签订的《自由贸易协定升级议定书》中，双方首次纳入“一带

一路"合作,强调"一带一路"有利于深化双方全方位合作、实现共同发展目标、建立和加强互联互通以及促进地区和平发展。在海关程序与原产地规则方面,双方将进一步提升贸易便利化水平,已达到降低企业贸易成本的目的,同时简化了部分化工产品的特定原产地规则标准。在服务贸易领域,双方提升了原有自贸协定服务贸易承诺,包括速递、法律、建筑、海运等,并提升了相互间的服务贸易自由化水平。双方还在投资、电子商务、竞争政策和环境等领域达成了广泛共识。

(五)制定国际进口博览会与自由贸易国际规则

中国作为国际进口博览会的举办国,当中国与多个国家、地区自由贸易区建设成功实现后,它可以打破多边双边和多边自由贸易协定之间的界限,将与中国签订自由贸易协定的国家和地区视为一个有机整体,签署统一的国际自由贸易规则,并为成员国提供约束和服务。同时,在国际进口博览会下制定的各项规则,在参展的自由贸易国际规则范围内的成员国可以适用,对未在自由贸易国际规则范围内的成员国,通过国际进口博览会的举办,提前适用国际进口博览会下制定的各项规则,将国际进口博览会国际规则与自由贸易区国际规则统一起来,可以共同服务于中国"一带一路"的实践。

(六)保持国际进口博览会与自由贸易国际规则和其他规则的一致性

中国首届国际进口博览会涉及的领域主要集中在服务贸易、货物贸易、投资旅游、产业状况、服装服饰和日用消费品、消费电子和家电、医疗器械和医药保健、汽车、智能和高端装备、食品和农产品、服务贸易。从中国已签订的自由贸易协定的内容来看,主要集中在原产地规则与实施程序、海关程序与贸易便利化、技术性贸易壁垒、卫生与植物卫生措施、知识产权、货物贸易、服务贸易、贸易救济、投资、自然人移动、投资、电子商务等领域。不难看出两者存在一致性。所以,随着自由贸易区建设的逐步推进,应保持自由贸易区国际规则、国际进口博览会政策和其他规则的一致性,使服务于国际进口博览会的政策和自由贸易区建设的各项政策、国际规则形成一个有机整体,互为促进,相辅相成。

在最新签订的中新《自由贸易协定升级议定书》中,有关金融、投资、海关程序与贸易便利化、原产地规则和管理方面等领域,自由化和贸易便利程度进一步提高。例如在海关程序方面,升级议定书进一步提升法律法规的公开透明,进一步简化通关手续,为企业提供高效快捷的通关服务,共同维护双边贸易秩序;在原产地规则方面,双方将实现原产地的电子联网,中国与新加坡的原产地电子联网将成为首个与东盟成员实现的电子联网，项目建成后，中新双方将实时传输优惠贸易原产地数据及未再加工证明等数据，双方将进一步借助电子联网之力提升通关时效和实现无纸化；给予相互方准入后阶段的国民待遇和最惠国待遇；设置例外条款，如保密信息、金融审慎措施、根本安全等，从而保护政府管理外资的政策空间，并纳入了全面的投资者与国家间争端解决机制，为中新两国投资者提供全权保护和救济渠道。中国与新加坡《自由贸易协定升级议定书》中对中新自贸协定的升级更新，既对今后的自贸协定谈判有全新的借鉴意义，同时也为制定国际进口博览会规则提供了最新指导。①

（七）推进自由贸易港建设服务国际进口博览会

自由贸易港是更高层次的对外开放，是“一带一路”总体布局中的重要载体。下一步，上海应加快推进自由贸易港的建设，实现在金融开放、离岸贸易、航运物流等方面更高水平的自由化和便利化，打造“一带一路”跨境投融资中心和国际贸易枢纽平台，成为企业“走出去”的桥头堡。首先，依托自由贸易港，打造“一带一路”转口贸易和离岸贸易中心。通过自由贸易港加强与“一带一路”沿线主要港口的合作，完善多式联运体系，增强对沿线国家及地区转口贸易服务功能，为具有真实贸易背景的转口转卖业务提供高效便捷的资金结算及贸易融资服务。积极推进与“一带一路”沿线国家的离岸贸易发展，允许符合条件的区内企业凭合同或发票进行资金结算，研究货物流、资金流、订单流分离下的离岸贸易业务。其次，打造“一带一路”跨境投融资中心。要扩大自由贸易账户功能，为企业参与“一带一路”基础设施建设、产业发展和投资贸易提供跨境金融服务，降低融资成本。最后，吸引“一带一路”跨国企业总部集聚。支持本土跨国公司、行业龙头企业通过自由贸易港建立国际化经营平台，加大对“一带一路”国家的投资力度。吸引“一带一路”沿线国家跨国公司在自由贸易港建立高能级的地区总部、研发中心、采购中心、财务管理中心等功能性机构。最后，在大小洋山整体开发基础上打造国际中转集拼枢纽。建议研究大洋山与小洋山整体规划开发，将国际航线全部移至大小洋山，纳入自由贸易港。对“一带一路”国家国际中转集拼货物实施简化检验检疫程序，提高通关效率，并进一步降低中转货物的港口堆存费和装卸费。②

① 商务部国际司负责人解读中国—新加坡自由贸易协定升级议定书[EB/OL].http://fta.mofcom.gov.cn/article/zhengwugk/201811/39339_1.html,2018-11-19.

② 李锋，陆丽萍，等.上海打造服务“一带一路”桥头堡进展及其重大抓手[J].科学发展,2018(8).

五、中国国际进口博览会推动自贸港建设

（一）哥本哈根—马尔默自贸港建设与国际进口博览会、自贸港建设

哥本哈根位于丹麦西兰岛东北沿海厄勒海峡的西侧，瑞典南部的马尔默与之隔海峡相望。两港口常年存在竞争关系，2001 年两港共同成立了哥本哈根—马尔默港务局，作为双方唯一的运营商，开创了两个国家的两个港口由一个团队运营的先河。两港口合二为一、强强合作，在互补优势、组合发展、绿色发展、协同发展、错位发展等方面的诸多做法，对海南推进自由贸易试验区和建设有中国特色的自由贸易港具有重要的学习借鉴价值。哥本哈根—马尔默自由贸易港整合了原本处于恶性竞争的相邻港口，实现了资源优化配置，极大地提升了在区域经济中两港的竞争力，正符合区域经济一体化发展的必然趋势。海南建设有中国特色的自由贸易港，也应注重周边经济发展，避免与周边如广西钦州港、越南岘港等港口同质化，产生恶性竞争，同时要注重周边的发展现状，走出差异化发展的道路，积极发展与周边有关港口或城市的港口业务，共同进行港口运营，深入研究开辟跨国或跨港合作的可能性和可行性。同时，中国国际进口博览会作为一年一度的常设展会，也可与海南自贸港建设对接互补，实现优势互补、协同发展。①

（二）绿色办展理念与绿色发展自贸港理念对接

中国国际进口博览局为打造进口博览会的绿色基调，在早先就已制定《绿色中国国际进口博览会标准》。该标准包括绿色设计、绿色选材、绿色运输、绿色安全施工、绿色仓储等，确保博览会全程绿色环保。②《绿色中国国际进口博览会标准》首先提出了“6R 概念”，即使用可再利用和可循环利用的材料（reuse and recycle）、尊重原则（respect）、减少废弃物和污染物（reduce）、使用可再生材料和新材料（renew）、加强记忆及教育（remember）。且制定了具体标准，包括绿色选材、绿色设计、大会形象和功能区搭建、绿色安全施工各个方面；其次是制定绿色运营标准，提出了具体标准，涵盖绿色服务、绿色办公、展区无污染、绿色出行四方面；再次是制定绿色物流标准，建立标准体系，囊括智慧物流、绿色仓储、绿色运输、绿色包装四方面；最后是制定绿色餐饮标准，

---

① 王胜，张东东，等.创新港区一体化模式，着力推进自贸港建设——“哥本哈根—马尔默自贸港一体化”建设给海南的启示[J].今日海南，2018(9).

② 《绿色中国国际进口博览会标准》https://www.e-ciie.com/访问日期：2018 年 11 月 19 日.

从三方面做出具体要求，包括食品服务环节的绿色化、采购环节的绿色化、生产环节的绿色化。除标准建设外，进口博览会还建立了绿色评价体系，贯穿设计阶段和施工阶段，包含可拆装展具设计、简化设计、可循环展示设计、模块化设计、环保材料利用设计、模块构建化、有序可控、展台选材等共13个具体评价项目，任一不达标将被视为非绿色展位。分析人士认为，绿色办展是国际进口博览会与众不同的表现之一，也是把国际进口博览会建设成为世界一流展会的指标之一。

根据《中共中央、国务院关于支持海南全面深化改革开放的指导意见》的战略方向，海南要牢固树立和践行绿水青山就是金山银山的理念，建设国家生态文明试验区，推动形成人与自然和谐发展的现代化建设新格局，坚定不移走生产发展、生态良好、生活富裕的文明发展道路。要坚持“绿色、循环、低碳”理念，推动形成绿色生产生活方式，建立产业准入负面清单制度，推动现有制造业向服务型、智能化、绿色化转变，全面禁止高污染、高能耗、高排放产业和低端制造业发展，加快构建绿色产业体系。因此，海南自贸港建设对绿色产业建设和生态环境保护提出了很高的要求，与国际进口博览会的绿色办会标准相同。因而，在国际进口博览会开展中，通过实践而产生的有关绿色评价、绿色运营、绿色物流标准的成功经验，将发挥重要指引作用，促进海南自贸港绿色产业建设。

（三）国际进口博览会贸易自由化政策与海南自贸港政策对接

2017年3月，国务院印发《全面深化中国（上海）自由贸易试验区改革开放方案》（以下简称《方案》）。它是国家出台的，自上海自贸区设立以来的第三个改革方案，因此也被称为“上海自贸区改革的3.0版”。与之前的改革方案相比，3.0版本的最大亮点包括提出设立自由贸易港区、将“投资贸易便利化”更新为“投资贸易自由化”。中央全面深化改革领导小组、海关总署、国家市场监督管理总局等国家行政机关的相关职能部门在国际进口博览会举办的进程中，已经针对博览会的建设制定了相关政策，上海市各级政府部门及上海高院等也针对国际进口博览会出台了实施意见与规定，充分体现了“投资贸易自由化”这一自贸区改革方针。

在国际进口博览会期间，海关总署、税收部门为确保博览会的顺利进行，提供了多项措施，例如在《中华人民共和国海关总署公告》2018年第76号文中，海关提出了支持2018年首届中国国际进口博览会的便利措施。首先，海关部门制定博览会通关指引，为境外参展商提供详细指引。其次，依靠信息化管理系统提供全流程服务。为博览会提供全流程服务，通过“单一窗口”和“互联网+海关”，博览会的信息将实现一次性备案。最后，派员入驻现场，提供咨询服务。博览会期间，海关将提供相关咨询服务,派员入驻国家会展中心(上海)的“一站式”服务中心。

在税收方面,办展方为减轻境外参展企业的负担,统一提供了税款总担保。由国家会展中心(上海)有限责任公司对国际进口博览会暂时进境的展览品,向上海海关提供银行保函办理税款总担保。在主要口岸设置国际进口博览会专用窗口、进境展览品专门通道、贵宾礼遇通道,实行即查即放,优先办理申报、抽样、查验、检测等海关手续。

上海市税务部门也推出多项服务举措,为国际进口博览会涉税事项服务。市局第三调研组和青浦区税务局通过对国家会展中心和参展商等 12 家企业的调研,共收集到问题建议 18 条,企业主要反映能否享受税收优惠不了解、对跨境业务税收政策不熟悉、涉税办理流程不清楚等。对此税务部门推出一揽子服务举措。首先,“一个团队”即税务部门为组成国际进口博览会涉税服务团队,抽调各条线涉税业务中坚力量,下设征管信息、税收咨询、志愿服务、宣传保障四个工作组,在国际进口博览会筹备期间,提供前期涉税服务,展会期间将提供现场税收政策讲解、快速处理、业务辅导等服务,并为此派驻十余驻点。其次,“一项机制”即就国际进口博览会税务保障事宜,国家会展中心与青浦区税务局签订工作备忘录,围绕非贸付汇、跨境免税、展馆搭建等推出多项措施。最后,开展税务专场活动“培训月月有”,以满足国际进口博览会不同阶段企业的需求,有两百余家上下游相关企业参加。市税务部门还为确保国际进口博览会顺利推进,持续推出针对性服务举措。这些海关便利化、促进投资贸易自由化的措施,不仅是对建立国际进口博览会一系列法规政策的重要参考,也与海南自贸区建设的方案要求形成了呼应。①

在建设自贸港的过程中,同样需要从国务院以及各机关部门处获得各部门间的协同合作和政策支持。要考虑如何将已形成的制度、经验和所形成的效应,扩大到新增区域当中,为新增区域挖掘更多优势,如创新优势、改革优势、制度优势、技术优势等,让改革、制度红利更好地在新增区域内落地,协调政府和市场制度创新的关系。同时,若能在建立进口博览会相关配套法规政策的基础上,进一步扩大该法规政策的适用范围,并与海南自贸区政策法规在海关、税收、市场监管等领域实现对接,从而建立通用于全国自贸区的政策体制,对规划“一带一路”相关法规政策,乃至在今后的双边、区域性自贸协定谈判过程中,都将成为有利的经验支持和法律支撑,从而最大化实现“投资贸易自由化理念”。在国际进口博览会进行过程中,办展理念始终对标高标准的国际投资贸易规则,这对于海南自贸港建设也有相当程度的指导意义。只有建设符

① 税务部门推出“1+1+X”服务举措,为进博会涉税服务保驾护航[EB/OL].https://www.e-ciie.com/encyclopedia? id=734,2018-11-19.

合国际劳工标准、环境保护、政府采购等具有国际水平的自贸港制度和国际进口博览会政策，才能吸引更多国家进入自贸区进行投资贸易活动，才能扩大国际进口博览会的影响力，从而使自贸区和国际进口博览会成为自贸区建设的成功先例，推动自贸区建设发展。

参考文献

[1]周阳.美国对外贸易区法律问题研究[M].法律出版社,2015:18.

[2]陈立虎.中国自由贸易园区立法的新思考[J].法治研究,2016(2):133.

[3]胡加祥.我国自由贸易港建设的法治创新及其意义[J].东方法学,2018(4):19.

[4]朱福林.自由贸易港建设的国际镜鉴[J].改革,2018(8):115-119.

[5]王艳红,孟广文.我国自由贸易港建设存在的难点和对策[J].经济纵横,2018(5):83-84.

[6]汪洋.推动形成全面开放新格局[N].人民日报,2017-11-10(4).

[7]胡耀蕾,胡德宁.我国自由贸易港构建的国际经验借鉴与实施建议[J].对外经贸实务,2018(8):86.

[8]陈宏,程健."一带一路"建设与中国自贸区战略协同对接的思考[J].当代经济管理,2019(1).

[9]李锋,陆丽萍.上海打造服务"一带一路"桥头堡进展及其重大抓手[J].科学发展,2018(8).

[10]王胜.创新港区一体化模式,着力推进自贸港一体化建设给海南的启示[J].自贸港建设,2018(9).

第十四章　投资便利化国际合作的最新演变与自由贸易港的对接[1]

黄志瑾

本章基于投资便利化国际合作的背景检验了投资便利化国际合作中的历史发展、法律框架、国内联动和中国方案四个部分。研究表明：投资便利化已经在多边层面达成了宣言式共识，但由于多边体制自身的诸多困难，该议题在多边层面面临着强大的阻力，但中国借助自贸试验区国家战略已经完成了投资便利化创新举措，虽然尚未形成全国统一的投资便利化制度，但是在该问题上已形成了一定的国际影响力。中国18个自贸试验区在总体方案中都规定了投资便利化的要求，但各有侧重点，在实践中也有各自“唱戏”之嫌，以中国国内法律制度为基底制定的《投资便利化绩效评估指标体系》有利于提升我国在投资便利化议题中的引领力，对照《贸易便利化协定》的法律文本结构和框架，推出《投资便利化协定》中国草案文本，实现党中央在十九大报告中提出的“实行高水平的贸易和投资自由化便利化政策”的战略要求。

本章分析了中国在投资便利化方面引领力的现实性，指出中国目前在投资便利化方面尚不足以承担起引领的作用，自身还存在各种形式的投资壁垒，投资准入领域虽然已经采取了准入前国民待遇加负面清单的管理模式，但是仍然存在有商务部和发改委两套负面清单的现实障碍。负面清单本身的内容，上游产业的开放程度也尚有突破的空间。据此，本章将着重研究中国如何依托自由贸易港的国家战略在多边层面引领投资便利化的引领力问题。接着界定了投资便利化的概念，采用了东道国视角的投资便利化概念，即在投资周期的全部阶段，投资东道国政府采取的一系列使其投资监管的效率和管理有效性达到最大化的做法或行为。

投资便利化国际合作是当前国际发展政策制定中的热点议题，也是中国特色社会主义进入新时代后，中国作为引领者参与全球治理体系重整面临的首个多边层面的议题。从政治动因上看，党的十九大报告提出“实行高水平的贸易和投资自由化便利化政策”，标志着将实现高水平的投资自由化便利化作为我国国家未来的重大战略议

① 本章受国家社会科学项目“中国引领投资便利化国际合作的法律研究”（18CFX086）资助。

题。从经济驱动上看,国内投资便利化的措施与我国吸收外资世界排名第二的水平已不相符。外部投资环境,尤其是"一带一路"沿线投资便利化水平也无法供应我国连续两年世界排名第二和第三的对外投资国的需求。总体来说,中国内外部环境均对全球高水平的投资便利化水平有日益增长的需求。全球范围内的投资便利化国际合作将有利于我国企业在海外投资的壁垒减少和成本降低。

投资便利化是指在投资周期的全部阶段,投资东道国政府采取的一系列使其投资监管的效率和管理有效性达到最大化的做法或行为。① 中国通过"一带一路"互联互通和上海合作组织"贸易和投资便利化进程",已经在区域层面初步构建起了投资便利化国际合作框架。同时,中国通过自由贸易试验区的国家层面战略探索了投资便利化的良好实践。在国际和国内两个维度上都已做了一定的准备。2017 年 WTO 第 11 届部长级会议(MC11)期间,中国呼吁成员共同推动全球投资便利化获得积极响应,但受到部分阻力未取得实质性成果。在此背景下,如何提升中国在投资便利化议题上的引领力,将中国已有的良好实践进一步推广至多边体制,输出具有全球性的公共产品是急需研究的重要议题。

一、投资便利化的国际法律规则发展

(一)软法层面的共识与发展

国际社会自 1989 年起开始国际投资便利化的制度性安排。首先,亚太经合组织会议(APEC)是最早倡导国际投资便利化制度性建设的,自 1989 年开始启动投资便利化项目。1995 年,APEC 领导人通过了《2020 年前贸易和投资自由开放茂物计划》,②提出在 2020 年前加速 APEC 的贸易和投资便利化,据此,投资便利化成为了 1995 年"大阪行动议程"之一。2008 年,APEC 正式提出了《APEC 投资便利化行动计划》(APEC Investment Facilitation Action Plan),向成员方提供了一个全面的、可资借鉴制定国内相关政策的参照示例,并在 2013 年、2015 年和 2017 年公布了三次审阅报

① 投资便利化(investment facilitation)的概念分为东道国视角和投资者视角两类。东道国视角下的投资便利化是指在投资周期的全部阶段,投资东道国政府采取的一系列使其投资监管的效率和管理有效性达到最大化的做法或行为,更为偏重法律和政策;投资者视角下的投资便利化是指使投资者更易设立和扩张其投资,以及从事日常运营的举措,更为偏重具体措施。本章对投资便利化的讨论聚焦在国际合作背景下,采取的是投资东道国视角,故取东道国视角下的投资便利化概念。

② 自 1994 年开始,APEC 提供了如何在 APEC 内部达成经济合作和增长的"亚太地区贸易和投资自由开放的长期目标",这个目标就被公认为"茂物目标"。

告。2017年审阅报告重点关注了电子透明度、减少投资者风险和简化规制三个方面的投资便利化措施,包括设立一站式和“单一窗口”服务、提供更有效的争端解决方式、采用新科技以及简化登记和注册程序等具体措施,审阅结论为:①强调投资便利化在发展维度中所处的地位,即各经济体需在整体的投资框架下,从发展的维度入手调整投资便利化措施;②要求与时俱进,现有的《APEC投资便利化行动计划》(以下简称《APEC行动计划》)有待进一步与全球价值链、电子商务和服务贸易的实践新发展相衔接。[①]

其次,联合国贸易和发展会议(UNCTAD)推出了《投资便利化全球行动手册》(Global Action Menu for Investment Facilitation,以下简称《UNCTAD行动手册》),是当前多边层面推动投资便利化国际合作和提升各国投资便利化水平的最高国际标准,其中提出10条行动路线,并以此为标准对主要经济体和国际投资协定进行国内和国际两个层面的审视,指出投资便利化议题在国际和国内两个层面都被各个国家所忽视。

以软法为主要实现路径的国际投资便利化制度性安排有两个主要特点:①已达成一定的共识,但缺乏有约束力的法律制度安排,《APEC行动计划》和《UNCTAD行动手册》都是宣言式共识,规定的均为指导性国际标准,只能向各国提供政策指引和导向;②仍在不断自我优化,《APEC行动计划》每两年审阅一次并提出具体的意见,2017年的审阅提出现有的《行动计划》有待进一步与全球价值链、电子商务和服务贸易的实践新发展相衔接。

(二)硬法层面的僵局与观望

有约束力的投资便利化规则在多边和区域层面都有不同程度的推动,但总体上看仍然处于僵局和观望状态。

(1)区域层面已在近年达成一定程度的共识和规则框架,主要体现在G20和金砖国家层面。2016年中国作为轮值主席举办的G20杭州峰会达成了《二十国集团全球投资指导原则》,被认为是“全球首个多边投资规则框架,填补了国际投资领域的空白”,[②]其中第7条提到了“促进透明的投资便利化”,并且引发了建立“可持续的投资便利化国际支持项目”的建议。2017年金砖国家的经贸部长们批准了全球投资便利化领域达成的第一份专门文件——《金砖国家投资便利化合作纲要》,首次将投资便利化的核心要素在多边层面、在国家间协调合作层面作为共识体现出来,突破了当前以国内政策为主的投资便利化政策措施框架。

---

① IFAP Implementation to Facilitate FDI in APEC:Updates in 2016,2017.

② 桑百川,任苑荣.落实《G20全球投资指导原则》,推动建立全球投资规则[J],国际贸易,2017(1):37-40.

(2)发展中国家是推动多边层面国际合作的主要力量,中国在其中进行引领性尝试,投资便利化在多边层面的国际合作主要在 WTO 框架下推动。自 2016 年开始,WTO 成员便陆续提出关于投资便利化的议案,2017 年 WTO 第 11 届部长级会议(MC11)期间,中国主办了投资便利化部长早餐会,呼吁世贸组织成员共同推动全球投资便利化,获得积极响应,但是并未达成实质性的文本共识,仅形成了《为了发展的投资便利化联合部长宣言》(以下简称"联合部长宣言"),呼吁在多边层面进行结构性讨论,且特别强调讨论将不涉及市场准入、投资保护和投资者—国家争端解决。WTO 联合部长宣言不是一个具有法律效力的 WTO 文件,仅是对未来谈判方向的预期,MC11 并没有真正推动投资便利化议题的落地,总干事在 MC11 闭幕发言上也没有提到投资便利化议题。

(3)投资便利化在双边层面甚少约束。在现存 3300 余个国际投资协定中,绝大多数都没有或者鲜有投资便利化条款,仅有部分具有投资便利化内涵的承诺,且多集中在投资者入境和居留的便利化以及对提高法律法规的透明度这两个义务上。根据 UNCTAD 的统计,只有印度、印度尼西亚、日本、中国、澳大利亚、马来西亚等国家的投资协定中有相关条款,内容往往也过于简单,如《中澳关于投资便利化安排的谅解备忘录》只涉及中国企业到澳大利亚投资中签证签发问题,仅涉及澳大利亚移民和边境保护部一个部门的职权。现有国际协定中缺乏可供全面借鉴的条款和义务,构建一套包括原则、框架和条文的协定范本将显得至关重要。

表 14-1　BIT 中投资便利化条款

年份	BIT
1968	印尼—荷兰 BIT(已终止)
1981	印尼—OIC 投资协定
2005	日本—马来西亚 BIT
2009	印尼—东盟全面投资协定
2009	东盟—中国全面经济合作框架协议投资协议
2013	印度—阿联酋 BIT
2014	印度—东盟投资协定(未生效)
2015	中国—澳大利亚关于投资便利化安排的谅解备忘录

中国在区域和多边层面都已经发挥了引领者的作用,也取得了令人印象深刻的成果。但是,不得不指出的是,无论是区域还是多边层面的尝试,投资便利化国际合作都未能突破宣示性和框架性的限制,仍然停留在"粗线条"的规则雏形构建过程中,尚未见具有可适用性的精细文本出台。

二、投资便利化国际合作面临的困境

(一)尚未出现有领导力的引领者

投资便利化议题在多边层面的推动主要是以 WTO 发展中成员为主,目前为止尚未有发达成员的参与。谈判方式延续了多哈回合中一贯的“谈判集团”方式,以分散的、部分利益一致的组织为主体提出议案。“为了发展的投资便利化之友”(FIFD)和“中等强国合作体”(MIKTA)就是以巴西、尼日利亚、中国、印度、韩国、澳大利亚、墨西哥、土耳其、印度尼西亚为主组成的两个结构松散的谈判集团。FIFD 提交了《关于投资便利化的非正式对话》提案,侧重点是贸易和投资是不可分割的部分,二者在促进全球发展和包容性增长中有着共同的作用。MIKTA 则组织了首个 WTO 层面的投资便利化研讨会。

除了两个谈判集团外,主要发展中国家也提交了各自的议案和法律草案,如:印度提交了《服务贸易协定中的贸易便利化》说明,提出服务贸易也应当与货物贸易一样,配套相关的便利化协定,并在 2017 年提交了一份法律草案;阿根廷—巴西联合提案名为《WTO 的投资便利化机制》,聚焦在国内层面设立国家监察专员与其他国家的对等机构合作,以及设立 WTO 投资便利化委员会;俄罗斯的提案则包含了“争端预防和解决”条款,并给未来增加市场准入条款预留了空间;中国建议向利益相关者提供对投资相关的法律和规章进行评论的机会,此外针对最不发达国家,投资者有简便的准入门槛进入核心的公共设施;巴西在 2018 年提交了《WTO 投资便利化协定》的提案,该提案的内容是所有提案中最为具体和完整的,以《贸易便利化协定》的文本框架和结构为模板,并指出这个提案可以作为一个起点,推动这个议题“更加聚焦的、有文案基础的讨论”。

谈判集团与各 WTO 成员之间存在不同的利益诉求,对投资便利化的侧重点也不尽相同,这导致投资便利化议题在 WTO 谈判的进程中仍然呈现着蛮荒和割据的气质,换言之,起主导作用、发挥引领地位的成员尚未出现。

(二)WTO 结构性矛盾冲突日益升级

1.投资便利化议题与多哈发展回合的关系

WTO 成员间就投资便利化与多哈发展回合的关系,即议题归属问题有三类观点:①投资便利化属于投资议题。多数成员持此观点,认为投资议题是“新加坡议题”四个议题之一，在 2003 年已经在坎昆部长级会议上与其他两个议题一起被剔除。如果认定投资便利化为投资议题，那么就如同竞争政策和政府采购议题一样无法继续进行下去。②投资便利化属于新议题。印度、南非、乌拉圭、玻利维亚等成员持此观点，认为新议题需要全体成员协商一致以开启正式的多边层面的对话，而多哈发展回合不应再有新的议题出现，而应致力于解决现有议题。③投资便利化属于“便利化”议题。FIFD、MIKTA 都持此观点，认为在全球价值链背景下，贸易和投资便利化能够推动发展中成员更好地融入全球价值链，这二者不可分割，相比于投资议题，投资便利化不涉及市场准入和争端解决，与成体系的投资议题相比，投资便利化更倾向于“便利化”，可以通过对《贸易便利化协定》的进一步发展进行推动。① 各成员与各谈判集团之间就这一问题裹足不前，妨碍该议题正式开启。

2.投资便利化议题与发展中成员特殊差别待遇的关系

对发展目标的新认识已经成为美国、欧盟等主要成员对 WTO 进行改革的主要原因。欧盟在 2018 年 9 月 18 日发布的《关于 WTO 现代化的概念文件》(Concept Paper——WTO Modernisation)中指出“目前对发达国家和发展中国家的区分已经不能反映一些发展中国家经济快速增长的现实。在一些情况下发展中国家集团内的某些贸易大国的发展水平甚至超过了 WTO 中某些被认定为发达成员的水平。在特殊差别待遇问题上缺乏差异化以及由此产生的影响，一直是 WTO 中紧张局面的主要根源，也是谈判进展的障碍”，美国认为在推动新的多边规则之前应当先阐明何谓“发展”，否则发展中成员将继续享有与其经济实力和国际地位不相匹配的“特殊优惠待遇”。

《贸易便利化协定》通过一种更为灵活的机制破解了 WTO“发展”之困，其第一部分主体承诺并没有对发达成员、发展中成员和最不发达成员的实体义务进行区分，仅在第二部分“给予发展中国家成员和最不发达国家成员的特殊和差别待遇”通过将具体承诺分为 A、B、C 三类的方式，给予不同发展程度的成员不同的生效过渡期和获取技术援助的权利。A 类承诺是指《贸易便利化协定》一旦生效，发展中成员即须执行，而最不发达成员可在协定生效后 1 年内执行；B 类承诺是指不论发展中成员还是最不发达成员，都可以在《贸易便利化协定》生效后再经历一个过渡期才执行的承诺；C 类承诺是指不论发展中成员还是最不发达成员，都可在《贸易便利化协定》生效后经历一个过渡期，并通过技术援助获得执行能力后才需执行。② 此外，《贸易便利化协定》

① 最后 MC11 形成的“联合部长宣言”就这一争议达成共识，明确了投资便利化议题不包含市场准入和争端解决。

② 黄志瑾.WTO《贸易便利化协定》评述——多哈回合的突破？[J].上海对外经贸大学学报，2014(5)：5-12.

还通过成员“自行确定”的方式获得了成员方最大程度的支持，即各成员有权利自我确定其所处的发展程度，并依此确定在何时执行《贸易便利化协定》。这种机制给予成员自我选择的权利，中国在《贸易便利化协定》中不仅承担了发展中成员的义务，还选择在提供技术援助方面承担发达成员的义务。这一机制是在现有框架下能够解决WTO“发展”之困的最佳方法，但仍然未能满足主要发达国家的诉求。

（三）各国国内措施存在异质化

根据GATT和WTO乌拉圭回合的缔约历史可知，一项议题在多边层面的推动通常都要经历一个包含三个阶段的自下而上的过程：首先在单边层面形成有体系的、统一的国内法律或措施，继而在区域层面构建以文本为基础的双边或区域协定，最终在多边层面推出有约束力的多边法律文本。①

投资便利化在单边阶段和区域阶段都尚未达成上述的具有标准化意义的和有详细文本为基础的国内法律措施和区域协定。首先，在现有国内投资便利措施中，各国所偏重的措施也各有不同，呈现出明显的异质化情况，总体而言对照《UNCTAD行动手册》中所倡导的10条“投资便利化行动路线”可知，各国投资便利化举措主要集中在以下五个方面：

（1）促进投资政策和法律的可获得性和透明度，如：哈萨克斯坦设立了一站式服务、柬埔寨设立在线单一窗口。

（2）促进投资行政效率和有效性，如：中国企业准入单一窗口的设立、印度尼西亚和沙特阿拉伯均简化新执照获取时间、印度尼西亚确保投资者3小时获取执照、安哥拉设立了外国投资企业准入快车道、牙买加设立了Shovel Ready投资扶持。

（3）设立投资咨询机构，如：突尼斯设立了咨询点、哈萨克斯坦设立了投资监管专员、巴西创设了监察员制度。

（4）为了发展投资，促进国际合作，如《中澳关于投资便利化安排的谅解备忘录》规定了中国企业到澳大利亚投资中签证签发问题、日本在其BIT中设立了“促进商业环境”的章节。

（5）增强投资政策适用的可预见性和连贯性，如：乌兹别克斯坦规定国家行政机构不能对外国投资者设立投资做额外要求。在已对标的5条路线中，各个措施虽然能从宏观角度反映UNCTAD 10条路线的基本要求，但是相关举措却各有差异，如一站式服务就存在对UNCTAD国际标准的“接入站”和自己设计的“自设站”。总体来说，各

① Douglas A.Irwin, Petros C.Mavroidis, Alan O.Sykes.The genesis of the GATT[M].Cambridge University Press, 2008.

国国内措施存在比较严重的异质化现象。

其次,UNCTAD 在统计和分析了 108 个国家的 111 部投资法律后认为“投资便利化在国内法层面很大程度地缺失”。在其统计的 2010—2015 年各主要国家出台的 173 个投资法律政策中,仅有 23%的措施特别提及投资便利化。① 至于其他 5 条在各国实践中几乎是空白。

三、中国引领投资便利化国际合作的制度基础——自由贸易港的突破

(一)规则层面——从自贸区到自贸港的更迭

1.自贸试验区对良好实践的探索

2013 年 7 月,中国政府决定在上海建立自由贸易试验区,作为更加积极主动对外开放的重要举措。自 2013 年 9 月至 2019 年 8 月,国务院先后又批准了广东、天津、福建、辽宁、浙江、河南、湖北、重庆、四川、陕西、山东、江苏、广西、河北、云南、黑龙江、海南自由贸易试验区,形成了“1+3+1+6”的雁式矩阵,呈现出“沿海无缺口、内地有重点”的地域格局。从已有实践看,18 个自贸试验区所采取的投资便利化措施代表了中国提升投资便利化水平的最佳实践。18 个自贸试验区均将推进投资自由化和便利化,提升投资政策透明度和投资管理行政效率作为重要任务,且在实践发展中逐步摸索出两个重要的投资便利化良好实践——企业准入“单一窗口”和负面清单立法模式。

2.自贸区投资便利化实践的困境与自贸港的突破

(1)各地提升投资便利化水平呈碎片化局面。虽然 18 个自贸试验区均将推进投资自由化和便利化作为重要任务,但 18 个自贸试验区因各有不同,存在要求不一:①各自贸试验区均有“推动贸易和投资便利化”的总体要求,且多追求形成与国际投资贸易通行规则相衔接的制度体系;②2015 年前设立的 4 个自贸试验区关于投资便利化的规定较为原则,主要集中在整体投资环境和投融资便利化两个方面,2017 年设立的 7 个自贸试验区则又在产业上有所细化,主要是河南和浙江两个自贸试验区,河南主要侧重于交通物流,浙江主要侧重于油品全产业链投资。③湖北特别提到了“探索优化投资准入后的管理流程,提升投资便利化水平”以及“提升外商投资全周期监管的科学性、规范性和透明度”,在 18 个自贸试验区总体方案中与国际通行做法最为

① UNCTAD.Investment facilitation:A review of policy practices[R].2017.

接近；④四川自贸试验区总体方案未提及“投资便利化”，仅有贸易便利化和金融便利化的内容。

（2）建设企业准入“单一窗口”进展缓慢。各自贸试验区均推出了投资便利化的相应举措，但建设企业准入“单一窗口”进展缓慢。“单一窗口”作为重要的便利化措施，首先在国际贸易领域开展，多个自贸试验区都进行了“单一窗口”的建设，上海不仅实行了企业准入“单一窗口”制度，对于涉及企业市场准入的多个证照办理，实行“一表申报、一口受理、内部流转、并行审批”的模式，还与国际贸易“单一窗口”实现了信息共享。但是其他自贸试验区在企业准入“单一窗口”上并没有实现突破，只是在单个项目上有所改革，如广东自贸试验区采取了政务服务“一口受理”、推行“商事主体电子证照卡”“一照一码”登记等改革措施；福建自贸试验区采取了全流程网上协同运行和统一入口、集中受理、协同办理的业务服务模式。总体上看，除上海自贸试验区外，其他自贸试验区仍然还集中在建设及完善国际贸易“单一窗口”的重点工作中，对企业准入“单一窗口”未有质的突破。2018 年商务部、国家工商总局联合发布了《关于外商投资企业商务备案与工商登记“单一窗口、单一表格”受理有关工作的通知》，该通知为全国统一实行企业准入“单一窗口”提供了顶层设计的思路和规划。

（3）存在多个负面清单，影响投资便利化水平。负面清单管理模式作为最重要和最早推出的便利化措施已经由国务院发布了统一的《自由贸易试验区外商投资准入特别管理措施（负面清单）2017 版》，通过列表形式限定自贸区免于相关义务的行业、领域，有效扩展了外资在我国的准入领域。但是，2017 年国家发改委和商务部发布了《外商投资产业指导目录（2017 年修订）》，其中将限制类和禁止类划分为“外商投资准入负面清单”，这就造成在中国大陆境内，在外商投资准入方面存在两个负面清单。加之 2016 年由发改委和商务部发布的《市场准入负面清单草案（试点版）》，又造成在内外资投资准入上至少有三个负面清单的情况，使本应成为提升投资便利化水平的负面清单管理模式无法真正发挥作用，甚至给投资者带来更为不便之处。[①]

对于上述三个困境，自贸港作为更高级别的自贸区，可以更进一步予以解决和试验，统一投资便利化法律规则和政策表述、建设标准化企业准入“单一窗口”，并在港内采取统一、高标准的负面清单。

（二）标准层面——绩效评价指标体系的构建

为了解决中国自贸试验区投资便利化的“碎片化”和各国、各地政府分散式、自发

---

① 贺小勇.上海自贸试验区法治深化亟待解决的法律问题[J].东方法学，2017（1）：132-140.

式的投资便利化举措，同时为了在投资便利化议题上发挥我国的规则引领力，以及用行动捍卫我国坚定支持多边贸易体制的形象，本章认为，可以适时推出由中国起草制定的《投资便利化绩效评价指标体系》（以下简称“绩效评价指标体系”），为中国在包括 WTO 在内的各个具有约束力或非约束力的多边框架下引领投资便利化奠定基础。

在绩效评价方面，世界银行《营商环境报告》（Doing Business）、美国国务院《世界投资环境报告》（Investment Climate Statement）、世界经济论坛《全球促进贸易报告》（Global Enabling Trade Report）都是对营商环境和投资环境进行评估的重要年度报告。① 其中影响力最大的是世界银行《营商环境报告》，其数据被多个机构、跨国企业所援引，本章在综合了上述报告的基础上，对标 UNCTAD《投资便利化全球行动手册》和《APEC 投资便利化行动计划》中所提出的具体目标和行动路线图，对投资便利化绩效评价进行指标体系的设计。该绩效评价指标体系的最终目的在于将 UNCTAD、APEC 所提出的国际标准进一步演化为可以量化的数据，制定出既能反映细分环境投资便利化绩效，又能反映中国在投资便利化中的最佳实践，并可向全球示范的二级指标和三级指标，最终据此测算出参与投资便利化国际合作的国家和地区的投资便利化水平。这不仅可以为企业提供微观层面的投资决策指导，还可以为国家在进一步推动投资便利化国际合作提供具体的数据以及谈判的基础。绩效评价体系的设计有以下几点需要说明。

第一，本绩效评价指标体系主要以世界银行《营商环境报告》为主要参照系，借鉴美国国务院《世界投资环境报告》，将其中相应指标按照投资的全生命周期阶段进行划分。投资的全生命周期可以细分成不同阶段，但考虑到不同国家的不同法律情况，故本章设计的指标体系对全生命周期的表述分为最粗线条的外资准入、运营和退出三阶段，侧重选择直接影响外国投资的投资环境要素，并以此在三个主要阶段中寻找出 11 个一级指标。②

（1）进入阶段，包括市场准入和商事登记两个一级指标。市场准入主要是指监管模式和立法模式，监管模式分为审批、批准和备案；立法模式是指行业准入的清单模式，即正面清单、负面清单或混合清单，绩效将根据不同模式递增，即审批—批准—备案、正面清单—混合清单—负面清单。商事登记是指在东道国内获得商事主体地位所需要的法律程序，这个程序依不同国家、不同企业类型有不同要求，比如需要提交公司章程、选取企业名称、缴纳最低资本、提交验资报告、取得纳税人身份号、取得雇主身份

① APEC《供应链联系框架行动计划 2010—2015：最终评估》（Supply Chain Connectivity Framework Action Plan 2010—2015：Final Assessment）就是以这几个研究报告为基础而成。

② 罗培新.世界银行营商环境评估方法论：以“开办企业”指标为视角[J].东方法学，2018(6)：12-19.

号、提交注册地址等，衡量的是设立企业所需的程序、时间和成本。

（2）运营阶段。运营阶段中所有所有制企业都会面临与政府关系有关的共性问题，包括缴纳税款、获得信贷、执行合同、登记财产、公司扩大、利润汇回等六个指标，分别衡量缴纳税款的便利化程度以及相关法律的透明度、征信系统的便利化程度以及相关法律和银行征信的透明度、以司法形式保障合同的执行力、获取财产权属证明的便利化程度以及财产权属证明上所载信息的透明度、投资者扩大投资时的便利化程度、外资退出东道国时资金转移的便利化水平。

（3）退出阶段。不同法律属性的外国投资存在不同的退出方式，但一般而言，不论是破产还是解散，企业都需要经过清算以及注销程序，所以本章将清算和注销作为两个指标。此外，除了破产和解散外，外资退出还可以通过股权转让的方式实现，故本章的第三个指标为股权转让。

第二，本绩效评价指标体系为了支撑投资便利化国际合作，只能在东道国视角的投资便利化概念和框架下选择指标，据此对《营商环境报告》做了部分修正，有些十分重要但是与便利化联系较弱的指标，如运营阶段的"跨境贸易"更偏向于投资者主体间的关系，而非投资者与政府间的公法关系，就被本指标体系所剔除。此外，本指标体系的测算依据是建立在 UNCTAD 等国际标准所分解的两个重要目标——流程简化和透明度之上的，只将与流程和透明度相关的测算依据收录其中，而将与外资吸引和投资潜力等相关的测算依据剔除在外，如在"缴纳税款"项中，《营商环境报告》所测量的数据不仅包括时间和支付方式，还包括支付的税率，本指标体系则只留取了时间和支付方式两个数值，剔除了支付税率。

第三，本绩效评价指标体系对数据的收集采取三种方式——虚拟赋值、排序和实际数值。

（1）虚拟赋值。将 UNCTAD《投资便利化全球行动手册》中提出的十条行动路线作为目标，在后期数据的收集上，设定反映质的属性的值给予虚拟赋值，如"存在一个法律法规的中央登记机构，并使其电子化"（行动路线 1）的要求，即缴纳税款、征信系统如果满足电子化就赋值为 1，不满足就赋值为 0。

（2）排序。主要是在透明度测算上，借助《营商环境报告》将公开方式分为在线、当面询问和不公开的方式进行排序，即在线—当面询问—不公开。

（3）实际数值。设定反映量的属性的值依其自身的数值，如"缩短进程时间和简化投资及执照的申请程序"（行动路线 3）的要求，对应投资的不同阶段，将时间和程序的个数作为具体的数值。但本章目前只关注绩效评估的框架及指标设计，数据的获取和进一步处理将留待未来完成。

表 14-2　投资便利化绩效评价指标体系及说明

阶段	一级指标	二级指标	说明
进入	市场准入	审批的模式	审批、登记、备案(递增)
		准入程序的公开	网络、当面、不公开(递增)
		清单的模式	正面清单、混合清单、负面清单(递增)
		清单的可获得性	网络、当面、不公开(递增)
		商事主体资格取得的时间(天)	
	商事登记	商事主体资格取得所需的程序(个)	
		登记所需文件列表的可获得性	网络、当面、不公开(递增)
		登记所需费用(元)	
		服务标准的可获得性	网络、当面、不公开(递增)
运营	缴纳税款	缴纳方式电子化(虚拟赋值)	电子化为 1,非电子化为 0
		缴纳税款的时间(天)	
	获得信贷	征信系统电子化(虚拟赋值)	电子化为 1,非电子化为 0
	执行合同	司法审查程序(个)	指司法判决具有终审效力所需的程序
		司法审查时间(天)	指完成终审判决所需的总体天数
		司法救济成本(元)	包括诉讼费用、律师费用、执行费用
运营	登记财产	获得所有权的程序(个)	按照实际数值取值
		获得所有权的时间(天)	
	公司扩大	获得所有权属证明的成本(元)	
		扩大投资所需的程序(个)	
	利润汇回	扩大投资所需的时间(天)	
		扩大投资所需的成本(元)	
		利润汇回所需的程序(个)	
		利润汇回的限制(个)	
		利润汇回的时间(天)	
		扩大投资所需的成本(元)	
退出	清算	清算所需的程序(个)	破产清算与解散清算,取中间值
		清算所需的时间(天)	破产清算与解散清算,取中间值
	企业注销	注销所需的程序(个)	按照实际数值取值
		注销所需的时间(天)	
	股权转让	外资转让股权所需的程序(个)	此处仅考虑外资退出的情况,即外资转让给内资
		外资转让股权所需的时间(天)	

资料来源:笔者绘制。

四、投资便利化国际合作的中国方案

如前文所述，现有国际协定中缺乏可供全面借鉴的条款和义务，构建一套包括原则、框架和条文的协定范本显得至关重要。本章认为，首先，投资便利化的国际合作应在法律文本上体现投资、贸易和发展三大主题；其次，引领推进该议题要明确我国国内实行高标准的贸易和投资自由化和便利化政策，与推动多边或区域投资便利化议题之间的衔接关系。

（一）基本原则

1.可持续发展原则

可持续发展是目前 WTO 框架下重点议题之一，目前 WTO 谈判停滞不前的根本原因在于发达成员和发展中成员对“发展中”的定义以及对发展中成员所享有的特殊差别待遇的不同认识和互不认同。投资便利化国际合作若缺乏发达国家的参与，则使其成为脱离全球价值链悬在半空中的国际规则；若缺乏发展中国家的参与，则无法促进国际资金流向发展中国家，进而无法完成我国当前构建人类命运共同体的历史使命，更不利于我国继续发挥负责任大国的作用。

投资便利化对促进可持续发展具有至关重要的作用，根据 UNCTAD 的计算，发展中国家面临一个年度的可持续发展目标——2.5 万亿美元投资缺口，投资便利化将有效地缩小投资缺口，有助于发展中国家实现可持续发展目标。①

2.透明度原则

透明度原则是投资便利化中最为重要和最具有针对性的原则，APEC 投资便利化的议程要求每一个 APEC 经济体都应确保那些影响货物、服务、资本流动的相关法律、法规和行政程序的透明度，以开创和保持一个开放的、可预期的贸易投资环境。《G20全球投资政策指导原则》中也将透明度作为原则和目标。不论是 WTO 法律制度还是国际投资争端解决机制中，透明度原则都是极其重要的原则，适用于国际贸易投资的几乎所有领域，克服了国际贸易和投资中的信息失灵。各国近几年提出的投资便利化提案也均提到了透明度要求，主要包括：①政府制定与投资有关的政策时应提供全面、清晰和及时的通知；②确保信息的有效获取，包括提供“一站式”咨询点或特别咨询点，以及适当的在线服务；③促进法律法规语言的简单化；④对投资机制周期性审议结

① UNCTAD.Investment facilitation：A review of policy practices[R].2017.

果的及时公布。

全面推进政务公开是中国政府工作的重点之一，要求将公开透明作为政府工作的基本要求，并依托互联网+政务服务推动网上办事服务公开，以及提升实体政务大厅服务能力。东道国视角的投资便利化的核心之一就是提升东道国政府对投资监管政务的公开透明。上述各国提出的投资便利化提案中所涵盖的要点也是中国内部自主完善的政务服务，投资便利化国际合作的中国方案应配合国内政务完善的节奏，将提高透明度、推进政务公开作为基本原则之一。

3.高效原则

高效原则是投资便利化追求的最终目标。与投资自由化、投资促进和投资保护不同，投资便利化追求的最终目标是提高投资流程的效率，从而有助于减少投资者的时间和成本。APEC 和 UNCTAD 所提出的国际标准中涉及效率原则的配套措施包括：①减少登记、审批、注册、税收等各个程序流程的时间；②避免一事多议；③减少外国投资需要填写的表格，并鼓励其电子化；④中央与地方层面的各司其职、协调一致等。

中国在投资便利化的具体举措上从中央到地方都有着各种突破性尝试，除前文所述依托自由贸易（试验）区所进行的改革举措外，商务部等中央政府机构都通过简化外资企业设立程序来提升投资便利化水平，并降低企业成本，如 2018 年 2 月商务部和工商总局联合发布了《关于实行外商投资企业商务备案与工商登记“单一窗口、单一表格”受理有关工作的通知》，既贯彻落实了国务院关于加快推进“多证合一”改革的要求，也是投资便利化中国方案中高效原则的体现之一。

（二）义务内容

UNCTAD 和 APEC 均提出了不同表述的投资便利化要求，虽然表述各异，但究其根本，简化流程和提高透明度是最核心的内容。UNCTAD 在多个行动计划中提到了透明度要求，APEC 也强调了在投资法律和投资政府决定程序中的透明度要求。OECD 在 2015 年出台的《投资政策框架》中也提出了“有效的一站式信息提供与单一监管机构是投资便利化最关键的要素，可以为投资者减少成本，降低投资壁垒”。此外，中国对外签署的投资便利化协定也做出了类似的条款设计，《中国—东盟全面经济合作框架协议投资协议》第 21 条“投资便利化”提出，在中国和东盟间开展以下投资便利化合作：为各类投资创造必要环节；简化投资适用和批准的手续；促进包括投资规则、法规、政策和程序的投资信息的发布；在各个东道国建立一站式投资中心，为商界提供包括便利营业执照和许可发放的支持与咨询服务。据此本章认为，投资便利化国际合作中的具体法律承诺内容包括简化流程和提高透明度两个主要内容。

1.简化流程

首先,简化全生命周期的投资流程。根据国际投资协定中对投资的一般界定,投资流程包括设立、扩大、获取、管理、运营、经营、出售等一系列连续性的行为,投资便利化的简化流程是某个阶段的简化还是覆盖了全生命周期,是判断国际合作标准高低的重要界尺。就中国推动形成全面开放的经济新格局而言,投资便利化必然需要覆盖投资全生命周期,若对照世界银行历年的《营商环境报告》中的“开办企业、办理施工许可证、获得电力、登记财产、获得信贷、保护中小投资者、纳税、跨境贸易、执行合同和办理破产”十大指标进行便利化要求,将真正实现国际最高标准中的简化流程要求。

其次,设立投资项目“一站式”服务中心。不论是国际最高标准还是各国在 WTO 中递交的提案,均将设立一站式投资中心作为主要的简化流程举措之一,如巴西提出在中央政府层面设立国家监察专员。APEC 和 UNCTAD 均提出了设立主管机构或投资便利化专员的要求。

2.提高透明度

透明度的要求在国际经济法律规则中一以贯之,UNCTAD 将透明度作为营商环境和投资便利化的核心之一。提高透明度涉及投资立法和投资执法两个层次。在投资立法层面,确保投资相关法律的透明度和明确性、提高投资政策的透明度、提高透明的行政决策程序、提升投资立法的透明度均是国际最高标准所要求的。在投资执法层面,为行政决定设立透明的程序也为国际最高标准所提出。

透明度义务的履行也有 UNCTAD 的技术支持,投资便利化国际合作可以依托 eRegulation、eSimplication、eRegistration 三个电子化系统提高法律政策的制定、企业注册登记等程序的透明度,[①]使该义务的实现具有很高的可行性。

(三)规则框架

投资便利化议题在 WTO 框架下的推动最初是基于《贸易便利化协定》只关注了货物贸易便利化,未考虑服务贸易投资便利化问题,从而开始了“服务贸易便利化”议题,继而由于服务贸易与投资之间密不可分的联系,才开启了 WTO 成员对“投资便利化”议题的关注。从历史发展的角度看,投资便利化的概念来源于贸易便利化。只有紧扣“便利化”才能使议题推动更有建设性和效率。尤其是在全球价值链的背景下,

① UNCTAD,Global Action Menu for Investment Facilitation,2017.

《贸易便利化协定》和《投资便利化协定》各负责等式的两边，更有利于全球价值链的健康运行，贸易政策只有和投资政策共同发挥作用才能确保贸易便利化政策真正实现。

本章认为，WTO 框架下投资便利化和贸易便利化在结构上的齐头并举既有利于投资便利化议题落地，也有利于《贸易便利化协定》的实现。WTO 的投资便利化讨论应遵循贸易便利化的成功模式，该模式具有问题专注性、开放性和包容性，并且考虑到了个别国家的执行能力和相关技术援助。这些要素对于贸易便利化协议来说是独一无二的，在其他 WTO 文件中也没有出现过，为此，结构化讨论应着眼于创建“贸易便利化协定”的对应部分，即投资便利化协定。未来的“投资便利化协定”可包括两个主要部分“投资便利化的措施和义务”和“对发展中成员和最不发达成员的灵活性安排”，在此基础上，补充《APEC 跨境电子商务便利化框架》、《金砖国家投资便利化合作纲要》、中澳自贸协定中现有的投资便利化法律文本，由此析出的投资便利化协定“中式范本”。

五、结论

国际社会对投资便利化的关注始于国际组织对国际标准的推动，UNCTAD 和 APEC 是其中最为重要的两个。比较国际标准的积极推进，各主权国家对投资便利化议题的关注却始终未跟上实践发展的需要。这不仅反映在各国国内投资法律上，也在国际投资协定上有所凸显。2017 年 MC11 中以中国为主的新兴经济体试图推动投资便利化议题在多边层面的发展，但是却遭遇了来自各方的反对和无视。对于中国下一步的投资便利化国际引领，本章有如下政策建议：首先，可持续发展原则、透明度原则和效率原则是投资便利化国际合作的三大主要原则，必须始终不渝地坚持我国发展中成员地位，推动国际投资流动更加高效、便利；其次，以《贸易便利化协定》为蓝本设计《投资便利化协定》，是投资便利化议题在多边层面顺利推进的有效方案；最后，国内制度的完善和赢得 WTO 秘书处的支持对中国发挥引领作用具有重要意义。

参考文献

[1]桑百川，任苑荣. 落实《G20 全球投资指导原则》，推动建立全球投资规则[J]，国际贸易，2017(1)：37-40.

[2]黄志瑾.WTO《贸易便利化协定》评述——多哈回合的突破？[J].上海对外经贸大学学报，2014(5):5-12.

[3]Douglas A.Irwin,Petros C.Mavroidis,Alan O.Sykes.The genesis of the GATT[M].Cambridge University Press,2008.

[4]UNCTAD.Investment facilitation:A review of policy practices[R].2017.

[5]贺小勇.上海自贸试验区法治深化亟待解决的法律问题[J].东方法学,2017(1):132-140.

[6]罗培新.世界银行营商环境评估方法论:以“开办企业”指标为视角[J].东方法学,2018(6):12-19.